2025

NCS
한국전력공사
대표유형+실전문제

타임 NCS 연구소

2025

NCS 한국전력공사 대표유형+실전문제

인쇄일 2025년 1월 1일 초판 1쇄 인쇄
발행일 2025년 1월 5일 초판 1쇄 발행
등 록 제17-269호
판 권 시스컴2025

발행처 시스컴 출판사
발행인 송인식
지은이 타임 NCS 연구소

ISBN 979-11-6941-580-4 13320
정 가 20,000원

주소 서울시 금천구 가산디지털1로 225, 514호(가산포휴) | **홈페이지** www.nadoogong.com
E-mail siscombooks@naver.com | **전화** 02)866-9311 | **Fax** 02)866-9312

INTRO

국가직무능력표준(NCS, National Competency Standards)은 산업현장에서 직무를 수행하기 위해 요구되는 지식 · 기술 · 소양 등의 내용을 국가가 산업부문별 · 수준별로 체계화 한 것으로, 산업현장의 직무를 성공적으로 수행하기 위해 필요한 지식과 기술, 태도 등의 능력을 국가적 차원에서 표준화한 것을 의미한다. 즉, 그동안의 스펙 중심 채용에 따른 취업준비생의 부담과 과중한 취업 준비로 인한 사회적 부담 증가를 해소하고, 국가가 중심이 되어 능력 중심의 인재를 선발하기 위해 마련한 제도라 할 수 있다.

NCS는 한국전력공사(KEPCO)를 비롯한 다수의 공공기관에서 시행하고 있고, 앞으로 더욱 확대될 것으로 예상되고 있다. 이에 따라 실제 공공기관의 채용 과정에서 NCS의 취지에 부합하는 출제 형태가 점점 늘어나고 있으며, 기존의 필기시험 유형이 NCS의 직업기초능력평가 형태를 반영한 것으로 변경되고 있는 추세이다.

본 교재는 한국전력공사(KEPCO) 채용시험 준비에 꼭 필요한 수험서로서 10개 영역을 충분히 분석하여 중요 내용을 모두 반영하였고, 여러 가지의 문제 유형을 실어 한국전력공사(KEPCO) NCS 직업기초능력평가에서 처음 접하는 문제가 나오더라도 당황하지 않고 대처할 수 있도록 하였다. 또한 직업기초능력 외에도 인성검사와 면접에 대한 자료를 수록하여 학습자가 국민건강보험공단의 채용에 한발 더 다가갈 수 있도록 구성하였다.

본 교재가 한국전력공사(KEPCO)의 취업을 준비하는 분들의 수고와 부담을 줄여줄 수 있기를 기대해 본다.

타임 NCS 연구소

NCS(기초직업능력평가)란 무엇인가?

1. 표준의 개념

국가직무능력표준(NCS.national competency standards)은 산업현장에서 직무를 수행하기 위해 요구되는 지식·기술 소양 등의 내용을 국가가 산업부문별 수준별로 체계화한 것으로 산업현장의 직무를 성공적으로 수행하기 위해 필요한 능력(지식, 기술, 태도)을 국가적 차원에서 표준화한 것을 의미합니다.

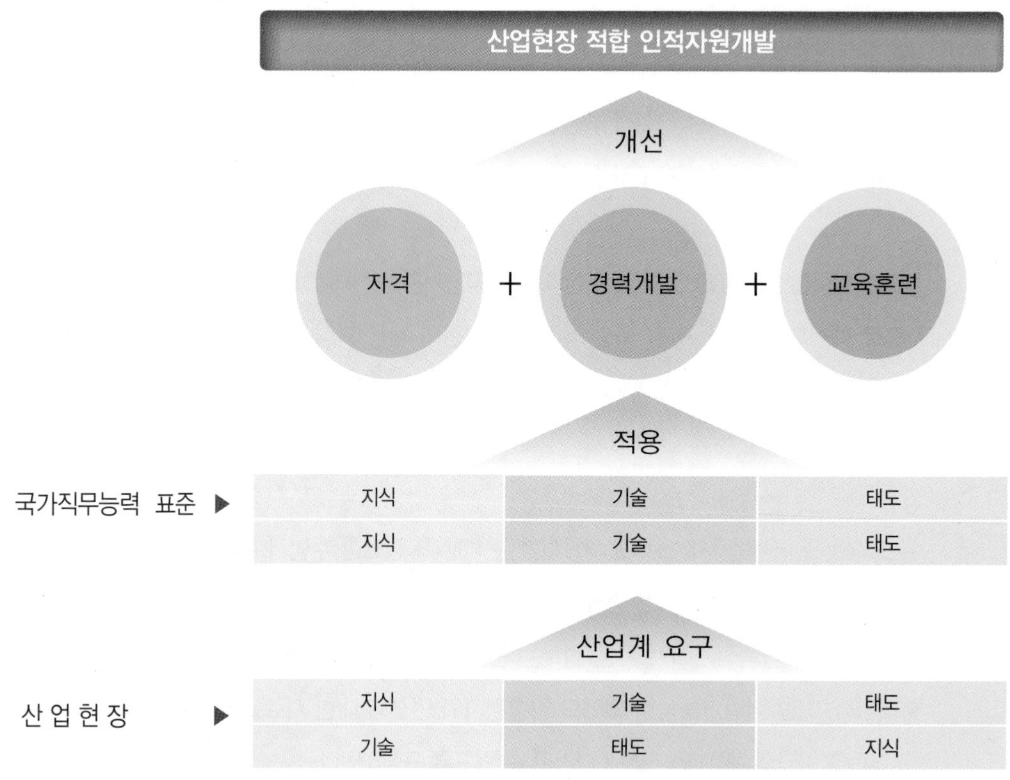

〈국가직무능력표준 개념도〉

2. 표준의 특성

| 한 사람의 근로자가 해당 직업 내에서 소관 업무를 성공적으로 수행하기 위하여 요구되는 실제적인 수행 능력을 의미합니다.

- 직무수행능력 평가를 위한 최종 결과의 내용 반영
- 최종 결과는 '무엇을 하여야 한다' 보다는 '무엇을 할 수 있다'는 형식으로 제시

| 해당 직무를 수행하기 위한 모든 종류의 수행능력을 포괄하여 제시합니다.

- 직업능력 : 특정업무를 수행하기 위해 요구되는 능력
- 직업관리 능력 : 다양한 다른 직업을 계획하고 조직화하는 능력
- 돌발상황 대처능력 : 일상적인 업무가 마비되거나 예상치 못한 일이 발생했을 때 대처하는 능력
- 미래지향적 능력 : 해당 산업관련 기술적 및 환경적 변화를 예측하여 상황에 대처하는 능력

| 모듈(Module)형태의 구성

- 한 직업 내에서 근로자가 수행하는 개별 역할인 직무능력을 능력단위(unit)화 하여 개발
- 국가직무능력표준은 여러 개의 능력단위 집합으로 구성

| 산업계 단체가 주도적으로 참여하여 개발

- 해당분야 산업별인적자원개발협의체(SC), 관련 단체 등이 참여하여 국가직무능력표준 개발
- 산업현장에서 우수한 성과를 내고 있는 근로자 또는 전문가가 국가직무능력표준 개발 단계마다 참여

3. 표준의 활용 영역

- 국가직무능력표준은 산업현장의 직무수요를 체계적으로 분석하여 제시함으로써 '일-교육 · 훈련-자격'을 연결하는 고리 즉 인적자원개발의 핵심 토대로 기능

〈국가직무능력표준의 기능〉

- 국가직무능력표준은교육훈련기관의 교육훈련과정, 직업능력개발 훈련기준 및 교재 개발 등에 활용되어 산업수요 맞춤형 인력양성에 기여합니다. 또한, 흔로자를 대상으로 경력개발경로 개발, 직무기술서, 채용 · 배치 · 승진 체크리스트, 자가진단도구로 활용 가능합니다.
- 한국산업인력공단에서는 국가직무능력표준을 활용하여 교육훈련과정, 훈련기준, 자격종목 설계, 출제기준 등 제 · 개정시 활용합니다.
- 한국직업능력개발원에서는 국가직무능력표준을 활용하여 전문대학 및 마이스터고 · 특성화고 교과과정을 개편합니다.

구 분		활용콘텐츠
산업현장	근로자	평생경력개발경로, 자가진단도구
	기 업	직무기술서, 채용 · 배치 · 승진 체크리스트
교육훈련기관		교육훈련과정, 훈련기준, 교육훈련교재
자격시험기관		자격종목 설계, 출제기준, 시험문항, 시험방법

NCS 구성

능력단위

- 직무는 국가직무능력표준 분류체계의 세분류를 의미하고, 원칙상 세분류 단위에서 표준이 개발 됩니다.
- 능력단위는 국가직무능력표준 분류체계의 하위단위로서 국가직무능력표준의 기본 구성요소에 해당 됩니다.

〈 국가직무능력표준 능력단위 구성 〉

- 능력단위는 능력단위분류번호, 능력단위정의, 능력단위요소(수행준거, 지식 · 기술 · 태도), 적용범위 및 작업상황, 평가지침, 직업기초능력으로 구성

구성항목	내 용
1. 능력단위 분류번호(Competency unit code)	– 능력단위를 구분하기 위하여 부여되는 일련번호로서 14자리로 표현
2. 능력단위명칭(Competency unit title)	– 능력단위의 명칭을 기입한 것
3. 능력단위정의(Competency unit description)	– 능력단위의 목적, 업무수행 및 활용범위를 개략적으로 기술
4. 능력단위요소(Competency unit element)	– 능력단위를 구성하는 중요한 핵심 하위능력을 기술
5. 수행준거(performance criteria)	– 능력단위요소별로 성취여부를 판단하기 위하여 개인이 도달해야 하는 수행의 기준을 제시
6. 지식 · 기술 · 태도(KSA)	– 능력단위요소를 수행하는 데 필요한 지식 · 기술 · 태도
7. 적용범위 및 작업상황(range of variable)	– 능력단위를 수행하는데 있어 관련되는 범위와 물리적 혹은 환경적 조건 – 능력단위를 수행하는 데 있어 관련되는 자료, 서류, 장비, 도구, 재료
8. 평가지침(guide of assessment)	– 능력단위의 성취여부를 평가하는 방법과 평가시 고려되어야 할 사항
9. 직업기초능력(key competency)	– 능력단위별로 업무 수행을 위해 기본적으로 갖추어야할 직업능력

주요 공공기관 NCS 채용제도

기 관	NCS 채용제도
국민건강보험공단	CS 입사지원서, 직업기초능력평가, NCS 면접 등
교통안전공단	자기소개서, 직업기초능력평가, 직무수행능력평가 등
건강보험 심사평가원	입사지원서, 직업기초능력평가, 직무수행능력평가 등
국민연금공단	NCS 서류전형 등
국립공원 관리공단	직문관련 자격증, 직무상황 논술, 인성검사 등
한국보훈 복지의료공단	직업기초능력, 직무능력평가, 역량면접 등
한국환경공단	NCS 이력서, 역량면접 등
한국 수력 원자력(주)	직업기초능력, 직무수행능력 평가 등
한국산업 인력공단	직업기초능력평가, 직무수행능력면접 등

주요 공사 · 공단 채용 정보

국민건강보험공단

구 분	내 용	
응시자격	• 성별, 연령 제한 없음(만 60세 이상자 지원 불가) • '6급갑' 지원자 중 남자의 경우 병역필 또는 면제자 • 각 채용 직렬 · 전형 · 지역을 달리하거나 동일분야에 중복 지원 시 '자격미달' 처리	
전형절차	서류심사→필기시험(인성포함)→면접시험→증빙서류 등록 · 심사→수습임용	
필기전형	NCS기반 직업기초능력평가(60분)	• 행정 · 건강 · 요양직 : 의사소통(20), 수리(20), 문제해결(20) • 전산직 : 의사소통(5), 수리(5), 문제해결(5), 전산개발 기초능력(35)
	온라인 인성검사(채용 사이트에서 온라인으로 개별 실시)	
	직무시험(법률, 20문항)	• 행정 · 건강 · 전산직 : 국민건강보험법 • 요양직 : 노인장기요양보험법
면접전형	• 대상 : 필기전형 합격자 중 인성검사 완료자 • 면접형식 : 직무수행능력 평가를 위한 B.E.I(경험행동면접) 60%+G.D(집단토론) 40%	

근로복지공단

구 분			내 용
전형절차	필기전형	NCS 직업기초능력	• NCS 직업기초능력 중 4가지 항목 70문항 – 의사소통능력, 문제해결능력, 자원관리능력, 수리능력
		NCS 직무기초지식	• 직무수행에 필요한 기초지식 평가 항목 30문항 – 법학, 행정학, 경영학, 경제학, 사회복지학(각 6문항)
		취업 지원대상자 우대사항	• 법령에 의한 취업지원대상자로 만점의 10%, 5%를 가점하는 자 • 산재장해등급 3급 이상 판정자 본인 • 산재사망 근로자 유자녀 및 산재장해등급 3급 이상 근로자의 자녀 • 「장애인 고용촉진 및 직업재활법 시행령」 제3조의 규정에 해당하는 장애인 • 「의사상자 등 예우 및 지원에 관한 법률」 제2조에 따른 의상자 또는 의사자 자녀 • 「국민기초생활보장법」상 수급자 및 차상위 계층자 ※ 상기 항목 중 두 가지 이상에 해당하는 경우 지원자에게 유리한 것 하나만 적용

전형 절차	면접 전형	NCS 직업기초능력 직무수행능력	• 직무수행에 필요한 직업기초능력 및 직무수행능력 평가 – 의사소통능력 · 문제해결능력 · 직업윤리 및 공단이해도 · 자기개발계획 평가 – 1인 집중면접 실시
		우대사항	• 법령에 의한 취업지원대상자로 만점의 5%/10%를 가점하는 자

한국가스공사

구 분	내 용	
지원자격	일반직 6급 (사무/기술)	• 토익 750점 이상 수준의 유효 영어성적 보유자 (최근 2년 이내에 응시하고 접수마감일까지 발표한 국내 정기시험 성적만 인정) • 유효 영어성적 점수표 토익: 750점 이상 / 텝스: 322점 이상 / 토플: 85점 이상 / 오픽: IM2 이상 / 토익스피킹: 130점 이상
	공통 지원자격	• 연령 제한 없음(단, 공사 임금피크제도에 따라 만 58세 미만인 자) • 남성의 경우, 군필 또는 병역 면제자 • 학력, 전공 제한 없음 • 한국가스공사 인사규정 제5조의 결격사유에 해당하지 아니한 자 • 공공기관에 부정한 방법으로 채용된 사실이 적발되어 합격취소, 직권면직 또는 파면 · 해임된 후 5년이 경과하지 않은 자 • 일반직(신입) 기술직군의 경우는 성별무관 교대근무 가능한 자 • 자격, 경력, 우대사항 대상 등 인정 기준일 : 접수마감일
전형절차	원서접수→서류전형→필기전형→면접전형→기초연수→수습채용	
우대사항	• 고급자격증 보유자 : 서류전형 시 어학성적 충족조건 면제 및 필기전형 직무수행능력에서 만점의 10% 가점부여 • 본사이전 지역인재 : 전형단계별 본사이전 지역인재의 합격자인원이 목표인원에 미달 시 추가합격처리 • 취업지원대상자(국가보훈) : 전형단계별 만점의 5% 또는 10% 가점부여 • 장애인 : 전형단계별 만점의 10% 가점부여 • 저소득층, 북한이탈주민, 다문화가족, 경력단절 여성 : 전형단계별 만점의 5% 가점부여	

한국수력원자력

<table>
<tr><th colspan="2">구 분</th><th>내 용</th></tr>
<tr><td rowspan="2">응시자격</td><td>공통사항</td><td>• 연령, 성별 제한 없음
• 병역 : 남자의 경우, 병역필 또는 면제자(전역 예정자로서 전형절차에 응시 가능자 지원 가능)
• 기타 : 채용 결격사유 등에 해당함이 없는 자</td></tr>
<tr><td>응시분야별 학력</td><td>• 응시분야별 관련학과 전공자 또는 관련 산업기사 이상 국가기술자격증 · 면허 보유자
※ 고등학교 · 전문대학 : 응시분야별 관련학과 졸업(예정)자
대학 : 응시분야별 관련학과 2학년 이상의 교육과정을 이수한 자</td></tr>
<tr><td colspan="2">전형절차</td><td>1차 전형(NCS직무역량검사)→2차 전형(인성검사, 심리건강진단, 면접)→최종합격자 전형(신원조회, 신체검사, 비위면직자 조회)</td></tr>
</table>

한국철도공사

<table>
<tr><th>구분</th><th>내용</th></tr>
<tr><td>지원자격</td><td>• 학력, 외국어, 연령 : 제한 없음(단, 만 18세 미만자 및 정년(만 60세) 초과자는 지원할 수 없음)
• 병역 : 남성의 경우 군필 또는 면제자에 한함(고졸전형 및 여성 응시자는 해당없음)
• 운전 전동차 지원은 철도차량운전면허 中 제2종 전기차량 운전면허 소지자, 토목 장비 지원은 철도차량운전면허(제1종전기차량, 제2종전기차량, 디젤, 철도장비) 종별과 상관없이 1개 이상 소지자에 한함</td></tr>
<tr><td>전형절차</td><td>채용공고 입사지원 → 서류검증 → 필기시험 → 실기시험 → 면접시험(인성검사포함) → 철도적성검사, 채용신체검사 → 정규직 채용</td></tr>
<tr><td>필기시험</td><td><table>
<tr><th>평가 과목</th><th>출제범위</th><th>문항수</th><th>시험시간</th></tr>
<tr><td>• 직무수행능력평가(전공시험)
• 직업기초능력평가(NCS)
※ 일반공채 기준</td><td>• 직업기초능력평가(NCS) : 의사소통능력, 수리능력, 문제해결능력
※ 직무수행능력평가는 채용 홈페이지의 공고문을 참고</td><td>50문항
(전공25,
직업기초25)</td><td>60분
(과목 간 시간 구분 없음)</td></tr>
</table></td></tr>
<tr><td>면접시험</td><td>• 면접시험 : 신입사원의 자세, 열정 및 마인드, 직무능력 등을 종합평가
• 인성검사 : 인성, 성격적 특성에 대한 검사로 적격 부적격 판정(면접당일 시행)
• 실기시험 : 사무영업 수송분야, 토목분야에 한하여 시행(평가시간 : 10분)</td></tr>
</table>

한국산업은행

<table>
<tr><th>구 분</th><th>내 용</th></tr>
<tr><td>지원자격</td><td>• 연령, 학력 및 전공 제한 없음
• 병역의무 필한 자 또는 면제받은 자
• 은행 인사내규상 결격사유에 해당되지 않은 자</td></tr>
<tr><td>서류심사</td><td>• (경영, 경제, 법, 전산) 채용예정인원의 20배수 내외 선발
(빅데이터, 공학) 채용예정인원의 15배수 내외 선발
• 평가항목: 지원동기 및 입행후계획, 역량개발노력, 자기소개 등
• 어학성적 충족여부 평가
– 지원서 작성시 기준점수 충족여부만 입력
– 기준점수 : TOEIC 750, NEW TEPS 358, TOEFL(iBT) 72, HSK 5급, JPT 800 (기타 어학성적 불인정)
*기준 점수를 충족하지 못하는 경우에도 “미충족” 선택하여 지원 가능
– 최근 2년 이내에 응시하고 접수마감일까지 발표한 국내 정기시험 성적만 인정</td></tr>
<tr><td>필기시험</td><td>• 채용예정인원의 3배수 내외 선발
<table>
<tr><th colspan="2">평가항목</th><th>시험과목</th></tr>
<tr><td rowspan="2">직무수행
능력</td><td>직무지식</td><td>– 경영, 경제, 법, 전산, 빅데이터(통계학 · 산업공학), 생명공학, 기계 · 자동차공학, 재료 · 신소재공학, 전기 · 전자공학 중 택1</td></tr>
<tr><td>논리적
사고력</td><td>– 일반시사논술</td></tr>
<tr><td colspan="2">직업기초능력</td><td>– NCS 직업기초능력평가
의사소통, 수리, 문제해결, 정보능력</td></tr>
</table>
• 필기시험 합격자 대상 온라인 방식 인성검사 실시</td></tr>
<tr><td>1차 면접</td><td>• 채용예정인원의 1.5배수 내외 선발
• 면접유형
<table>
<tr><th>채용분야</th><th>면접유형</th></tr>
<tr><td>경영, 경제, 법, 공학</td><td>– 직무능력면접, 심층토론, P/T면접, 팀과제수행</td></tr>
<tr><td>전산, 빅데이터</td><td>– 직무능력면접, P/T면접, 코딩역량평가</td></tr>
</table></td></tr>
<tr><td>2차 면접</td><td>• 임원면접</td></tr>
</table>

비 전

Smart Energy Creator, KEPCO

창조와 융합의 에너지로 새로운 미래가치를 창출하며
깨끗하고 편리한 에너지 세상을 열어가는 기업

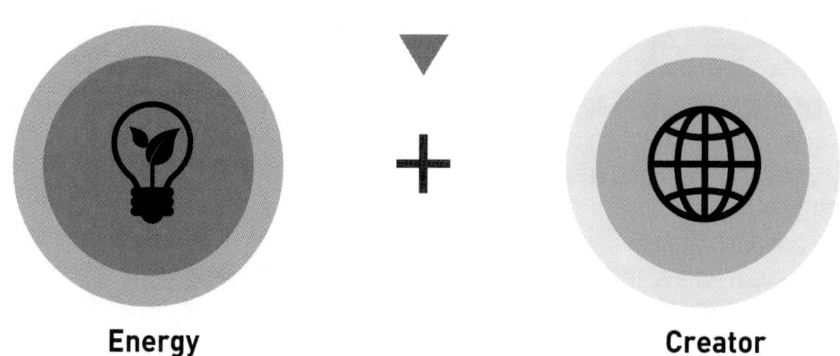

'Smart Energy'란 전력의 생산, 수송, 소비의 전 과정에 친환경 · ICT 기술을 결합하여 생산과 소비의 효율을 제고하고 새로운 가치를 창조하는 에너지를 의미합니다. 한전은 Smart Energy를 통해 고객에게는 편리하고 효율적인 에너지를 제공하고, 사회를 위한 더 나은 환경을 만드는 한편, 기업에게는 한전과의 협력을 통한 새로운 비즈니스 기회를 제공하여 새로운 수익과 일자리를 창출해나갈 것입니다.

기술과 가치의 융합이 거대한 시대의 물결로 다가오고 있습니다. 전력산업은 국가경제발전의 근간을 넘어 새로운 기술과 가치가 융합되는 가치창조의 핵심인프라가 될 것입니다. 한국전력은 기존 전력공급 서비스에서 한 차원 더 나아가, 새로운 서비스와 에너지 플랫폼을 통해 고객의 삶의 질을 높이는 기업, '1등'을 넘어 '에너지의 미래'를 이끄는 'First Mover한전으로 도약할 것입니다.

핵심가치

〈KEPCO인의 5개 핵심가치〉

- 미래지향(Future) 우리는 먼저 미래를 준비하고 나아간다.
- 도전혁신(Innovation) 우리는 먼저 변화와 혁신을 추구한다.
- 고객존중(Respect) 우리는 먼저 고객을 위한 가치를 만든다.
- 사회책임(Social Responsibility) 우리는 먼저 사회와 환경을 생각한다.
- 소통화합(Together) 우리는 먼저 소통하고 화합을 이룬다.

한국전력공사 채용안내

한국전력공사 채용 공고는 채용 회사의 사정에 따라 변경될 수 있으므로, 매 채용 시 마다 홈페이지에서 해당 공고문을 반드시 확인해야 한다.

한국전력공사

구 분		내 용
채용분야		대졸수준 채용 : 사무, 전기, ICT, 토목, 건축, 기계, 원자력
응시자격	학 력	해당 분야 전공자 또는 해당 분야 기사 이상 자격증 보유자 (단, 사무분야는 전공 제한 없음) 전기분야는 산업기사 이상
	연 령	제한 없음(단, 공사 정년에 도달한 자는 지원불가)
	외국어	• 대상 : 영어 등 8개 외국어 • 자격기준 : 외국어성적 환산 TOEIC 기준 700점 이상 • 유효성적 : 최근 2년 이내에 응시하고 접수마감일까지 발표한 국내 정기시험성적만 인정 ※ 해외학위자도 유효 외국어 성적을 보유해야 지원 가능함 ※ 고급자격증 보유자는 외국어성적 면제
	기 타	• 당사 인사관리규정 제11조 신규채용자의 결격사유가 없는 자 • 채용 즉시 근무가 가능한 자 • 병역 기피사실이 없는 자
전형절차		1차 서류전형(외국어성적, 자격증가점, 자기소개서)→2차 직무능력검사, 인성검사→3차 직무면접→4차 종합면접→최종 신체검사 및 신원조회
우대사항		• 고급자격증 보유자 : 1차 전형 면제, 2차 전형 10% 가점 – 변호사, 변리사, 공인노무사, 공인회계사, 세무사, AICPA, 기술사 • 비수도권 및 본사 이전지역 인재 – 비수도권 : 서류전형 2% 가점 / 이전지역 : 서류전형 3% 가점 • 기타 우대사항 – 취업지원대상자(국가보훈) : 1차 전형 면제, 단계별 5%/10% 가점 – 장애인 : 1차 전형 면제, 단계별 10% 가점 – 기초생활수급자 : 1차 전형 면제 – KEPCO 일렉스톤 경진대회 수상자 : 1차 전형 면제 또는 10% 가점(ICT 분야에 한함, 수상 후 3년 이내) – 한전 체험형 청년인턴 : 1차 전형 5%/10% 가점 – 한전 발명특허대전 입상자 : 1차 전형 면제 또는 10% 가점(수상 후 3년 이내) • 한전 전기공학 장학생 : 서류전형 면제(전기 분야에 한함, 졸업 후 3년 이내) ※ 어학성적 등 기본 지원자격 요건 구비 조건, 혜택이 중복되는 경우 최상위 1개만 인정

대표 유형 문제

각 영역을 대표하는 문제들을 추린 후 해설과 함께 실었습니다.

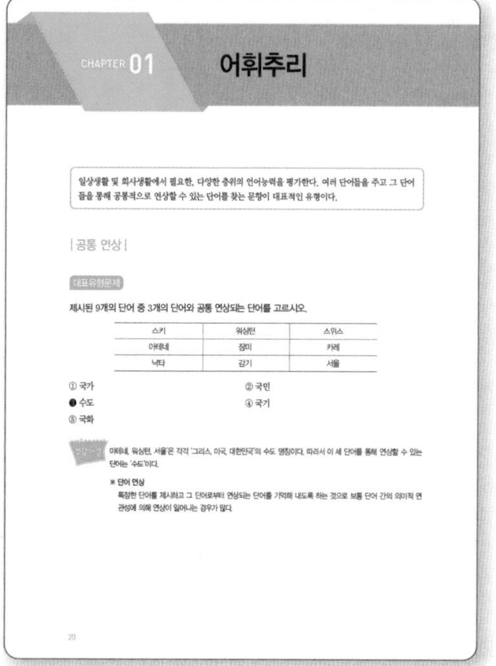

CHAPTER 01 어휘추리

일상생활 및 회사생활에서 필요한, 다양한 층위의 언어능력을 평가한다. 여러 단어들을 주고 그 단어들을 통해 공통적으로 연상할 수 있는 단어를 찾는 문항이 대표적인 유형이다.

| 공통 연상 |

대표유형문제

제시된 9개의 단어 중 3개의 단어와 공통 연상되는 단어를 고르시오.

스키	워싱턴	스위스
아테네	장미	카레
낙타	감기	서울

① 국가 ② 국민
❸ 수도 ④ 국기
⑤ 국화

정답해설 아테네, 워싱턴, 서울'은 각각 '그리스, 미국, 대한민국'의 수도 명칭이다. 따라서 이 세 단어를 통해 연상할 수 있는 단어는 '수도'이다.

※ 단어 연상
특정한 단어를 제시하고 그 단어로부터 연상되는 단어를 기억해 내도록 하는 것으로 보통 단어 간의 의미적 연관성에 의해 연상이 일어나는 경우가 많다.

20

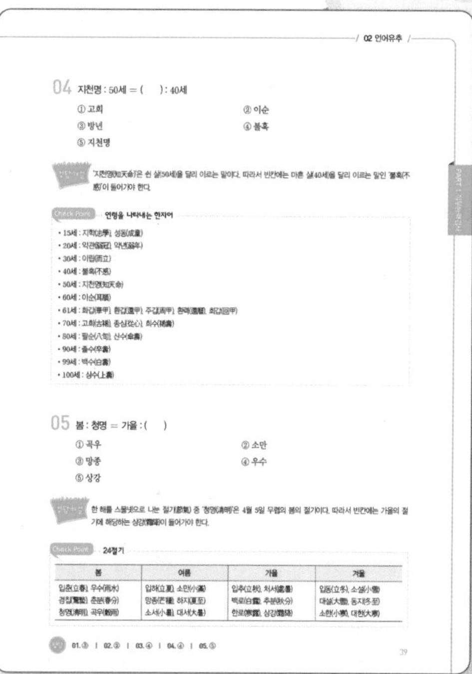

/ 02 언어유추 /

04 지천명 : 50세 = ( ) : 40세

① 고희 ② 이순
③ 방년 ④ 불혹
⑤ 지천명

정답해설 '지천명(知天命)'은 쉰 살(50세)을 달리 이르는 말이다. 따라서 빈칸에는 마흔 살(40세)을 달리 이르는 말인 '불혹(不惑)'이 들어가야 한다.

Check Point 연령을 나타내는 한자어

- 15세 : 지학(志學), 성동(成童)
- 20세 : 약관(弱冠), 약년(弱年)
- 30세 : 이립(而立)
- 40세 : 불혹(不惑)
- 50세 : 지천명(知天命)
- 60세 : 이순(耳順)
- 61세 : 화갑(華甲), 환갑(還甲), 주갑(周甲), 환력(還曆), 회갑(回甲)
- 70세 : 고희(古稀), 종심(從心), 희수(稀壽)
- 80세 : 팔순(八旬), 산수(傘壽)
- 90세 : 졸수(卒壽)
- 99세 : 백수(白壽)
- 100세 : 상수(上壽)

05 봄 : 청명 = 가을 : ( )

① 곡우 ② 소만
③ 망종 ④ 우수
⑤ 상강

정답해설 한 해를 스물넷으로 나눈 절기(節氣) 중 '청명(淸明)'은 4월 5일 무렵의 봄의 절기이다. 따라서 빈칸에는 가을의 절기에 해당하는 상강(霜降)이 들어가야 한다.

Check Point 24절기

봄	여름	가을	겨울
입춘(立春), 우수(雨水) 경칩(驚蟄), 춘분(春分) 청명(淸明), 곡우(穀雨)	입하(立夏), 소만(小滿) 망종(芒種), 하지(夏至) 소서(小暑), 대서(大暑)	입추(立秋), 처서(處暑) 백로(白露), 추분(秋分) 한로(寒露), 상강(霜降)	입동(立冬), 소설(小雪) 대설(大雪), 동지(冬至) 소한(小寒), 대한(大寒)

정답 01. ③ | 02. ② | 03. ④ | 04. ④ | 05. ⑤

39

핵심정리

해설 부분에서 문제에 대한 해설 뿐 아니라 그 문제와 관련된 이론 내용을 첨부하여 관련된 문제를 쉽게 이해하고 풀 수 있게 만들었습니다.

기초 응용문제

각 영역에서 반드시 알고 넘어가야 할 이론들을 토대로 한 다수의 기초문제와, 자주 출제되는 대표유형의 응용문제들을 실어 다양한 변수들에 적응할 수 있게 만들었습니다.

PART 3 실전모의고사

01 제시된 9개의 단어 중 3개의 단어와 공통 연상되는 단어를 고르면?

WHO	국회	기자
휘발유	AP	OPEC
감염병	오일달러	낙타

① 석유 ② 보건
③ 기후 ④ 인구
⑤ 방송

02 다음 중 ⓐ, ⓑ에 들어갈 단어가 순서대로 바르게 연결된 것은?

배우 : (ⓐ) = (ⓑ) : 촬영

① 노래, 가수 ② 연기, 카메라 감독
③ 연출, 작가 ④ 수술, 요리사
⑤ 영화, 사진

252

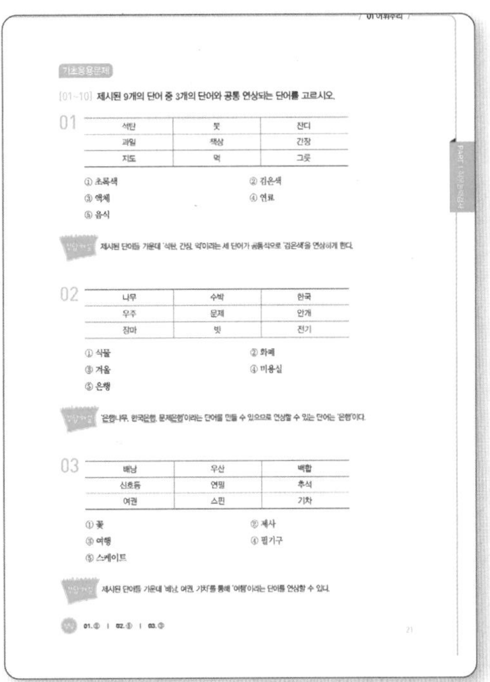

01 어휘추리

기초응용문제

[01~10] 제시된 9개의 단어 중 3개의 단어와 공통 연상되는 단어를 고르시오.

01

석탄	붓	잔디
과일	책상	간장
지도	먹	그릇

① 초록색 ② 검은색
③ 액체 ④ 연료
⑤ 음식

정답해설 제시된 단어들 가운데 '석탄, 간장, 먹'이라는 세 단어가 공통적으로 '검은색'을 연상하게 한다.

02

나무	수박	한국
우주	문제	안개
장마	빗	전기

① 식물 ② 화폐
③ 겨울 ④ 미용실
⑤ 은행

정답해설 '은행나무, 한국은행, 문제은행'이라는 단어를 만들 수 있으므로 연상할 수 있는 단어는 '은행'이다.

03

배낭	우산	백합
신호등	연필	추석
여권	스핀	기차

① 꽃 ② 제사
③ 여행 ④ 필기구
⑤ 스케이트

정답해설 제시된 단어들 가운데 '배낭, 여권, 기차'를 통해 '여행'이라는 단어를 연상할 수 있다.

정답 01.② | 02.⑤ | 03.③

21

실전모의고사

연습문제만 푸는 것 외에도 실전과 같은 모의고사를 통해 얻을 수 있는 경험이 있습니다. 실제 시험시간에 맞추어 문제를 풀어보세요.

CONTENTS

KEPCO JOB APTITUDE TEST

Part 01

직무기반
NCS 대표유형

CHAPTER 01

어휘추리

일상생활 및 회사생활에서 필요한, 다양한 층위의 언어능력을 평가한다. 여러 단어들을 주고 그 단어들을 통해 공통적으로 연상할 수 있는 단어를 찾는 문항이 대표적인 유형이다.

| 공통 연상 |

대표유형문제

제시된 9개의 단어 중 3개의 단어와 공통 연상되는 단어를 고르시오.

스키	워싱턴	스위스
아테네	장미	카레
낙타	감기	서울

① 국가　② 국민
❸ 수도　④ 국기
⑤ 국화

아테네, 워싱턴, 서울'은 각각 '그리스, 미국, 대한민국'의 수도 명칭이다. 따라서 이 세 단어를 통해 연상할 수 있는 단어는 '수도'이다.

※ 단어 연상
특정한 단어를 제시하고 그 단어로부터 연상되는 단어를 기억해 내도록 하는 것으로 보통 단어 간의 의미적 연관성에 의해 연상이 일어나는 경우가 많다.

기초응용문제

[01~10] 제시된 9개의 단어 중 3개의 단어와 공통 연상되는 단어를 고르시오.

01

석탄	붓	잔디
과일	책상	간장
지도	먹	그릇

① 초록색
② 검은색
③ 액체
④ 연료
⑤ 음식

제시된 단어들 가운데 '석탄, 간장, 먹'이라는 세 단어가 공통적으로 '검은색'을 연상하게 한다.

02

나무	수박	한국
우주	문제	안개
장마	빗	전기

① 식물
② 화폐
③ 겨울
④ 미용실
⑤ 은행

'은행나무, 한국은행, 문제은행'이라는 단어를 만들 수 있으므로 연상할 수 있는 단어는 '은행'이다.

03

배낭	우산	백합
신호등	연필	추석
여권	스핀	기차

① 꽃
② 제사
③ 여행
④ 필기구
⑤ 스케이트

제시된 단어들 가운데 '배낭, 여권, 기차'를 통해 '여행'이라는 단어를 연상할 수 있다.

01. ② | 02. ⑤ | 03. ③

04

낙엽	김치	저항
전류	마늘	골프
가뭄	호수	전압

① 한식
② 전기
③ 계절
④ 재해
⑤ 스포츠

'전류, 전압, 저항'을 통해 연상할 수 있는 단어는 '전기'이다.

- **전류** : 전선을 통해 흐르는 전기의 양의 나타내며, 암페어(A)라는 단위를 사용하여 표시한다.
- **전압** : 전류를 흐르게 하는 힘으로 전압이 높으면 흐르는 전기의 힘도 강해진다. 전압은 볼트(V)라는 단위를 사용한다.
- **저항** : 전기의 흐름을 어렵게 하는 방해 요소를 말한다. 저항이 작아 전기가 잘 흐르는 물질을 도체라고 하며, 저항이 커서 전기가 잘 흐르지 않는 물질을 부도체, 그 중간을 반도체라 한다.

05

추분	남원	생강
추임새	입하	탄산
경칩	후추	도솔가

① 조직
② 향가
③ 절기
④ 향신료
⑤ 판소리

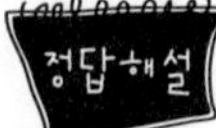

'추분, 입하, 경칩'은 한 해를 스물넷으로 나눈 '절기(節氣)'에 해당한다.

06

골대	젓가락	페달
괭이	배트	쟁기
삼태기	액자	나사

① 축구
② 야구
③ 식기
④ 자전거
⑤ 농기구

'괭이, 쟁기, 삼태기'는 농사일에 쓰이는 농기구이다.

07

럭비	망간	소철
테니스	리튬	닭
납축	오리	소나무

① 구기
② 화학전지
③ 가금류
④ 맹금류
⑤ 겉씨식물

'망간, 리튬, 납축'을 통해서 '화학전지'를 연상할 수 있다.

08

바퀴	전구	수레
컴퓨터	사과	영사기
축전기	전화	지렛대

① 벨(Bell)
② 뉴턴(Newton)
③ 에디슨(Edison)
④ 패러데이(Faraday)
⑤ 아인슈타인(Einstein)

'전구, 축전기, 영사기'는 에디슨(Edison)이 발명한 것들이다.

04. ② | 05. ③ | 06. ⑤ | 07. ② | 08. ③

09

페이스북	하둡	빅데이터
에니악	인스타그램	사진기
트위터	한글	계산기

① 참새
② 사전
③ SNS
④ 코끼리
⑤ 진공관

'페이스북(Facebook), 트위터(twitter), 인스타그램(Instagram)'은 SNS의 대표적인 사례이다.

• SNS(Social Network Services) : 특정한 관심이나 활동을 공유하는 사람들 사이의 관계망을 구축해 주는 온라인 서비스를 말한다.

10

꽃	도산서원	윤선도
홍명희	율도국	보리
도적	용비어천가	허균

① 임꺽정
② 전우치
③ 장길산
④ 홍길동
⑤ 신사임당

'율도국, 도적, 허균'을 통해서 '홍길동'을 유추할 수 있다.

• **홍길동** : 조선 연산군 때 충청도 일대를 중심으로 활약한 도적떼의 우두머리이다. 허균(許筠)이 지은 〈홍길동전(洪吉童傳)〉의 모델로 '임꺽정, 장길산'과 더불어 '조선 시대 3대 도적'으로 불린다.

Check Point **율도국(栗島國)**

〈홍길동전〉의 저자 허균이 설정한 이상 사회이다. 바다 건너 대양의 한 섬인 율도국은 적서 차별이나 탐관오리의 횡포가 없는 홍길동의 이상이 뿌리 내릴 수 있는 세계로 묘사되고 있다.

[01~10] 다음 제시된 단어와 비슷한 의미의 단어를 고르시오.

01 다름없다

① 다르다　　② 매한가지이다
③ 무뚝뚝하다　　④ 단단하다
⑤ 대신하다

• **다름없다** : 견주어 보아 같거나 비슷하다.
② **매한가지이다** : 결국 서로 같다.

02 능통하다

① 거침없다　　② 더부룩하다
③ 노력하다　　④ 조종하다
⑤ 빠르다

• **능통하다** : 사물의 이치에 훤히 통달하다.
① **거침없다** : 일이나 행동 따위가 중간에 걸리거나 막힘이 없다.

03 뚜렷하다

① 완만하다　　② 원만하다
③ 완연하다　　④ 온난하다
⑤ 바르다

• **뚜렷하다** : 엉클어지거나 흐리지 않고 아주 분명하다.

③ **완연하다** : 1. 눈에 보이는 것처럼 아주 뚜렷하다. 2. 모양이 서로 비슷하다.
① **완만하다** : 1. 움직임이 느릿느릿하다. 2. 경사가 급하지 않다.
② **원만하다** : 1. 성격이 모난 데가 없이 부드럽고 너그럽다. 2. 일의 진행이 순조롭다. 3. 서로 사이가 좋다.
④ **온난하다** : 날씨가 따뜻하다.
⑤ **바르다** : 1. 겉으로 보기에 비뚤어지거나 굽은 데가 없다. 2. 말이나 행동 따위가 사회적인 규범이나 사리에 어긋나지 아니하고 들어맞다. 3. 사실과 어긋남이 없다.

09. ③ | **10.** ④ | **01.** ② | **02.** ① | **03.** ③

04 상서롭다

① 불길하다
② 신비롭다
③ 신기하다
④ 길하다
⑤ 차갑다

상서롭다 : 복되고 길한 일이 일어날 조짐이 있다.

05 도모하다

① 꾀하다
② 그리다
③ 만들다
④ 이치에 맞다
⑤ 도망치다

• **도모하다(圖謀--)** : 어떤 일을 이루기 위하여 대책과 방법을 세우다.
① **꾀하다** : 어떤 일을 이루려고 뜻을 두거나 힘을 쓰다.

06 도외시하다

① 한적하다
② 무시하다
③ 세련되다
④ 서투르다
⑤ 경외하다

• **도외시하다(度外視--)** : 상관하지 아니하거나 무시하다.

07 곰살갑다

① 상냥하다
② 둔하다
③ 뚱뚱하다
④ 연마하다
⑤ 느리다

• **곰살갑다** : 성질이 보기보다 상냥하고 부드럽다.
④ **연마하다** : 1. 주로 돌이나 쇠붙이, 보석, 유리 따위의 고체를 갈고 닦아서 표면을 반질반질하게 하다. 2. 학문이나 기술 따위를 힘써 배우고 닦다.

08 짐짓

① 구태여　② 어쩌다
③ 뜨끔하다　④ 우연히
⑤ 점잖게

• **짐짓** : 마음으로는 그렇지 않으나 일부러 그렇게, 아닌 게 아니라 정말로
① **구태여** : 일부러 애써

09 골자

① 몸통　② 국자
③ 요지　④ 목차
⑤ 머리

• **골자** : 말이나 일의 내용에서 중심이 되는 줄기를 이루는 것
③ **요지** : 말이나 글 따위에서 핵심이 되는 중요한 내용

10 타성

① 타격　② 습관
③ 탄력　④ 함성
⑤ 충격

• **타성(惰性)** : 오래되어 굳어진 좋지 않은 버릇, 또는 오랫동안 변화나 새로움을 꾀하지 않아 나태하게 굳어진 습성
② **습관(習慣)** : 어떤 행위를 오랫동안 되풀이하는 과정에서 저절로 익혀진 행동방식

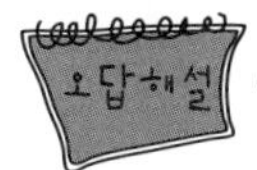

① **타격(打擊)** : 1. 때려 침 2. 어떤 일에서 크게 기가 꺾이거나 손해 · 손실을 봄 3. 야구에서, 투수가 던진 공을 배트로 치는 일

정답 04. ④ | 05. ① | 06. ② | 07. ① | 08. ① | 09. ③ | 10. ②

대표유형문제

다음 제시된 단어와 반대 의미의 단어를 고르시오.

준엄하다

① 흐릿하다
② 어기다
③ 명확하다
❹ 해이하다
⑤ 분명하다

• **준엄하다** : 1. 조금도 타협함이 없이 매우 엄격하다. 2. 형편이 매우 어렵고 엄하다.
④ **해이하다** : 긴장이나 규율 따위가 풀려 마음이 느슨하다.

[01~15] 다음 제시된 단어와 반대 의미의 단어를 고르시오.

01 삭감하다

① 어릿하다
② 첨가하다
③ 극감하다
④ 빠듯하다
⑤ 부식되다

• **삭감하다** : 깎아서 줄이다. ㊌ 극감하다
② **첨가하다** : 이미 있는 것에 덧붙이거나 보태다.

02 완만하다

① 급격하다
② 혼란하다
③ 훌륭하다
④ 변변하다
⑤ 느리다

• **완만하다** : 1. 움직임이 느릿느릿하다. 2. 경사가 급하지 않다.
① **급격하다** : 변화의 움직임 따위가 급하고 격렬하다.

03 유한하다

① 무도하다
② 무구하다
③ 거붓하다
④ 다랍다
⑤ 한량없다

• **유한하다** : 수(數), 양(量), 공간, 시간 따위에 일정한 한도나 한계가 있다.
⑤ **한량없다** : 끝이나 한이 없다.

① **무도하다** : 말이나 행동이 인간으로서 지켜야 할 도리에서 어긋나서 막되다.
② **무구하다** : 1. 때가 묻지 않고 맑고 깨끗하다. 2. 꾸밈없이 자연 그대로 순박하다.
③ **거붓하다** : 조금 가벼운 듯하다.
④ **다랍다** : 1. 때나 찌꺼기 따위가 있어 조금 지저분하다. 2. 언행이 순수하지 못하거나 조금 인색하다.

04 광의

① 주의
② 항의
③ 동의
④ 협의
⑤ 유의

• **광의(廣義)** : 어떤 말의 개념을 정의할 때에, 넓은 의미
④ **협의(狹義)** : 어떤 말의 개념을 정의할 때에, 좁은 의미

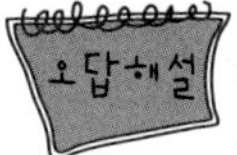

① **주의(主義)** : 굳게 지키는 주장이나 방침
② **항의(抗議)** : 못마땅한 생각이나 반대의 뜻을 주장함
③ **동의(同意)** : 1. 같은 의미 2. 의사나 의견을 같이함
⑤ **유의(留意)** : 마음에 새겨 두어 조심하며 관심을 가짐

정답 **01.** ② | **02.** ① | **03.** ⑤ | **04.** ④

05 영겁

① 만년 ② 찰나
③ 영원 ④ 천추
⑤ 춘추

• 영겁(永劫) : 영원한 세월
② **찰나(刹那)** : 매우 짧은 시간

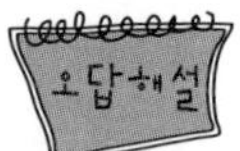

① **만년(萬年)** : 오랜 세월
④ **천추(千秋)** : 오래고 긴 세월. 또는 먼 미래
⑤ **춘추(春秋)** : 1. 봄가을 2. '해'를 문어적으로 이르는 말 3. 어른의 나이를 높여 이르는 말

06 유별나다

① 유난스럽다 ② 다르다
③ 특별나다 ④ 범상하다
⑤ 별스럽다

• **유별나다** : 보통의 것과 아주 다르다.
④ **범상하다** : 중요하게 여길 만하지 아니하고 평범하다.

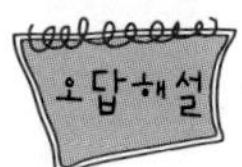

① **유난스럽다** : 언행이나 상태가 보통과 달리 특별한 데가 있다.

07 정밀하다

① 자세하다 ② 치밀하다
③ 조악하다 ④ 주접대다
⑤ 세밀하다

• **정밀하다** : 아주 정교하고 치밀하여 빈틈이 없고 자세하다.
③ **조악하다** : 거칠고 나쁘다.

④ **주접대다** : 1. 음식 따위에 대하여 지나치게 욕심을 부리는 짓을 자꾸 하다. 2. 추하고 염치없는 짓을 자꾸 하다.

08 집중

① 몰두 ② 분산
③ 타락 ④ 탈선
⑤ 파산

• **집중(集中)** : 1. 한곳을 중심으로 하여 모임. 또는 그렇게 모음. 2. 한 가지 일에 모든 힘을 쏟아부음
② **분산(分散)** : 갈라져 흩어짐

① **몰두(沒頭)** : 어떤 일에 온 정신을 다 기울여 열중함
④ **탈선(脫線)** : 1. 기차나 전차의 바퀴가 선로를 벗어남 2. 말이나 행동 따위가 나쁜 방향으로 빗나감 3. 목적 이외의 딴 길로 빠짐

09 재다

① 굼뜨다 ② 측정하다
③ 애쓰다 ④ 기다
⑤ 얌전하다

• **재다** : 1. 동작이 재빠르다. 2. 참을성이 모지라 입놀림이 가볍다. 3. 온도에 대한 물건의 반응이 빠르다.
① **굼뜨다** : 동작, 진행 과정 따위가 답답할 만큼 매우 느리다. ㊞ 살이 많이 쪄서 동작이 굼뜨다.

10 일몰(日沒)

① 석양(夕陽) ② 일출(日出)
③ 황혼(黃昏) ④ 나절
⑤ 어스름

• **일몰** : 해가 짐
② **일출** : 해가 뜸

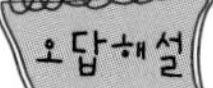

① **석양** : 저녁때의 햇빛, 또는 저녁때의 저무는 해
③ **황혼** : 해가 지고 어스름해질 때 또는 그때의 어스름한 빛
④ **나절** : 하룻날의 절반쯤 되는 동안
⑤ **어스름** : 조금 어둑한 상태

정답 **05.** ② | **06.** ④ | **07.** ③ | **08.** ② | **09.** ① | **10.** ②

11 촘촘하다

① 큼직하다
② 조밀하다
③ 꼼꼼하다
④ 바지런하다
⑤ 성기다

• **촘촘하다** : 틈이나 간격이 매우 좁거나 작다.
⑤ **성기다** : 물건의 사이가 뜨다.

오답해설

① **큼직하다** : 꽤 크다.
② **조밀하다** : 촘촘하고 빽빽하다.
③ **꼼꼼하다** : 빈틈이 없이 차분하고 조심스럽다.
④ **바지런하다** : 놀지 아니하고 하는 일에 꾸준하다.

12 번잡(煩雜)

① 조야(粗野)
② 잡무(雜務)
③ 해고(解雇)
④ 간결(簡潔)
⑤ 정리(正理)

• **번잡** : 번거롭고 뒤섞여 어수선함
④ **간결** : 간단하고 깔끔함

오답해설

① **조야** : 말이나 행동 따위가 거칠고 천함
② **잡무** : 온갖 자질구레한 일
⑤ **정리** : 올바른 도리

13 길항(拮抗)

① 상충(相衝)
② 대치(對峙)
③ 조화(調和)
④ 혼란(混亂)
⑤ 상쇄(相殺)

• **길항** : 서로 버티어 대항함
③ **조화** : 대립이나 어긋남이 없이 서로 잘 어울림 예 주위와 조화를 이룬 건조물

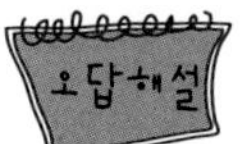

① **상충** : 서로 맞지 않고 어긋남
④ **혼란** : 뒤죽박죽이 되어 어지럽고 질서가 없음
⑤ **상쇄** : 상반되는 것끼리 서로 영향을 주어 효과가 없어지는 일

14 반역(反逆)

① 순응(順應)
② 소속(所屬)
③ 귀순(歸順)
④ 모반(謀反)
⑤ 모의(謀議)

• **반역** : 배반하여 돌아섬
③ **귀순** : 반항하거나 반역하려는 마음을 버리고 스스로 돌아서서 따라오거나 복종함

① **순응** : 환경이나 변화에 익숙해짐
④ **모반** : 배반을 꾀함
⑤ **모의** : 어떤 일을 꾀하고 의논함

정답 **11.** ⑤ | **12.** ④ | **13.** ③ | **14.** ③

15 알쏭하다

① 뚜렷하다
② 획기적이다
③ 기연미연하다
④ 상막하다
⑤ 확고하다

• **알쏭하다** : 그런 것 같기도 하고 그렇지 않은 것 같기도 하여 분간하기 어렵다.
① **뚜렷하다** : 엉클어지거나 흐리지 않고 아주 분명하다.

② **획기적이다** : 어떤 과정이나 분야에서 전혀 새로운 시기를 열어 놓을 만큼 뚜렷이 구분되다.
③ **기연미연하다** : 그런지 그렇지 않은지 분명하지 않다.
④ **상막하다** : 기억이 분명하지 않고 아리송하다.
⑤ **확고하다** : 태도나 상황 따위가 튼튼하고 굳다.

[16~21] 다음에 제시된 풀이와 상반된 의미를 지닌 단어를 고르시오.

16 태도가 정다운 맛이 없고 차갑다.

① 관여하다
② 기여하다
③ 냉정하다
④ 다랍다
⑤ 온화하다

• **냉정하다** ㊥ 야박하다, 몰인정하다, 싸늘하다
⑤ **온화하다** : 성격, 태도 따위가 온순하고 부드럽다.

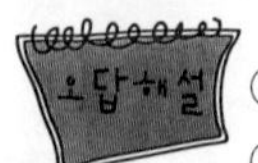

① **관여하다** : 어떤 일에 관계하여 참여하다.
② **기여하다** : 도움이 되도록 이바지하다.
③ **냉정하다** : 생각이나 행동이 감정에 좌우되지 않고 침착하다.
④ **다랍다** : 1. 때나 찌꺼기 따위가 있어 조금 지저분하다. 2. 언행이 순수하지 못하거나 조금 인색하다.

17 어떤 한도에 이르거나 미치지 못하다.

① 부족하다
② 뒤처지다
③ 초과하다
④ 극복하다
⑤ 성사하다

• **미달하다** ㉠ 지원자가 예정 인원에 미달하다.
③ **초과하다** : 일정한 수나 한도 따위가 넘어가다.

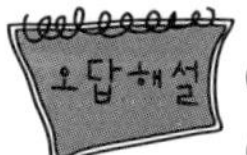

① **부족하다** : 필요한 양이나 기준에 미치지 못해 충분하지 아니하다.
② **뒤처지다** : 어떤 수준이나 대열에 들지 못하고 뒤로 처지거나 남게 되다.
④ **극복하다** : 악조건이나 고생 따위를 이겨 내다.
⑤ **성사하다** : 일이 이루어지다. 또는 일을 이루다.

18 어떤 행동이나 견해, 제안 따위가 옳거나 좋다고 판단하여 수긍하다.

① 일치하다
② 제외하다
③ 포함하다
④ 파악하다
⑤ 반대하다

• **찬성하다** ㉡ 동의하다, 동조하다
⑤ **반대하다** : 어떤 행동이나 견해, 제안 따위에 따르지 않고 맞서 거스르다.

19 전에 없던 것을 처음으로 만들다.

① 지어내다
② 모방하다
③ 관찰하다
④ 인도하다
⑤ 작성하다

• **창조하다** ㉠ 이현은 작가가 창조한 인물이다.
② **모방하다** : 다른 것을 본뜨거나 본받다.

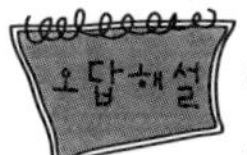

① **지어내다** : 없는 사실을 만들거나 꾸며내다.
③ **관찰하다** : 사물이나 현상을 주의하여 자세히 살펴보다.
④ **인도하다** : 이끌어 지도하다. 길이나 장소를 안내하다.
⑤ **작성하다** : 서류, 원고 따위를 만들다.

15. ① | **16.** ⑤ | **17.** ③ | **18.** ⑤ | **19.** ②

20 글을 소리 내어 읽음

① 음독 ② 정독

③ 통독 ④ 묵독

⑤ 숙독

• 낭독(朗讀)

④ **묵독(默讀)** : 소리를 내지 않고 속으로 글을 읽음

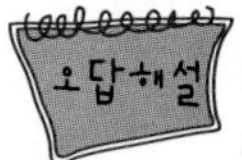

① **음독(音讀)** : 1. 글 따위를 소리 내어 읽음 2. 한자를 음으로 읽음

② **정독(精讀)** : 뜻을 새겨 가며 자세히 읽음

③ **통독(通讀)** : 처음부터 끝까지 훑어 읽음

⑤ **숙독(熟讀)** : 1. 글을 익숙하게 잘 읽음 2. 글의 뜻을 잘 생각하면서 하나하나 읽음

21 아무런 인과 관계가 없이 뜻하지 않게 일어난 일

① 본연 ② 뜻밖

③ 필연 ④ 결과

⑤ 불의

• 우연(偶然)

③ **필연(必然)** : 1. 사물의 관련이나 일의 결과가 반드시 그렇게 될 수밖에 없음 2. 틀림없이 꼭

① **본연(本然)** : 1. 인공을 가하지 아니한 본디 그대로의 자연 2. 본디 생긴 그대로의 타고난 상태

② **뜻밖** : 전혀 생각이나 예상을 하지 못함

④ **결과(結果)** : 어떤 원인으로 결말이 생김

⑤ **불의(不意)** : 미처 생각하지 못했던 판

CHAPTER 02

언어유추

단어 간의 관계를 유추하는 유형으로 대개 제시된 두 단어 간의 관계를 파악하고, 이와 유사한 관계를 만들 수 있는 단어를 선택하는 문제가 출제된다.

대표유형문제

단어의 상관관계를 이해한 뒤 빈칸에 들어갈 알맞은 단어를 고르시오.

상냥하다 : (　　) = 관대하다 : 옹졸하다

❶ 데면데면하다　　② 싹싹하다
③ 나긋나긋하다　　④ 온화하다
⑤ 사분사분하다

'관대하다'와 '옹졸하다'는 반의관계에 있는 단어이다. 따라서 빈칸에는 '상냥하다'의 반대말인 '데면데면하다'가 들어가는 것이 적절하다.

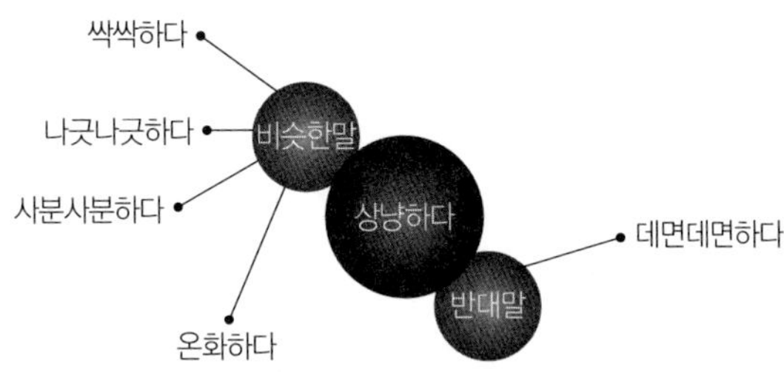

- **데면데면하다** : 1. 사람을 대하는 태도가 친밀감이 없이 예사롭다. 2. 성질이 꼼꼼하지 않아 행동이 신중하거나 조심스럽지 아니하다.
- **관대하다(寬大--)** : 마음이 너그럽고 크다.
- **옹졸하다(壅拙--)** : 성품이 너그럽지 못하고 생각이 좁다.

②, ③, ④, ⑤ '상냥하다'와 비슷한 의미를 가진 말들이다.

※ 제시된 단어 쌍 간의 관계가 동일해지도록 빈칸에 들어갈 적절한 단어를 고르는 유형이다. 유의관계, 반의관계, 상하관계, 상대관계 등 다양한 관계가 제시되므로 신속한 문제 풀이를 위해서는 탄탄한 어휘력이 반드시 요구된다.

정답 20. ④ | 21. ③

기초응용문제

[01~16] 단어의 상관관계를 이해한 뒤 빈칸에 들어갈 알맞은 단어를 고르시오.

01 호젓하다 : (　　) = 보조개 : 볼우물

① 대꾼하다　② 대살지다
③ 후미지다　④ 담숙하다
⑤ 폭신하다

'보조개'는 말하거나 웃을 때에 두 볼에 움푹 들어가는 자국으로 '볼우물'이라고도 한다. 따라서 빈칸에는 '호젓하다'와 비슷한 말인 '후미지다'가 들어가야 한다.

- **호젓하다** : 1. 후미져서 무서움을 느낄 만큼 고요하다. 2. 매우 홀가분하여 쓸쓸하고 외롭다. ㊐ 후미지다, 쓸쓸하다, 고적하다, 단출하다, 홀가분하다, 소슬하다, 한적하다

02 진보 : 보수 = 창조 : (　　)

① 창출　② 답습
③ 향상　④ 창성
⑤ 퇴보

'진보(進步)'와 '보수(保守)'는 반의관계의 단어이다. 따라서 빈칸에는 '창조(創造)'의 반대말인 '답습(踏襲)'이 들어가야 한다.

② **답습(踏襲)** : 예로부터 해 오던 방식이나 수법을 좇아 그대로 행함을 이르는 말이다. ㊐ 흉내, 모방, 모의

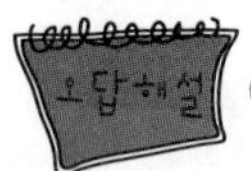

⑤ **퇴보(退步)** : 1. 뒤로 물러감. 2. 정도나 수준이 이제까지의 상태보다 뒤떨어지거나 못하게 됨 ㊐ 퇴화, 후퇴

03 네티즌 : 누리꾼 = 팁 : (　　)

① 누리집　② 길잡이
③ 꾸밈말　④ 도움말
⑤ 본보기상

'누리꾼'은 외래어인 '네티즌(netizen)'을 알기 쉬운 우리말로 바꾼 순화어이다. 따라서 빈칸에는 '팁(tip)'의 순화어인 '도움말'이 들어가는 것이 적절하다.

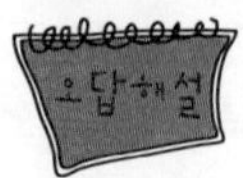

① '누리집'은 '인터넷 홈페이지(internet homepage)'의 순화어이다.

04 지천명 : 50세 = ( ) : 40세

① 고희
② 이순
③ 방년
④ 불혹
⑤ 지천명

'지천명(知天命)'은 쉰 살(50세)을 달리 이르는 말이다. 따라서 빈칸에는 마흔 살(40세)을 달리 이르는 말인 '불혹(不惑)'이 들어가야 한다.

Check Point 연령을 나타내는 한자어

- 15세 : 지학(志學), 성동(成童)
- 20세 : 약관(弱冠), 약년(弱年)
- 30세 : 이립(而立)
- 40세 : 불혹(不惑)
- 50세 : 지천명(知天命)
- 60세 : 이순(耳順)
- 61세 : 화갑(華甲), 환갑(還甲), 주갑(周甲), 환력(還曆), 회갑(回甲)
- 70세 : 고희(古稀), 종심(從心), 희수(稀壽)
- 80세 : 팔순(八旬), 산수(傘壽)
- 90세 : 졸수(卒壽)
- 99세 : 백수(白壽)
- 100세 : 상수(上壽)

05 봄 : 청명 = 가을 : ( )

① 곡우
② 소만
③ 망종
④ 우수
⑤ 상강

한 해를 스물넷으로 나눈 절기(節氣) 중 '청명(淸明)'은 4월 5일 무렵의 봄의 절기이다. 따라서 빈칸에는 가을의 절기에 해당하는 상강(霜降)이 들어가야 한다.

Check Point 24절기

봄	여름	가을	겨울
입춘(立春), 우수(雨水) 경칩(驚蟄), 춘분(春分) 청명(淸明), 곡우(穀雨)	입하(立夏), 소만(小滿) 망종(芒種), 하지(夏至) 소서(小暑), 대서(大暑)	입추(立秋), 처서(處暑) 백로(白露), 추분(秋分) 한로(寒露), 상강(霜降)	입동(立冬), 소설(小雪) 대설(大雪), 동지(冬至) 소한(小寒), 대한(大寒)

01. ③ | 02. ② | 03. ④ | 04. ④ | 05. ⑤

06 눈 : (　　) = 카메라 : 렌즈

① 망막
② 홍채
③ 동공
④ 수정체
⑤ 모양체

우리 신체 기관인 '눈'에서 카메라의 렌즈와 같이 빛을 모아주는 역할을 하는 것은 '수정체'이다.

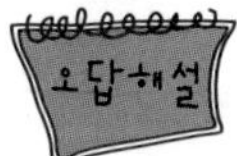

① '망막'은 필름과 같이 영상이 맺힌다.
② '홍채'는 카메라의 조리개와 같이 빛의 양을 조절하는 역할을 한다.

07 브라질 월드컵 : (　　) = 한일 월드컵 : 피버노바

① 자불라니
② 브라주카
③ 트리콜로
④ 팀가이스트
⑤ 아즈테카

'피버노바(Fevernova)'는 2002년 한일 월드컵의 공인구 명칭이다. 따라서 빈칸에 들어갈 단어는 2014년 브라질 월드컵의 공인구 명칭인 '브라주카(Brazuca)'이다.

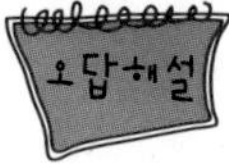

① 2010 남아공 월드컵의 공인구 명칭이다.
③ 1998 프랑스 월드컵의 공인구 명칭이다.
④ 2006 독일 월드컵의 공인구 명칭이다.
⑤ 1986 멕시코 월드컵의 공인구 명칭이다.

08 스티브잡스 : 애플 = 마크 주커버그 : (　　)

① SNS
② SMS
③ 트위터
④ 페이스북
⑤ 마이스페이스

스티브 잡스(Steve Jobs)는 컴퓨터 소프트웨어와 개인용 컴퓨터를 생산하는 애플사(Apple Inc.)의 공동설립자이다. 또한 마크 주커버그(Mark Zuckerberg)는 소셜 네트워크서비스인 페이스북(Facebook)의 공동설립자이자 최고경영자이므로 빈칸에 들어갈 단어는 페이스북이다.

09 우수리 : 잔돈 = 도롱이 : (　　)

① 등불　② 함정
③ 신발　④ 비옷
⑤ 장작

'우수리'는 물건 값을 제하고 거슬러 받는 잔돈을 뜻하는 우리말이다. 또한 '도롱이'는 짚, 띠 따위로 엮어 허리나 어깨에 걸쳐 두르는 비옷을 뜻하는 말이다.

10 시계 : 시침 = 단어 : (　　)

① 구　② 절
③ 문장　④ 형태소
⑤ 띄어쓰기

시침은 시계의 구성요소이다. 따라서 빈칸에는 단어의 구성요소인 형태소가 들어가야 한다.

Check Point --- **언어 형식 단위**

문장(文章) > 절(節) > 구(句) > 단어(單語) > 형태소(形態素) > 음운(音韻)

11 식혜 : 엿기름 = 막걸리 : (　　)

① 누룩　② 발효
③ 소주　④ 가자미
⑤ 수정과

식혜는 엿기름의 당화 효소를 이용해서 만드는 전통음료이다. 또한 막걸리는 찹쌀 · 멥쌀 · 보리 · 밀가루 등을 쪄서 누룩과 물을 섞은 후에 발효시킨 한국 고유의 술이다.

정답 06. ④ | 07. ② | 08. ④ | 09. ④ | 10. ④ | 11. ①

12 삼강 : 군위신강 = 오륜 : (　　)

① 입신양명
② 군신유의
③ 치양지설
④ 부위부강
⑤ 거경궁리

• 삼강(三綱) : 군위신강(君爲臣綱), 부위자강(父爲子綱), 부위부강(夫爲婦綱)
• 오륜(五倫) : 부자유친(父子有親), 군신유의(君臣有義), 부부유별(夫婦有別), 장유유서(長幼有序), 붕우유신(朋友有信)

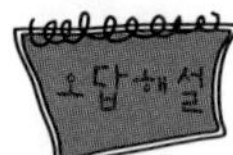

① **입신양명(立身揚名)** : 출세하여 이름을 세상에 떨침을 이르는 말이다.

13 화백회의 : 신라 = 제가회의 : (　　)

① 부여
② 백제
③ 발해
④ 고조선
⑤ 고구려

화백회의는 신라의 귀족 대표자 회의이며, 제가회의는 고구려 때 국가의 정책을 심의하고 의결하던 귀족회의이다.

14 앤디 워홀 : (　　) = 백남준 : 비디오아트

① 팝아트
② 옵아트
③ 그래피티
④ 미니멀리즘
⑤ 키네틱 아트

백남준은 비디오아트(video art)의 선구자이며, 앤디 워홀(Andy Warhol)은 미국 팝아트(pop art)의 선구자이다.

① **팝아트(pop art)** : 일상에서 자주 쓰이는 대중적인 상품의 이미지에서 제재를 찾았던 미술이다.

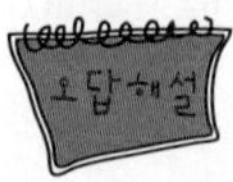

② **옵아트(optical art)** : 추상적 무늬와 색상을 반복하여 표현함으로써 실제로 화면이 움직이는 듯한 착각을 일으키게 하는 미술이다.

④ **미니멀리즘(minimalism)** : 되도록 소수의 단순한 요소로 최대 효과를 이루려는 사고방식이다.

⑤ **키네틱 아트(kinetic art)** : 어떠한 수단이나 방법에 의하여 움직임을 나타내는 작품의 총칭이다.

15 한약 : 제 = 바늘 : (　　)

① 쌈
② 쾌
③ 접
④ 타래
⑤ 아름

'제'는 한약을 세는 단위로 탕약 스무 첩이 한 제이고, '쌈'은 바늘을 세는 단위로 바늘 스물 네 개가 한 쌈이다.

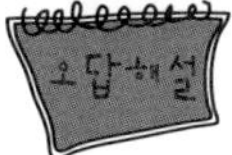

② **쾌** : 1. 북어를 묶어 세는 단위로 한 쾌는 북어 스무 마리를 이른다. 2. 엽전을 묶어 세던 단위로 한 쾌는 엽전 열 냥을 이른다.
③ **접** : 채소나 과일 따위를 묶어 세는 단위로 한 접은 채소나 과일 백 개를 이른다.
④ **타래** : 사리어 뭉쳐 놓은 실이나 노끈 따위의 뭉치를 세는 단위이다.
⑤ **아름** : 1. 둘레의 길이를 나타내는 단위이다. 2. 두 팔을 둥글게 모아 만든 둘레 안에 들 만한 분량을 세는 단위이다.

16 호모 사피엔스 : 지혜 = 호모 루덴스 : (　　)

① 불
② 손
③ 유희
④ 언어
⑤ 직립

호모 사피엔스(Homo Sapiens)는 '지혜가 있는 사람'이라는 의미이며, 호모 루덴스(Homo Ludens)는 '유희의 인간'이라는 의미이다.

정답 12. ② | 13. ⑤ | 14. ① | 15. ① | 16. ③

대표유형문제

다음 중 ⓐ, ⓑ에 들어갈 단어가 순서대로 바르게 연결된 것을 고르시오.

영겁 : 찰나 = (ⓐ) : (ⓑ)

❶ 고의, 과실
② 공헌, 기여
③ 짐짓, 일부러
④ 효용, 효능
⑤ 틀, 얼개

'영겁(永劫)'과 '찰나(刹那)'는 반의어관계이다. 따라서 ⓐ와 ⓑ에는 반의어관계인 '고의(故意)'와 '과실(過失)'이 들어가야 한다.

- **영겁(永劫)** : 영원한 세월을 이르는 말이다.
- **찰나(刹那)** : 매우 짧은 시간을 이르는 말이다.

① **고의(故意)** : 일부러 하는 생각이나 태도를 이르는 말이다.
과실(過失) : 부주의나 태만 따위에서 비롯된 잘못이나 허물을 이르는 말이다.

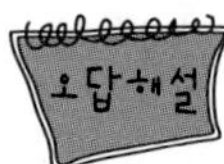

②, ③, ④, ⑤ 모두 유의어관계이다.

- **얼개** : 어떤 사물이나 조직의 전체를 이루는 짜임새나 구조를 이르는 말이다. ㊜ 골자, 짜임, 구조, 뼈대

※ 빈칸이 하나만 제시되는 단어의 상관관계보다 심화된 유형이다.

[01~12] 다음 중 ⓐ, ⓑ에 들어갈 단어가 순서대로 바르게 연결된 것을 고르시오.

01 (ⓐ) : 도토리 = 송편 : (ⓑ)

① 밤, 소
② 쌀, 견과류
③ 떡갈나무, 솔잎
④ 떡, 전병
⑤ 도토리묵, 멥쌀가루

음식과 그 재료의 관계가 되기 위해서는 ⓐ에는 '도토리묵'이 ⓑ에는 '멥쌀가루'가 들어가는 것이 적절하다.

- **도토리묵** : 도토리의 앙금을 되게 쑤어 굳힌 음식이다.
- **송편** : 멥쌀가루를 반죽하여 팥, 콩, 밤, 대추, 깨 따위로 소를 넣고 반달이나 모시조개 모양으로 빚어서 솔잎을 깔고 찐 떡으로 흔히 추석 때 빚는다.

02 베니스 영화제 : 황금사자상 = (ⓐ) : (ⓑ)

① 칸 국제영화제, 황금종려상
② 베를린 국제영화제, 황금종려상
③ 로카르노 영화제, 황금곰상
④ 모스크바 영화제, 금표범상
⑤ 로테르담 영화제, 라이온상

베니스 영화제의 그랑프리는 '황금사자상'이며, 칸 국제영화제의 그랑프리는 '황금종려상'이다.

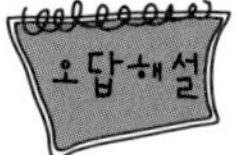

② 베를린 국제영화제의 그랑프리는 '금곰상'이다.
③ 로카르노 영화제의 그랑프리는 '금표범상'이다.
④ 모스크바 영화제의 그랑프리는 '금게오르기'이다.
⑤ 로테르담 영화제의 그랑프리는 '타이거상'이다.

03 새벽 : (ⓐ) = 저녁 : (ⓑ)

① 석양, 땅거미
② 갓밝이, 해거름
③ 땅거미, 달구리
④ 해름, 갓밝이
⑤ 해넘이, 땅거미

'갓밝이'는 날이 막 밝을 무렵 즉, 새벽을 이르는 말이다. 또한 '해거름(해름)'은 해가 서쪽으로 넘어가는 때인 저녁을 이르는 말이다.

- **땅거미** : 해가 진 뒤 어스레한 상태. 또는 그런 때를 이르는 말이다.
- **달구리** : 이른 새벽의 닭이 울 때를 이르는 말이다.
- **해넘이** : 해가 막 넘어가는 때. 또는 그런 현상을 이르는 말이다.

정답 **01.** ⑤ | **02.** ① | **03.** ②

04 경제협력개발기구 : OECD = (ⓐ) : (ⓑ)

① OPEC, 국제노동기구
② 세계기상기구, WHO
③ 국제원자력기구, IAEA
④ WMO, OPEC
⑤ WMO, 세계무역기구

OECD는 경제협력개발기구[Organisation for Economic Co-operation and Development]의 약자이다. 따라서 ⓐ와 ⓑ에는 국제원자력기구[International Atomic Energy Agency]와 그 약자인 IAEA가 순서대로 들어가는 것이 적절하다.

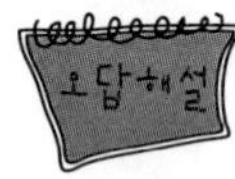

- 국제노동기구 [ILO, International Labour Organization]
- 세계기상기구 [WMO, World Meteorological Organization]
- 세계무역기구 [WTO, World Trade Organization]

05 학생 : (ⓐ) = 환자 : (ⓑ)

① 교사, 의사
② 대학생, 의사
③ 공부, 주사
④ 진료, 진단
⑤ 학교, 복용

교사는 학생을 가르치는 역할을 하고, 의사는 환자를 진료하는 역할을 한다.

06 도로(道路) : 국도(國道) = (ⓐ) : (ⓑ)

① 스승, 제자
② 우측, 좌측
③ 부모, 자녀
④ 남편, 아내
⑤ 다각형, 사각형

'도로(道路)'와 '국도(國道)'는 상하관계이므로 ⓐ와 ⓑ에는 '다각형'과 '사각형'이 들어가는 것이 적절하다.

- **국도(國道)** : 나라에서 직접 관리하는 도로로 고속 국도와 일반 국도가 있다.
- **다각형** : 셋 이상의 직선으로 둘러싸인 평면 도형으로 삼각형, 사각형, 오각형 등이 포함된다.

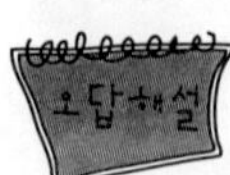

①, ②, ③, ④ 어떤 의미를 보다 명확하게 하기 위하여 대응되는 상대(相對)관계에 해당한다.

07 (ⓐ) : 올랭피아 = (ⓑ) : 타히티의 여인들

① 마네, 고갱
② 르네상스, 바로크
③ 프랑스, 인상파
④ 회화, 조소
⑤ 해바라기, 게르니카

〈올랭피아〉는 프랑스의 화가 마네의 작품이고, 〈타히티의 여인들〉은 프랑스의 화가 고갱의 작품이다.

Check Point --- **인상파**

19세기 후반 프랑스에서 활동한 인상주의를 신봉한 유파이다. 표현 대상의 고유한 색채보다 원색의 강렬한 색감으로 표출하였다.

08 이순신 : (ⓐ) = 권율 : (ⓑ)

① 좌수사, 통신사
② 임진왜란, 병자호란
③ 살수대첩, 귀주대첩
④ 한산대첩, 행주대첩
⑤ 거북선, 난중일기

'한산대첩(한산도대첩)'은 조선 선조 25년(1592)에 한산도 앞바다에서 이순신 장군이 왜군과 싸워 크게 이긴 전투이다. 또한 '행주대첩'은 조선 선조 26년(1593)에 전라도 순찰사 권율이 행주산성에서 왜적을 크게 물리친 전투이다.

- **임진왜란 3대첩** : 한산도대첩(이순신), 행주대첩(권율), 진주성대첩(김시민)

정답 04. ③ | 05. ① | 06. ⑤ | 07. ① | 08. ④

09 노르웨이 : (ⓐ) = (ⓑ) : 마드리드

① 리스본, 네덜란드
② 뭉크, 그리그
③ 오슬로, 에스파냐
④ 돈키호테, 에스파냐
⑤ 유럽, 남아메리카

노르웨이(Norway)의 수도는 오슬로(Oslo)이고, 에스파냐(España)의 수도는 마드리드(Madrid)이다.

① 리스본(Lisbon)은 포르투갈(Portugal)의 수도이다.
② 뭉크(Munch)는 노르웨이 출신의 화가이며, 그리그(Grieg)는 노르웨이의 시인이자 극작가이다.

10 강유(剛柔) : 흑백(黑白) = (ⓐ) : (ⓑ)

① 사업(事業), 의복(衣服)
② 빈부(貧富), 대소(大小)
③ 송죽(松竹), 부모(父母)
④ 해양(海洋), 고저(高低)
⑤ 청산(青山), 백운(白雲)

정답해설

'강유(剛柔)'와 '흑백(黑白)'은 서로 반대되는 의미를 가진 한자가 만나 이루어진 대립관계의 한자어이다. 따라서 ⓐ와 ⓑ에는 대립관계의 한자어인 '빈부(貧富)'와 '대소(大小)'가 들어가는 것이 적절하다.

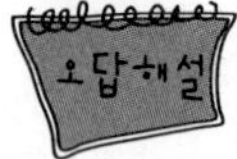

① 서로 비슷한 뜻을 가진 한자로 이루어진 한자어들이다.
③ 서로 대등한 의미를 가진 한자가 만나 이루어진 한자어들이다.
④ '해양(海洋)'은 유사관계, '고저(高低)'는 대립관계의 한자어이다.
⑤ '청산(青山)', '백운(白雲)'은 수식관계의 한자어이다.

11 봉래산 : (ⓐ) = (ⓑ) : 가을

① 풍악산, 봄
② 백두산, 겨울
③ 여름, 풍악산
④ 가을, 개골산
⑤ 금강산, 계절

금강산의 계절별 명칭

- **봄** : 금강산(金剛山)
- **여름** : 봉래산(蓬萊山)
- **가을** : 풍악산(楓嶽山)
- **겨울** : 개골산(皆骨山)

12 (ⓐ) : 고수온 = (ⓑ) : 저수온

① 엘니뇨, 라니냐
② 라니냐, 엘니뇨
③ 윌리윌리, 엘니뇨
④ 기후, 윌리윌리
⑤ 윌리윌리, 저기압

- **엘니뇨**(el Niño) : 열대 동태평양 지역의 바닷물 온도가 평균 수온보다 높아지는 현상으로, 2~7년마다 한 번씩 발생하여 세계 각지에 홍수 · 가뭄 · 폭설 등 기상이변을 일으킨다.
- **라니냐**(la Niña) : 엘니뇨와 반대되는 현상으로 동태평양에서 평년보다 낮은 저수온 현상이 3개월 이상 일어나는 이상 해류 현상이다.

- **윌리윌리**(willy-willy) : 오스트레일리아에서 발생하는 큰 열대성 저기압을 이르는 말이다.

정답 09. ③ | 10. ② | 11. ③ | 12. ①

CHAPTER 03

언어추리

단어 간의 관계를 유추하는 유형으로 대개 제시된 두 단어 간의 관계를 파악하고, 이와 유사한 관계를 만들 수 있는 단어를 선택하는 문제가 출제된다.

대표유형문제

다음 제시된 조건을 바탕으로 A, B에 대해 바르게 설명한 것을 고르시오.

[조건]
- A는 영어보다 수학을 좋아한다.
- B는 수학을 과학보다 좋아한다.
- C는 영어를 과학보다 좋아한다.

[결론]
A : A는 영어, 수학, 과학 중 수학을 가장 좋아한다.
B : B는 영어, 수학, 과학 중 영어를 가장 좋아한다.

① A만 옳다.
② B만 옳다.
③ A, B 모두 옳다.
④ A, B 모두 틀렸다.
❺ A, B 모두 알 수 없다.

'A보다 B를 좋아한다.'를 A<B로 표시하면 다음과 같이 나타낼 수 있다.
- A : 수학>영어
- B : 수학>과학
- C : 영어>과학

주어진 조건으로는 A의 경우에는 과학의 선호도를, B의 경우 영어의 선호도를, C의 경우 수학의 선호도를 알 수 없다. A와 B는 세 과목(영어, 과학, 수학) 중에서 가장 좋아하는 과목을 말하고 있으므로 그 말이 옳은 지 그른 지 모두 알 수 없다.

※ 주어진 문장들을 토대로 마지막 문장의 참과 거짓을 가려내는 문제 유형이다. 위 문제와 같이 문장에서 비교가 되는 대상의 어휘를 크기를 나타내는 기호로 간단하게 정리하면 보다 쉽게 문제를 해결할 수 있다.

Check Point 논리 관계

- **명제** : 판단을 언어로 표현한 것이다. 'p이면 q이다.'라는 형태를 취한다.
- **역** : 명제 'p이면 q이다.'에 대하여 'q이면 p이다.'를 그 명제의 '역'이라고 한다. 명제가 참인 경우, '역'도 반드시 참이라고는 할 수 없다.
- **이** : 명제 'p이면 q이다.'에 대하여 'p가 아니면 q가 아니다.'를 그 명제의 '이'라고 한다. 명제가 참인 경우, '이'도 반드시 참이라고는 할 수 없다.
- **대우** : 명제 'p이면 q이다.'에 대하여 'q가 아니면 p가 아니다.'를 그 명제의 '대우'라고 한다. 명제가 참인 경우 그 '대우'는 반드시 참이다.
- $p \rightarrow q$가 명제인 경우

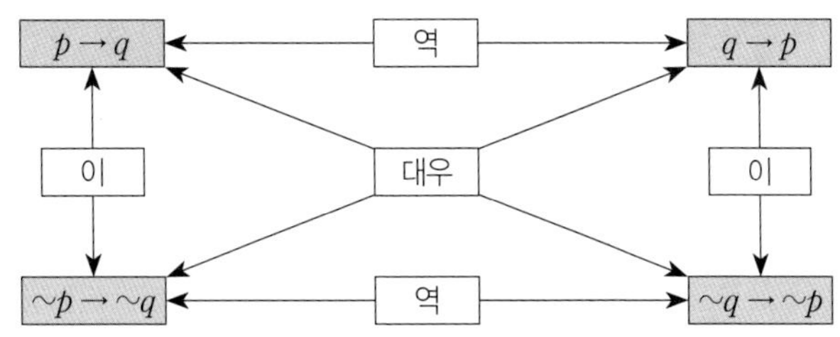

- $p \rightarrow q$가 참일 때 반드시 참인 것은 $\sim q \rightarrow \sim p$뿐이다.

기초응용문제

[01~10] 제시된 조건을 바탕으로 A, B에 대해 바르게 설명한 것을 고르시오.

01

[조건]
- 두꺼비는 개구리보다 무겁다.
- 개구리와 독수리의 무게는 같다.

[결론]
A : 두꺼비는 독수리보다 가볍다.
B : 두꺼비는 독수리보다 무겁다.

① A만 옳다. ② B만 옳다.
③ A, B 모두 옳다. ④ A, B 모두 틀렸다.
⑤ A, B 모두 알 수 없다.

'A가 B보다 무겁다.'를 A>B로 표시할 때,
두꺼비, 개구리, 독수리의 무게를 정리하면 다음과 같다.
두꺼비>개구리
개구리=독수리
따라서 '두꺼비는 독수리보다 무겁다.'라는 B의 말만 옳다.

정답 **01.** ②

02

[조건]
- 철수가 기혼자이면, 자녀가 두 명이다.
- 영희는 자녀가 한 명이다.

[결론]
A : 철수와 영희는 부부이다.
B : 철수와 영희는 부부가 아니다.

① A만 옳다.
② B만 옳다.
③ A, B 모두 옳다.
④ A, B 모두 틀렸다.
⑤ A, B 모두 알 수 없다.

조건에 따르면 철수가 기혼자이면, 자녀가 두 명이라고 했는데, 영희는 자녀가 한 명이라고 했으므로 철수와 영희는 부부 사이가 아니다.

Check Point --- **추론(Inference)**

주어진 몇 개의 명제(전제)들로부터 새로운 하나의 명제(결론)를 유도하는 것을 추론이라고 한다. 전제를 구성하는 모든 명제들이 참일 때 결론도 참이면 이 추론은 타당하다고 한다. 반면 전제를 구성하는 모든 명제들이 참임에도 불구하고 결론이 거짓일 때 이 추론은 타당하지 않다고 한다.

03

[조건]
- 나정이의 아버지는 야구 코치이다.
- 나정이의 어머니는 야구 코치이다.

[결론]
A : 나정이는 야구 코치이다.
B : 나정이는 회사원이다.

① A만 옳다.
② B만 옳다.
③ A, B 모두 옳다.
④ A, B 모두 틀렸다.
⑤ A, B 모두 알 수 없다.

나정이의 아버지와 어머니가 야구 코치라는 조건만으로는 나정이의 직업을 파악할 수 없다.
따라서 A와 B의 말은 옳은지 그른지 판단할 수 없다.

04

[조건]
• 모든 갈매기는 과자를 좋아한다.
• 안경을 쓴 ★은 모두 갈매기이다.

[결론]
A : 안경을 쓴 ★은 과자를 좋아한다.
B : 안경을 쓴 ★은 과자를 싫어한다.

① A만 옳다.
② B만 옳다.
③ A, B 모두 옳다.
④ A, B 모두 틀렸다.
⑤ A, B 모두 알 수 없다.

안경을 쓴 ★은 모두 갈매기이다.
↓
모든 갈매기는 과자를 좋아한다.
↓
안경을 쓴 ★은 과자를 좋아한다.
따라서 A만 옳다.

05

[조건]
• 모든 사과는 빨갛다.
• 물렁한 ♧는 사과이다.

[결론]
A : 물렁한 ♧는 초록색이다.
B : 물렁한 ♧는 노란색이다.

① A만 옳다.
② B만 옳다.
③ A, B 모두 옳다.
④ A, B 모두 틀렸다.
⑤ A, B 모두 알 수 없다.

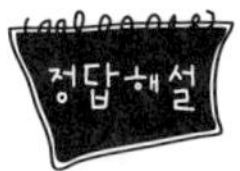

물렁한 ♧는 사과이고, 모든 사과는 빨갛다고 했으므로 물렁한 ♧는 빨갛다.
따라서 A와 B의 말은 모두 옳지 않다.

정답 02. ② | 03. ⑤ | 04. ① | 05. ④

Check Point 논지 전개 방식

- **연역법** : 일반적 사실이나 원리를 전제로 하여 개별적인 특수한 사실이나 원리를 결론으로 이끌어 내는 추리 방법을 이른다. 경험에 의하지 않고 논리상 필연적인 결론을 내게 하는 것으로 삼단논법이 그 대표적인 형식이다.
  예 모든 사람은 잘못을 저지르는 수가 있다. 모든 지도자도 사람이다. 그러므로 지도자도 잘못을 저지르는 수가 있다.
- **귀납법** : 개별적인 특수한 사실이나 원리를 전제로 하여 일반적인 사실이나 원리로 결론을 이끌어 내는 연구 방법을 이른다. 특히 인과관계를 확정하는 데에 사용된다.
  - 일반화 : 사례들을 제시한 후 그를 통해 다른 사례들도 모두 마찬가지라는 결론을 도출한다.
    예 국어는 소리, 의미, 어법의 3요소로 이루어져 있다. 영어도 마찬가지이다. 중국어도 마찬가지이다. 그러므로 모든 언어는 소리, 의미, 어법의 3요소로 이루어져 있다.
  - 유추 : 서로 다른 범주에 속하는 두 대상 간에 존재하는 유사성을 근거로 구체적 속성도 일치할 것이라는 결론을 도출한다.
    예 지구에는 생물이 산다. 화성에는 지구와 마찬가지로 공기, 육지, 물이 있다. 따라서 화성에도 생물이 살 것이다.

06

[조건]
- 사랑이는 가족 중에서 가장 늦게 일어난다.
- 사랑이의 아버지는 언제나 오전 6시에 일어난다.

[결론]
A : 사랑이는 매일 오전 7시에 일어난다.
B : 사랑이는 가족 중에서 가장 늦게 잠자리에 든다.

① A만 옳다.
② B만 옳다.
③ A, B 모두 옳다.
④ A, B 모두 틀렸다.
⑤ A, B 모두 알 수 없다.

주어진 조건만으로는 사랑이가 일어나는 시간과 가족 중 사랑이가 잠자리에 드는 순서를 알 수 없다. 따라서 A와 B의 말은 옳은지 그른지 판단할 수 없다.

07

[조건]

• 성모는 영수보다 어리다.

• 영수는 길수보다 어리다.

[결론]

A : 성모는 길수보다 어리다.

B : 성모, 영수, 길수 중 길수의 나이가 가장 많다.

① A만 옳다. ② B만 옳다.

③ A, B 모두 옳다. ④ A, B 모두 틀렸다.

⑤ A, B 모두 알 수 없다.

제시된 조건을 통해 길수, 영수, 성모 순으로 나이가 많음을 알 수 있다.

나이

[많다] 길수 > 영수 > 성모 [적다]

따라서 A와 B의 말은 모두 옳다.

08

[조건]

• 민지의 수학 점수는 윤지의 점수보다 15점이 낮다.

• 수지의 수학 점수는 민지의 수학 점수보다 5점이 높다.

[결론]

A : 민지, 윤지, 수지 중 윤지의 수학 점수가 가장 높다.

B : 민지, 윤지, 수지 중 수지의 수학 점수가 가장 낮다.

① A만 옳다. ② B만 옳다.

③ A, B 모두 옳다. ④ A, B 모두 틀렸다.

⑤ A, B 모두 알 수 없다.

세 사람의 수학 점수를 정리하면 다음과 같다.

• 민지의 점수＋15(점)＝윤지의 점수

• 민지의 점수＋5(점)＝수지의 점수

이를 통해서 윤지, 수지, 민지의 순서로 수학 점수가 높음을 알 수 있다.

따라서 A의 말만 옳다.

정답 06. ⑤ | 07. ③ | 08. ①

09

[조건]
- 악어는 뱀보다 예쁘다.
- 악어는 물개보다 예쁘지 않다.

[결론]
A : 물개는 뱀보다 예쁘다.
B : 악어, 뱀, 물개 가운데 누가 더 예쁜지 알 수 없다.

① A만 옳다.
② B만 옳다.
③ A, B 모두 옳다.
④ A, B 모두 틀렸다.
⑤ A, B 모두 알 수 없다.

주어진 조건에 따르면 '물개, 악어, 뱀' 순서로 예쁘다는 것을 알 수 있다.
따라서 A의 말만 옳다.

10

[조건]
- 모든 주부는 요리하는 것을 좋아한다.
- 유진이는 요리하는 것을 좋아하지 않는다.

[결론]
A : 유진이는 선생님이다.
B : 유진이는 회사원이다.

① A만 옳다.
② B만 옳다.
③ A, B 모두 옳다.
④ A, B 모두 틀렸다.
⑤ A, B 모두 알 수 없다.

주어진 조건으로 알 수 있는 것은 유진이가 주부가 아니라는 사실뿐이며, 유진이의 직업은 알 수 없다.
따라서 A와 B의 말은 옳은지 그른지 판단할 수 없다.

Check Point **언어추리 문제 풀이 시 유의점**

- 모든 A는 모든 B이다.
  모든 B는 모든 C이다.
  → 모든 A는 모든 C이다.
- A는 B이다.
  A는 C이다.
  → 모든 B는 모든 C라고 할 수는 없다.

대표유형문제

다음 밑줄 친 부분에 들어갈 문장으로 알맞은 것을 고르시오.

- 문학을 이해하기 위해서는 시대 정신을 이해해야 한다.
- 시대 정신을 이해하기 위해서는 시대적 상황을 이해해야 한다.
- 따라서 ______________________

① 문학은 시대적 상황과 아무런 관련이 없다.
② 문학은 시대적 상황과 관련이 없을 수도 있다.
❸ 문학을 이해하기 위해서는 시대적 상황을 이해해야 한다.
④ 문학을 이해하기 위해서는 작가의 개성을 이해해야 한다.
⑤ 실제 현실은 문학 속 현실과 많이 닮아 있다.

'문학 → 시대 정신 → 시대적 상황'이므로 문학을 이해하려면 시대적 상황을 이해해야 한다.

※ 삼단논법
두 개의 명제로 대전제와 소전제를 이루고, 한 명제가 결론이 되는 형태이다. 삼단논법은 전제의 성격에 따라 정언삼단논법, 가언삼단논법, 선언삼단논법으로 구분된다.

[01~09] 다음 밑줄 친 부분에 들어갈 문장으로 알맞은 것을 고르시오.

01

- 오늘 별똥별이 떨어지면 내일 비가 올 것이다.
- 바다가 기분이 좋으면 별똥별이 떨어진다.
- 바다는 아름답다.
- 따라서 ______________________

① 바다가 아니면 아름답지 않다.
② 바다가 아름다우면 내일 별똥별이 떨어질 것이다.
③ 오늘 바다가 기분이 좋으면 내일 비가 올 것이다.
④ 바다가 아름다우면 오늘 별똥별이 떨어질 것이다.
⑤ 오늘 별똥별이 떨어지지 않으면 내일 비가 오지 않는다.

정답 09. ① | 10. ⑤ | 01. ③

③ 바다가 기분이 좋으면 별똥별이 떨어지고, 별똥별이 떨어지면 다음날 비가 올 것이라고 했으므로 '오늘 바다가 기분이 좋으면 내일 비가 올 것이다'라는 명제는 참이다.

①, ⑤ 명제의 '이'로 항상 참인 것은 아니다.

02

- 미영이는 토익 시험에서 연재보다 20점 더 받았다.
- 연아의 점수는 미영이 보다 10점이 적다.
- 따라서 ______________________

① 연재의 점수가 가장 높다.
② 연아의 점수가 가장 높다.
③ 미영이와 연재의 점수는 같다.
④ 연아의 점수는 연재의 점수보다 낮다.
⑤ 연아와 연재의 점수 차는 10점이다.

미영>연아>연재의 순으로 점수가 높으며, 각각의 점수 차는 10점이다.

03

- A는 봄을 좋아하고, B는 여름을 좋아한다.
- D는 특별히 좋아하거나 싫어하는 계절이 없다.
- C는 A의 의견과 동일하다.
- 따라서 ______________________

① C는 봄을 좋아한다.
② D는 사계절을 모두 싫어한다.
③ B는 겨울을 싫어한다.
④ C는 여름도 좋아한다.
⑤ D는 여름을 싫어한다.

C는 A의 의견과 동일하다고 했으므로 C도 봄을 좋아한다.

04

- A를 구매하는 사람은 B를 구매한다.
- C를 구매하지 않는 사람은 B도 구매하지 않는다.
- C를 구매하는 사람은 D를 구매하지 않는다.
- 따라서 ______________

① A를 구매한 사람은 D를 구매하지 않는다.

② B를 구매하는 사람은 C를 구매하지 않는다.

③ C를 구매하는 사람은 A를 구매하지 않는다.

④ B를 구매하지 않는 사람은 C도 구매하지 않는다.

⑤ A를 구매한 사람은 B, C, D를 모두 구매한다.

① 두 번째 문장의 대우 명제는 'B를 구매하는 사람은 C를 구매한다.'이므로 'A를 구매 → B를 구매', 'B를 구매 → C를 구매', 'C를 구매 → D를 구매하지 않음'이 성립한다. 따라서 'A를 구매하는 사람은 D를 구매하지 않는다.'가 성립한다.

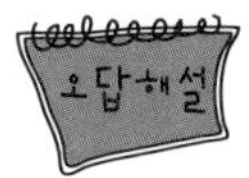

② B를 구매하는 사람은 C를 구매한다.
③ C를 구매하는 사람은 D를 구매하지 않는다.
④ 두 번째의 문장의 '역'에 해당하므로, 항상 참이라 할 수 없다.
⑤ A를 구매한 사람은 B와 C는 구매하지만 D는 구매하지 않는다.

05

- 이번 수학 시험에서 민정이가 가장 높은 점수를 받았다.
- 정연이는 수학 시험에서 86점을 받아 2등을 했다.
- 가영이는 지난 수학 시험보다 10점 높은 점수를 받았다.
- 따라서 ______________

① 가영이는 민정이와 같은 수학 점수를 받았다.

② 가영이는 정연이보다 높은 수학 점수를 받았다.

③ 민정이의 수학 점수는 86점보다 높다.

④ 가영이는 정연이보다 10점 낮은 점수를 받았다.

⑤ 민정이는 지난 수학 시험보다 높은 점수를 받았다.

수학 시험에서 민정이는 가장 높은 점수를 받았고, 2등을 한 정연이가 86점을 받았으므로 민정이의 수학 점수는 86점보다 높다.

정답 02. ⑤ | 03. ① | 04. ① | 05. ③

06

- 모든 나무는 산을 좋아한다. 그리고 약간의 짧은 ▲는 나무이다.
- 따라서 ______________________

① 모든 나무는 ▲이다.
② 모든 긴 ▲는 산을 싫어한다.
③ 모든 긴 ▲는 산을 좋아한다.
④ 약간의 짧은 ▲는 산을 좋아한다.
⑤ 약간의 짧은 ▲는 산을 싫어한다.

약간의 짧은 ▲는 나무이고, 모든 나무는 산을 좋아하므로, 약간의 짧은 ▲는 산을 좋아한다.

07

- 진달래를 싫어하지 않는 사람은 알로에를 싫어한다.
- 국화를 좋아하는 사람은 해바라기도 좋아한다.
- 알로에를 좋아하는 사람은 선인장을 싫어하지 않는다.
- 해바라기를 좋아하는 사람은 진달래를 싫어한다.
- 따라서 ______________________

① 진달래를 싫어하는 사람은 해바라기를 좋아한다.
② 선인장을 좋아하는 사람은 알로에를 싫어한다.
③ 국화를 좋아하는 사람은 진달래를 싫어한다.
④ 알로에를 좋아하지 않는 사람은 해바라기를 좋아하지 않는다.
⑤ 진달래를 좋아하는 사람은 알로에도 좋아한다.

국화를 좋아하는 사람 → 해바라기를 좋아하는 사람 → 진달래를 싫어하는 사람

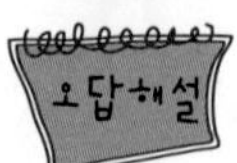

① 명제가 참일 때 역도 반드시 참인 것은 아니다.
② '싫어하지 않는다'의 반대말은 '싫어한다'이고, '좋아한다'의 반대말은 '좋아하지 않는다'이다.

08

- 종탁이는 준영이의 사촌 오빠이다.
- 소영이와 준영이는 자매이다.
- 미라는 종탁이의 누나이다.
- 따라서 ______________________

① 미라는 준영이와 동갑이다.
② 종탁이와 소영이는 나이가 같다.
③ 미라는 소영이와 사촌 간이다.
④ 소영이는 준영이보다 나이가 많다.
⑤ 미라는 준영이보다 나이가 적다.

종탁이는 준영이의 사촌 오빠이고, 미라는 종탁이의 누나이므로 나이 순으로 나열하면 '미라>종탁>준영'이다. 소영이의 경우, 준영이와 자매라는 것만 제시되어 있으므로 나이를 알 수 없다.

③ 미라와 종탁은 남매이고 소영과 준영은 자매인데, 종탁과 준영이 사촌지간이므로, 미라와 소영이도 사촌 간임을 알 수 있다.

09

- 모든 텔레비전은 어떤 DVD이다.
- 모든 비행기는 책이다.
- 모든 라디오는 비행기이다.
- 어떤 책은 텔레비전이다.
- 따라서 ______________________

① 어떤 책은 어떤 DVD이다.
② 모든 라디오는 어떤 DVD이다.
③ 모든 텔레비전은 어떤 책이다.
④ 모든 라디오가 책인 것은 아니다.
⑤ 모든 라디오는 어떤 책이다.

첫 번째 문장은 '모든 텔레비전은 어떤 DVD이다'이고, 네 번째 문장은 '어떤 책은 텔레비전이다'이므로 '어떤 책은 어떤 DVD이다'가 성립한다.

정답 06. ④ | 07. ③ | 08. ③ | 09. ①

대표유형문제

주어진 조건을 읽은 후 물음에 답하시오.

3개의 방에 아래와 같은 안내문이 붙어 있다. 그 중 2개의 방에는 각각 보물과 괴물이 들어 있고, 나머지 방은 비어 있다. 3개의 안내문 중 단 하나만 참이라고 할 때, 가장 올바른 결론을 고르시오.

[조건]
㉠ 방A의 안내문 : 방B에는 괴물이 들어 있다.
㉡ 방B의 안내문 : 이 방은 비어 있다.
㉢ 방C의 안내문 : 이 방에는 보물이 들어 있다.

❶ 방A에는 반드시 보물이 들어 있다.
② 방B에 보물이 들어 있을 수 있다.
③ 괴물을 피하려면 방B를 택하면 된다.
④ 방C에는 반드시 괴물이 들어 있다.
⑤ 방C에는 보물이 들어 있을 수 있다.

㉠ 방A의 안내문이 참일 경우 방B에는 괴물이 들어 있다. 또한 방C는 비어 있는 것이 되므로 보물이 있는 곳은 방A가 된다.
㉡ 방B의 안내문이 참일 경우 방C에는 보물이 없다. 그러므로 보물이 들어 있는 곳은 방A가 된다.
㉢ 방C의 안내문이 참일 경우 방A와 방B 중 하나는 비어 있고 다른 하나에는 괴물이 있어야 한다. 그러나 이때 방A가 거짓이어야 하는데 이를 충족시키기 위해서는 방B에는 괴물이 없어야 한다. 그러나 이는 다시 방B가 비어 있어서는 안 된다는 점에서 모순된다.
㉢ 반드시 참이 되는 것은 방A 또는 방B의 안내문이다.
① 방A나 방B의 안내문이 참인 두 경우 모두 방A에는 보물이 들어 있다는 결론을 얻을 수 있으므로 올바른 결론이다.

② 방A의 안내문이 참일 경우 방B에는 괴물이 들어 있고, 방B의 안내문이 참일 경우 방B는 비어 있어야 한다. 따라서 올바른 결론으로 보기 어렵다.
③ 방A의 안내문이 참일 경우 방B에는 괴물이 있게 된다.
④ 방A의 안내문이 참인 경우 방C는 비어 있어야 한다. 따라서 올바른 결론이 될 수 없다.
⑤ 방A의 안내문이 참이든 방B의 안내문이 참이든 보물은 언제나 방A에 있다. 그러므로 방C에는 보물이 있을 수 없다.

※ 조건으로 제시된 문장 속에 내포된 참과 거짓을 정리하여 주의 깊게 살필 필요가 있으며, 문장 뒤에 숨겨진 의미를 파악할 수 있어야 한다.

[01~05] 주어진 조건을 읽은 후 물음에 답하시오.

01 어떤 살인 사건이 2014년 12월 23일 밤 11시에 한강 둔치에서 발생했다. 범인은 한 명이며, 현장에서 칼로 피해자를 찔러 죽인 것이 확인되었다. 하지만 현장에 범인 외에 몇 명의 사람이 있었는지는 확인되지 않았다. 이 사건의 용의자 A, B, C, D, E가 있다. 아래에는 이들의 진술 내용이 기록되어 있다. 이 다섯 사람 중에 오직 두 명만이 거짓말을 하고 있다면, 그리고 그 거짓말을 하는 두 명 중에 한 명이 범인이라면, 누가 살인범인가?

[조건]
㉠ A의 진술 : 나는 살인 사건이 일어난 밤 11시에 서울역에 있었다.
㉡ B의 진술 : 그날 밤 11시에 나는 A, C와 함께 있었다.
㉢ C의 진술 : B는 그날 밤 11시에 A와 춘천에 있었다.
㉣ D의 진술 : B의 진술은 참이다.
㉤ E의 진술 : C는 그날 밤 11시에 나와 단둘이 함께 있었다.

① A ② B
③ C ④ D
⑤ E

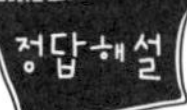

A, B, C, D, E 중 거짓말을 하는 사람은 오직 두 사람뿐이고 나머지 세 사람은 참을 말하고 있으며, 거짓말을 하는 두 사람 중 한 사람은 범인이라고 한다.

㉠, ㉢ A와 C의 진술이 모두 참이라고 한다면, A가 범행 시간인 11시에 있었다고 주장하는 장소가 각각 다르다는 모순이 발생한다. 그러므로 A와 C 두 사람 중 적어도 한 사람은 거짓말을 하고 있다.

㉡, ㉤ B와 E의 진술이 모두 참이라고 한다면, C가 범행 시간인 11시에 함께 있었다고 주장하는 사람이 각각 다르다는 모순이 발생한다. 그러므로 B와 E 중 적어도 한 사람은 거짓말을 하고 있다.

㉣ 거짓말을 하는 사람의 수는 총 두 사람인데 A와 C 중 적어도 한 사람, B와 E 중 적어도 한 사람이 거짓말을 하고 있으므로 D의 진술은 참이다.

㉤ D의 진술이 참이므로 B의 진술 역시 참이 된다. B의 진술이 참이므로 A와 C는 범행 시간에 B와 함께 있었다. 그러므로 A와 C는 범인이 될 수 없다.

그러므로 범인은 E이다.

Check Point 상반된 주장의 참 · 거짓

위의 문제에서는 서로 상반된 주장을 하고 있는 두 사람을 두고 '적어도 한 사람'이 거짓말을 하고 있다고 판단하고 있다. 언어추리 문제에서 주의해야 할 점은 상반된 주장들 가운데 참과 거짓을 제대로 가리는 것이다. 예를 들어 서로 상반된 주장을 하고 있는 두 사람 중 어느 한 사람이 반드시 참말을 하고 있다는 보장이 없는데, 두 사람 모두 거짓말을 하고 있을 가능성도 있기 때문이다.

정답 01. ⑤

02 먼 은하계에 'X, 알파, 베타, 감마, 델타' 다섯 행성이 있다. X 행성은 매우 호전적이어서 기회만 있으면 다른 행성을 식민지화하고자 한다. 다음 조건이 모두 참이라고 할 때, X 행성이 침공할 행성을 모두 고르면?

> [조건]
> ㉠ X 행성은 델타 행성을 침공하지 않는다.
> ㉡ X 행성은 베타 행성을 침공하거나 델타 행성을 침공한다.
> ㉢ X 행성이 감마 행성을 침공하지 않는다면 알파 행성을 침공한다.
> ㉣ X 행성이 베타 행성을 침공한다면 감마 행성을 침공하지 않는다.

① 베타 행성
② 감마 행성
③ 알파와 베타 행성
④ 알파와 감마 행성
⑤ 알파와 베타와 감마 행성

㉠ 델타 행성은 X 행성의 침공 대상에서 제외된다.

㉡ X 행성은 베타 행성 혹은 델타 행성을 침공할 것이라고 하였다. 그런데 ㉠에 따르면 X 행성은 델타 행성을 침공하지 않을 것이므로 베타 행성이 X 행성의 침공 대상이 된다.

㉢ X 행성이 감마 행성을 침공하지 않는다면 알파 행성을 침공할 것이라고 하였으므로 감마 행성과 알파 행성 중 한 행성은 X 행성의 침공 대상이 될 것이다.

㉣ X 행성이 베타 행성을 침공한다면 감마 행성을 침공하지 않을 것이라고 하였는데, ㉡에 따르면 베타 행성은 이미 침공 대상이므로 감마 행성은 침공 대상이 되지 않는다. ㉢에 따르면 감마 행성과 알파 행성 중 한 행성은 X 행성의 침공 대상이 되므로 감마 행성을 제외한 알파 행성이 X 행성의 침공 대상이 된다.

그러므로 X 행성은 알파 행성과 베타 행성을 침공할 것이다.

03 의료보험 가입이 의무화될 때 다음 조건을 모두 충족하는 선택은?

[조건]
㉠ 정기적금에 가입하면 변액보험에 가입한다.
㉡ 주식형 펀드와 해외펀드 중 하나만 가입한다.
㉢ 의료보험에 가입하면 변액보험에 가입하지 않는다.
㉣ 해외펀드에 가입하면 주택마련저축에 가입하지 않는다.
㉤ 연금저축, 주택마련저축, 정기적금 중에 최소한 두 가지는 반드시 가입한다.

① 변액보험에 가입한다.
② 정기적금에 가입한다.
③ 주식형 펀드에 가입한다.
④ 연금저축에 가입하지 않는다.
⑤ 주택마련저축에 가입하지 않는다.

의료보험 가입이 필수이므로 이 전제 조건을 토대로 세부 조건을 순서대로 확인해야 한다.
의료보험 가입을 통해 확인할 수 있는 조건으로는 ㉢이 있다. 의료보험에 가입 시 변액보험에 가입하지 않는데 의료보험은 필수이므로 변액보험에는 가입하지 않는다.

㉠ 정기적금에 가입하면 변액보험에 가입한다고 하였는데, 이는 곧 변액보험에 가입하지 않으면 정기적금에 가입하지 않는다는 의미가 된다. ㉢을 통해 변액보험에 가입하지 않음을 알 수 있으므로 정기적금에도 가입하지 않는다.

㉤ 연금저축, 주택마련저축, 정기적금 중 최소한 두 가지는 반드시 가입한다고 하였는데 이미 정기적금에 가입하지 않는다고 하였으므로 나머지 두 가지인 연금저축과 주택마련저축에는 가입한다.

㉣ 해외펀드에 가입할 경우 주택마련저축에 가입하지 않는다고 하였는데, 이는 곧 주택마련저축에 가입하면 해외펀드에는 가입하지 않는다는 의미가 된다. 그런데 이미 주택마련저축에 가입한다고 하였으므로 해외펀드에는 가입하지 않는다.

㉡ 주식형 펀드와 해외펀드 중 하나만 가입한다고 하였는데 해외펀드에는 가입하지 않으므로 주식형 펀드에 가입하게 된다.

가입함	가입하지 않음
• 의료보험 • 연금저축 • 주택마련저축 • 주식형 펀드	• 변액보험 • 정기적금 • 해외펀드

정답 02. ③ | 03. ③

04 추석을 맞아 철수는 친척들을 방문하려 한다. 다음과 같은 조건이 있을 때 철수가 함께 방문할 수 있는 친척은?

[조건]
㉠ 큰아버지와 형수는 함께 방문할 수 없다.
㉡ 고모와 형수는 함께 방문할 수 없다.
㉢ 큰어머니와 삼촌은 반드시 함께 방문해야 한다.
㉣ 큰어머니와 사촌 동생은 반드시 함께 방문해야 한다.
㉤ 할머니와 조카는 함께 방문할 수 없다.
㉥ 형수와 할아버지는 반드시 함께 방문해야 한다.
㉦ 조카와 삼촌은 반드시 함께 방문해야 한다.
㉧ 사촌 동생과 고모는 반드시 함께 방문해야 한다.
㉨ 작은아버지와 고모는 함께 방문할 수 없다.

① 큰아버지와 할아버지
② 큰어머니와 고모
③ 큰어머니와 할머니
④ 큰어머니와 형수
⑤ 형수와 사촌 동생

② 큰어머니와 사촌 동생은 반드시 함께 방문해야 한다. → 사촌 동생과 고모는 반드시 함께 방문해야 한다. → 큰어머니와 고모는 함께 방문할 수 있다.

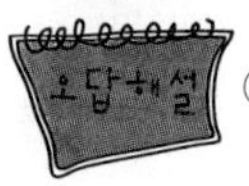

① 큰아버지와 형수는 함께 방문할 수 없다. → 형수와 할아버지는 반드시 함께 방문해야 한다. → 큰아버지와 할아버지는 함께 방문할 수 없다.

③ 큰어머니와 삼촌은 반드시 함께 방문해야 한다. → 조카와 삼촌은 반드시 함께 방문해야 한다. → 할머니와 조카는 함께 방문할 수 없다. → 큰어머니와 할머니는 함께 방문할 수 없다.

④ 큰어머니와 사촌 동생은 반드시 함께 방문해야 한다. → 사촌 동생과 고모는 반드시 함께 방문해야 한다. → 고모와 형수는 함께 방문할 수 없다. → 큰어머니와 형수는 함께 방문할 수 없다.

⑤ 고모와 형수는 함께 방문할 수 없다. → 사촌 동생과 고모는 반드시 함께 방문해야 한다. → 형수와 사촌 동생은 함께 방문할 수 없다.

05 마을에는 A, B, C, D, E 다섯 개의 약국이 있다. 다음 조건에 따를 때 문을 연 약국은?

> [조건]
> ㉠ A와 B가 모두 문을 열지는 않았다.
> ㉡ A가 문을 열었다면, C도 문을 열었다.
> ㉢ A가 문을 열지 않았다면, B가 문을 열었거나 C가 문을 열었다.
> ㉣ C는 문을 열지 않았다.
> ㉤ D가 문을 열었다면, B가 문을 열지 않았다.
> ㉥ D가 문을 열지 않았다면, E도 문을 열지 않았다.

① A
② B
③ A, E
④ D, E
⑤ B, D, E

㉡ A가 문을 열었다면, C도 문을 열었다고 하였는데, 이는 곧 C가 문을 열지 않았다면 A도 문을 열지 않았다는 의미가 된다. ㉣에서 C가 문을 열지 않았다고 하였으므로 A는 문을 열지 않았다.

㉢ A가 문을 열지 않았다면, B가 문을 열었거나 C가 문을 열었다고 하였다. 그런데 A와 C 모두 문을 열지 않았으므로 B가 문을 열었다.

㉤ D가 문을 열었다면, B가 문을 열지 않았다고 하였다. 이는 곧 B가 문을 열었다면 D는 문을 열지 않았다는 의미다. 즉, D는 문을 열지 않았다.

㉥ 앞서 D가 문을 열지 않았다고 하였으므로 E 역시 문을 열지 않았다는 것을 알 수 있다.

문을 연 약국	문을 열지 않은 약국
B	A, C, D, E

정답 04. ② | 05. ②

CHAPTER 04

판단력

제시문에 대한 정확한 이해와 해석, 추론 등 기본적인 언어 능력을 평가하는 영역이다. 문장 배열, 주제 및 제목 찾기, 내용 이해 및 추론, 빈칸 추론 등의 문제가 출제된다.

| 문장배열 |

대표유형문제

다음 문장을 읽고 순서에 맞게 배열한 것을 고르시오.

가. 냉전이 종식되었던 1980년대 입자가속기의 건설이 취소되었고, 1990년대 중엽 이후에 미국의 과학계는 과학에 대한 시민사회의 신뢰를 다시 회복하기 위해서 필사적으로 애를 쓰기 시작했다.
나. 옛 소련과의 냉전 상황에서 과학자들은 거대한 입자가속기가 필요한 입자물리학 같은 거대과학을 추진했으며, 군사적 필요와 관련된 컴퓨터공학과 전자공학에는 엄청난 규모의 연구비가 투입되었다.
다. 미국의 과학계가 인문학적 비판들을 선별적으로 수용해서 과학연구가 이룰 수 있는 혜택과 문제점을 보다 현실적으로 제시했다면, 1990년대 이후 신뢰를 다시 구축하기 위해서 애를 쓰지 않았어도 되었을 지도 모른다.
라. 그렇기 때문에 과학자들은 인문학자들의 과학비판을 반과학적 난센스로 간주할 것이 아니라, 혹시 과학이 너무 과도한 약속을 한 뒤에 이를 지키지 못했기 때문에 이러한 비판이 나오는 것이 아닌지 반성해보아야 한다.

① 가 - 나 - 다 - 라
❷ 나 - 가 - 다 - 라
③ 나 - 가 - 라 - 다
④ 다 - 나 - 가 - 라
⑤ 다 - 라 - 나 - 가

나. 냉전 시대에 군사적 필요와 관련하여 엄청난 규모의 연구비가 투입되었다.
가. 냉전 종식 후 1980년대와 1990년대 중엽에 미국 과학계가 신뢰를 회복하기 위한 노력을 했다는 내용이다.
다. '신뢰를 ~ 모른다'라는 구절을 통해서 (나) 문장과 이어지는 내용임을 알 수 있다.
라. 미국의 과학자들이 인문학적 비판을 수용하지 않아서 발생한 어려움에 대해 언급한 (다)에 이어서, 인문학자들의 과학비판에 대한 과학자들의 반성이 필요하다는 주장을 하고 있다.

기초응용문제

[01~05] 다음 문장을 읽고 순서에 맞게 배열한 것을 고르시오.

01

민주주의 정치 체제는 시민이 스스로 다스리는 동시에 다스림을 받는다는 원리에 근거한다.

가. 이러한 대표의 정체성을 두고 대리자라는 견해와 수탁자라는 견해가 대립한다.

나. 오늘날 대부분의 민주국가는 대의 민주주의를 채택하고 있는데, 대의 민주주의에서는 시민들이 선출한 대표가 시민들의 요구에 따라 정책을 결정한다.

다. 대리자는 국민의 의사대로 정치를 해야 하는 존재이고, 수탁자는 대표 자신의 의사대로 정치 행위를 할 수 있는 존재이다.

라. 반면 고대 로마에서처럼 소수의 귀족 집단에서 대표를 선거로 뽑는 경우, 대표는 일반 국민과 동일한 정치 의사를 가진 존재가 아니며, 따라서 일반 국민의 정치 의사를 따를 필요가 없다.

마. 고대 아테네에서처럼 대표를 추첨으로 뽑는 경우, 대표는 일반 국민과 동일한 정치 의사를 가진 존재가 되고, 대표의 정치 의사는 자동적으로 국민의 정치 의사를 대변하게 된다.

① 나 – 가 – 다 – 라 – 마
② 나 – 가 – 다 – 마 – 라
③ 나 – 다 – 가 – 마 – 라
④ 다 – 마 – 라 – 나 – 가
⑤ 마 – 라 – 다 – 나 – 가

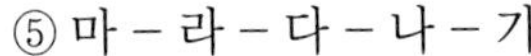

나. 오늘날의 민주주의가 채택한 정치 체제인 '대의 민주주의'에 대한 설명이다.
가. '이러한 대표'는 (나) 문장에서 언급한 시민들이 선출한 대표를 말한다.
다. 대표를 대리자로 보는 견해와 수탁자로 보는 견해에 대한 설명이다.
마. 고대 아테네에서의 대표는 국민의 정치 의사를 대변하는 '대리자'로서의 대표이다.
라. 고대 로마에서의 대표는 일반 국민의 정치 의사를 따를 필요가 없는 '수탁자'로서의 대표이다.

정답 01. ②

02

가. 높은 임금을 지불하면 근로자의 생산성이 높아지는 구체적 이유로는 다음과 같은 것들을 생각할 수 있다.
나. 반면에 무능한 근로자는 마땅히 옮길 곳도 없어 낮은 임금에도 불구하고 그대로 주저앉을 수밖에 없다. 그러므로 높은 임금을 지불하면 능력 있는 근로자들의 비중이 높아지고, 이에 따라 기업의 생산성이 높아질 수 있다.
다. 또한 임금이 낮아지면 회사를 그만두는 근로자들이 늘어난다는 사실도 높은 임금이 높은 생산성을 가져오는 이유가 된다. 경험 많은 근로자들은 여러 가지 유용한 요령들을 터득하고 있어 높은 생산성을 발휘할 수 있다.
라. 전통적인 경제 이론에서는 근로자의 생산성 수준에 따라 임금의 크기가 결정된다고 설명한다. 이와 반대로 임금의 높고 낮음이 근로자의 생산성을 결정하는 요인이 되는 때도 있다.
마. 우선 높은 임금은 유능한 근로자들을 그 기업에 잡아 두는 효과를 낸다. 임금이 낮아지면 일반적으로 가장 능력이 있는 근로자들부터 회사를 그만두게 된다. 유능한 근로자는 다른 직장으로 옮겨도 좋은 보수를 받을 수 있기 때문이다.
바. 그런데 이런 경험 많은 근로자들이 그만두어 새 근로자들을 고용하게 되면 이들이 일에 익숙해질 때까지 상당한 시간이 걸린다. 그렇기 때문에 높은 임금을 주면 회사를 그만두는 근로자의 비율이 줄어들어서 높은 생산성을 유지할 수 있다.

① 가 – 마 – 나 – 다 – 바 – 라
② 가 – 마 – 다 – 나 – 바 – 라
③ 라 – 가 – 마 – 바 – 다 – 나
④ 라 – 가 – 마 – 나 – 다 – 바
⑤ 마 – 나 – 다 – 바 – 라 – 가

라. 전통적 경제 이론에서의 근로자의 생산성과 임금 관계를 설명한 문장이다.
가. (라)의 두 번째 문장의 내용을 다시 진술하고 있으므로 (라) 뒤에 와야 한다.
마. '우선'이라는 접속어를 통해 (가)에서 언급한 높은 임금 지불–근로자 생산성 향상 관계에 대한 첫 번째 이유가 제시된 문장임을 알 수 있다.
나. (마)에서 유능한 근로자에 대해 언급한 것과 달리 (나)에서는 무능한 근로자에 대해 언급하고 있다. '반면에'라는 접속어를 통해 (나) 문장이 (마) 뒤에 위치해야 함을 알 수 있다.
다. '또한'이라는 접속어를 볼 때 높은 임금 지불–근로자 생산성 향상 관계에 대해 덧붙이는 문장임을 알 수 있다.
바. (다) 문장에 나타나는 '경험 많은 근로자'라는 어구가 반복되어 나타나므로 (다) 뒤에 와야 함을 알 수 있다.

03

가. 퍼트넘은 조직에 참여하는 것이 상호 이익을 위해 다른 사람들과 협력하는 능력, 신뢰감 및 더 큰 사회에 소속되어 있다는 느낌 등의 사회 자본을 제공해 왔다고 주장한다.
나. 그는 텔레비전이 이러한 경향을 심화시킨 원인이라고 주장했다. 텔레비전 시청 시간이 길어지면서 사람들이 공동체 참여, 봉사 활동 같은 의미 있는 일에 투자할 수 있는 시간이 줄어들었기 때문이다.
다. 하지만 미국 사회에서 이런 사회적 연계는 빠르게 줄어들고 있다. 사람들이 다양한 조직에 가입하여 활동하는 일이 줄면 공동체성이나 신뢰가 감소하고, 이러한 경향은 곧 시민들의 민주적 참여의 감소 현상으로 나타난다고 생각했다.
라. 이런 종류의 사회 자본은 상호 신뢰를 바탕으로 시민들이 자발적으로 사회 활동에 참여할 수 있도록 하므로 시민 사회를 유지하는 데 필수적인 요소이다.

① 가 – 나 – 다 – 라
② 가 – 라 – 다 – 나
③ 다 – 나 – 가 – 라
④ 라 – 가 – 다 – 나
⑤ 라 – 가 – 나 – 다

가. 조직에 참여하는 것이 사회 자본을 제공해 왔다는 퍼트넘의 주장이다.
라. '이런 종류의 사회 자본'은 (가)에서 언급한 '협력하는 능력, 신뢰감, 소속되어 있다는 느낌' 등을 말한다.
다. '하지만'이라는 역접의 접속어를 사용하여 사회 활동에 참여하는 사회적 연계가 줄어들고 있다는 내용을 전개하고 있다.
나. 사회적 연계가 감소하는 현상의 원인으로 텔레비전을 꼽았다. 즉, 텔레비전 시청 시간이 길어지면서 사회 참여 시간이 줄어들었다는 내용이다.

04

가. 법의 지배는 분명히 자유와 밀접히 관련되어 있다.
나. 법적 체계는 합리적 인간들에게 제시되어 그들의 행위를 규제하고 사회적 협동의 구조를 제공해주기 위한 공공 규칙의 강제 질서이다.
다. 이러한 규칙이 정의로울 경우 그것은 합당한 기대의 기반을 확립해준다.
라. 법적 체계라는 관념과 그것이 규칙성으로서의 정의로 규정되는 원칙과 밀접한 관련을 갖는다는 것을 생각해보면 그것을 알 수 있다.
마. 그것은 사람들이 서로 의지할 수 있고 그들의 기대가 충족되지 않을 경우에는 정당하게 반대할 수 있는 근거를 형성한다.

① 가 – 라 – 나 – 다 – 마
② 가 – 라 – 다 – 마 – 나
③ 나 – 가 – 다 – 라 – 마
④ 나 – 가 – 라 – 다 – 마
⑤ 나 – 라 – 다 – 마 – 가

정답 02. ④ | 03. ② | 04. ①

가. 법의 지배는 분명히 자유와 밀접히 관련되어 있다.
라. 법적 체계라는 관념과 그것이 규칙성으로서의 정의로 규정되는 원칙과 밀접한 관련을 갖는다는 것을 생각해보면 그것을 알 수 있다.
나. 법적 체계는 합리적 인간들에게 제시되어 그들의 행위를 규제하고 사회적 협동의 구조를 제공해주기 위한 공공규칙의 강제 질서이다.
다. 이러한 규칙이 정의로울 경우 그것은 합당한 기대의 기반을 확립해준다.
마. 그것은 사람들이 서로 의지할 수 있고 그들의 기대가 충족되지 않을 경우에는 정당하게 반대할 수 있는 근거를 형성한다.

05

가. 이렇게 생물학적으로 이기적일 것을 인간은 요구받고, 또 이 요구를 벗어날 수 있는 인간은 없다.
나. 하지만 생명체가 자신의 의지로 이런 고비를 넘어야 할 때에는 이기주의적 전략이 거의 항상 좋은 방법이 된다.
다. 이 고비를 넘는 과정이 순전히 행운에 맡겨진 경우도 있다.
라. 하나의 생명이 탄생하는 과정을 관찰하면, 너무나 많은 생사의 고비를 거쳐야 한다는 것을 알 수 있다.
마. 인간이 갖는 이기주의적 성향은 너무나 자연스러운 현상이다.

① 라 – 다 – 가 – 마 – 나
② 라 – 다 – 나 – 가 – 마
③ 라 – 다 – 나 – 마 – 가
④ 마 – 가 – 라 – 다 – 나
⑤ 마 – 라 – 다 – 나 – 가

마. 인간이 갖는 이기주의적 성향은 너무나 자연스러운 현상이다.
라. 하나의 생명이 탄생하는 과정을 관찰하면, 너무나 많은 생사의 고비를 거쳐야 한다는 것을 알 수 있다.
다. 이 고비를 넘는 과정이 순전히 행운에 맡겨진 경우도 있다.
나. 하지만 생명체가 자신의 의지로 이런 고비를 넘어야 할 때에는 이기주의적 전략이 거의 항상 좋은 방법이 된다.
가. 이렇게 생물학적으로 이기적일 것을 인간은 요구받고, 또 이 요구를 벗어날 수 있는 인간은 없다.

| 빈칸 추론 |

대표유형문제

다음 빈칸에 들어갈 알맞은 말을 고르시오.

> 우리는 꿈속에서 평소에는 억누르고 있던 내면 욕구나 콤플렉스(강박관념)을 민감하게 느끼고 투사를 통해 그것을 외적인 형태로 구체화한다. 예를 들어 전쟁터에서 살아 돌아온 사람이 몇 달 동안 계속해서 죽은 동료들의 꿈을 꾸는 경우, 이는 그의 내면에 잠재해 있는 그러나 깨어 있을 때에는 결코 인정하고 싶지 않은 죄책감을 암시하는 것으로 볼 수 있다. 우리에게 꿈이 중요한 까닭은 이처럼 자신도 깨닫지 못하는 무의식의 세계를 구체적으로 이해할 수 있는 형태로 바꾸어서 보여주기 때문이다. 우리는 꿈을 통해 그 사람의 잠을 방해할 정도의 어떤 일이 진행되고 있다는 것을 알 수 있을 뿐만 아니라, 그 일에 대해서 어떤 식으로 대처해야 하는지 까지도 알게 된다. 그런 일은 깨어 있을 때에는 쉽사리 알아내기 어렵다. 이는 따뜻하고 화려한 옷이 상처나 결점을 가려주는 것과 마찬가지로 (　　　　　　　　　　　　　　　　　　) 우리는 정신이 옷을 벗기를 기다려 비로소 그 사람의 내면세계로 들어갈 수 있다.

① 잠이 콤플렉스의 심화를 막아주기 때문이다.
② 꿈이 정신의 질병을 예방하고 치료할 수 있기 때문이다.
❸ 깨어있는 의식이 내면의 관찰을 방해하기 때문이다.
④ 수면상태의 나르시즘이 스스로를 보호하려고 하기 때문이다.
⑤ 자신을 성장시키기 위해서는 무의식이 필요하기 때문이다.

빈칸에는 앞 문장인 '그런 일은 깨어 있을 때에는 쉽사리 알아내기 어렵다'는 내용에 대한 이유나 근거가 들어가야 하는데, 이는 결국 빈칸 바로 앞의 내용, 즉, '따뜻하고 화려한 옷이 상처가 결점을 가려주는 것'이 비유하고 있는 내용에 해당한다. 이러한 내용에 가장 부합하는 것은 ③이다. 즉, 따뜻하고 화려한 옷이 상처나 결점을 가려주는 것과 마찬가지로 깨어있는 의식이 내면세계의 관찰을 방해하는 것이다. 이는 빈칸 뒤의 내용('정신이 옷을 벗기를 기다려 ~ 들어갈 수 있다')을 통해서도 확인할 수 있다.

정답 05. ⑤

[01~06] 다음 빈칸에 들어갈 알맞은 말을 고르시오.

01

> 힐링(Healing)은 사회적 압박과 스트레스 등으로 손상된 몸과 마음을 치유하는 방법을 포괄적으로 일컫는 말이다. 우리보다 먼저 힐링이 정착된 서구에서는 질병 치유의 대체 요법 또는 영적 · 심리적 치료 요법 등을 지칭하고 있다.
>
> 국내에서도 최근 힐링과 관련된 갖가지 상품이 유행하고 있다. 간단한 인터넷 검색을 통해 수천 가지의 상품을 확인할 수 있을 정도다. 종교적 명상, 자연 요법, 운동 요법 등 다양한 형태의 힐링 상품이 존재한다. 심지어 고가의 힐링 여행이나 힐링 주택 등의 상품들도 나오고 있다. 그러나 (   ) 우선 명상이나 기도 등을 통해 내면에 눈뜨고, 필라테스나 요가를 통해 육체적 건강을 회복하여 자신감을 얻는 것부터 출발할 수 있다.

① 의학적인 검사와 진단을 받는 것이 필요하다.

② 자신을 진정으로 사랑하는 법을 알아야 할 것이다.

③ 힐링이 먼저 정착된 서구의 힐링 상품들을 참고해야 할 것이다.

④ 이러한 상품들의 값이 터무니없이 비싸다고 느껴지지는 않을 것이다.

⑤ 많은 돈을 들이지 않고서도 쉽게 할 수 있는 일부터 찾는 것이 좋을 것이다.

빈칸에 들어갈 문장을 찾기 위해서는 빈칸의 앞뒤 문맥을 잘 살펴야 한다. 빈칸을 기준으로 앞부분에서는 '힐링(Healing)'에 대해 정의하고, 국내에서 유행하고 있는 다양한 힐링 상품에 대해 소개하며 고가의 힐링 상품들이 나오고 있다고 언급하였다. 그러나 뒷부분에는 내면에 눈 뜨고 육체적 건강을 회복하는 것이 먼저라는 내용이 있으므로, 빈칸에는 앞서 언급한 고가의 힐링 상품에 대한 부정적인 내용이 들어가야 할 것이다. 따라서 적절한 문장은 ⑤이다.

02

지식착각(Illusion of Knowledge)이란 자신의 지식을 과다하게 신뢰하여 자신이 실제로 알고 있는 것보다 더 알고 있다고 생각하는 것을 말한다. 전문가가 지식착각에 쉽게 빠지는 것도 같은 이유이다. 크리스토퍼 차브리스와 대니얼 사이먼스(C. Chabris and D. Simons)는 익숙하면 지식착각을 유발하여 충분히 알고 있다는 확신을 갖게 된다고 말했다. 즉, 낯선 정보는 이를 이해하고 받아들이기 위해 많은 에너지를 필요로 하지만, 익숙한 정보는 쉽게 받아들이게 되기 때문이다. 익숙함에서 비롯된 단순하고 낙관적인 추측 때문에 사람들은 자신이 마치 모든 것을 충분히 이해하고 있다는 확신을 갖게 된다. 이와 같은 확신은 우리의 뇌가 예측 불가능한 일보다 익숙한 것을 더 좋아하고 빨리 받아들이도록 진화된 것과 관련이 있다.

하지만 리처드 세일러(R. Thaler)는 지식착각이 잘못된 결과를 가져올 수도 있다고 하였다. (   ) 가끔은 우리 속담에서처럼 모르는 게 약이 될 때도 있지 않을까.

① 익숙한 정보를 많이 가지고 있을수록 의사결정이 어려워지고 실패할 가능성이 높아진다는 것이다.

② 때로는 존재하지 않는 패턴을 인식하기도 하고 존재하는 패턴을 잘못 인식하기 때문이다.

③ 감각을 통해서 관념을 갖는 감각적 지식은 현재와 과거의 관념이 언제나 틀릴 수 있다는 점에서 오류에 노출된다는 것이다.

④ 자신의 지식이나 정보를 지나치게 신뢰함으로써 다른 사람의 의견은 무시하거나 고려조차 하지 않게 된다.

⑤ 너무나도 익숙한 정보보다는 익숙하지 않은 정보에 더 흥미를 보이며, 본래의 지식에 혼란이 가중되는 것이다.

자신에게 익숙한 정보를 쉽게 받아들이고, 과다하게 신뢰하여 자신이 실제로 알고 있는 것보다 더 알고 있다고 과신하는 '지식착각'에 대한 내용이다. 빈칸에는 지식 착각으로 인해 발생할 수 있는 잘못된 결과에 대한 내용이 들어가야 하므로 ①이 적절하다. '모르는 게 약'이라는 속담을 통해 빈칸의 내용을 유추할 수도 있다.

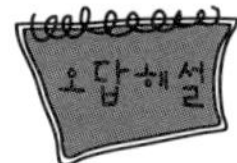

② 패턴과 관련된 내용은 제시되어 있지 않다.

③ 지식착각은 자신의 지식을 과신하는 경우에 대한 내용으로 현재와 과거의 관념에 대한 것과는 상관없다.

④ 익숙한 정보 이외에 낯선 정보의 경우 이를 이해하고 받아들이기 위해 많은 에너지를 필요로 한다는 내용은 제시되어 있지만 무시하거나 고려하지 않는다는 내용은 없다.

정답 01. ⑤ | 02. ①

03

부정확성이 천천히 증가하는 물리계의 경우, 기술 발전에 따라 정밀하게 변화를 예측하는 데 필요한 시간은 점점 더 줄어들 것이다. 그러나 부정확성이 빠르게 증가하는 물리계의 경우, 예측에 필요한 계산 시간은 그다지 크게 단축되지 않을 것이다. 흔히 앞의 유형을 '비카오스계'라고 부르고 뒤의 유형을 '카오스계'라고 부른다. 카오스계는 예측 가능성이 지극히 제한적이라는 것이 그 특징이다. 지구의 대기 같은 아주 복잡한 물리계는 카오스계의 대표적인 사례이다. 그러나 연결된 한 쌍의 진자처럼 몇 안 되는 변수들만으로 기술할 수 있고 단순한 결정론적 방정식을 따르는 물리계라 하더라도, 초기 조건에 민감하며 아주 복잡한 운동을 보인다는 점은 놀라운 일이다. 카오스 이론은 과학의 한계를 보여주었다고 단언하는 사람들이 적지 않지만, 자연 속에는 비카오스계가 더 많다. 그리고 (　　　　　　　　　　　　　　　　　　　　) 카오스 이론은 앞으로 연구가 이루어져야 할 드넓은 영역을 열어주었고, 수많은 새로운 연구 대상들을 제시한다.

① 카오스계를 연구하는 과학자들은 자신들이 막다른 골목에 봉착했다고 생각하지 않는다.

② 카오스 현상은 결정론적 법칙을 따르지 않는 물리계가 나비의 날개짓처럼 사소한 요인에 의해 교란되기 때문에 생기는 현상이다.

③ 물리계가 예측 불가능한 이유는 초기 조건의 민감성 때문이지, 물리 현상이 물리학의 인과법칙을 따르지 않기 때문은 아니다.

④ 슈퍼컴퓨터의 성능이 충분히 향상된다면, 과학자들은 날씨 변화를 행성의 위치만큼이나 정확하게 예측할 것이다.

⑤ 혼란스럽고 무질서해 보이는 현상은 자연이 무질서해서 그런 것이 아니고 자연을 분석하는 인간의 능력이 모자라기 때문에 그렇게 보일 뿐이다.

빈칸 앞의 내용은 카오스 이론이 과학의 한계를 보여주었다는 견해가 있지만 자연 속에는 비카오스계가 더 많다는 내용이며, 뒤의 내용은 카오스 이론 연구가 과학의 연구 영역을 넓히고 새로운 연구 대상들을 제시한다는 내용이다. 따라서 빈칸에는 카오스 이론이 과학 또는 과학적 연구 영역의 한계를 반영하는 것이 아니라는 내용이 와야 한다. 이러한 내용에 가장 부합하는 것은 ①이다.

04

한편 일부 과학자들은 범죄 행위의 원인을 특정 부위의 뇌 활동이 부진한 데서 찾으려 했다. 1967년 여름 한 빈민가에서 대폭동이 일어난 후 세 명의 의학자가 한 의학협회지에 다음과 같은 내용을 발표했다. "수백만 명이 거주하는 빈민가 주민 중 소수의 사람들만이 폭동에 가담했다는 것과 이들 폭도 중에서 극소수만이 방화, 저격, 폭행을 저질렀다는 사실을 인식할 필요가 있다. 만약 빈민가의 열악한 환경이 폭동을 촉발한 유일한 원인이었다면 대다수의 다른 주민들은 왜 폭동의 분위기에 휩쓸리지 않았을까? 폭동 가담자들의 뇌에는 그들의 이웃과는 다른 무엇이 있는 것은 아닐까?" 우리는 자신만의 특수한 관점에서 사물을 일반화하는 경향이 있다. 앞서 말한 세 명의 의학자는 정신과 전문의이다. 하지만 이들이 일부 국회의원이나 재벌의 부패와 폭력에 대해서는 이와 비슷한 이론을 들먹이지 않으면서, 유독 자포자기와 절망에 빠진 사람들의 폭동만을 그들의 뇌 이상과 결부시키는 이유가 무엇인가? 게다가 (   ) 어떤 사람은 공격적 범죄 행위를 하지만 다른 사람은 하지 않는다는 이 단순한 사실이야말로 뇌의 특정 부위의 이상에 따른 차이가 존재한다는 증거가 없음을 보여 준다.

① 남성은 공격성을 나타내는 Y염색체 때문에 여성보다 공격적이다.

② 인간 집단은 모든 종류의 상황에 대해 지극히 가변적인 대응을 한다.

③ DNA 데이터베이스화는 무고한 사람들에 무죄입증, 범죄예방 효과를 기대할 수 있다.

④ 범죄자 정신병원에 수용되어 있는 XYY형 남성과 그들이 보여주는 공격성의 정도 사이에 관계가 있다는 증거는 전혀 없다.

⑤ XYY형 염색체를 가진 신생아들에 대한 대규모 유전자 검사를 통해 유전자형과 공격적 행위가 무관함을 보여준 연구 결과도 있었다.

뒤에 이어지는 문장에 언급된 '어떤 사람은 공격적 범죄 행위를 하지만 다른 사람은 하지 않는다는 이 단순한 사실'은 앞 문장의 부연 설명이므로, 이를 통해 빈칸에 들어갈 문장을 추론할 수 있다.

정답 03. ① | 04. ②

05

과학자는 미래를 정확하게 내다볼 수 있는 마법의 구슬을 가지고 있을 것이라는 생각은 과학 자체만큼이나 역사가 오래되었다. 수학자 라플라스(Laplace)는 다음과 같이 말했다. "주어진 순간의 모든 입자들을 상세하게 기술할 수 있는 지적인 존재라면 정확하게 미래에 대한 예측을 할 수 있다. 그에게는 불확실한 것이란 있을 수 없다. 그리하여 미래는 과거와 똑같이 그의 눈앞에 펼쳐진다." 뉴턴이 남긴 많은 미해결 문제를 해결하여 뉴턴역학의 지위를 공고히 하는 데 크게 기여하였던 라플라스는 "뉴턴은 천재이기도 하지만 운도 무척 좋은 사람이다. 우주는 하나뿐이므로."라고 말하여 뉴턴에 대한 부러움과 뉴턴이론에 대한 확신을 표시하였다. 그에게 뉴턴이론은 자연의 비밀을 풀어줄 열쇠였다. 우주의 전 과정을 예측해 줄 열쇠를 손에 쥐고 있으므로, 미래를 예측하기 위해서 그에게 필요한 것은 주어진 순간의 모든 입자들의 위치와 운동량에 대한 완벽한 기술, 즉 초기 조건에 대한 완벽한 정보뿐이었다. 분명히 현대의 천문학자들은 하늘의 운행을 예측할 수 있게 되었다. 일식과 월식, 행성의 움직임, 별과 별자리의 운행 등을 100년 후까지도 예측할 수 있다. 반면, 물리학자들은 다른 쪽 탁구대로 넘어간 탁구공이 어디로 튈지조차 예언하지 못한다. (   ) 지구의 그림자가 달을 가리는 시간을 천문학자들은 정확하게 예측했지만 로스앤젤레스의 그리피스 공원 천문대에 모여든 수많은 관람객들은 그 장관을 볼 수 없었다. 하필 그 순간 남쪽에서 몰려온 구름이 달을 가렸기 때문이다.

① 탁구공에 비하면 일식은 더욱 예언하기 어렵다.
② 과학자들은 구름의 움직임도 정확히 예측하지 못한다.
③ 과학자는 결국 미래를 정확하게 내다볼 수 있는 마법의 구슬을 가지고 있지 않다.
④ 물리학자들이 정확하게 예측을 못하기도 한다는 사실은 최근 벌어진 사건에서 알 수 있다.
⑤ 따라서 물리학자들은 실제 문제를 이해하고, 데이터를 설명하는 이론을 만들어내기 시작하였다.

빈칸 앞의 문장에서 물리학자들은 탁구공이 튈 방향을 예언하지 못한다고 하였고, 빈칸 다음의 내용은 과학적 예측과 관련하여 예상하지 못한 변수에 대한 구체적 사례를 들고 있다. 따라서 빈칸에 가장 알맞은 내용은 ④이다.

06

인간이란 책임감 있는 사람으로 대접 받으면 책임감 있는 사람으로 행동하게 된다. 이 메커니즘은 여러 번의 실험을 통해 입증된 바 있다. 수많은 연구들을 토대로 우리는 인간이란 존재가 다른 사람들의 시각에 영향을 받는다는 사실을 알고 있다. 만약 당신이 누군가에게 신뢰를 입증할 기회를 준다면 그 사람은 이미 정직한 사람이 되어 있거나 혹은 앞으로 정직한 사람이 될 수 있을 것이다. 반대 경우도 마찬가지다. 당신이 다른 사람을 불신할 경우 이 사람은 그에 맞는 행동을 하게 된다. 직원이 성실한 사람임에도 불구하고 어떤 이유 때문에 당신이 그 직원을 불신한다면 이것은 그가 불성실한 행동을 하도록 유도하는 것이나 다름없다. 자신의 신뢰에 부응하려는 욕구에 대한 심리학적 연구에 따르면, 신뢰할 만한 사람으로 대접 받는 사람들은 자신들에게 주어진 신뢰에 걸맞은 행동을 하는 경향이 있다. 목적 달성을 위해서는 "신뢰할 수 있게 행동하시오."라는 말보다는 "당신을 신뢰합니다."라는 말이 더 효과적이다. 물론 여기에도 한계는 있다. 즉 어떤 경우에는 이러한 신뢰가 적절하지 못할 수도 있다. 한마디로 말해 위험 요소가 너무 커져 버릴 수도 있는 것이다. 한 보호감찰관이 사회적으로 커다란 문제를 일으켰던, 상습적으로 약속을 지키지 않는 가석방자에게 "일요일 저녁 9시까지 당신이 돌아올 것이라고 믿습니다."라고 말했다면 이것은 용서 받을 수 없을 만큼 부주의한 행동이다. 왜냐하면 (   )

① 신뢰는 신뢰 받을 행동을 낳고, 불신은 신뢰 받지 못할 행동을 낳는 것이기 때문이다.

② 신뢰란 진심에서 우러나오는 것만을 의미하지, 단순히 믿는다고 말하는 것을 의미하지는 않기 때문이다.

③ 누군가에게 신뢰를 입증할 기회를 준다면 그 사람은 정직한 사람이 될 수 있기 때문이다.

④ 신뢰는 신뢰 받는 사람의 행동으로부터 나오는 결과까지 책임지는 것이기 때문이다.

⑤ 신뢰는 상대방의 의사를 자유롭게 표현할 수 있는 구체적 장치가 있어야 하기 때문이다.

빈칸 앞에서 언급된 '상습적으로 약속을 지키지 않는 가석방자'는 신뢰하기 어려운 사람이라 말할 수 있다. 그런데 이러한 사람을 신뢰하는 것은 부주의한 행동이라는 점을 지적하고 있으므로 '왜냐하면' 다음의 빈칸에는 신뢰는 행동의 결과에 따라 책임을 져야 한다는 내용이 들어갈 것임을 추론할 수 있다. 이에 가장 부합하는 내용은 ④이다.

PART 1 직무능력검사

정답 05. ④ | 06. ④

| 내용 이해 및 추론 |

대표유형문제

다음 글의 내용과 일치하는 것을 고르시오.

> 자연에 존재하는 기본 구조인 프랙탈 구조에 대한 이해는 혼돈 운동을 이해하는 데 매우 중요하다는 것을 알게 되었다. 이제 물리학에서는 혼돈스런 운동을 분석할 수 있는 새로운 강력한 분석 방법을 갖게 된 것이다. 이러한 발견은 물리학계는 물론 과학계 전체에 큰 충격을 주었다. 자연에서 흔히 발견되는 무질서하고 혼란스런 운동도 규칙 운동처럼 잘 정의된 방정식으로 나타낼 수 있는 운동의 한 부분이고, 따라서 규칙 운동과 같이 분석할 수 있다는 것이다. 따라서 이러한 혼돈 현상을 결정론적 혼돈이라고 부른다. 결정론적이라는 말과 혼돈이라는 말은 상반되는 뜻을 갖고 있지만, 혼돈 현상을 나타내는 데는 적당한 표현이다. 지금까지 전통적인 방법으로 파악되지 않아서 혼돈으로 치부되던 많은 현상들이 새로운 방법으로 분석할 수 있게 됨으로써 분석 가능한 자연 현상의 영역은 매우 넓어졌다. 아직 시작된 지 얼마 안 되는 혼돈 과학의 연구가 진척되면 앞으로 자연에 대한 이해가 훨씬 넓고 깊어질 것이다.

① 프랙탈 구조는 규칙 운동이다.

② 프랙탈 구조는 혼돈 현상을 이해하는 전통적 방법이다.

❸ 프랙탈 구조에 대한 이해는 결정론적 혼돈을 정립하는데 큰 도움을 주었다.

④ 결정론적 혼돈을 통해 모든 자연 현상을 분석할 수 있다.

⑤ 자연에서 발견할 수 있는 규칙 운동을 결정론적 혼돈이라고 한다.

프랙탈 구조에 대한 이해를 바탕으로 결정론적 혼돈을 알아냄으로써 전통적인 방법으로 파악되지 않아서 혼돈으로 치부되던 많은 현상들을 새로운 방법으로 분석할 수 있게 되었다.

[01~05] 다음 글의 내용과 일치하는 것을 고르시오.

01

우리는 음악을 일반적으로 감정의 예술로 이해한다. 아름다운 선율과 화음은 듣는 사람의 마음속을 파고든다. 그래서인지 음악을 수 또는 수학과 연관시키기 어렵다고 생각하는 경우가 많다. 하지만 음악 작품은 다양한 화성과 리듬으로 구성되고, 이들은 3도 음정, 1도 화음, 4분의 3박자, 8분 음표 등과 같이 수와 관련되어 나타난다. 음악을 구성하는 원리로 수학의 원칙과 질서 등이 활용되는 것이다.

고대에도 음악과 수, 음악과 수학의 관계는 음악을 설명하는 중요한 사고의 틀로 작용했다. 중세 시대의 『아이소리듬 모테트』와 르네상스 시대 오케겜(J. Ockeghem)의 『36성부 카논』은 서양 전통 음악에서 사용되는 작곡 기법을 수의 비율 관계로 설명할 수 있다는 것을 보여준다. 음정과 음계는 수학적 질서를 통해 음악의 예술적 특성과 미적 가치를 효과적으로 전달했다. 20세기에 들어와 음악과 수학의 관계는 더욱 밀접해졌다. 피보나치수열을 작품의 중심 모티브로 연결한 바르톡(B. Bartók), 건축가 르 코르뷔지에(Le Corbusier)와의 공동 작업으로 건축적 비례를 음악에 연결시킨 제나키스(Xénakis)가 좋은 예이다. 12음 기법과 총렬 음악, 분석 이론의 일종인 집합론을 활용한 현대 음악 이론에서도 음악과 수, 음악과 수학의 밀접한 관계는 잘 드러난다.

① 수학을 통해 음악을 설명하려는 경향은 현대에 발생했다.
② 음악의 미적 가치는 수학적 질서를 통해 드러날 수 있다.
③ 건축학 이론은 현대 음악의 특성을 건축 설계에 반영한다.
④ 음악은 감정의 예술이 아니라 감각의 예술로만 이해해야 한다.
⑤ 수의 상징적 의미는 음악의 수학적 질서를 통해 구체화된다.

오답해설

① 고대에도 음악과 수학의 관계는 음악을 설명하는 사고의 틀로 작용했다.
③ 제나키스는 건축적 비례를 음악에 반영하였다.
④ 제시문에서는 음악을 이해하는 방법으로 수학을 제시하였다.
⑤ 제시문에는 수의 상징적 의미와 그 표현 방식에 대해 언급되어 있지 않다.

정답 01. ②

02

대안재와 대체재의 구별은 소비자뿐만 아니라 판매자에게도 중요하다. 형태는 달라도 동일한 핵심 기능을 제공하는 제품이나 서비스는 각각 서로의 대체재가 될 수 있다. 대안재는 기능과 형태는 다르나 동일한 목적을 충족하는 제품이나 서비스를 의미한다.

사람들은 회계 작업을 위해 재무 소프트웨어를 구매하여 활용하거나 회계사를 고용해 처리하기도 한다. 회계 작업을 수행한다는 측면에서, 형태는 다르지만 동일한 기능을 갖고 있는 두 방법 중 하나를 선택할 수 있다.

이와는 달리 형태와 기능이 다르지만 같은 목적을 충족시켜 주는 제품이나 서비스가 있다. 여가 시간을 즐기고자 영화관 또는 카페를 선택해야 하는 상황을 보자. 카페는 물리적으로 영화관과 유사하지도 않고 기능도 다르다. 하지만 이러한 차이에도 불구하고 사람들은 여가 시간을 보내기 위한 목적으로 영화관 또는 카페를 선택한다.

소비자들은 구매를 결정하기 전에 대안적인 상품들을 놓고 저울질한다. 일반 소비자나 기업 구매자 모두 그러한 의사 결정 과정을 갖는다. 그러나 어떤 이유에선지 우리가 파는 사람의 입장이 되었을 때는 그런 과정을 생각하지 못한다. 판매자들은 고객들이 대안 산업군 전체에서 하나를 선택하게 되는 과정을 주목하지 못한다. 반면 대체재의 가격 변동, 상품 모델의 변화, 광고 캠페인 등에 대한 새로운 정보는 판매자들에게 매우 큰 관심거리이므로 그들의 의사 결정에 중요한 역할을 한다.

① 판매자들은 대안재보다 대체재 관련 정보에 민감하게 반응한다.

② 판매자들은 소비자들의 대안재 선택 과정을 잘 이해하고 있다.

③ 재무 소프트웨어와 회계사는 서로 대안재의 관계에 있다.

④ 소비자들은 대안재보다 대체재를 선호하는 경향이 있다.

⑤ 영화관과 카페는 서로 대체재의 관계에 있다.

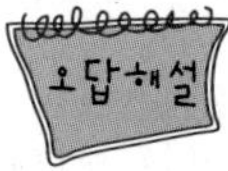

② 판매자들은 소비자가 구매를 결정하기 전에 대안재들을 놓고 저울질하는 과정에 주목하지 못한다.

③ 재무 소프트웨어와 회계사는 형태가 다르나 회계 작업을 수행한다는 점에서는 같은 기능을 제공하므로, 둘 사이의 관계는 대안재가 아닌 대체재이다.

④ 제시문의 내용과 거리가 멀다.

⑤ 영화관과 카페는 물리적 · 기능적으로 서로 다르지만 여가 시간을 보낸다는 점에서는 동일한 목적을 충족하므로, 둘 사이의 관계는 대체재가 아닌 대안재이다.

03

1950년대 이후 부국이 빈국에 재정 지원을 하는 개발 원조 계획이 점차 시행되었다. 하지만 그 결과는 그리 좋지 못했다. 부국이 개발 협력에 배정하는 액수는 수혜국의 필요가 아니라 공여국의 재량에 따라 결정되었고, 개발 지원의 효과는 보잘것없었다. 원조에도 불구하고 빈국은 대부분 더욱 가난해졌다. 개발 원조를 받았어도 라틴 아메리카와 아프리카의 많은 나라들이 부채에 시달리고 있다.

공여국과 수혜국 간에는 문화 차이가 있기 마련이다. 공여국은 개인주의적 문화가 강한 반면, 수혜국은 집단주의적 문화가 강하다. 공여국 쪽에서는 실제 도움이 절실한 개인들에게 우선적으로 혜택이 가기를 원하지만, 수혜국 쪽에서는 자국의 경제 개발에 필요한 부문에 개발 원조를 우선 지원하려고 한다.

개발 협력의 성과는 두 사회 성원의 문화 간 상호 이해 정도에 따라 결정된다는 것이 최근 분명해졌다. 자국민 말고는 어느 누구도 그 나라를 효율적으로 개발할 수 없다. 그러므로 외국 전문가는 현지 맥락을 고려하여 자신의 기술과 지식을 이전해야 한다. 원조 내용도 수혜국에서 느끼는 필요와 우선 순위에 부합해야 효과적이다. 이 일은 문화 간 이해와 원활한 의사 소통을 필요로 한다.

① 공여국은 수혜국의 문화 부문에 원조의 혜택이 돌아가기를 원한다.
② 수혜국은 자국의 빈민에게 원조의 혜택이 우선적으로 돌아가기를 원한다.
③ 수혜국의 집단주의적 경향은 공여국의 개발 원조 참여를 저조하게 만든다.
④ 공여국과 수혜국이 생각하는 지원의 우선 순위는 일치하지 않는다.
⑤ 수혜국이 더욱 가난해진 원인은 원조 정책에서 찾을 수 있다.

④ 공여국은 실제 도움이 절실한 개인에게 우선적으로 혜택이 돌아가기를 바라지만, 수혜국에서는 자국의 경제 개발에 필요한 부문에 우선적으로 지원하고자 하므로 서로 입장 차이를 보인다.

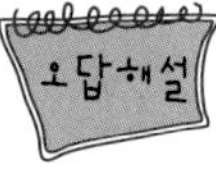

① 공여국은 개인들에게 우선적으로 원조의 혜택이 돌아가기를 원한다.
② 수혜국은 자국 경제 개발에 필요한 부문에 우선적으로 원조의 혜택이 돌아가기를 원한다.
③ 수혜국의 집단주의적 경향은 언급되었으나, 공여국의 개발 원조 계획 참여가 저조한 것과의 연관성은 언급되지 않았다.
⑤ 원조에도 불구하고 빈국들의 대부분이 더욱 가난해진 것은 사실이나, 그 가난이 원조 정책에 기인하는지에 대해서는 판단할 수 없다.

정답 02. ① | 03. ④

04

소리를 내는 것, 즉 음원의 위치를 판단하는 일은 복잡한 과정을 거친다. 사람의 청각은 '청자의 머리와 두 귀가 소리와 상호작용하는 방식'을 단서로 음원의 위치를 파악한다.

음원의 위치가 정중앙이 아니라 어느 한쪽으로 치우쳐 있으면, 소리가 두 귀 중에서 어느 한쪽에 먼저 도달한다. 왼쪽에서 나는 소리는 왼쪽 귀가 먼저 듣고, 오른쪽에서 나는 소리는 오른쪽 귀가 먼저 듣는다. 따라서 소리가 두 귀에 도달하는 데 걸리는 시간차를 이용하면 소리가 오는 방향을 알아낼 수 있다. 소리가 두 귀에 도달하는 시간의 차이는 음원이 정중앙에서 안쪽으로 치우칠수록 커진다.

양 귀를 이용해 음원의 위치를 알 수 있는 또 다른 단서는 두 귀에 도달하는 소리의 크기 차이이다. 왼쪽에서 나는 소리는 왼쪽 귀에 더 크게 들리고, 오른쪽에서 나는 소리는 오른쪽 귀에 더 크게 들린다. 이러한 차이는 머리가 소리의 전달을 막는 장애물로 작용하기 때문이다. 하지만 이런 차이는 소리에 섞여 있는 여러 음파들 중 고주파에서만 일어나고 저주파에서는 일어나지 않는다. 따라서 소리가 저주파로만 구성되어 있는 경우 소리의 크기 차이를 이용한 위치 추적은 효과적이지 않다.

또 다른 단서는 음색의 차이이다. 소리가 고막에 도달하기 전에 머리와 귓바퀴의 굴곡은 소리를 변형시키는 필터 역할을 한다. 이 때문에 두 고막에 도달하는 소리의 음색 차이가 발생한다. 이러한 차이를 통해 음원의 위치를 파악할 수 있다.

① 다른 조건이 같다면 고주파로만 구성된 소리가 저주파로만 구성된 소리보다 음원의 위치를 파악하기 쉽다.
② 두 귀에 도달하는 소리의 시간차가 클수록 청자와 음원의 거리는 멀다.
③ 저주파로만 구성된 소리의 경우 그 음원의 위치를 파악할 수 없다.
④ 머리가 소리를 막지 않는다면 음원의 위치를 파악할 수 없다.
⑤ 두 귀에 도달하는 소리의 음색 차이는 음원에서 발생한다.

다른 조건이 같을 때, 저주파의 경우 두 귀에 도달하는 소리의 크기 차이를 통해 음원의 위치를 판단하는 방법을 사용할 수 없으므로 고주파로만 구성된 소리보다 음원의 위치를 파악하기 어렵다.

05

고려 시대에 철제품의 생산을 담당한 것은 철소였는데, 기본적으로 철산지나 그 인근의 채광과 제련이 용이한 곳에 설치되었다. 철소 설치에는 몇 가지 요소가 갖춰져야 유리하였다. 철소는 철광석을 원활하게 공급받을 수 있고, 철을 제련하는 데 필수적인 숯의 공급이 용이해야 하며, 채광 · 선광 · 제련 기술을 가진 장인 및 채광이나 숯을 만드는 데 필요한 노동력이 존재해야 했다. 또한 철 제련에 필요한 물이 풍부하게 있는 곳이어야 했다.

망이와 망소이가 봉기를 일으킨 공주 명학소는 철소였다. 그러나 다른 철소와는 달리 그곳에서는 철이 생산되지 않았다. 철산지는 인근의 마현이었다. 명학소는 제련에 필요한 숯을 생산하고 마현으로부터 가져온 철광석을 가공하여 철제품을 생산하는 곳이었다. 마현에서 채취한 철광석은 육로를 통해 명학소로 운반되었고, 이곳에서 생산된 철제품은 명학소의 갑천을 통해 공주로 납부되었다. 갑천의 풍부한 수량(水量)은 철제품을 운송하는 수로로 적합했을 뿐 아니라, 제련에 필요한 물을 공급하는 데에도 유용했다.

그러나 명학소민의 입장에서 보면 마현에서 철광석을 채굴하고 선광하여 명학소로 운반하는 작업, 철광석 제련에 필요한 숯을 생산하는 작업, 철제품을 생산하는 작업, 생산된 철제품을 납부하는 작업에 이르기까지 감당할 수 없는 과중한 부담을 지고 있었다. 이는 일반 군현민의 부담뿐만 아니라 다른 철소민의 부담과 비교해 보아도 훨씬 무거운 것이었다. 더군다나 명종 무렵에는 철 생산이 이미 서서히 한계를 드러내고 있었음에도 할당된 철제품의 양이 줄어들지 않았다. 이러한 것이 복합되어 망이와 망소이는 봉기하게 된 것이다.

① 모든 철소에서 철이 생산되었다.
② 명학소에서는 숯이 생산되지 않았다.
③ 망이와 망소이는 철제품 생산 기술자였다.
④ 명학소민은 다른 철소민보다 철제품의 생산과 납부의 부담이 적었다.
⑤ 풍부한 물은 명학소에 철소를 설치하는 데 이점으로 작용했다.

⑤ 풍부한 물은 철소 설치를 유리하게 만드는 요소 중 하나이다. 명학소의 갑천은 수량이 풍부하여 철제품을 운송하는 수로로 적합했으며, 제련에 필요한 물을 공급하는 데에도 유리했다.

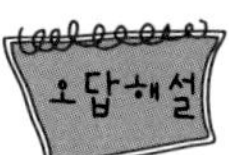

① 철소인 공주 명학소에서는 철이 생산되지 않았다.
② 명학소민이 철광석 제련에 필요한 숯을 생산하였다는 부분을 통해 명학소에서 숯이 생산되었음을 알 수 있다.
③ 제시문을 통해서는 알 수 없는 내용이다.
④ 명학소민은 일반 군현민은 물론 다른 철소민과 비교했을 때에도 훨씬 무거운 부담을 지고 있었다.

정답 04. ① | 05. ⑤

[06~10] 다음 글의 내용과 일치하지 않는 것을 고르시오.

06

한글의 제자 원리는 얼마나 우수한가? 훈민정음 연구로 학위를 받은 미국 컬럼비아 대학의 교수 게리 레드야드(Gari Ledyard)는 그의 학위 논문에서 다음과 같이 밝혔다. "글자 모양과 기능을 관련시킨다는 착상과 그 착상을 실현한 방식에 정녕 경탄을 금할 수 없다. 유구하고 다양한 문자의 역사에서 그런 일은 있어 본 적이 없다. 소리 종류에 따라 글자 모양을 체계화한 것만 해도 엄청난 일이다. 그런데 그 글자 모양 자체가 그 소리와 관련된 조음 기관을 본뜬 것이라니, 이것은 견줄 데 없는 언어학적 호사다."

레드야드가 지적했듯, 한글의 닿소리(자음) 글자들은 조음 기관을 본떴다. 예컨대 'ㄱ'과 'ㄴ'은 각각 이 글자들에 해당하는 소리를 낼 때 작용하는 혀의 모양을 본뜬 것이다. 그리고 'ㅁ'은 입모양을, 'ㅅ'은 이[齒] 모양을, 'ㅇ'은 목구멍을 본뜬 것이다. 조음 기관의 생김새를 본떠 글자를 만든다는 착상은 참으로 놀랍다. 그런데 '소리 종류에 따라 글자 모양을 체계화'했다는 레드야드의 말은 무슨 뜻인가?

조음 기관을 본뜬 기본 다섯 글자(ㄱ, ㄴ, ㅁ, ㅅ, ㅇ)에다 획을 더함으로써 소리 나는 곳은 같되 소리의 세기가 다른 글자들을 만들어 냈다는 뜻이다. 예를 들어 양순음(입술소리) 글자의 경우 'ㅁ'에 획을 차례로 더해 같은 양순음으로서 이보다 소리가 센 'ㅂ'과 'ㅍ'을 만들어 냈다는 것이다. 이를 로마 문자와 비교해 보면 한글에 함축된 음운학 지식이 얼마나 깊고 정교한지 금방 드러난다. 예컨대 이나 잇몸에 혀를 댔다 떼면서 내는 소리들을 로마 문자로는 N, D, T로 표시하는데, 이 글자들 사이에는 형태적 유사성이 전혀 없다. 그러나 한글은 이와 비슷한 소리를 내는 글자를 'ㄴ, ㄷ, ㅌ'처럼 형태를 비슷하게 만듦으로써, 이 소리들이 비록 다른 자질에서는 차이가 있지만 소리 나는 곳이 같다는 것을 한눈에 보여 준다.

이러한 한글의 특성에 대해 영국의 언어학자 제프리 샘슨(Geoffrey Sampson)은 한글을 로마 문자 같은 음소 문자보다 더 나아간 '자질 문자'라고 불렀다. 즉, 훈민정음 창제자들은 음소 단위의 분석에서 더 나아가 현대 언어학자들처럼 음소를 다시 자질로 나눌 줄 알았던 것이다.

① 한글 자음의 기본자는 소리와 관련된 조음 기관을 본떠 만들었다.
② 영어 글자의 형태는 조음 기관과의 유사성과 관련이 없다.
③ 한글 자음은 같은 종류의 소리를 나타내는 것끼리 그 모양이 비슷하다.
④ 한글 자음은 소리의 자질에 따라 글자에 획을 더하는 방식이 사용되었다.
⑤ 한글 자음은 모양이 간단하고 나타낼 수 있는 소리의 종류가 매우 다양하다.

제시문에서 언급한 한글 자음(닿소리)의 제자 원리와 체계에 대한 내용 중 나타낼 수 있는 소리의 종류가 다양하다는 내용은 제시되어 있지 않다.

07

> 세자는 다음 왕위를 계승할 후계자로서 세자의 위상을 높이는 각종 통과의례를 거쳐야 했다. 책봉례는 세자가 왕의 후계자가 되는 가장 중요한 공식 의식으로, 세자는 왕으로부터 세자 임명서를 수여받았다. 책봉례가 끝나면 의궤를 작성하였다. 세자는 적장자 세습 원칙에 따라 왕비 소생의 장자가 책봉되는 것이 원칙이었다. 그러나 실제로 조선 시대를 통틀어 총 스물 일곱 명의 왕 중 적장자로서 왕위에 오른 왕은 문종, 단종, 연산군, 인종, 현종, 숙종, 순종 이렇게 일곱 명에 불과했다. 적장자로 태어나 세자로 책봉은 되었지만 왕위에 오르지 못한 세자도 여러 명이었다. 덕종, 순회세자, 소현세자, 효명세자, 양녕대군, 연산군의 장자 등이 그들이다.
>
> 책봉례 후 세자는 조선시대 최고 교육기관인 성균관에서 입학례를 치렀다. 성균관에 입학하는 사대부 자제와 마찬가지로 대성전에 있는 공자의 신위에 잔을 올리고, 명륜당에서 스승에게 예를 행하고 가르침을 받는 의식을 거쳐야 했다. 세자의 신분으로 입학례를 처음 치른 사람은 문종으로, 8세가 되던 해에 성균관 입학례를 치렀다. 세자 입학례는 세자를 위한 중요한 통과의례였으므로 기록화로 남겨졌다. 입학례 이후에 거행되는 관례는 세자가 성인이 되는 통과의례이다. 이것은 오늘날의 성년식과 같다. 관례를 치르면 상투를 틀고 관을 쓰므로 관례라 하였다. 사대부의 자제는 보통 혼례를 치르기 전 15세에서 20세에 관례를 치르지만, 세자는 책봉된 후인 8세에서 12세 정도에 치렀다. 관례를 치르고 어엿한 성인이 된 세자는 곧이어 가례, 즉 혼례를 행하였다. 혼례식은 관례를 행한 직후에 이루어졌다. 관례가 8세에서 12세 정도에 이루어진 만큼, 혼례식은 10세에서 13세 정도에 거행되었다. 왕이나 세자의 혼례식 전 과정은 가례도감 의궤로 남겨졌다.

① 조선시대의 왕이 모두 적장자는 아니었다.

② 사대부 자제도 세자와 마찬가지로 입학례, 관례, 혼례의 통과의례를 거쳤다.

③ 세자의 통과의례가 거행될 때마다 행사의 내용을 의궤로 남겼다.

④ 세자의 대표적 통과의례 중 성인이 된 후 치른 의례는 가례였다.

⑤ 세자의 통과의례는 대개 책봉례, 입학례, 관례, 가례의 순서로 거행되었다.

③ 제시문에 따르면 의궤로 남긴 통과의례는 책봉례와 가례(혼례)이다. 입학례와 관례의 경우 의궤로 남겼는지에 대해서는 언급하지 않았다.

① 조선 시대를 통틀어 적장자로서 왕위에 오른 왕은 문종, 단종, 연산군, 인종, 현종, 숙종, 순종의 일곱 명뿐이다.

② 입학례와 관례의 경우 사대부 자제와 비교하였으며, 가례는 관례를 치르는 시기와 함께 언급하였으므로 사대부 자제 역시 세 통과의례를 거쳤음을 알 수 있다.

④, ⑤ 세자의 대표적인 통과의례는 책봉례, 입학례, 관례, 가례 순으로 치렀으며, 성인이 된 후 치른 의례는 가례이다.

정답 06. ⑤ | 07. ③

08

탁월성의 획득은 기예의 습득과 유사하다. 무엇을 만드는 법을 배우고자 하는 사람이 그것을 직접 만들어 봄으로써 익히듯이, 우리는 용감한 일을 행함으로써 용감한 사람이 된다.

또한 탁월성을 파괴하는 기원 · 원인들에 대해서도 탁월성이 생기는 기원 · 원인들과 같은 방식으로 말할 수 있다. 집을 잘 지음으로써 좋은 건축가가, 잘못 지음으로써 나쁜 건축가가 된다. 성격적 탁월성의 경우도 이와 마찬가지이다. 다른 사람과 관련된 일들을 행하면서 어떤 사람은 정의로운 사람이 되고 어떤 사람은 정의롭지 않은 사람이 된다.

욕망이나 분노에 관련된 것에 대해서도 사정은 유사하다. 어떤 사람은 절제 있는 사람이나 온화한 사람이 되지만, 어떤 사람은 무절제한 사람이나 성마른 사람이 된다. 양쪽 모두 자신이 처한 상황 속에서 어떤 방식으로 행동함으로써 그러한 사람이 된다.

① 절제 있고 온화한 사람은 그러한 행동을 취하는 사람이다.
② 기예의 습득과 탁월성의 습득은 그 과정상 유사하다.
③ 정의롭고 온화하며 절제 있는 본성을 지닌 사람이 성격적 탁월성을 가진 자이다.
④ 탁월성의 획득과 파괴의 기원은 같다.
⑤ 좋은 행동을 실천하면 성격적 탁월성을 갖게 된다.

③ 제시문에 따르면 성격적 탁월성의 기원 · 원인은 행동이다. 즉, 정의롭고 온화하며 절제 있는 사람이 되기 위해서는 그러한 본성을 갖는 것이 아니라 그러한 행동을 취해야 한다.

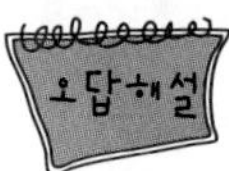

④ 건축가를 예로 들면서, 탁월성을 파괴하는 기원 · 원인을 탁월성이 생기는 기원 · 원인과 같은 방식으로 말할 수 있다고 하였다.

09

권위와 권위주의는 자주 혼동되어 사용된다. 독재주의라는 말로 대치될 수 있는 권위주의가 개념도 의미도 다른 권위와 단지 언어적 기호 내지 상징이 같다는 이유로 오용되고 있는 것이다.

정치력이나 경제력에 바탕을 둔 권위주의와는 달리 권위는 인품과 도덕성, 실질적인 능력에서 비롯된다. 그것은 어디까지나 개인적이다. 권위나 지위가 역할에 따른 것이라 할지라도 그것은 우연히 이루어진 것이 아니라 연륜과 성실한 노력과 두뇌와 인격과 학식과 기량을 통해 획득된 것이다. 만일 우리 사회에서 권위나 위신까지도 인정되지 않는다면 질서나 선의의 경쟁은 깨지고 인격의 도야나 진지한 노력도 사라질 것이다. 그 어떤 지위나 책임을 가진 사람이 하는 말에 귀 기울이지 않는 태도에는 사회의 약속이나 규범, 인간의 도리마저 인정하지 않는 "내게 이익이 있고 내가 편하며 원하는 일이라면 남이야 어찌 되든 상관할 바 아니다."라는 발상이 포함되어 있다. 얼핏 대단히 편해 보이는 그것은, 결국 자기 자신에게도 불리한 결과를 낳게 될 것이다. 왜냐하면 사회는 혼자가 아닌 남과 더불어 어울려 살아가는 곳이기 때문이다.

과거 우리의 권력 구조나 체계의 정통성 · 정당성, 권력의 장악, 부의 축적에서 합법적이고 정당한 절차와 과정을 거치지 않은 경우도 있었다. 정치권에서 주로 논의되던 권력의 정통성 시비에서 비롯된 권위주의의 청산은 권위와 권위주의의 혼동 속에서 무분별하게 확산되었고, 결국 권위마저도 설 땅을 잃게 되었다. 그러나 지식과 학문의 사회에서 지적 · 인격적 권위가 인정되지 않는다면 교육은 존립할 수 없게 된다.

권위가 지배와 복종의 관계를 의미하는 것은 아니다. 어떤 의미에서 그것은 분업과 협력의 관계이다. 권위를 지나치게 기계적이고 획일적으로 생각하는 것은 옳지 않다. 오늘날에는 대중매체를 통한 상징 조작의 문제가 가끔 지적된다. 즉, 지도자들은 스스로의 권위와 위신을 일반 대중에게 심어주기 위해 대중매체를 통한 상징 조작에 노력을 기울인다. 그러나 우리가 말하는 권위는 강요되거나 조작되는 것이 아니다.

① 오늘날 지도자들은 대중매체를 이용해 대중으로부터 권위를 획득한다.

② 권위는 개인적 성품과 역량을 통해 획득된 것이므로 사회적 배경 속에서 나타난 권위주의와 구별해야 한다.

③ 권위는 인품과 도덕성, 실질적인 능력에서 비롯되며, 만약 사회에서 권위가 인정되지 않으면 교육은 존립할 수 없게 된다.

④ 과거 권력 획득 및 부의 축적 과정에서 비롯된 모순을 타파하고자 시도된 권위주의 청산 운동은 결과적으로 부정적인 상태를 초래하기도 하였다.

⑤ 권위와 권위주의를 동일시하는 혼동 속에서 권위 역시 위험한 상태에 놓이게 되었지만 권위주위와는 달리 권위는 지키고 존중해야 한다.

오늘날 대중매체를 통한 상징 조작이 문제가 되고 있으며, 지도자들은 권위와 위신을 대중에게 심기 위해 상징 조작에 노력을 기울인다. 그러나 권위는 강요되거나 조작되는 것이 아니므로 대중매체를 이용해 권위를 획득하지는 못한다.

정답 08. ③ | 09. ①

10

1937년 영국에서 거행된 조지 6세의 대관식에 귀족들은 대부분 자동차를 타고 왔다. 대관식에 동원된 마차는 단 세 대밖에 없었을 정도로 의례에서 마차가 차지하는 비중이 작아졌다. 당시 마차 관련 서적에서 드러나듯, 대귀족 가문들조차 더 이상 호화로운 마차를 사용하지 않았다. 당시 마차들은 조각이 새겨진 황금빛 왕실 마차와 같이 의례용으로 이용되는 경우를 제외하고는 거의 사용되지 않은 채 방치되었다.

제2차 세계 대전 이후 전투기와 탱크와 핵폭탄이 세계를 지배하면서, 대중은 급격한 과학 기술의 발전에 두려움과 어지러움을 느끼게 되었다. 이런 배경하에 영국 왕실 의례에서는 말과 마차와 검과 깃털 장식 모자의 장엄한 전통이 정치적으로 부활하였다. 1953년 엘리자베스 2세의 대관식은 전통적인 방법으로 성대하게 치러졌다. 대관식에 참여한 모든 외국 왕족과 국가 원수를 마차에 태웠는데, 이때 부족한 일곱 대의 마차를 한 영화사에서 추가로 임대할 정도였다.

왕실의 고풍스러운 의례가 전파로 송출되기 시작하면서 급변하는 사회를 혼란스러워 하던 대중은 전통적 왕실 의례에서 위안을 찾았다. 국민의 환호와 열광 속에 화려한 마차를 타고 개선로를 통과하는 군주에게는 어수선한 시대의 안정적 구심점이라는 이미지가 부여되었다. 군주는 전후 경제적 피폐와 정치적 혼란의 양상을 수습하고 국가 질서를 재건하는 상징적 존재로 부상하였다.

① 영국 왕실 의례는 영국의 지역 간 통합에 순기능으로 작용했다.
② 1940년대에 마차는 단지 의례용으로만 사용되었다.
③ 엘리자베스 2세의 대관식은 영국 왕실의 전통적 의례에 맞춰 거행되었다.
④ 엘리자베스 2세는 대관식에서 군중이 지켜보는 가운데 마차를 타고 개선로를 통과하였다.
⑤ 제2차 세계 대전 이후 영국 왕실의 전통적 의례의 부활은 대중에게 위안과 안정을 주는 역할을 했다.

제시문에 따르면 영국 왕실 의례는 전후 경제적 · 정치적 혼란을 수습하는 등의 순기능으로 작용하였으나, 그 영향이 영국의 지역 간 통합에 미쳤는지의 여부는 알 수 없다.

11 다음 밑줄 친 ㉠의 사례로 가장 적절한 것은?

기억에 망각이 특이하게 혼합되는 것은 우리 정신에 있는 선택 작용의 한 예이다. 선택은 그 위에 정신이란 배를 건조할 뼈대가 된다. 그리고 기억을 위해 선택이 쓸모 있다는 것은 분명하다. 모든 것을 기억한다면 우리는 어떤것도 기억하지 않는 것과 마찬가지로 살아가기 어려울 것이다. 선택이 없다면, 우리가 과거의 어떤 기간을 회상하려 할 때 그것이 지속된 원래 시간만큼 오랜 시간이 걸릴 것이며 우리는 결코 사고를 앞으로 진전시키지 못할 것이기 때문이다. 따라서 모든 회상된 시간들은 ㉠ 원근단축이라는 것을 겪게 되는데, 이 원근단축은 그 시간을 채웠던 수많은 사실을 생략함으로써 가능해진다. 원근단축이라는 축약 과정은 결손을 전제로 한다. 먼 옛날의 일을 떠올리기 위해 그 일과 현재의 우리 사이에 놓인 일련의 사건들을 모두 거쳐야 한다면, 그 조작에 오랜 시간이 걸리기 때문에 기억은 불가능할 것이다. 따라서 기억이 이루어지는 조건의 하나가 망각하는 것이라는 역설적 결론에 도달한다.

① 나는 한 달 전에 친구와 함께 버스를 타고 진해 벚꽃축제에 갔다.

② 오늘 이를 뽑고 어제 치과를 갔으니 이가 아픈 건 그저께였다.

③ 그는 어제 나와 만났다고 했지만 나는 그를 만난 기억이 없다.

④ 나는 매일 아침 일어나 그날 꾼 꿈의 내용을 기록해 놓는다.

⑤ 하나의 힌트만 주어진다면 어제 외웠던 시 전체를 말할 수 있다.

정답해설 ㉠의 원근단축이란 시간을 채운 수많은 사실을 생략(망각)함으로써 가능하다. ①에서 내가 진해 벚꽃축제에 가기까지의 모든 과정을 서술한 것이 아니라 '한 달' 사이의 모든 사건은 생략하고 있으므로 원근단축에 의해 회상한 것이라 할 수 있다.

정답 10. ① | 11. ①

12 다음 글의 밑줄 친 ㉠과 유사한 사례로 보기 어려운 것은?

어떤 정책이 경제적으로 바람직한 것인지 판단하는 기준으로 흔히 '효율성'의 개념이 사용된다. 그런데 생산의 효율성이 높아지더라도 이를 어떻게 배분하느냐에 따라서 사회구성원의 만족도는 달라질 수 있다. 때문에 사회적으로 만족이 가장 커지는 상태를 보여주기 위한 '배분적 효율성'이 정책의 경제성을 판단하는 기준으로 자주 사용된다.

배분적 효율성을 설명하는 방법으로 대표적인 것이 '파레토 효율성'이다. 이탈리아의 경제사회학자 파레토(Pareto)는 만약 '가'의 상황에서 '나'의 상황으로 바뀌었을 때 아무도 나빠지지 않고 적어도 한 사람 이상이 좋아졌다고 한다면 ㉠ '나'의 상황은 '가'의 상황보다 배분적 효율성이 잘 실현된 것으로 파레토는 간주했다. 예를 들어 노동의 대가로 A가 시간당 1,000원을 받고, B가 시간당 2,000원을 받는 것이 '가'의 상황에서 똑같은 노동의 대가로 A가 시간당 1,500원을 받고, B는 전과 같이 2,000원을 받는 '나'의 상황으로 바뀌었을 때 파레토는 '나'의 상황을 '가'의 상황보다 효율성이 증대된 것으로 보았다. 왜냐하면 B에게 어떠한 해도 끼치지 않고 A는 500원의 이득을 보게 되었기 때문이다.

① 흰개미는 편모충에게 서식처를 제공하고 편모충은 흰개미에게 소화 효소를 제공한다.

② 말미잘은 집게가 쓰고 있는 껍데기에 붙어서 쉽게 이동하며 집게는 말미잘을 이용해서 자신을 보호한다.

③ 뻐꾸기는 번식기에 딱새의 알을 둥우리 밖으로 떨어뜨리고 자기 알을 둥우리 가장자리에 산란하여 딱새에게 새끼를 위탁한다.

④ 흰동가리는 말미잘의 촉수에 숨어 살며 혜택을 보지만 말미잘에게는 별다른 피해를 주지 않는다.

⑤ 동백나무가 개화를 하는 1~3월에는 곤충이 활동하기 이른 시기이므로 곤충 대신 동박새가 꽃가루받이 역할을 하며 꽃의 수분을 돕는다. 그 대가로 동박새는 동백나무로부터 꿀을 제공받는다.

밑줄 친 ㉠의 상황은 어느 누구도 손해를 보지 않고 적어도 한 사람 이상이 이익을 보게 된 상황을 의미한다. ③에서 뻐꾸기의 탁란은 딱새의 새끼를 희생하고 자신의 이익만 취하는 상황이므로 적절하지 않은 사례이다.

[01~03] 다음 글을 읽고 추론할 수 있는 것을 고르시오.

01

현대의 과학사가들과 과학사회학자들은 지금 우리가 당연시하는 과학과 비과학의 범주가 오랜 시간에 걸쳐 구성된 범주임을 강조하면서 과학자와 대중이라는 범주의 형성에 연구의 시각을 맞출 것을 주장한다. 특히 과학 지식에 대한 구성주의자들은 과학과 비과학의 경계, 과학자와 대중의 경계 자체가 처음부터 고정된 경계가 아니라 오랜 역사적 투쟁을 통해서 만들어진 문화적 경계라는 점을 강조한다.

과학자와 대중을 가르는 가장 중요한 기준은 문화적 능력이라고 할 수 있는데, 이것은 과학자가 대중과 구별되는 인지 능력이나 조작 기술을 가지고 있음을 의미한다. 부르디외(P. Bourdieu)의 표현을 빌자면, 과학자들은 대중이 결여한 문화 자본을 소유하고 있다는 것이다. 이러한 문화 자본 때문에 과학자들과 대중 사이에 불연속성이 생긴다. 여기서 중요한 것은 이러한 불연속성의 형태와 정도이다.

예를 들어 수리물리학, 광학, 천문학 등의 분야는 대중과 유리된 불연속성의 정도가 상대적으로 컸다. 고대부터 16세기 코페르니쿠스(N. Copernicus)에 이르는 천문학자들이나 17세기 과학혁명 당시의 수리물리학자들은 그들의 연구가 보통의 교육을 받은 사람들을 대상으로 한 것이 아니고, 그들과 같은 작업을 하고 전문성을 공유하고 있던 사람들만을 위한 것이라는 점을 분명히 했다. 갈릴레이(G. Galilei)에 따르면 자연이라는 책은 수학의 언어로 쓰여 있으며, 따라서 이 언어를 익힌 사람만이 자연의 책을 읽어낼 수 있다. 반면 유전학이나 지질학 등은 20세기 중반이 되기 전까지 대중 영역과 일정 정도의 연속성을 가지고 있었으며, 거기에서 영향을 받았던 것이 사실이다. 특히 20세기 초 유전학은 멘델유전학의 재발견을 통해 눈부시게 발전할 수 있었는데, 이러한 발전은 실제로 오랫동안 동식물을 교배하고 품종개량을 해왔던 육종가들의 기여 없이는 불가능했다.

① 과학과 비과학의 경계는 존재하지 않는다.
② 과학자들은 과학혁명 시기에 처음 문화 자본을 획득했다.
③ 과학과 비과학을 가르는 보편적 기준은 수학 언어의 유무이다.
④ 과학자와 대중의 불연속성은 동일한 정도로 나타나지 않는다.
⑤ 과학과 비과학의 경계는 수리물리학에서 가장 먼저 발생했다.

④ 마지막 문단에 따르면 수리물리학, 광학, 천문학 등의 분야는 대중과 유리된 불연속성의 정도가 상대적으로 컸다. 반면 유전학이나 지질학 등은 20세기 중반이 되기 전까지 대중 영역과 일정 정도의 연속성을 가지고 있었다.

① 과학 지식에 대한 구성주의자들은 과학과 비과학의 경계가 가진 성질을 강조하였는데, 이는 과학과 비과학의 경계가 존재하는 것을 전제로 하고 있다.
② 문화 자본으로 인해 과학자와 대중 사이에 불연속성이 생기며, 이러한 불연속성은 17세기 과학혁명 이전인 고대부터 존재하였다. 즉, 고대의 과학자들 역시 문화 자본을 소유하고 있었다.

정답 12. ③ | 01. ④

02

> 자본주의 초기 독일에서 종교적 소수 집단인 가톨릭이 영리 활동에 적극적으로 참여하지 않았다는 것은 다음과 같은 일반적 의식과 배치된다. 민족적 · 종교적 소수자는 정치적으로 영향력 있는 자리에서 배제되므로, 이들은 영리 활동을 통해 공명심을 만족시키려 한다. 그러나 독일 가톨릭의 경우에는 그러한 경향이 전혀 없거나 뚜렷하게 나타나지 않는다. 이는 다른 유럽 국가들의 프로테스탄트가 종교적 이유로 박해를 받을 때조차 적극적인 경제 활동으로 사회의 자본주의 발전에 기여했던 것과 대조적이다. 이러한 현상은 독일을 넘어 유럽 사회에 일반적인 현상이었다. 프로테스탄트는 정치적 위상이나 수적 상황과 무관하게 자본주의적 영리 활동에 적극적으로 참여하는 뚜렷한 경향을 보였다. 반면 가톨릭은 어떤 사회적 조건에 처해 있든 이러한 경향을 나타내지 않았고 현재도 그러하다.

① 소수자이든 다수자이든 유럽의 종교 집단은 사회의 자본주의 발전에 기여하지 못했다.
② 독일에서 가톨릭은 정치 영역에서 배제되었기 때문에 영리 활동에 적극적으로 참여하였다.
③ 독일 가톨릭의 경제적 태도는 모든 종교적 소수 집단에 폭넓게 나타나는 보편적인 경향이다.
④ 프로테스탄트와 가톨릭에 공통적인 금욕적 성격은 두 종교 집단이 사회에서 소수자이든 다수자이든 동일한 경제적 행동을 하도록 추동했다.
⑤ 종교 집단에 따라 경제적 태도에 차이가 나타나는 원인은 특정 종교 집단이 처한 정치적 또는 사회적 상황과는 무관하다.

⑤ 프로테스탄트는 정치적 위상과 무관하게 자본주의적 영리 활동에 적극적으로 참여하였으며, 가톨릭은 어떤 사회적 조건에 처해 있든 이러한 경향을 나타내지 않았으므로 종교 집단에 따라 경제적 태도에 차이가 나타나는 원인은 특정 종교 집단이 처한 정치적 또는 사회적 상황과는 무관하다는 내용을 추론할 수 있다.

① 프로테스탄트는 적극적인 경제 활동을 통해 자본주의 발전에 기여하였다.
② 독일에서 가톨릭은 영리 활동에 적극적으로 참여하지 않았다.
③ 종교적 소수자는 영리 활동을 통해 공명심을 만족시키고자 한다. 이는 독일 가톨릭과 상반된 태도이다.
④ 프로테스탄트의 성향이 금욕적인지에 대해서는 제시문을 통해 알 수 없으며, 두 종교 집단은 경제 활동에서 상반된 태도를 보인다.

03

고려 시대에 지방에서 의료를 담당했던 사람으로는 의학박사, 의사, 약점사가 있었다. 의학박사는 지방에 파견된 최초의 의관으로서, 12목에 파견되어 지방의 인재들을 뽑아 의학을 가르쳤다. 의사는 지방 군현에 주재하면서 약재를 채취하고 백성을 치료하였으며, 의학박사만큼은 아니지만 의학교육의 일부를 담당하였다.

지방 관청에서는 약점을 설치하여 약점사를 배치하였다. 약점사는 향리들 중에서 임명되었다. 약점은 약점사가 환자를 치료하는 공간이자 약재의 유통이 이루어지는 공간이었다. 약점사의 일 중 가장 중요한 것은 백성들이 공물로 바치는 약재를 수취하고 관리하여 중앙 정부에 전달하는 일이었다. 약점사는 왕이 하사한 약재를 관리하는 일과 환자를 치료하는 일도 담당하였다. 지방마다 의사를 두지는 못하였으므로 의사가 없는 지방에서는 의사의 업무 모두를 약점사가 담당했다.

① 의사들 가운데 실력이 뛰어난 사람이 의학박사로 임명되었다.
② 약점사의 의학 실력은 의사들보다 뛰어났다.
③ 약점사가 의학교육을 담당할 수도 있었다.
④ 의사는 향리들 중에서 임명되었다.
⑤ 의사들의 진료 공간은 약점이었다.

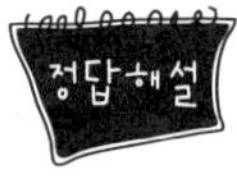

③ 지방마다 의사를 두지는 못하였으므로 그런 지방에서는 약점사가 의사의 모든 업무를 담당한다고 하였다. 의사 역시 의학교육의 일부를 담당하였으므로 약점사가 의학교육을 담당할 수도 있었다.

① 의학박사의 임명에 대해서는 언급되어 있지 않다.
② 향리 중에서 임명된다는 점, 약재의 수취와 관리 · 전달이 가장 중요한 업무였다는 점, 의사가 없는 지방에서 의사의 업무를 담당한다는 점 등을 통해 약점사의 의학 실력을 추론할 수 있다.
④, ⑤ 향리들 중에서 임명된 것은 약점사이고, 약점은 약점사가 환자를 치료하는 공간이었다.

정답 02. ⑤ | 03. ③

[04~06] 다음 글을 읽고 추론할 수 없는 것을 고르시오.

04

목조 건축물에서 골조 구조의 가장 기본적인 양식은 기둥과 보가 결합된 것으로서 두 개의 기둥 사이에 보를 연결한 구조이다. 두 기둥 사이에 보를 연결하여 건물의 한 단면이 형성되고 이를 반복하여 공간을 만든다. 이런 구조는 기둥에 대해 수직으로 작용하는 하중에는 강하지만 수평으로 가해지는 하중에는 취약하다. 이때 기둥과 보 사이에 가새를 넣어주어야 하며, 이를 통해 견고한 구조를 실현한다.

가새는 보와 기둥 사이에 대각선을 이루며 연결하는 부재이다. 기둥과 보, 그리고 가새가 서로 연결되어 삼각형 형태가 되면 골조는 더 안정된 구조를 이룰 수 있다. 이러한 삼각형 형태 때문에 보에 가해지는 수평 하중은 가새를 통해 기둥으로 전달된다. 대부분의 가새는 하나의 보와 이 보의 양 끝에 수직으로 연결된 두 기둥에 설치되므로 마주보는 짝으로 구성된다. 가새는 보에 가해지는 수직 하중의 일부도 기둥으로 전달하는 역할을 하지만, 가새의 크기와 위치를 설계할 때에는 수평 하중의 영향만을 고려한다.

① 가새는 수직 하중에 약한 구조를 보완한다.
② 가새는 수직 하중의 일부를 기둥으로 보낸다.
③ 가새는 목조 골조 구조의 안정성을 향상시킨다.
④ 가새를 얼마나 크게 할지, 어디에 설치할지를 설계할 경우에 수평 하중의 영향만을 생각한다.
⑤ 가새는 대부분 하나의 보를 받치는 두 개의 기둥 각각에 설치되므로 한 쌍으로 이루어진다.

두 기둥 사이에 보를 연결하는 골조 구조는 수직 하중에는 강하지만 수평 하중에는 약하며, 이를 보완하기 위해 가새가 사용된다. 즉, 가새는 수평 하중에 약한 구조를 보완한다.

05

조선 시대의 궁궐은 남쪽에서 북쪽에 걸쳐 외전, 내전, 후원의 순서로 구성되었다. 공간배치상 가장 앞쪽에 배치된 외전은 왕이 의례, 외교, 연회 등 정치 행사를 공식적으로 치르는 공간이며, 그 중심은 정전 혹은 법전으로 부르는 건물이었다. 정전은 회랑으로 둘러싸여 있는데, 그 회랑으로 둘러싸인 넓은 마당이 엄격한 의미에서 조정이 된다.

내전은 왕과 왕비의 공식 활동과 일상적인 생활이 이루어지는 공간으로서 위치상으로 궁궐의 중앙부를 차지할 뿐만 아니라 그 기능에서도 궁궐의 핵을 이루는 곳이다. 그 가운데서도 연거지소는 왕이 일상적으로 기거하며 가장 많은 시간을 보내는 곳이자 주요 인물들을 만나 정치 현안에 대해 의견을 나누는 곳으로, 실질적인 궁궐의 핵심이라 할 수 있다. 왕비의 기거 활동 공간인 중궁전은 중전 또는 중궁이라고도 불렸는데, 궁궐 중앙부의 가장 깊숙한 곳에 위치한다. 동궁은 차기 왕위 계승자인 세자의 활동 공간으로 내전의 동편에 위치한다. 세자는 동궁이라 불리기도 했는데, 다음 왕위를 이을 사람인 그에게 '떠오르는 해'라는 의미를 부여했기 때문이다. 내전과 동궁 일대는 왕, 왕비, 세자 등 주요 인물의 공간이다. 그들을 시중드는 사람들의 기거 활동 공간은 내전의 뒤편에 배치되었다. 이 공간은 내전의 연장으로 볼 수 있는데 뚜렷한 명칭이 따로 있지는 않았다.

후원은 궁궐의 북쪽 산자락에 있는 원유를 가리킨다. 위치 때문에 북원으로 부르거나, 아무나 들어갈 수 없는 금단의 구역이기에 금원이라고도 불렸다. 후원은 1차적으로는 휴식 공간이었으며, 부차적으로는 내농포라는 소규모 논을 두고 왕이 직접 농사를 체험하며 권농의 모범을 보이는 실습장의 기능을 가지고 있었다.

① 내농포는 금원에 배치되었다.
② 내전에서는 국왕의 일상생활과 정치가 병행되었다.
③ 궁궐 남쪽에서 공간적으로 가장 멀리 위치한 곳은 중궁전이다.
④ 외국 사신을 응대하는 국가의 공식 의식은 외전에서 거행되었다.
⑤ 동궁은 세자가 활동하는 공간의 이름이기도 하고 세자를 가리키는 별칭이기도 하였다.

③ 궁궐 남쪽에서 북쪽에 걸쳐 외전, 내전, 후원의 순서로 구성되므로, 궁궐 남쪽에서 공간적으로 가장 멀리 위치한 곳은 후원이다.

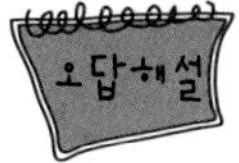

② 내전은 왕과 왕비의 공식 활동과 일상생활이 이루어지는 공간인데, 왕은 내전의 연거지소에서 주요 인물들을 만나 정치 현안에 대한 의견을 나누었다.
④ 왕이 의례, 외교, 연회 등 정치 행사를 공식적으로 치르던 공간은 외전이다.

정답 04. ① | 05. ③

06

어떤 시점에서 당신만이 느끼는 어떤 감각에 대하여 W라는 용어의 의미로 삼는다고 해 보자. 이후 다시 그 감각을 느끼는 경우 당신은 "W라고 불리는 그 감각이 나타났다."라고 말할 것이다. 그렇지만 그 용어가 바르게 사용되었는지 아닌지 어떻게 결정할 수 있을까? 만에 하나 첫 번째 감각을 잘못 기억할 수도 있는 것이고, 혹은 밀접하다고 생각했던 유사성이 사실은 착각일 뿐, 어렴풋하고 희미한 것일 수도 있다. 무엇보다도 그것이 착각인지 아닌지를 판단할 근거가 없다. 만약 W라는 용어의 의미가 당신만이 느끼는 그 감각에만 해당된다면, W라는 용어가 바르게 사용되었는지를 구분할 방법은 어디에도 없기 때문이다. 바른 적용에 관해 결정을 내릴 수 없는 용어는 아무런 의미도 갖지 않는다.

① 본인만이 느끼는 감각을 지시하는 용어는 아무 의미도 없다.
② 감각을 지시하는 용어를 적용할 때에는 그 사용이 옳은지 그른지 판단할 필요가 있다.
③ 우리는 감각을 잘못 기억하거나 착각할 수 있다.
④ 감각을 지시하는 용어의 의미는 그것이 지시하는 대상과는 아무 상관이 없다.
⑤ 용어의 적용이 옳게 되었는지 아닌지 판단할 수 있는 경우, 그것은 용어로서 의미를 가질 수 있다.

④ 감각을 지시하는 용어가 바르게 사용되었는지에 대한 판단이 필요한 이유는 첫 번째 감각을 잘못 기억했을 수 있기 때문이며, 또는 밀접한 유사성이 있는지 아닌지 알기 위해서이다. 그러므로 감각을 지시하는 용어의 의미는 그 지시 대상과 밀접하게 관계된다.

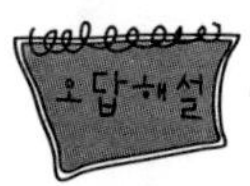

①, ⑤ 바른 적용에 관해 결정을 내릴 수 없는 용어는 아무런 의미도 갖지 않는다. 그런데 자신만이 느끼는 감각에만 해당되는 용어의 경우 바르게 사용되었는지 구분할 방법이 없으므로, 아무런 의미를 갖지 못한다. 마찬가지로 용어의 적용이 옳은지 그른지 판단할 수 있다면 그것은 용어로서 의미를 가진다고 말할 수 있다.

| 주제 및 제목 찾기 |

대표유형문제

다음 글을 읽고 주제로 알맞은 것을 고르시오.

신분 상승은 문화를 통해서만 이루어진다. 그런데 문화는 오랜 시간의 학습을 통해서만 형성된다. 일례로 어릴 때부터 미술과 음악을 가까이 했던 사람만이 어른이 되어서도 미술과 음악을 즐길 수 있다. 현대사회에서 음악이나 미술은 더 이상 가난한 천재의 고통스러운 수고를 통해 얻어진 결실이 아니다. 그것은 이제 계급적인 사치재가 되었다. 불평등은 경제 분야에만 있는 것이 아니라, 오히려 문화 분야에서 더욱 두드러진다. 재벌 총수나 거리의 미화원이 똑같은 스테이크와 똑같은 김치찌개를 먹을 수는 있지만, 베르디의 음악을 즐기는 상류층의 취향을 하류층은 이해할 수 없다. 경제와 마찬가지로 문화에서도 사람들은 표면적으로는 평등하지만 실제적으로는 사회적 상황과 교육수준에 따라 천차만별이다. 결국 문화적 고귀함은 일부 계층에게만 존재한다. 그러므로 진정 사회적 평등을 이루고 싶다면 문화를 저변에 보급하는 교육에 관심을 기울여야 한다.

① 음악과 미술은 신분을 나타내는 중요한 요소이다.
② 사회적 평등을 위해서는 상류층의 취향을 가르치는 교육이 필요하다.
❸ 진정한 사회적 평등을 이루려면 문화에 대한 저변확대가 이루어져야 한다.
④ 어렸을 때부터 음악과 미술을 가까이 하는 문화 조기교육에 관심을 기울어야 한다.
⑤ 문화는 오랜 시간의 학습을 통해서 형성되는 것이므로 궁극적인 사회적 평등은 불가능하다.

제시문은 불평등이 경제적인 측면에서만이 아니라 문화적인 면에서도 존재하며, 특히 문화적인 면에서의 불평등은 쉽게 해결될 수 없다는 점에서 참된 사회적 평등을 이루기 위해서는 문화를 저변에 확대하는 교육이 필요하다고 주장한다. 필자의 궁극적인 주장은 마지막 문장에 잘 드러나 있다.

정답 06. ④

[01~04] 다음 글을 읽고 주제로 알맞은 것을 고르시오.

01

문학이나 예술과 마찬가지로 과학 역시 특정한 사회적 환경 속에 존재하는 개인이나 집단에 의해 산출되지만, 과학은 그런 개인의 특성이나 사회 환경에 의해 속박되지 않는다. 『햄릿』은 셰익스피어가 없었더라면 영원히 존재하지 않았겠지만 과학은 이와 다르다. 뉴턴이 어려서 죽는 바람에 1687년에 『프린키피아』가 저술되지 않았다고 해도 필시 다른 누군가가 몇 년 혹은 늦어도 몇 십 년 뒤에 그 책에 담긴 역학의 핵심 내용, 즉 보편중력의 법칙과 운동 3법칙에 해당하는 것을 발표했을 것이다. 여러 명의 과학자가 같은 시기에 서로 독립적으로 동일한 과학적 발견에 도달하는 동시발견의 사례들이 이를 간접적으로 입증한다. 또 과학적 발견을 성취해 낸 과학자가 지닌 고유한 품성은 설령 그것이 그 발견에 중요한 역할을 한 경우라 해도 그 성과물이 일단 그의 손을 떠나고 난 뒤에는 과학자들의 연구 활동에 아무런 영향도 미치지 않는다. 둘째로, 근대 이후 과학이 확산된 모습을 보라. 16세기 이후 최근에 이르기까지 실질적으로 모든 과학적 발견은 유럽 문명의 울타리 안에서 이루어졌지만 그 열매인 과학 이론은 전 세계에 확산되어 활용되고 있다. 모든 문화권이 이렇게 과학을 수용한 것과 대조적으로 유럽의 정치체제나 종교나 예술이 그처럼 보편적으로 수용된 것은 아니다.

① 과학적 이론의 발견과 과학자들의 연구 활동은 별개의 것이다.

② 공통된 사회 · 문화적 맥락을 바탕으로 할 때 과학의 동시발견이 가능하다.

③ 과학 이론이 탄생하는 과정보다 그 이론이 수용되고 사용되는 맥락이 더 중요하다

④ 문학 · 예술과 마찬가지로 과학은 특정한 개인과 문화적 배경을 초월하는 보편적인 것이다.

⑤ 과학은 특정 개인들이 특정 문화 속에서 만든 것이지만 개인과 문화를 초월하는 보편적인 것이다.

제시문의 첫 문장과 마지막 문장인 '특정한 사회적 환경 속에 존재하는 개인이나 집단에 의해 산출되지만, 과학은 그런 개인의 특성이나 사회 환경에 의해 속박되지 않는다', '모든 문화권이 과학을 수용한 것과 대조적으로 유럽의 정치체제나 종교나 예술은 보편적으로 수용된 것은 아니다'를 보면 이 글의 주제를 파악할 수 있다.

02

화이트(H. White)는 19세기의 역사 관련 저작들에서 역사가 어떤 방식으로 서술되어 있는지를 연구했다. 그는 특히 '이야기식 서술'에 주목했는데, 이것은 역사적 사건의 경과 과정이 의미를 지닐 수 있도록 서술하는 양식이다. 그는 역사적 서술의 타당성이 문학적 장르 내지는 예술적인 문체에 의해 결정된다고 보았다. 이러한 주장에 따르면 역사적 서술의 타당성은 결코 논증에 의해 결정되지 않는다. 왜냐하면 논증은 지나간 사태에 대한 모사로서의 역사적 진술의 '옳고 그름'을 사태 자체에 놓여 있는 기준에 의거해서 따지기 때문이다.

이야기식 서술을 통해 사건들은 서로 관련되면서 무정형적 역사의 흐름으로부터 벗어난다. 이를 통해 역사의 흐름은 발단 · 중간 · 결말로 인위적으로 구분되어 인식 가능한 전개 과정의 형태로 제시된다. 문학 이론적으로 이야기하자면, 사건 경과에 부여되는 질서는 '구성(plot)'이며 이야기식 서술을 만드는 방식은 '구성화(emplotment)'이다. 이러한 방식을 통해 사건은 원래 가지고 있지 않던 발단 · 중간 · 결말이라는 성격을 부여받는다. 또 사건들은 일종의 전형에 따라 정돈되는데, 이러한 전형은 역사가의 문화적인 환경에 의해 미리 규정되어 있거나 경우에 따라서는 로맨스 · 희극 · 비극 · 풍자극과 같은 문학적 양식에 기초하고 있다.

따라서 이야기식 서술은 역사적 사건의 경과 과정에 특정한 문학적 형식을 부여할 뿐만 아니라 의미도 함께 부여한다. 우리는 이야기식 서술을 통해서야 비로소 이러한 역사적 사건의 경과 과정을 인식할 수 있게 된다는 말이다. 사건들 사이에서 만들어지는 관계는 사건들 자체에 내재하는 것이 아니다. 그것은 사건에 대해 사고하는 역사가의 머릿속에만 존재한다.

① 역사의 의미는 절대적인 것이 아니라 현재 시점에서 새롭게 규정되는 것이다.
② 역사가가 속한 문화적인 환경은 역사와 문학의 기술 내용과 방식을 규정한다.
③ 역사적 사건에서 객관적으로 드러나는 발단에서 결말까지의 일정한 과정을 서술하는 일이 역사가의 임무이다.
④ 이야기식 역사 서술은 문학적 서술 방식을 원용하여 역사적 사건의 경과 과정에 의미를 부여한다.
⑤ 이야기식 역사 서술이란 사건들 사이에 내재하는 인과적 연관을 찾아내는 작업이다.

이야기식 서술은 역사적 사건의 경과 과정이 의미를 지닐 수 있도록 서술하는 양식이다. 또한, 역사의 흐름은 이야기식 서술을 통해 인식 가능한 전개 과정의 형태로 제시되는데, 이는 문학적 양식에 기초하고 있다.

정답 01. ⑤ | 02. ④

03

> 대체로 자신이 새롭게 개발한 것에 대해 특허권을 주장하는 행위는 널리 받아들여진다. 그렇다면 유전자에 대해 특허를 부여한다는 것은 유전자가 인간의 '발명품'이라는 말인가?
>
> 현재의 특허법을 보면, 생명체나 생명체의 일부분이라도 그것이 인위적으로 분리 · 확인된 것이라면 발명으로 간주하고 있다. 따라서 유전자도 자연으로부터 분리 · 정제되어 이용 가능한 상태가 된다면 화학물질이나 미생물과 마찬가지로 특허의 대상으로 인정된다.
>
> 그러나 유전자 특허 반대론자들은 자연 상태의 생명체나 그 일부분이 특허에 의해 독점될 수 있다는 발상 자체가 터무니없다고 지적한다. 수만 년 동안의 인류 진화 역사를 통해 형성되어 온 유전자를 실험실에서 분리하고 그 기능을 확인했다는 이유만으로 독점적 소유권을 인정하는 일은, 마치 한 마을에서 수십 년 동안 함께 사용해 온 우물물의 독특한 성분을 확인했다는 이유로 특정한 개인에게 우물의 독점권을 준다는 논리만큼 부당하다는 것이다.
>
> 이러한 주장은 그럴 듯한 반론처럼 들리기는 하지만 유전자의 특허권을 포기하게 할 만큼 결정적이지는 못하다. 사실 우물의 비유는 적절하지 않다. 왜냐하면 어떤 사람이 우물물의 특성을 확인했다고 해서 그 사람만 우물물을 마시게 한다면 부당한 처사겠지만, 우물물의 특정한 효능을 확인해서 다른 용도로 가공한다면 그런 수고의 대가는 정당하기 때문이다. 유전자 특허권의 경우는 바로 후자에 해당된다. 또한 특허권의 효력은 무한히 지속되지 않고 출원일로부터 20년을 넘지 못하도록 되어 있어 영구적인 독점이 아니다.

① 유전자 특허의 사회적 · 경제적 의미에 대해 상반된 견해들이 대립하고 있다.

② 유전자 특허를 반대하기 위해서는 보다 결정적인 반론을 제기해야 한다.

③ 유전자는 특정한 기법에 의해 분리되고 그 기능이 확인된 경우 특허의 대상이 될 수 있다.

④ 유전자가 생명체의 일부분임을 고려할 때 특허를 허용하더라도 영구적 독점의 방식이어서는 안 된다.

⑤ 특허권의 효력은 무한히 지속되지 않으므로 특허권의 정당성에 관한 논란은 무의미하다.

현행 특허법에서 생명체나 생명체의 부분이라도 인위적으로 분리 · 정제되어 이용 가능한 상태가 되면 특허의 대상으로 인정된다고 하였으므로, 유전자도 자연으로부터 분리 · 정제되어 이용 가능한 상태가 된다면 특허의 대상으로 인정된다는 것이 제시문의 중심 내용이다.

04

세계적인 마이크로크레디트 단체인 방글라데시의 '그라민은행'은 융자를 희망하는 최저 빈곤층 여성들을 대상으로 공동 대출 프로그램을 운영하고 있다. 이 프로그램은 다섯 명이 자발적으로 짝을 지어 대출을 신청하도록 해, 먼저 두 명에게 창업 자금을 제공한 후 이들이 매주 단위로 이루어지는 분할 상환 약속을 지키면 그 다음 두 사람에게 돈을 빌려 주고, 이들이 모두 상환에 성공하면 마지막 사람에게 대출을 해 주는 방식으로 운영된다. 이들이 소액의 대출금을 모두 갚으면 다음에는 더 많은 금액을 대출해 준다. 이런 방법으로 '그라민은행'은 99%의 높은 상환율을 달성할 수 있었고, 장기 융자 대상자 중 42%가 빈곤선에서 벗어난 것으로 알려졌다.

마이크로크레디트는 아무리 작은 사업이라도 자기 사업을 벌일 인적 · 물적 자본의 확보가 자활의 핵심 요건이라고 본다. 한국에서 이러한 활동을 펼치는 '사회연대은행'이 대출뿐 아니라 사업에 필요한 지식과 경영상의 조언을 제공하는 데 주력하는 것도 이와 관련이 깊다. 이들 단체의 실험은 금융 공공성이라는 가치가 충분히 현실화될 수 있으며, 이를 위해서는 사람들의 행동과 성과에 실질적인 영향을 미칠 유효한 수단을 확보하는 일이 관건임을 입증한 대표적인 사례라고 할 수 있다.

① 자활의 핵심 요건으로서 자본 확보의 중요성

② 마이크로크레디트의 금융 공공성 실현

③ 그라민은행의 공동 대출 프로그램

④ 한국의 사회연대은행과 마이크로크레디트의 관계

⑤ 한국형 그라민은행의 창출 방안

제시문은 세계적인 마이크로크레디트 단체인 그라민은행의 사례를 통해 금융 공공성이라는 가치가 충분히 현실화될 수 있으며, 이를 위해서는 유효한 수단을 확보하는 일이 관건임을 주장하는 글이다.

정답 03. ③ | 04. ②

| 개요 완성 |

[01~06] 다음 개요의 빈칸에 들어갈 알맞은 문장을 고르시오.

01 제목 – 과학 기술자의 책임과 권리

서론 : 과학 기술의 사회적 영향력에 대한 인식
본론 : 1. 과학 기술자의 책임
　　1) 과학 기술 측면 : 과학 기술 개발을 위한 지속적인 노력
　　2) 윤리 측면 : 사회 윤리 의식의 실천
　2. 과학 기술자의 권리
　　1) 연구의 자율성을 보장받을 권리
　　2) 비윤리적인 연구 수행을 거부할 권리
결론 : (　　　　　　　　　　　　　　　　　　)

① 과학 기술자와 사회 윤리
② 연구환경의 확보
③ 과학 기술 개발의 중요성
④ 과학기술자로서의 책임의식과 권리 확보
⑤ 기초과학 발달을 위한 지원 확대

본론 부분에서 과학기술자의 책임과 권리를 다루었으므로 결론 부분에서는 본론을 정리함과 동시에 주장하고자 하는 바를 명확하게 언급해야 할 것이다.

Check Point **개요문 유형의 문제해결 방법**

개요문과 관련된 문제는 글감을 제시한 후 개요를 작성하는 유형과 일부 내용이 생략된 개요를 완성하는 유형으로 나누어 볼 수 있다. 어떤 유형이든 제목 및 주제와 관련하여 글의 논리적 흐름을 파악하고 이에 맞게 내용상의 계층 관계를 설정하는 것이 문제해결의 핵심이다.

- **개요를 작성하는 문제**
  - 제목(주제)과 관련하여 제시된 글감 중 적절한 것을 선택한다.
  - 내용상의 관계를 고려하여 선택된 글감을 항목별로 묶는다.
  - 항목을 이루는 요소들 간의 계층 관계를 따져서 위상에 맞게 배열한다.
- **개요를 완성하는 문제**
  - 제목이나 주제 등을 통해 글에서 문제 삼고 있는 바가 무엇인지 먼저 파악한다.
  - 개요의 논리적 흐름을 고려하여 생략된 부분에 적합한 내용을 판단한다.

02 제목 – 우리나라의 수출 경쟁력 향상 전략

서론 : 수출 실적과 수출 경쟁력의 상관성
본론 : 수출 경쟁력의 실태 분석
　1. 가격 경쟁력 요인
　　1) 제조 원가 상승
　　2) 고금리와 환율 불안정
　2. 비가격 경쟁력 요인
　　1) 연구 개발 소홀
　　2) 품질 불량
　　3) 판매 후 서비스 부족
　　4) 납기지연
결론 : (　　　　　　　　　　　　　　　　　)

① 내수산업의 기반을 시급히 강화해 나가야 한다.

② 정부에서 수출 분야의 산업을 적극적으로 지원해야 한다.

③ 가격 경쟁력과 비가격 경쟁력 요인을 철저하게 분석해야 한다.

④ 가격 및 비가격 경쟁력을 동시에 강화하는 방안을 모색하여야 한다.

⑤ 기업별 역량과 특성을 고려한 맞춤형 수출지원 정책을 마련해야 한다.

정답해설 서론에서는 수출 실적과 수출 경쟁력의 상관성을 전제하고, 본론에서 수출 경쟁력을 가격 경쟁력 요인과 비가격 경쟁력 요인의 두 가지 측면에서 살펴보았다. 글의 결론 부분은 글의 전반적 내용을 포괄하면서 수출 경쟁력을 향상할 수 있는 방안을 제시하여야 한다. 이에 가장 부합하는 것은 ④이다.

정답 01. ④ | 02. ④

03 제목 – 소비 생활과 인격

서론 : 소비 생활의 일반화
 1. 모든 생활인의 소비 주체화
 2. 소비 생활과 관련한 정보 범람
 3. 일상 속에서 소비의 공간과 시간 증가
본론 : 1. 소비 현상에 나타난 현대인의 모습
  1) 부정적 모습 : 자아를 상실한 채 소비하는 모습
  2) 긍정적 모습 : 자아를 확립하여 소비하는 모습
 2. 소비에 다스림을 당하는 인격
  1) 충동적 소유욕으로 인해 소비 통제를 못하는 사람
  2) 허영적 과시욕으로 인해 소비 통제를 못하는 사람
 3. 소비를 다스리는 인격
  1) 생산성 향상을 위해 소비를 능동적으로 추구하는 사람
  2) 절약을 위해 소비를 적극적으로 억제하는 사람
결론 : (㉠)
 1) (㉡)
 2) (㉢)

① ㉠ : 소비 억제와 과소비 추방, ㉡ : 미덕으로서의 검약과 절제, ㉢ : 미덕의 발휘
② ㉠ : 소비 습관의 교정, ㉡ : 습관은 곧 인격, ㉢ : 잘못된 소비 습관의 폐해
③ ㉠ : 소비 생활의 편의성 추구, ㉡ : 첨단 기술에 의존하는 소비 생활, ㉢ : 새로운 소비 행동과 인격이 요구됨
④ ㉠ : 주체성 있는 소비 철학 확립, ㉡ : 소비 생활 자체가 곧 인격, ㉢ : 소비 생활에 있어서의 건전한 인격 확립
⑤ ㉠ : 절약하는 소비 생활, ㉡ : 근검 절약하는 생활 습관, ㉢ : 편리성을 추구하는 소비 지향

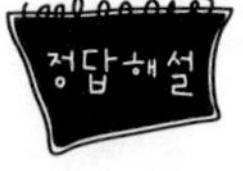

제목과 본론의 내용을 토대로 볼 때, 소비를 단순히 억제 또는 조장하기 보다는 자아를 확립한 소비를 강조하고, 소비를 긍정적 · 주체적으로 활용할 것을 제시하고 있다. 따라서 소비 현상에 있어서는 '주체적인 소비 철학의 확립'이 결론에서 제시할 수 있는 주제어로 가장 어울린다. 또한 소비와 인격의 관계에 있어서는 소비에 지배되는 인격이 아니라 스스로 소비를 다스릴 수 있는 건전한 인격이 필요하다는 내용이 주제로 적합하다. 따라서 ④가 결론에 들어갈 내용으로 가장 적합하다.

04 제목 – 언어와 민족

서론 : 우리말의 실태
1. 언어의 기능
1) 말은 의사 교환과 감정 소통의 수단이다.
2) 공통된 언어는 한 민족 성원 사이에 거멀못이 된다.
2. 언어와 민족의 관련성
1) 민족의 가장 뚜렷한 특징은 언어이다.
2) 고유한 언어는 민족을 내부로 단결시킨다.
3) 하나의 민족은 그 언어와 생명을 같이한다.
4) 만주족은 만주어와 함께 소멸되었다.
결론 : (   )

① 역사적으로 볼 때 민족의 흥망과 언어의 성쇠는 함께 한다.
② 언어를 통해 우리의 민족 감정을 공고히 하고 민족을 단결시켜야 한다.
③ 국어를 순화하여 민족의 일체감을 회복하여야 한다.
④ 민족과 언어의 성쇠는 불가분의 관계에 있으므로 국어를 더욱 아끼고 다듬어야 한다.
⑤ 언어는 민족을 특징짓는 공통성 가운데서 가장 중요한 표징 중 하나이다.

정답해설 서론에서 우리말의 실태를 제시하고 본론 부분에서는 말과 민족의 관련성, 특히 민족과 언어가 그 생명을 같이 한다는 점을 부각하였다. 따라서 결론에서는 우리 민족의 흥망성쇠와 함께 하는 우리말을 더욱 사랑하고 발전시켜야 한다는 내용이 나와야 할 것이다. 이러한 내용에 가장 부합하는 것은 ④이다.

정답 03. ④ | 04. ④

05 제목 – 정규직 파트타임제의 도입을 위한 제안

Ⅰ. 정규직 파트타임제의 의미
Ⅱ. 정규직 파트타임제의 장점
  1. 기업
    1) 집중력 향상에 따른 업무 효율성 증대
    2) 업무의 활력 향상에 따른 창조적 아이디어 증가
  2. 개인
    1) 자기 계발 시간 확보
    2) 육아 및 가사 문제 해결
Ⅲ. 정규직 파트타임제 도입 시 발생하는 문제
  1. 기업 : 업무의 연속성 저해 가능성
  2. 개인 : 적은 보수로 인한 불만
Ⅳ. 정규직 파트타임제의 정착 요건
  1. 직원들의 경제적 삶의 질을 고려하는 기업의 태도
  2. (   )
Ⅴ. 정규직 파트타임제 도입의 의의
  1. 육아 및 가사 문제 해결에 따른 저출산 문제 해결
  2. 고용 창출 기회의 확대

① 과잉 경쟁으로 인한 사회 분위기 개선
② 정규직 파트타임제 도입을 장려하는 법률 제정
③ 재택근무 · 시차출퇴근제 등 대체 제도 마련
④ 비정규직 증가로 인한 고용 불안 가능성
⑤ 업무의 연속성을 확보하려는 개인의 노력

본 개요는 정규직 파트타임제의 의미를 알아보고, 기업과 개인의 입장으로 나누어 정규직 파트타임제의 장점을 파악하고 있다. Ⅲ에 나타난 제도 도입 시 발생하는 문제점을 바탕으로 정규직 파트타임제 정착을 위한 요건을 Ⅳ에 정리한다고 할 때, Ⅳ–1은 기업 차원에서의 요건임을 알 수 있다. 따라서 빈칸 Ⅳ–2에는 정규직 파트타임제 정착을 위한 개인적 차원의 요건이 들어가야 함을 알 수 있다. 따라서 ⑤가 적절하다.

06 제목 – 현대 표준어 생활에 있어서 방언의 사용

서론 : 많은 사람들이 표준어는 우아하고 방언은 천박하다고 생각한다.
본론 : 1. 표준어와 방언의 특징
1) 표준어는 통일된 언어를 위해 기준을 세운 것으로 공적이며 규범적이다.
2) 방언은 일정한 지역에서 소통되는 언어로 자생적으로 발생하였으며 정감이 있고 향토적이다.
2. 방언의 가치
1) 훌륭한 언어 체계를 가지고 있다.
2) 표준어의 부족한 점을 보완해 준다.
3) 소설이나 드라마 등에서 효과를 더욱 높여준다.
결론 : (   )

① 방언은 그 나름의 훌륭한 가치를 지니므로 가급적이면 자기 지방의 말을 사용하는 것이 좋다.
② 방언은 표준어에 없는 어휘를 갖추고 있을 뿐만 아니라 그 나름의 훌륭한 언어 체계를 갖추고 있다.
③ 방언은 의사소통에 지장을 줄 뿐만 아니라 국민 사이에 이질감을 심어준다.
④ 방언의 가치를 인식하여 표준어와의 상호접촉을 통해 언어생활을 풍부히 하자.
⑤ 의사소통의 원활성을 위해 학교교육에서 방언으로 교육하는 것을 허락해야 한다.

④ '방언의 가치'를 설명한 내용에서 알 수 있듯이, 방언은 표준어를 더욱 윤택하게 하고 표준어의 부족한 점을 채워 주는 나름의 가치가 있으므로 이를 잘 살릴 수 있도록 해야 한다는 결론을 도출할 수 있다. 이러한 내용에 가장 부합하는 것은 ④이다.

① 방언이 나름의 가치를 지닌다고 해서 통일적 · 공식적 · 규범적 가치가 있는 표준어를 대체해야 한다고 할 수는 없다.
② 본론에서 언급한 내용이므로 이를 결론의 내용으로 보기는 어렵다.
③ 본론에서 언급된 방언의 긍정적 가치(장점)와 상반된 내용이다.
⑤ '현대 표준어 생활'이라는 제목의 포괄적 범주에서 볼 때 결론의 내용이라고 하기 어렵다.

정답 05. ⑤ | 06. ④

CHAPTER 05

수추리

나열된 숫자들을 보고 그 규칙을 찾아내는 능력을 평가하는 영역이다. 어려운 계산이 필요한 문제는 출제되지 않으므로 몇 가지 수열의 계산 방식에 익숙해지면 보다 쉽게 문제를 해결할 수 있다.

대표유형문제

다음에 나열된 숫자들의 공통된 규칙을 찾아 빈칸에 들어갈 알맞은 숫자를 고르시오.

16　28　22　16　28　22　(　)

① 12　❷ 16
③ 18　④ 24
⑤ 34

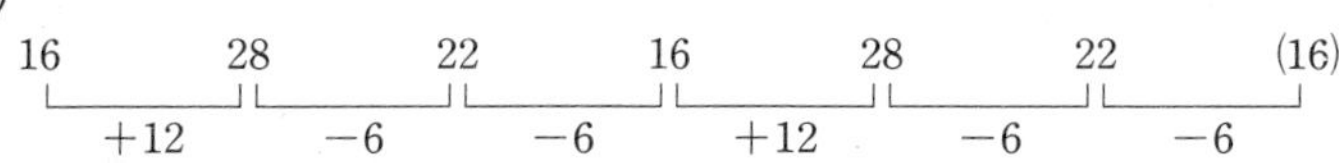

※ 수열문제의 유형

- **일반적인 수의 증가 · 감소형** : 전체적인 수들의 증가 · 감소를 빨리 파악해서 규칙을 찾아야 한다.
- **건너뛰기 유형** : 수들이 전체적으로 증가하거나 감소하지 않을 경우 건너뛰기 유형일 가능성이 높다. 따라서 짝수항과 홀수항의 규칙을 따로 찾아야 한다.
- **묶음형** : 3~4개의 수를 하나의 그룹처럼 묶어서 그룹 내의 규칙을 찾는 유형이다.

기초응용문제

[01~20] 다음에 나열된 숫자들의 공통된 규칙을 찾아 빈칸에 들어갈 알맞은 숫자를 고르시오.

01

3.5　　1.75　　(　)　　0.4375　　0.21875

① 0.85　　② 0.875

③ 0.895　　④ 0.95

⑤ 1.2

정답해설

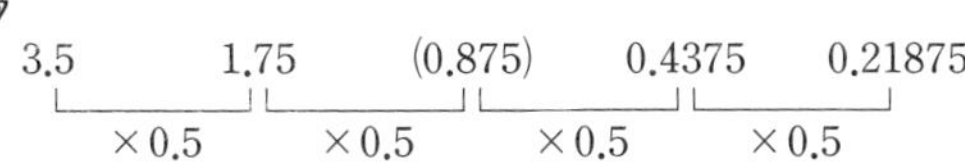

02

0.63　　0.98　　1.33　　1.68　　2.03　　(　)

① 2.18　　② 2.38

③ 2.48　　④ 2.58

⑤ 3.89

정답해설 0.63　0.98　1.33　1.68　2.03　(2.38)

+0.35　+0.35　+0.35　+0.35　+0.35

03

1　　1　　2　　3　　5　　(　)　　13

① 4　　② 6

③ 8　　④ 10

⑤ 12

앞의 두 항을 더하면 그 다음 항의 숫자가 나오는 피보나치 수열이다.

Check Point --- **피보나치 수열(Fibonacci sequence)**

이탈리아의 수학자인 피보나치(E. Fibonacci)가 고안해 낸 수열이다. 1, 1, 2, 3, 5, 8, 13, 21…과 같이 선행하는 두 개 숫자의 합이 다음 합의 수치가 되는 특수한 수열로서 n항과 n+1항의 비율은 1 : 1.618이 된다.

정답 01. ② | 02. ② | 03. ③

04

1　2.5　(　)　15.625　39.0625

① 6.25　② 10.25
③ 11.45　④ 13.245
⑤ 15.050

$2.5^0=1$
$2.5^1=2.5$
$2.5^2=(6.25)$
$2.5^3=15.625$
$2.5^4=39.0625$

05

6　12　15　30　33　(　)　69

① 45　② 60
③ 63　④ 66
⑤ 68

정답해설

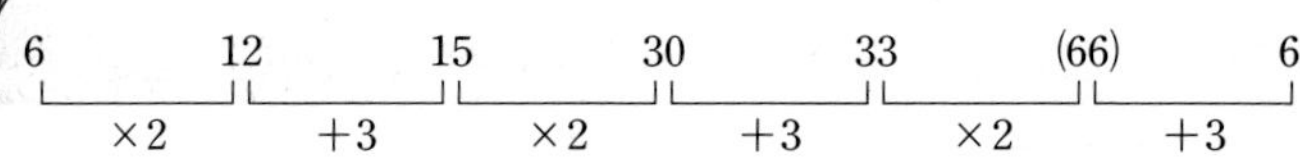

06

15　51　36　63　45　54　81　(　)

① 18　② 78
③ 91　④ 111
⑤ 153

숫자를 두 개씩 묶었을 때, 앞의 숫자의 자릿수를 바꾸면 뒤의 숫자가 된다.
(15 51)(36 63)(45 54)(81 18)

07

500	250	125	62.5	(　)	15.625

① 25.25　② 26.25
③ 30.25　④ 31.25
⑤ 55.26

정답해설

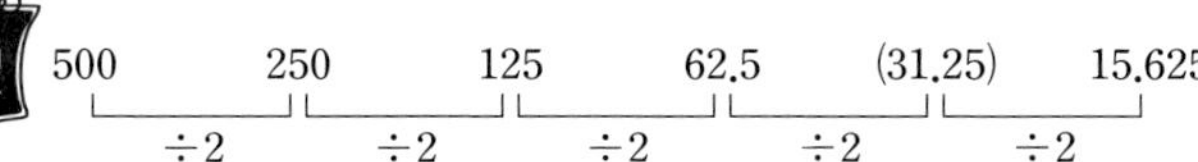

08

1	8	22	43	71	106	(　)

① 129　② 148
③ 158　④ 162
⑤ 205

정답해설

1　8　22　43　71　106　(148)
+7　+14　+21　+28　+35　+42

09

2,145	1,121	609	353	225	161	(　)

① 105　② 129
③ 136　④ 140
⑤ 169

정답해설

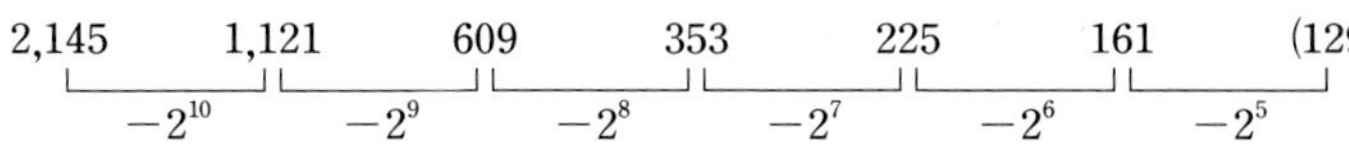

10

1.23　2.34　3.45　4.56　5.67　6.78　(　)

① 7.89　② 8.90
③ 9.01　④ 9.12
⑤ 10.26

정답해설

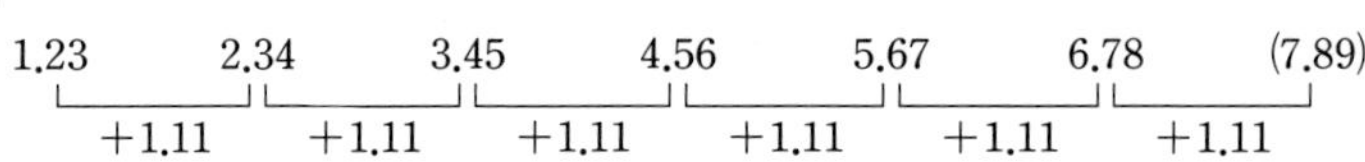

11

78　91　87　100　96　109　105　(　)

① 101　② 103
③ 113　④ 118
⑤ 132

정답해설

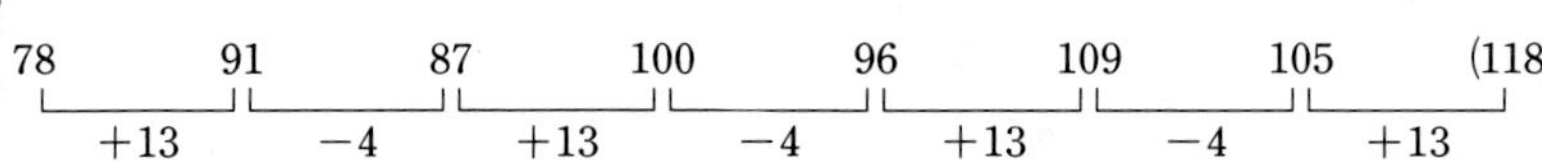

12

0.0015　0.0029　0.0057　0.0113　(　)

① 0.0225　② 0.0325
③ 0.0425　④ 0.0462
⑤ 0.00254

정답해설

0.0015　0.0029　0.0057　0.0113　(0.0225)

×2−0.0001　×2−0.0001　×2−0.0001　×2−0.0001

13

64 81 100 121 ( ) 169

① 132 ② 139
③ 140 ④ 144
⑤ 152

정답해설

64	81	100	121	(144)	169
‖	‖	‖	‖	‖	‖
8^2	9^2	10^2	11^2	12^2	13^2

14

20 19 17 14 10 ( )

① 5 ② 6
③ 7 ④ 8
⑤ 9

정답해설

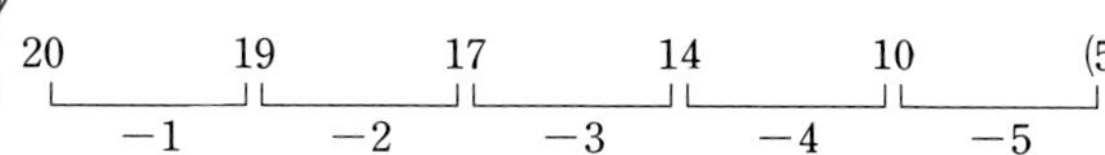

15

13 16 17 20 21 ( )

① 24 ② 25
③ 27 ④ 28
⑤ 32

정답해설

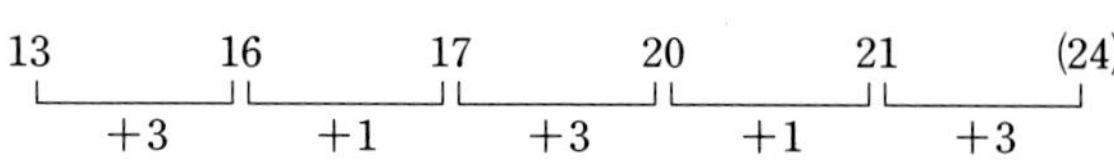

정답 10. ① | 11. ④ | 12. ① | 13. ④ | 14. ① | 15. ①

16

1.5	1.9	0.76	1.16	0.464	( )

① 0.844
② 0.864
③ 0.1836
④ 0.1856
⑤ 0.1984

1.5　1.9　0.76　1.16　0.464　(0.864)

+0.4　×0.4　+0.4　×0.4　+0.4

17

2	8	40	20	26	130	65	( )

① 60
② 71
③ 136
④ 650
⑤ 820

정답해설

2　8　40　20　26　130　65　(71)

+6　×5　÷2　+6　×5　÷2　+6

18

9	18	21	17	34	37	33	( )

① 29
② 37
③ 41
④ 66
⑤ 79

9　18　21　17　34　37　33　(66)

×2　+3　−4　×2　+3　−4　×2

19

121	240	478	( )	1,906

① 476　② 954
③ 956　④ 964
⑤ 1,052

121 → 240 → 478 → (954) → 1,906
(×2)−2, (×2)−2, (×2)−2, (×2)−2

20

32	17	51	36	108	93	( )

① 21　② 25
③ 103　④ 264
⑤ 279

정답해설

32 → 17 → 51 → 36 → 108 → 93 → (279)
−15, ×3, −15, ×3, −15, ×3

정답 16. ② | 17. ② | 18. ④ | 19. ② | 20. ⑤

CHAPTER 06

응용계산(단순계산)

| 단순계산 |

대표유형문제

다음 계산에 대한 알맞은 답을 고르시오.

$$33.3\times12.8-42.8$$

① 286.44
② 301.46
❸ 383.44
④ 425.93
⑤ 498.74

$33.3\times12.8-42.8=426.24-42.8=383.44$

기초응용문제

[01~02] 다음 계산에 대한 알맞은 답을 고르시오.

01 $42.5\times12.8-13.2$

① 152.4
② 325.8
③ 426.4
④ 530.8
⑤ 612.6

$42.5\times12.8-13.2=544-13.2=530.8$

02 $300-625\div25+770\div154-12$

① 226
② 268
③ 247
④ 274
⑤ 255

$300-625\div25+770\div154-12=300-25+5-12=268$

[03~07] 다음 빈칸에 들어갈 숫자로 알맞은 것을 고르시오.

03 $21-(\quad)+55=100$

① −12
② −18
③ −22
④ −24
⑤ −28

$21-x+55=100$

$x=21+55-100$

$\therefore x=-24$

04 $248-132\div(\quad)+15=241$

① 3
② 4
③ 5
④ 6
⑤ 7

$248-\frac{132}{x}+15=241$

$\frac{132}{x}=248+15-241$

$\therefore x=6$

정답 01. ④ | 02. ② | 03. ④ | 04. ④

05 (　　)×4−15=33

① 12　② 14
③ 18　④ 20
⑤ 22

정답해설

$4x-15=33$

$4x=33+15$

$4x=48$

$\therefore x=12$

06 154−36×(　　)÷6=82

① 11　② 12
③ 13　④ 14
⑤ 15

$154-\frac{36x}{6}=82$

$6x=72$

$\therefore x=12$

07 625÷(　　)+52=77

① 20　② 21
③ 22　④ 25
⑤ 28

$625\div x+52=77$

$625\times\frac{1}{x}+52=77$

$625\times\frac{1}{x}=25$

$\therefore x=25$

08 다음 보기의 계산 결과 중 가장 작은 것을 고르면?

① 237＋373－415
② 374＋86－299
③ 494＋273－586
④ 924－821＋14
⑤ 1,025－872＋23

④ 117

① 195 ② 161 ③ 181 ⑤ 176

09 다음 보기의 계산 결과가 양수인 것을 고르면?

① 55÷5－31
② 12×9－61
③ 81÷3－34
④ 15－8×6
⑤ 108÷18－7

② 12×9－61＝47

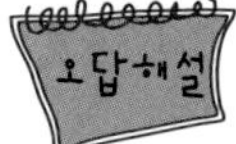

① 55÷5－31＝－20
③ 81÷3－34＝－7
④ 15－8×6＝－33
⑤ 108÷18－7＝－1

정답 05. ① | 06. ② | 07. ④ | 08. ④ | 09. ②

10 다음 보기의 계산값과 같은 것을 고르면?

$39+3\times7$

① 2^5+3^3+1
② 8^2
③ $273\div3-30$
④ $(5^3-1)\div2$
⑤ 3^4-2^4-3

$39+3\times7=60$
① $2^5+3^3+1=60$

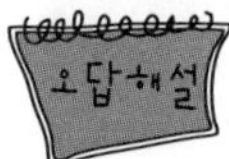

② $8^2=64$
③ $273\div3-30=61$
④ $(5^3-1)\div2=62$
⑤ $3^4-2^4-3=62$

11 다음 보기의 계산값과 다른 것을 고르면?

5^2+3^3+3

① $605\div11$
② $(80-23\times3)\times5$
③ $2\sqrt{5}\times3\sqrt{5}+5^2$
④ $4^2+2^3\times\sqrt{3}^2+3^2$
⑤ $45\div3^2\times11$

$5^2+3^3+3=55$
④ $4^2+2^3\times\sqrt{3}^2+3^2=49$

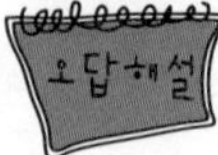

① $605\div11=55$
② $(80-23\times3)\times5=55$
③ $2\sqrt{5}\times3\sqrt{5}+5^2=55$
⑤ $45\div3^2\times11=55$

[12~16] 다음 빈칸에 들어갈 알맞은 연산기호를 고르시오.

12 $21 \times 3 + (43 \square 5) \div 2 = 82$

① $+$ ② $-$
③ $\times$ ④ $\div$
⑤ 정답 없음

$21 \times 3 + (43 - 5) \div 2 = 82$

13 $105 \square 4.2 \times 8.4 - 82 = 128$

① $+$ ② $-$
③ $\times$ ④ $\div$
⑤ 정답 없음

$105 \div 4.2 \times 8.4 - 82 = 128$

14 $3.3 \div 3 \square 9 + 21.1 = 31$

① $+$ ② $-$
③ $\times$ ④ $\div$
⑤ 정답 없음

$3.3 \div 3 \times 9 + 21.1 = 31$

정답 10. ① | 11. ④ | 12. ② | 13. ④ | 14. ③

15 941 □ 878＋36×24＝927

① ＋　　② －

③ ×　　④ ÷

⑤ 정답 없음

941－878＋36×24＝927

16 70－15×3＋18 w 2＝34

① ＋　　② －

③ ×　　④ ÷

⑤ 정답 없음

70－15×3＋18÷2＝34

17 숫자 3 다섯 개와 연산기호 ＋, －, ×, ÷를 사용하여 1을 나타낼 때, △에 들어갈 수 있는 적당한 연산기호를 고르면?

(3 ◇ 3) △ 3 □ 3 △ 3 ＝ 1

① ＋　　② －

③ ×　　④ ÷

⑤ 정답 없음

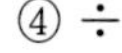

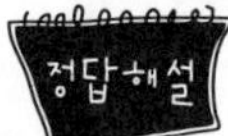
(3＋3)÷3－3÷3＝1, (3－3)÷3＋3÷3＝1

18 숫자 9 여섯 개와 연산기호 +, −, ÷, ×를 사용하여 100을 나타낼 때, ◎에 들어갈 수 있는 적당한 연산기호를 고르면?

(9 △ 9) ◎ (9 ☆ 9) ◎ (9 ◎ 9) = 100

① +
② −
③ ×
④ ÷
⑤ 정답 없음

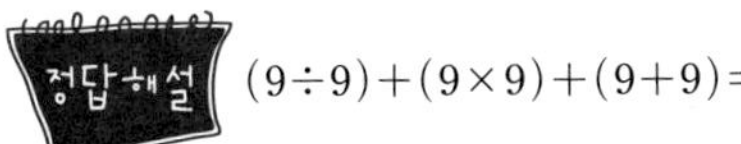

정답해설 $(9\div9)+(9\times9)+(9+9)=100$

19 $\frac{1+i}{1-i}$를 간단한 수로 나타낸 것을 고르면?

① 0
② 1
③ i
④ $-i$
⑤ -1

정답해설 분모, 분자에 각각 $(1+i)$를 곱하면

$$\frac{(1+i)(1+i)}{(1-i)(1-i)}=\frac{1+2i-1}{1+1}=i$$

20 다음 이진법 계산에서 빈칸에 들어갈 알맞은 것을 고르면?

$10101_{(2)}-[\quad]=1010_{(2)}$

① $1001_{(2)}$
② $1011_{(2)}$
③ $1101_{(2)}$
④ $1111_{(2)}$
⑤ $10001_{(2)}$

정답해설

$10101_{(2)}=1\times2^4+1\times2^2+1\times2^0=16+4+1=21$

$1010_{(2)}=1\times2^3+1\times2^1=8+2=10$

$21-10=11$

$11=1011_{(2)}$

정답 15. ② | 16. ④ | 17. ④ | 18. ① | 19. ③ | 20. ②

21 10진법의 23을 2진법으로 나타낸 것을 고르면?

① $10111_{(2)}$ ② $10101_{(2)}$

③ $10011_{(2)}$ ④ $11111_{(2)}$

⑤ $11011_{(2)}$

2)23
2)11 … 1
2) 5 … 1
2) 2 … 1
1 … 0

22 다음 중 8진법의 33576을 5진법으로 바르게 나타낸 것을 고르면?

① $123221_{(5)}$ ② $232443_{(5)}$

③ $342312_{(5)}$ ④ $423311_{(5)}$

⑤ $44213_{(5)}$

$33576_{(8)}=3\times8^4+3\times8^3+5\times8^2+7\times8^1+6\times8^0$

$=12,288+1,536+320+56+6=14,206$

5)14,206
5) 2,841 … 1
5) 568 … 1
5) 113 … 3
5) 22 … 3
4 … 2

$\therefore 33576_{(8)}=423311_{(5)}$

| 할 · 푼 · 리 |

대표유형문제

미순이네 집은 감귤 농사를 짓는다. 올해 수확한 감귤 상자는 1,500상자인데 이 중에서 8할 2푼을 팔았다. 판 감귤 상자의 수는?

① 1,210상자
② 1,220상자
❸ 1,230상자
④ 1,240상자
⑤ 1,250상자

8할2푼=0.82
판 감귤 상자의 수=수확한 감귤 상자 수×비율
=1,500×0.82=1,230(상자)

※ • 할푼리란 비율을 소수로 나타낼 때, 그 소수의 첫째 자리를 '할', 소수 둘째 자리를 '푼', 소수 셋째 자리를 '리'라고 한다. '할'은 기준량을 10으로, '푼'은 기준량을 100으로, '리'는 기준량을 1,000으로 볼 때 비교하는 양을 나타내는 비율이다.
할푼리 8에 대한 3의 비율 0.375는 3할7푼5리라고 읽는다.

0.3 7 5 = 3할 7푼 5리 할푼리

• 할푼리를 소수로 나타내기
3할 7푼 5리 → 0.3+0.07+0.005=0.375
3할 → 소수 첫째 자리
7푼 → 소수 둘째 자리
5리 → 소수 셋째 자리

• 비율을 소수로 나타낼 때, 소수의 자릿수에 따라 할푼리가 정해진다.
비율의 활용 : 비교하는 양=기준량×비율

[01~03] 다음 제시된 숫자를 할푼리로 나타낸 것을 고르시오.

01 1.907

① 19할7리
② 1할9푼7리
③ 0.1할9푼7리
④ 9할7리
⑤ 19할7푼

0.1이 1할이므로 1.907은 19할7리가 된다.

02 $\frac{3}{24}$

① 1할2푼5리
② 1할5푼2리
③ 10할5푼2리
④ 10할2푼5리
⑤ 12할5푼

$\frac{3}{24}=\frac{1}{8}=0.125$이므로 1할2푼5리

03 $\frac{2}{10}+\frac{5}{20}$

① 4푼5리
② 4할5푼
③ 3할5푼
④ 3할
⑤ 4할5리

$\frac{2}{10}+\frac{5}{20}=\frac{9}{20}=0.45$이므로 4할5푼

04 3할7푼5리+2할5푼을 분수로 나타낸 것은?

① $\frac{2}{8}$ ② $\frac{4}{16}$

③ $\frac{10}{16}$ ④ $\frac{10}{18}$

⑤ $\frac{1}{2}$

3할7푼5리 → 0.375, 2할5푼 → 0.25, 0.375+0.25=0.625, $0.625=\frac{10}{16}$

[05~07] 다음 물음에 알맞은 답을 고르시오.

05 여학생 3명과 남학생 5명이 있다. 전체 학생 중 남학생 비율의 할푼리는?

① 3할7푼5리 ② 3할9푼5리

③ 4할2푼5리 ④ 5할3푼5리

⑤ 6할2푼5리

$\frac{5(\text{남학생 수})}{8(\text{전체 학생 수})}=0.625$이므로 6할2푼5리

06 Y엔터테인먼트 오디션을 보러 온 지원자 중 400명 중에서 '만족스럽다'라고 응답한 사람은 58명이다. 전체 지원자 수에 대한 '만족스럽다'라고 응답한 사람의 비율을 할푼리로 나타낸 것은?

① 1할2푼5리 ② 1할3푼5리

③ 1할4푼5리 ④ 1할5푼5리

⑤ 1할6푼5리

$58:400=\frac{58}{400}=0.145$이므로 1할4푼5리

01. ① | **02.** ① | **03.** ② | **04.** ③ | **05.** ⑤ | **06.** ③

07 다음 중 비의 값이 1보다 작은 것을 고르면?

① $\frac{25}{40}$

② 107.05%

③ 13할2푼

④ 4:1

⑤ 1004.7‰

① $\frac{25}{40}=0.625$

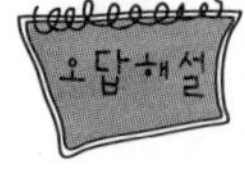

② 107.05%=107.05÷100=1.0705

③ 13할3푼=1.32

③ 4:1의 비의 값 → 4

⑤ 1004.7‰=1004.7÷1,000=1.0047

| 응용계산 |

한 자동차 레이서가 어느 코스를 달리면서 처음 Akm는 $x$km/h로, 그 다음 Bkm는 $y$km/h로, 나머지 Ckm는 $z$km/h로 달렸다고 한다. 이 레이서의 평균 속력을 구하시오.

① $\frac{A+B+C}{x+y+z}$

② $\frac{Ax+By+Cz}{x+y+z}$

❸ $\frac{A+B+C}{\frac{A}{x}+\frac{B}{y}+\frac{C}{z}}$

④ $\frac{Ax+By+Cz}{\frac{A}{x}+\frac{B}{y}+\frac{C}{z}}$

⑤ $\frac{x+y+z}{A+B+C}$

총 걸린 시간 : $\frac{A}{x}+\frac{B}{y}+\frac{C}{z}$

총거리 : A+B+C이다.

∴ 속력$=\frac{A+B+C}{\frac{A}{x}+\frac{B}{y}+\frac{C}{z}}$

※ 거리 · 속력 · 시간의 관계

- 거리=속력×시간
- 속력$=\frac{\text{거리}}{\text{시간}}$
- 시간$=\frac{\text{거리}}{\text{속력}}$

[01~27] 다음 물음에 알맞은 답을 고르시오.

01 장섭이는 앞산을 올라갈 때는 시속 2km, 내려올 때에는 같은 코스를 시속 3km의 속력으로 내려왔더니 2시간 30분이 걸렸다. 앞산을 올라간 거리는 얼마인가?

① 1km ② 2km
③ 3km ④ 4km
⑤ 5km

올라갈 때와 내려올 때의 코스가 같으므로 올라간 거리를 x라 하면 내려온 거리도 x가 된다.

시간$=\frac{거리}{속력}$이므로

$\frac{5}{2}=\frac{x}{2}+\frac{x}{3}$

$15=3x+2x$, $5x=15$

$\therefore x=3(\text{km})$

02 기차를 타고 시속 80km의 속력으로 5시간을 갔을 때 기차가 달린 총 거리를 구하면?

① 100km ② 200km
③ 300km ④ 400km
⑤ 500km

거리$=$속력$\times$시간

$80\times5=400(\text{km})$

03 공기 중에서 소리의 속력은 기온이 x℃일 때, 매초 약 $(0.6x+331)$m/s이다. 기온 25℃에서 번개가 보이고 10초 후 천둥소리를 들었다고 할 때, 번개가 발생한 지점까지의 거리를 구하면?

① 3,100m ② 3,265m
③ 3,460m ④ 3,680m
⑤ 3,890m

기온이 25℃일 때 소리의 속력은 $0.6\times25+331=346(\text{m/s})$

따라서 번개가 발생한 지점까지의 거리는 $346\text{m/s}\times10\text{s}=3,460(\text{m})$이다.

07. ① | 01. ③ | 02. ④ | 03. ③

04 화물열차가 일정한 속력으로 달려 기차역을 완전히 통과하는 데 5초가 걸리고, 길이가 160m인 터널을 완전히 지나는 데 13초가 걸린다고 한다. 이 화물열차의 길이를 구하면?

① 50m
② 100m
③ 150m
④ 180m
⑤ 200m

속력$=\frac{\text{거리}}{\text{시간}}$

화물열차가 일정한 속력으로 달린다고 하였으므로, 화물열차의 길이를 x라 하면

$\frac{x}{5}=\frac{160+x}{13}$, $800+5x=13x$

$\therefore x=100(\text{m})$

05 혜정이는 집에서 학교까지 2km/h로 등교를 하고, 방과 후 학교에서 학원까지 3km/h로 걸어 총 5시간을 걸었다. 학교에서 학원까지의 거리는 집에서 학교까지의 거리보다 5km 더 멀고, 집 · 학교 · 학원이 일직선상에 있다고 할 때, 집에서 학원까지의 거리는?

① 11km
② 13km
③ 15km
④ 17km
⑤ 19km

집에서 학교까지의 거리 : x

학교에서 학원까지의 거리 : $x+5$

$\frac{x}{2}+\frac{x+5}{3}=5$

$\frac{3x+2x+10}{6}=5$

$5x+10=30$

$x=4(\text{km})$

$\therefore$ 집에서 학원까지의 거리 : $x+x+5=2x+5=13(\text{km})$

06 원가가 400원인 공책이 있다. 이 공책을 정가의 20%를 할인해서 팔아도 8%의 이익을 남게 하기 위해서는 원가에 몇 %의 이익을 붙여 정가를 정해야 하는가?

① 35%
② 37%
③ 42%
④ 50%
⑤ 58%

원가에 $x\%$ 이익을 붙여 정가를 정하면

정가 : $400(1+x)$

$400(1+x)(1-0.2)=400(1+0.08)$

$320+320x=432$

$320x=112$

$x=0.35$

따라서 원가에 35%의 이익을 붙여서 정가를 정해야 한다.

07 청바지의 원가에 4할의 이익을 붙인 다음 500원을 할인해서 팔았더니 원가에 대하여 30%의 이익을 얻었다. 청바지의 원가는?

① 2,000원
② 5,000원
③ 7,000원
④ 10,000원
⑤ 12,000원

청바지의 원가를 x원이라 하면

$x(1+0.4)-500=x(1+0.3)$

$0.1x=500$

$\therefore x=5{,}000$(원)

08 어떤 상품을 12,000원에 구입하여 20%의 이익을 남기고 되팔려면 얼마에 팔아야 하는가?

① 14,400원
② 15,000원
③ 15,600원
④ 17,500원
⑤ 18,200원

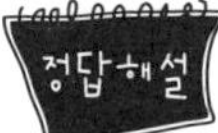

12,000원의 20%의 이익은 2,400원이므로 $12{,}000+2{,}400=14{,}400$(원)에 팔아야 한다.

정답 04. ② | 05. ② | 06. ① | 07. ② | 08. ①

09 정희는 남걸이가 예금하고 있는 돈의 3배를 은행에 예금했다. 얼마 후 정희는 10,000원을 찾아 썼고 남걸이는 6,000원을 더 예금했더니 둘의 예금은 같게 되었다. 정희가 처음 예금한 금액은 얼마인가?

① 14,000원 ② 18,000원
③ 24,000원 ④ 30,000원
⑤ 35,000원

처음 남걸이가 예금하고 있는 돈을 x라 하면 $3x-10,000=x+6,000$ ∴ $x=8,000$(원)
∴ 정희의 처음 예금액은 $3\times8,000=24,000$(원)이다.

10 원가가 6만 원인 제품의 마진율은 10%이다. 이 제품을 팔아서 남긴 마진이 42만 원일 때, 몇 개의 제품을 팔았는가?

① 60개 ② 70개
③ 80개 ④ 90개
⑤ 100개

제품 하나를 팔 때 남는 마진은 $60,000\times0.1=6,000$원이므로 $420,000\div6,000=70$(개)

11 시경이네 가게에서는 원가가 3,000원인 물품에 5할의 이익을 덧붙여 정가로 팔았지만 경기가 좋지 않아 결국 정가의 3할을 할인하여 팔았다. 이때의 이익 또는 손실은?

① 150원 손실 ② 150원 이익
③ 300원 손실 ④ 300원 이익
⑤ 손실도 이익도 없다.

정가=원가(1+이익률), $3,000(1+0.5)=4,500$
판매가=정가(1−할인율), $4,500(1-0.3)=3,150$
판매가−3,000(원가)=150(원)이므로 이익이다.

12 장난감 매장에서 원가 2만 원짜리 장난감에, 이윤을 20% 추가하여 정가로 하였다가 오랫동안 팔리지 않아 정가의 30%를 깎아 팔았다. 이 장난감의 가격은?

① 13,200원
② 14,700원
③ 16,800원
④ 18,000원
⑤ 19,600원

정가 : $20,000(1+0.2)=24,000$
따라서 24,000원의 30%를 깎았으므로
$\therefore 24,000\times(1-0.3)=16,800$(원)

13 소금 50g과 물 150g을 섞었을 때의 농도는 얼마인가?

① 15%
② 20%
③ 25%
④ 30%
⑤ 35%

농도$=\frac{\text{소금의 양}}{\text{물의 양}+\text{소금의 양}}\times 100$이므로

$\frac{50}{150+50}\times 100=25\%$

14 35% 소금물 200g에 물 50g을 첨가했을 때의 소금물의 농도를 구하면?

① 5%
② 18%
③ 28%
④ 32%
⑤ 38%

35% 소금물 200g에 들어있는 소금의 양을 x라 하면

$\frac{x}{200}\times 100=35(\%)\quad \therefore x=70(\text{g})$

따라서 물 50g을 첨가했을 때의 소금물의 농도는 $\frac{70}{200+50}\times 100=28(\%)$

정답 09. ③ | 10. ② | 11. ② | 12. ③ | 13. ③ | 14. ③

15 62% 황산수용액 100g과 26% 황산수용액 50g을 섞었을 때 이 용액의 농도는? (단, 용액의 농도는 질량 %)

① 40%
② 45%
③ 50%
④ 60%
⑤ 65%

용액의 농도 $= \frac{\text{용질의 양}}{\text{용액의 양}} \times 100$

$\therefore \frac{100 \times 0.62 + 50 \times 0.26}{150} \times 100 = \frac{62+13}{150} \times 100 = 50(\%)$

16 농도가 6%인 식염수 100g에 12%의 식염수 몇 g을 넣으면 8%의 식염수를 만들 수 있는가?

① 50g
② 70g
③ 100g
④ 120g
⑤ 150g

농도 $= \frac{\text{소금의 양}}{\text{물의 양} + \text{소금의 양}} \times 100$

농도가 6%인 식염수 100g에 들어있는 식염의 양 : $\frac{6}{100} \times 100 = 6(g)$

12% 식염수의 양을 x라 하면,

12% 식염수에 들어있는 식염의 양 : $\frac{12}{100} \times x(g)$

$\therefore \frac{6+\left(\frac{12}{100} \times x\right)}{100+x} \times 100 = 8(\%)$, $x = 50(g)$

17 A사의 디지털 카메라 가격은 150만 원이다. 경원이는 카메라를 사기 위해 하루 6시간씩 아르바이트를 하였다. 아르바이트 시급이 4,000원일 때 경원이는 며칠 동안 아르바이트를 해야 하는가?

① 60일
② 61일
③ 62일
④ 63일
⑤ 64일

경원이의 하루 아르바이트 일당 : $4,000 \times 6 = 24,000$(원)
경원이가 해야 하는 아르바이트의 총일수 : $1,500,000 \div 24,000 = 62.5$(일)
62.5일을 반올림해야 하므로 경원이는 63일 동안 아르바이트를 해야 한다.

18 어떤 작업을 하는 데 다혜는 15시간, 민우는 9시간이 걸린다고 한다. 이 작업을 다혜와 민우가 3시간 동안 같이 하다가 민우가 혼자 일을 하게 되었다. 이 작업을 완성하기 위해 민우 혼자 일해야 하는 시간은?

① 3시간 12분
② 3시간 15분
③ 4시간 12분
④ 4시간 15분
⑤ 5시간 12분

전체 일의 양을 1이라 하면
다혜의 1시간 일량 : $\frac{1}{15}$, 민우의 1시간 일량 : $\frac{1}{9}$
민우가 혼자서 일한 시간 : x

$\frac{3}{15}+\frac{3+x}{9}=1$

$9+15+5x=45$

$\therefore x=4.2$시간$=$4시간 12분

19 3명이 하면 32시간이 걸리는 작업을 8시간에 끝마치려고 한다. 몇 명의 사람이 더 필요한가?

① 4명 ② 7명
③ 9명 ④ 10명
⑤ 13명

작업시간을 $\frac{8}{32}=\frac{1}{4}$로 단축시켜야 하므로 필요한 사람은 4배, 즉 $3\times4=12$(명)으로 늘려야 한다.

∴ 추가로 필요한 사람 수$=12-3=9$(명)

20 부피가 608cm^{3}인 정육면체 모양의 상자에 한 변의 길이가 2cm인 주사위를 가득 채우려고 할 때 필요한 주사위의 개수는?

① 56개 ② 64개
③ 76개 ④ 84개
⑤ 92개

한 변의 길이가 2cm인 주사위의 부피는 $2\times2\times2=8(\text{cm}^3)$

부피가 608cm^{3}인 정육면체 상자에 이 주사위를 가득 채워야 하므로

$\frac{608}{8}=76$(개)

21 정육면체의 겉넓이가 54cm^{2}이다. 이 정육면체의 부피는 얼마인가?

① $6\sqrt{6}\text{cm}^3$ ② 27cm^3
③ 54cm^3 ④ 64cm^3
⑤ 72cm^3

겉넓이 : 밑변×높이×면의 수

정육면체의 한 면의 넓이 : $54\div6=9$

∴ 한 변의 길이$=3$

부피$=$면의 넓이×높이

∴ $9\times3=27(\text{cm}^3)$

22 (1, 1, 1, 1, 2, 3)의 6개의 숫자를 모두 사용하여 만들 수 있는 6자리 정수의 개수는?

① 20개
② 25개
③ 30개
④ 35개
⑤ 40개

6개의 숫자를 일렬로 배열하는 경우의 수이고, 여기서 1이 4개이므로

$\frac{6!}{4!}=\frac{6\times5\times4\times3\times2\times1}{4\times3\times2\times1}=30$(개)

23 어느 부부에게 두 명의 자식이 있다. 첫째가 딸일 때 둘 다 딸일 확률은 얼마인가?

① $\frac{1}{4}$
② $\frac{1}{3}$
③ $\frac{2}{3}$
④ $\frac{3}{4}$
⑤ $\frac{1}{2}$

첫째가 딸이므로 둘째만 딸이면 둘 다 딸이 된다.

그러므로 작은아이가 딸일 확률은 $\frac{1}{2}$이다.

24 자판기에서 수금한 동전의 총 개수가 257개이다. 50원짜리 동전은 10원짜리 동전보다 15개가 적고, 100원짜리 동전은 10원짜리 동전보다 22개가 많으며, 500원짜리 동전의 합계금액은 12,500원이다. 50원짜리 동전의 합계 금액은?

① 1,000원
② 2,000원
③ 3,000원
④ 4,000원
⑤ 5,000원

10원짜리 동전의 개수를 x(개)라 할 때, 나머지 동전의 개수는 다음과 같다.

50원짜리 동전의 개수 : $x-15$(개)

100원짜리 동전의 개수 : $x+22$(개)

500원짜리 동전의 개수 : $12,500\div500=25$(개)

동전의 총 개수가 257개이므로, $257=x+x-15+x+22+25$가 된다.

$\therefore x=75$(개)

따라서 50원짜리 동전의 개수는 $75-15=60$(개)이며, 합계 금액은 $50\times60=3,000$(원)이다.

25 한 개의 주사위를 세 번 던질 때, 나오는 눈이 모두 홀수일 확률은?

① $\frac{1}{3}$
② $\frac{1}{6}$
③ $\frac{1}{8}$
④ $\frac{1}{12}$
⑤ $\frac{1}{16}$

주사위를 던질 때 홀수가 나올 확률은 $\frac{1}{2}$이다.

따라서 세 번을 던져 모두 홀수가 나올 확률은 $\frac{1}{2}\times\frac{1}{2}\times\frac{1}{2}=\frac{1}{8}$이다.

26 서로 다른 두 개의 주사위를 동시에 던질 때, 나오는 눈의 합이 2 또는 4가 되는 경우의 수를 구하면?

① 3가지
② 4가지
③ 7가지
④ 9가지
⑤ 10가지

서로 다른 주사위 A, B가 나온 눈을 (A, B)로 표시할 때, 각각의 경우의 수는 다음과 같다.
눈의 합이 2가 되는 경우 : (1, 1)
눈의 합이 4가 되는 경우 : (1, 3), (2, 2), (3, 1)
∴ 눈의 합이 2 또는 4가 되는 경우의 수는 4가지이다.

27 8개의 막대기 중 3개의 당첨 막대기와 5개의 비당첨 막대기가 있다. 이 중 2개를 뽑을 때, 적어도 1개가 당첨 막대기일 확률은?

① $\frac{3}{14}$
② $\frac{5}{7}$
③ $\frac{9}{14}$
④ $\frac{11}{14}$
⑤ $\frac{13}{14}$

위의 조건에서 막대기 2개를 뽑을 때 나올 수 있는 경우의 수는 '당첨+비당첨', '비당첨+당첨', '당첨+당첨', '비당첨+비당첨' 등 4가지이다.
따라서 적어도 한 개 이상 당첨 막대기를 뽑을 확률은 전체 확률에서 두 개 모두 비당첨 막대기를 뽑을 확률을 빼면 된다.
이를 식으로 나타내면 $1-\left(\frac{5}{8}\times\frac{4}{7}\right)$이며, 그 확률을 구하면 $\frac{9}{14}$

정답 **24.** ③ | **25.** ③ | **26.** ② | **27.** ③

CHAPTER 07 공간지각

입체도형에 대한 정확한 추론 능력과 식별 능력을 평가한다.

대표유형문제

다음 전개도를 이용하여 만들 수 있는 입체도형을 고르시오.

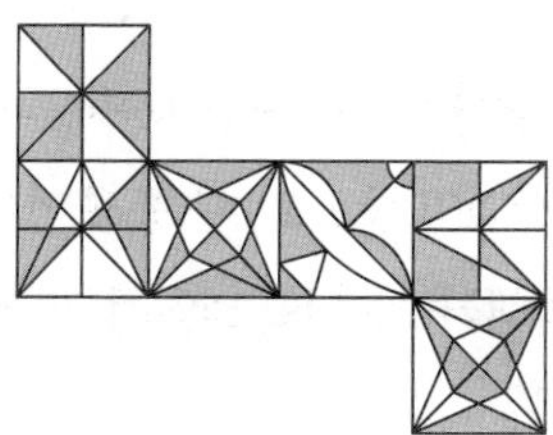

①
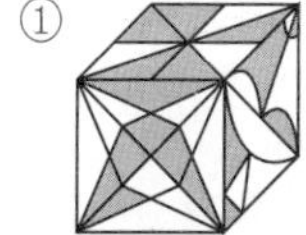

❷
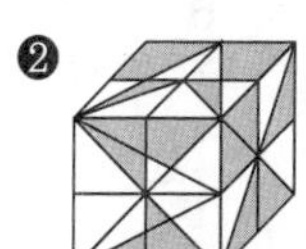

③
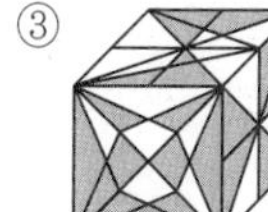

④
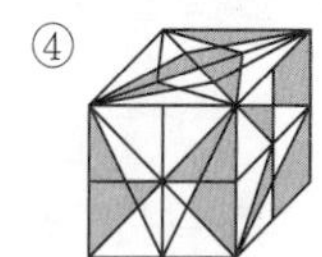

⑤
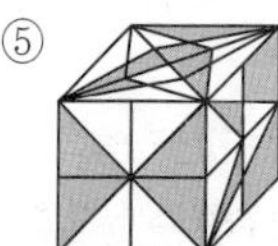

※ 전개도 보는 방법

전개도 문제를 해결하는 가장 좋은 방법은 아래 그림처럼 문양이 있는 칸을 떼어내어 그 칸과 서로 만나는 칸에 붙여서 맞는지를 확인하는 것이다. 정육면체 도형이 나오는 문제에는 한 줄로 나열된 네 칸 위아래로 한 칸씩 붙어있는 전개도가 일반적이다. 이 경우 위아래로 있는 칸은 90°씩 회전하여 한 칸씩 좌우로 붙어 움직일 수 있다. 또한 한 줄로 나열된 네 칸끼리는 인위적으로 칸을 떼어내어 방향 바꾸기나 뒤집기 없이 그대로 옮겨 반대쪽 마지막 칸에 붙일 수 있다. 이 경우 떼어낸 칸 위아래에 다른 칸이 붙어 있어도 상관없다. 이 두 가지 규칙을 적용하면 전개도에 나오는 문양의 위치를 쉽게 파악할 수 있다.

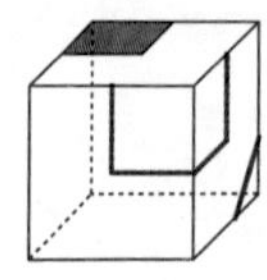

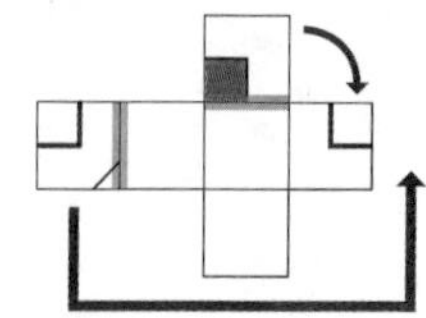

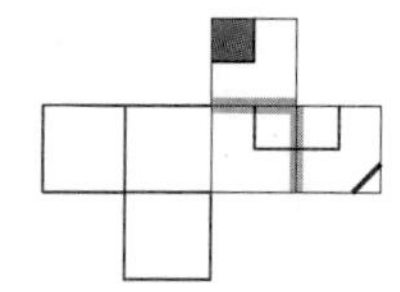

기초응용문제

[01~12] 다음 전개도를 이용하여 만들 수 있는 입체도형을 고르시오.

01

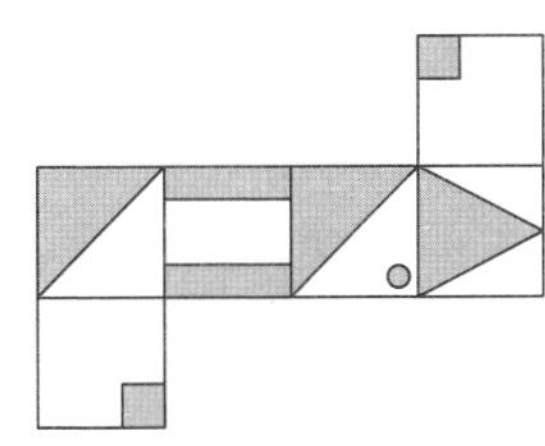

①
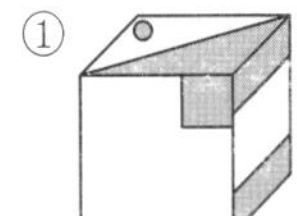

②
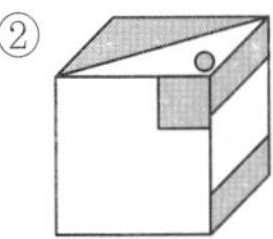

③
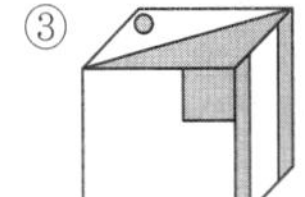

④
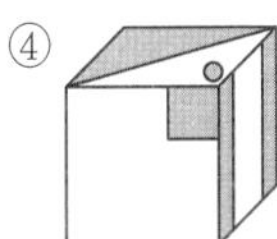

⑤
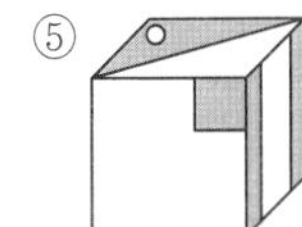

02

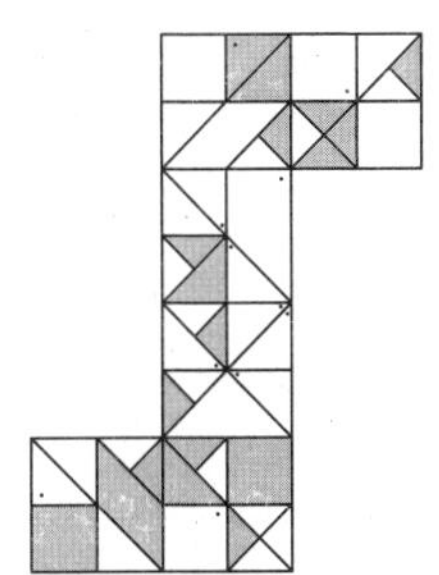

①
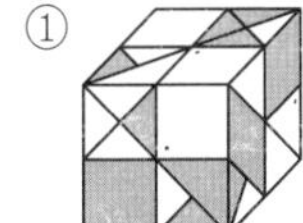

②
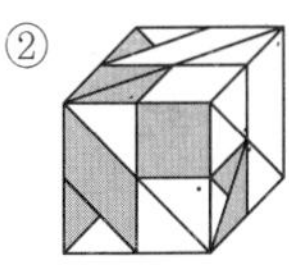

③
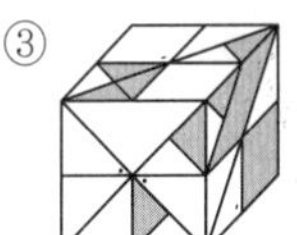

④
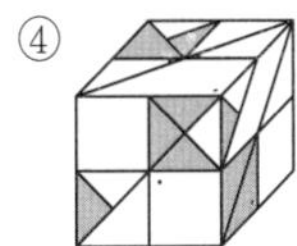

⑤
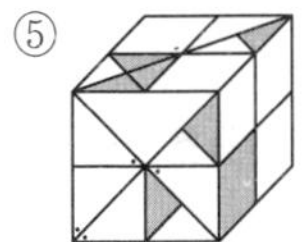

정답 01. ③ | 02. ④

03

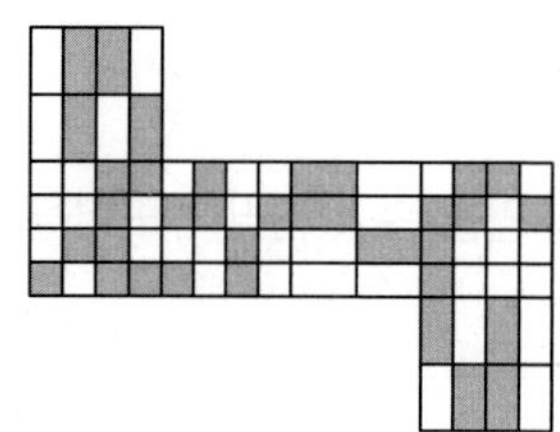

①
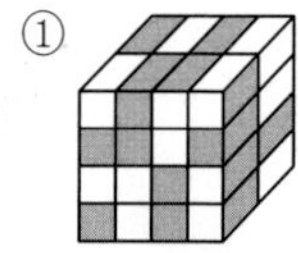

②
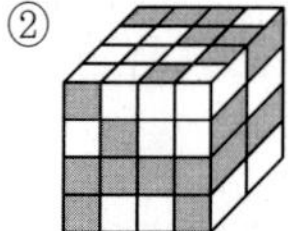

③
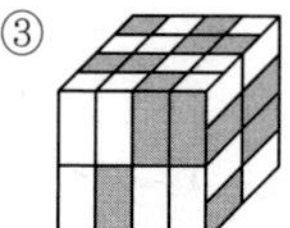

④
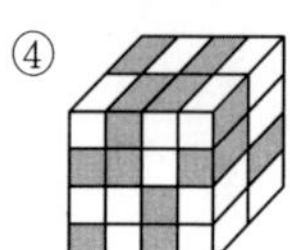

⑤
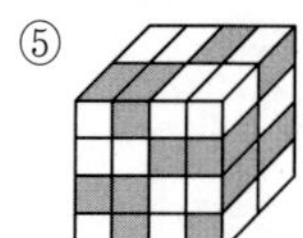

04

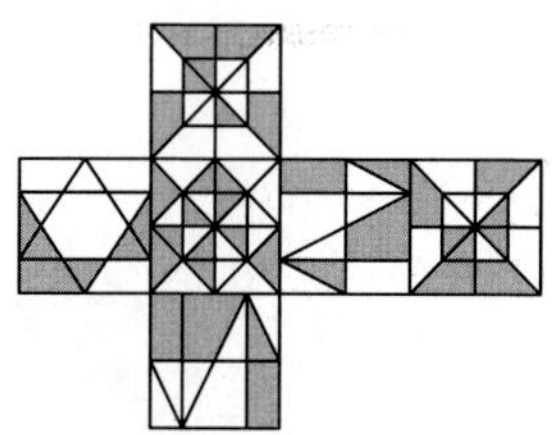

①
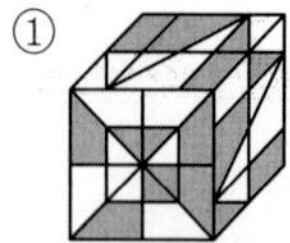

②
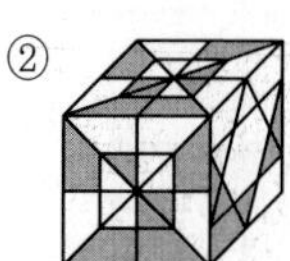

③
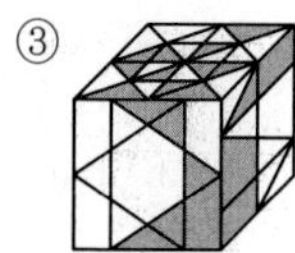

④
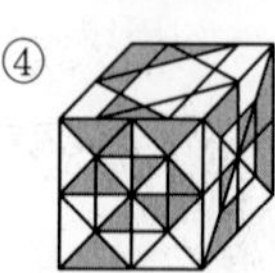

⑤
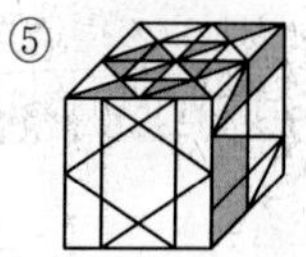

05

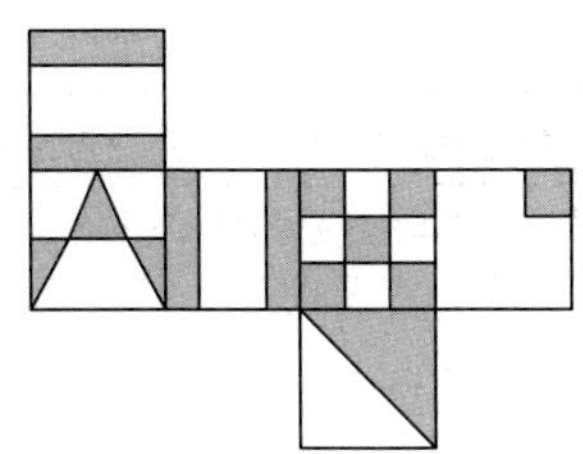

①
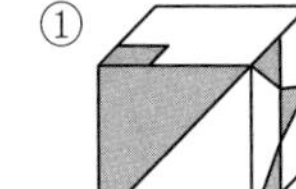

②

③
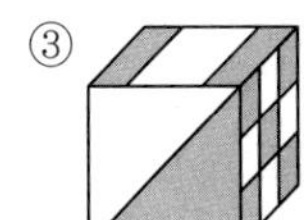

④
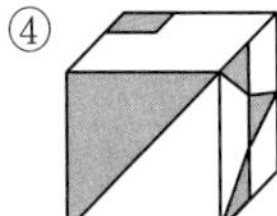

⑤
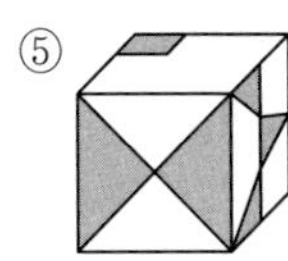

06

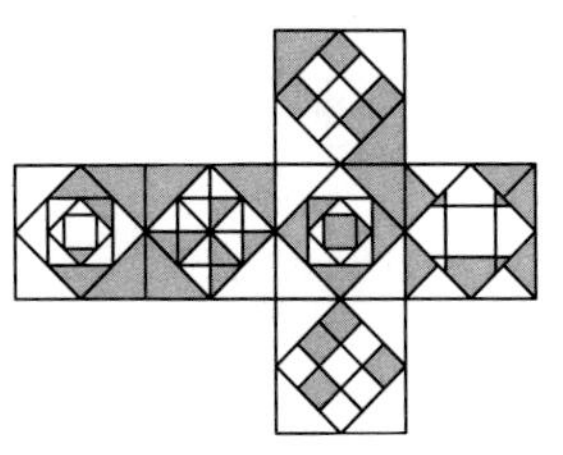

①
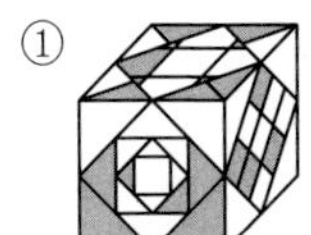

②
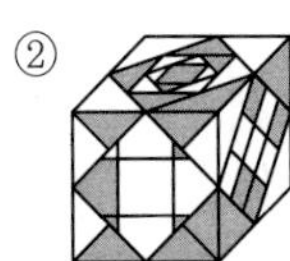

③
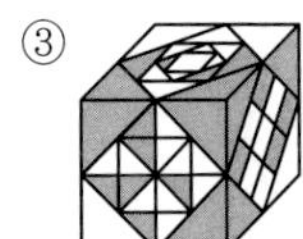

④
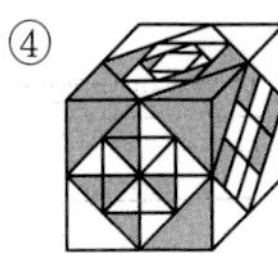

⑤
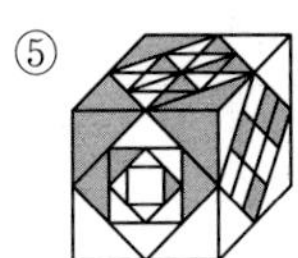

정답 03. ⑤ | 04. ④ | 05. ③ | 06. ⑤

07

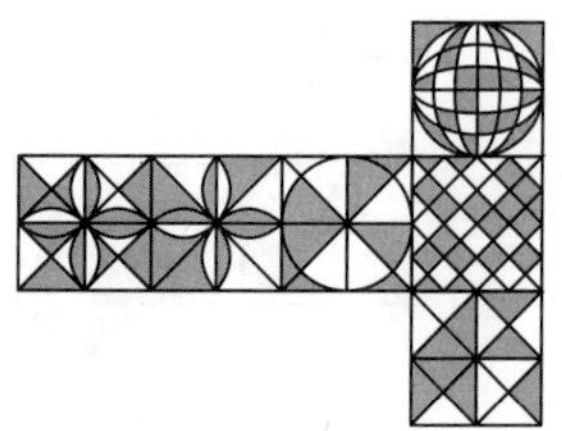

①
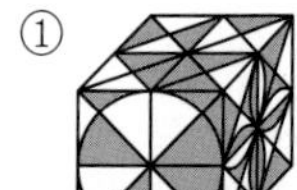
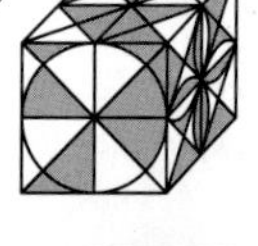
② 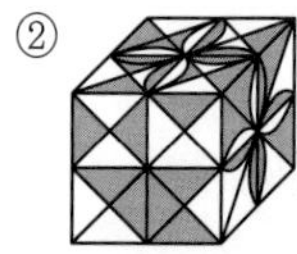
③ 
④ 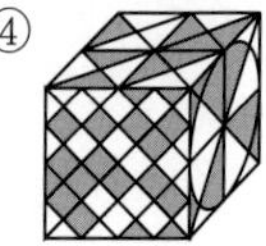
⑤ 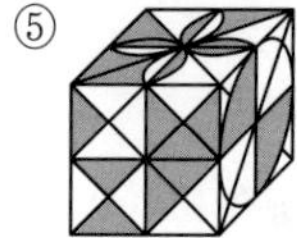

08

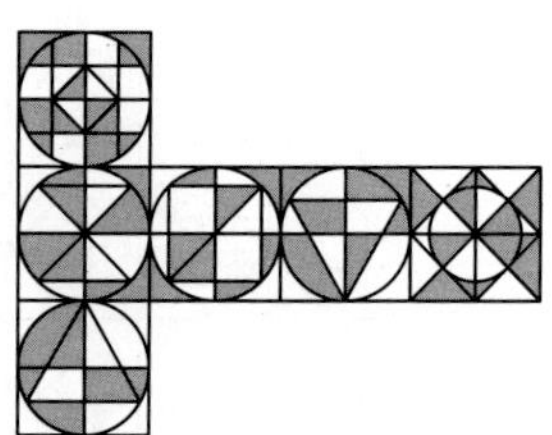

① 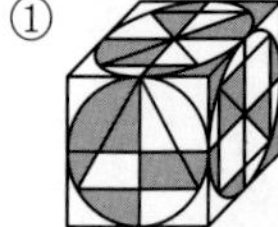
② 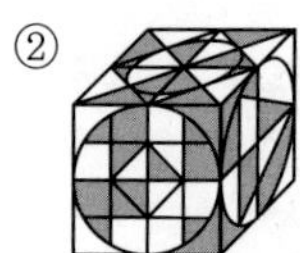
③ 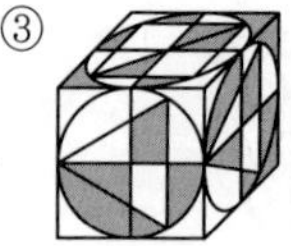
④ 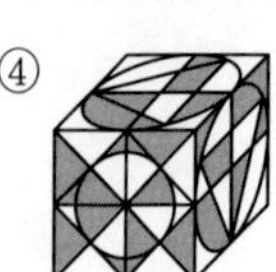
⑤ 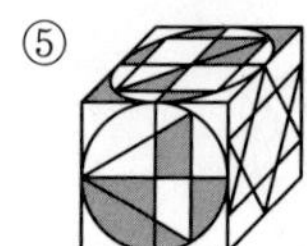

09

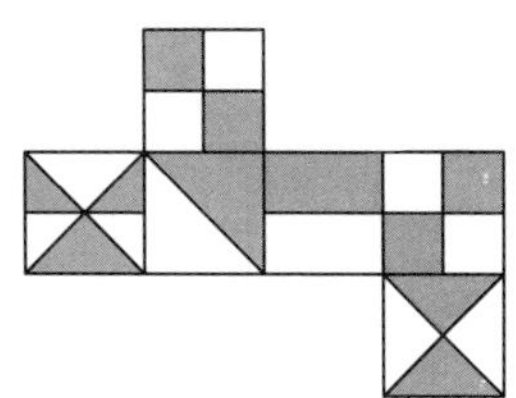

① 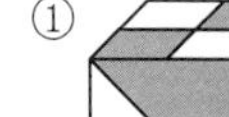 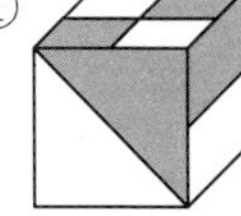

② 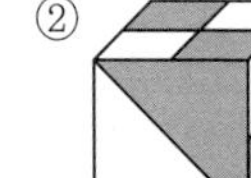

③  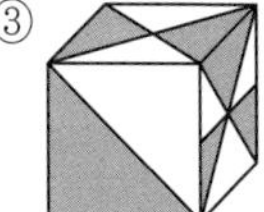

④ 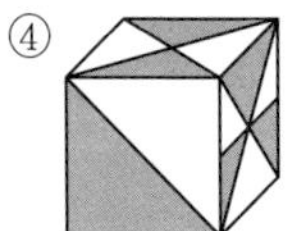

⑤ 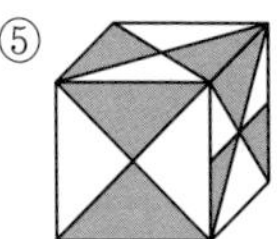

10

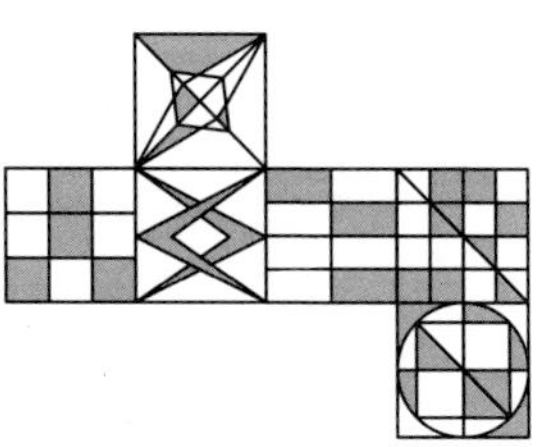

①  

② 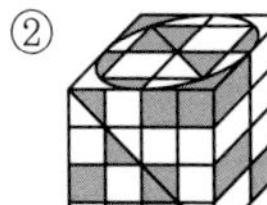

③  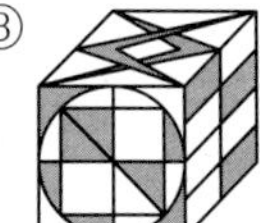

④ 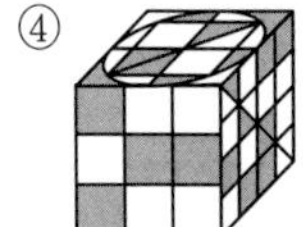

⑤ 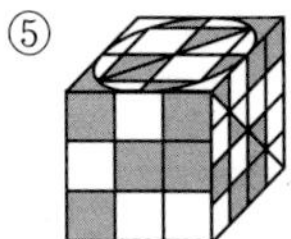

정답 07. ② | 08. ① | 09. ④ | 10. ②

11

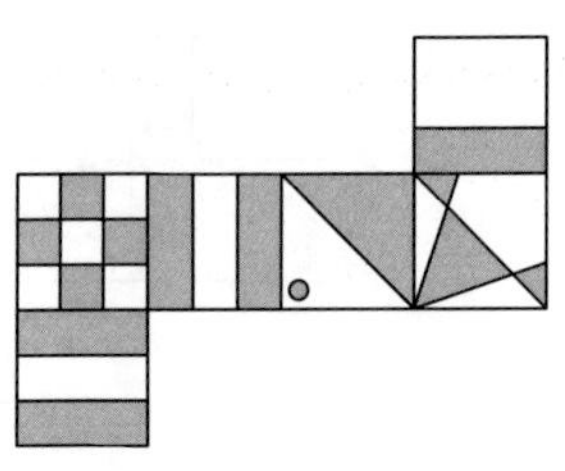

①
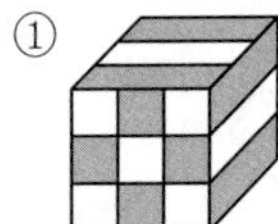
②

③
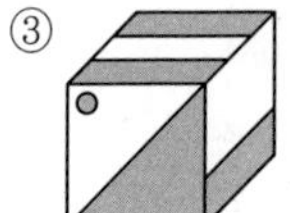
④
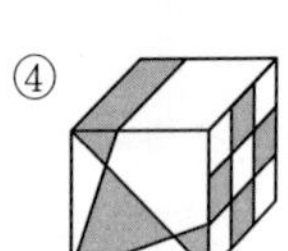
⑤
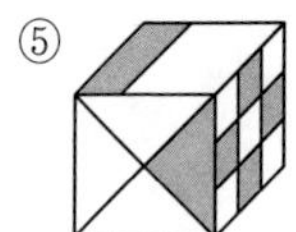

12

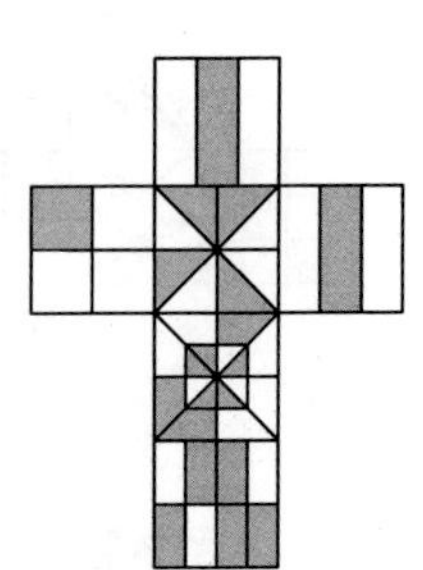

①
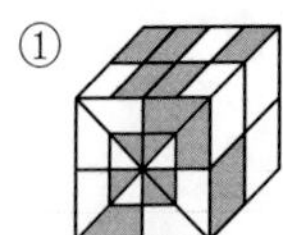
②
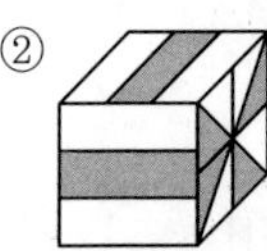
③
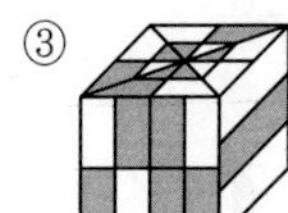
④
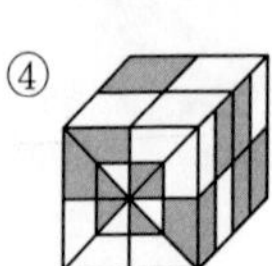
⑤
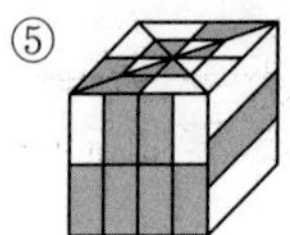

CHAPTER 08

자료해석

제시된 자료를 정확하고 올바르게 분석할 수 있는지를 평가하는 영역이다. 급변하는 경제, 기업 상황은 하루에도 수없이 많은 자료와 그래프, 통계치를 쏟아내기 때문에 넘치는 자료 속에 숨은 정보를 빠르게 읽어 내고, 직무에 반영하는 능력과 상관관계가 높다.

대표유형문제

다음은 A사의 2014년 월별 상품 판매고에 대한 자료이다. 2014년 7월부터 12월까지의 단순 이동 평균을 나타낸 그래프로 옳은 것을 고르시오.

월	판매고	단순 이동 평균	월	판매고	단순 이동 평균
1월	330	—	7월	438	401.16
2월	410	—	8월	419	( )
3월	408	—	9월	374	( )
4월	514	—	10월	415	( )
5월	402	—	11월	451	( )
6월	343	—	12월	333	( )

• 단순 이동 평균 : 해당 월 직전 6개월간 판매고의 평균으로, 예를 들어 2014년 7월의 단순 이동 평균(401.16)은 2014년 1~6월 판매고의 평균임

❶ 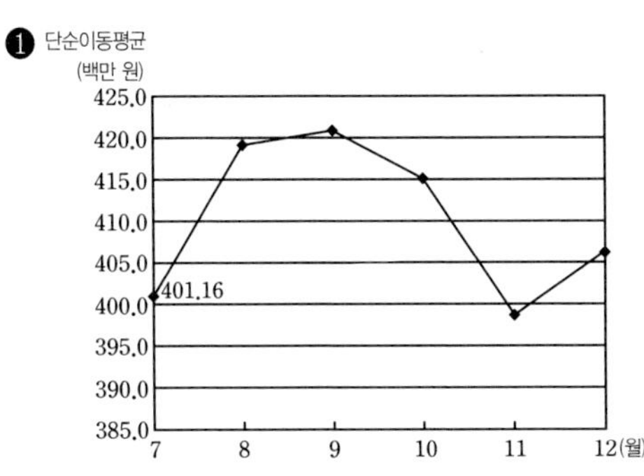

② 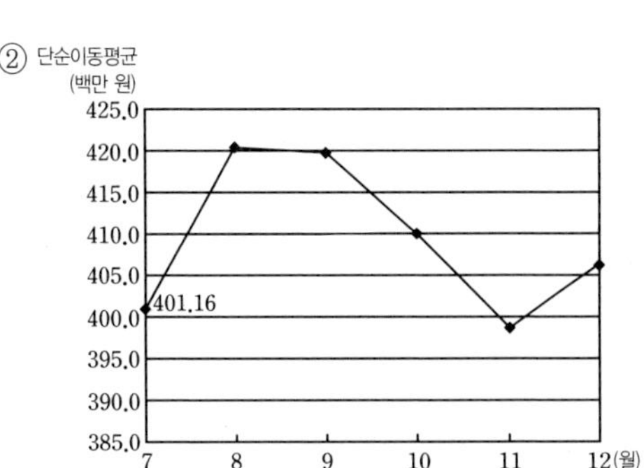

정답 11. ③ | 12. ②

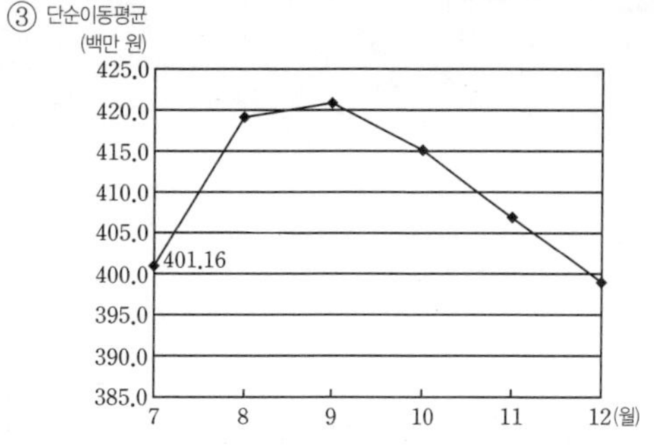

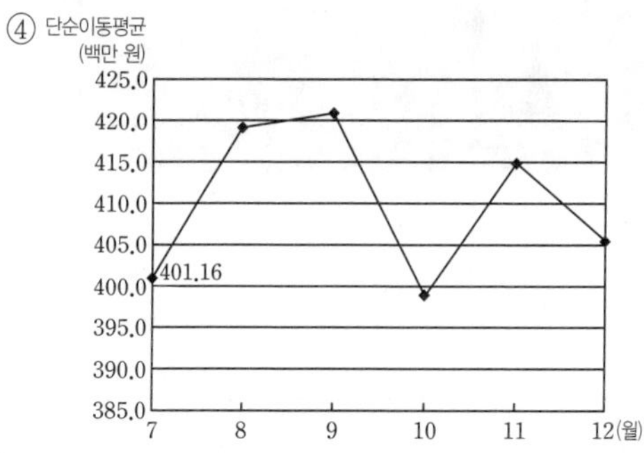

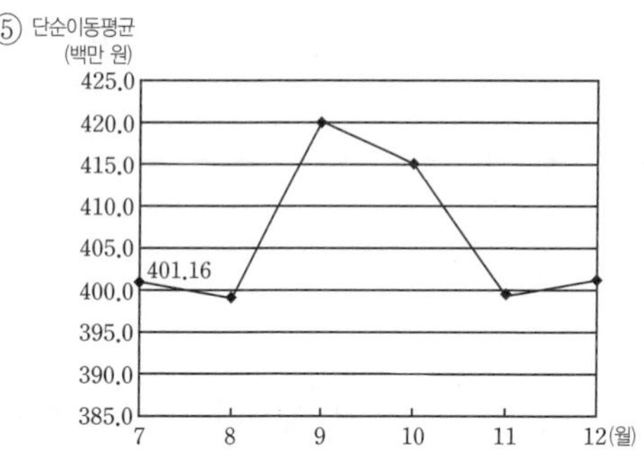

정답해설 8~12월의 단순 이동 평균을 계산하면,

8월 : (401.16×6−330+438)÷6=419.16(백만 원)

9월 : (419.16×6−410+419)÷6=420.66(백만 원)

10월 : (420.66×6−408+374)÷6≒414.99(백만 원)

11월 : (414.99×6−514+415)÷6≒398.49(백만 원)

12월 : (397.49×6−402+451)÷6≒406.66(백만 원)

※ 자료해석 문항 풀이 시 유의할 점

- **자의적 판단은 금물** : 자료해석 문항을 해결하기 위해서는 주어진 자료 내에서 추론해야 한다. 선택지의 문장이 논리적으로 옳은 것이라 할지라도 자료 내에서 판단할 수 없다면 틀린 내용이다.
- **단위 확인하기** : 그래프에 여러 가지 요소가 혼합되어 있는 경우 그래프가 매우 복잡해지기 때문에 혼란을 겪을 수 있다. 따라서 좌우 또는 상하에 제시된 단위를 확인하여 어떤 요소에 대한 그래프인지 우선 파악하는 것이 시간 단축에 도움이 된다.
- **그래프의 증가 또는 감소** : 제시된 그래프가 지속적으로 증가했다고 하더라도 중간에 하락한 구간이 있다면 '증가하였다'라고 단정적으로 진술한 문장은 맞는 표현이라 보기 어렵다. 다만 '증가하는 추세'는 적절한 표현이다.

기초응용문제

[01~10] 다음 물음에 답하시오.

01 다음은 중국, 인도, 파키스탄, 인도네시아에서 2000년과 2014년의 농촌 인구, 도시 인구, 전체 인구를 나타낸 그래프이다. 이에 대한 해석으로 옳지 않은 것은? (Urban : 도시, Rural : 농촌)

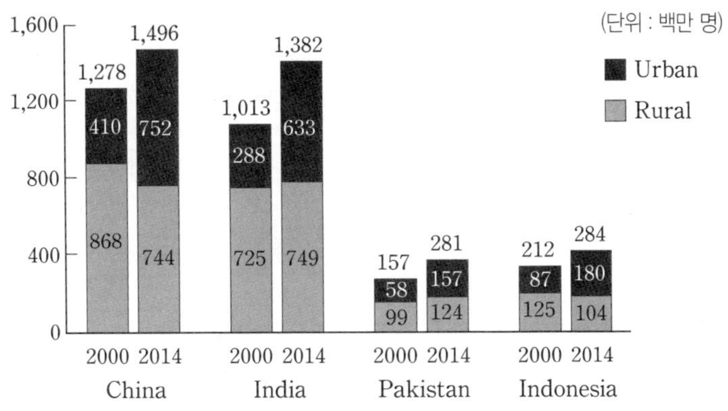

① 2000년에 중국 인구는 인도와 파키스탄 인구를 합한 것보다 많다.

② 2000년 인도의 도시 인구는 2014년 파키스탄 혹은 인도네시아의 전체 인구보다 많다.

③ 2000년과 2014년 모두 중국의 농촌 인구가 인도의 농촌 인구보다 많다.

④ 2000년과 2014년 모두 파키스탄 인구보다 인도네시아 인구가 많다.

⑤ 2000년과 2014년 사이 파키스탄의 도시 인구 증가수는 인도네시아보다 많다.

③ 2014년에는 인도의 농촌 인구(749백만 명)가 중국의 농촌 인구(744백만 명)를 앞지른다.

① 2000년 중국 인구는 1,278백만 명으로 같은 해의 인도와 파키스탄 인구의 합인 1,170백만 명보다 많다.

② 2000년 인도의 도시 인구는 288백만 명으로 2014년 파키스탄 전체 인구(281백만 명) 혹은 인도네시아 전체 인구(284백만 명)보다도 많다.

⑤ 파키스탄의 도시 인구 증가 수 : 157－58＝99(백만 명)
인도네시아의 도시 인구 증가 수 : 180－87＝93(백만 명)

정답 01. ③

02 다음 성별에 따른 사망 원인의 순위를 나타낸 그래프의 해석 중 옳지 않은 것을 고르면?

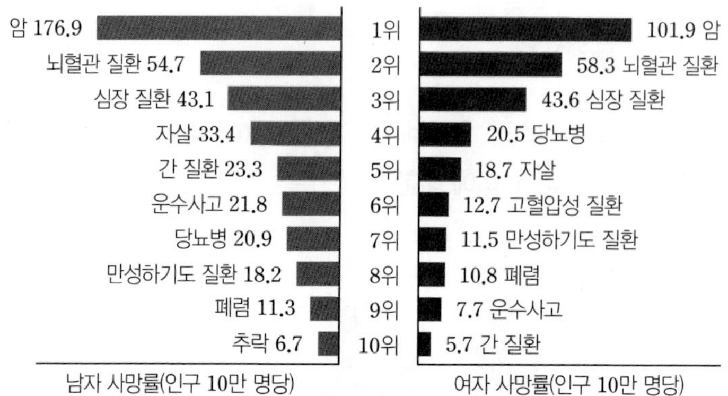

① 남녀 모두 암이 가장 높은 순위의 사망 원인이다.

② 암으로 사망할 확률은 남성이 여성보다 높다.

③ 뇌혈관 질환으로 사망할 확률은 남성이 여성보다 높다.

④ 간 질환은 여성보다 남성에게 더 높은 순위의 사망 원인이다.

⑤ 남성은 여성보다 당뇨병으로 사망할 확률이 높다.

③ 뇌혈관 질환으로 사망할 확률은 여성(58.3)이 남성(54.7)보다 높다.

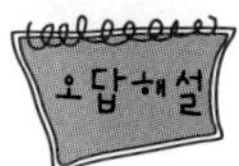

①, ② 남녀 모두 암이 가장 높은 사망 원인이지만 사망률 수치를 보면 남성은 176.9, 여성은 101.9로 남성이 더 높다.
④ 남성의 간 질환 사망률은 23.3, 여성의 간 질환 사망률은 5.7로 남성이 더 높다.
⑤ 당뇨병으로 인한 남성의 사망률은 20.9, 여성은 20.5로 남성의 사망 확률이 더 높다.

03 다음은 혼인율와 이혼율에 관한 통계자료이다. 이 자료를 바탕으로 관련 도표를 만들고자 할 때 적절하지 않은 것을 고르면?

> 2010년 혼인율 · 이혼율 통계 주요 내용
>
> • 2010년 혼인건수는 32만 6천 건으로 전년보다 약 1만 6천 건 증가, 조(粗)혼인율은 6.5건으로 전년보다 0.3건 증가
> – 평균 초혼연령은 남성 31.8세, 여성 28.9세로 지속적으로 상승
> – 외국인과의 혼인은 3만 4천 2백 건으로 총 혼인 중 10.5% 수준
>
> • 2010년 이혼건수는 11만 7천 건으로 전년보다 7천 건 감소, 조(粗)이혼율은 2.3건으로 전년보다 0.2건 감소
> – 유배우이혼율은 4.7건, 전년보다 0.4건 감소
> – 협의에 의한 이혼은 75.2%로 전년보다 1.0% 감소, 재판이혼의 비중은 이혼종류를 구분하기 시작한 1993년 이후 가장 높은 수치이며 특히 2008년부터 크게 증가
> – 외국인과의 이혼은 1만 1천 2백 건으로 총 이혼 중 9.6% 수준
>
> • 조(粗)혼인율 : 전체 인구대비 인구 천 명당 혼인건수
> • 유배우이혼율 : 15세 이상 배우자가 있는 인구 천 명당 이혼건수

① 혼인건수

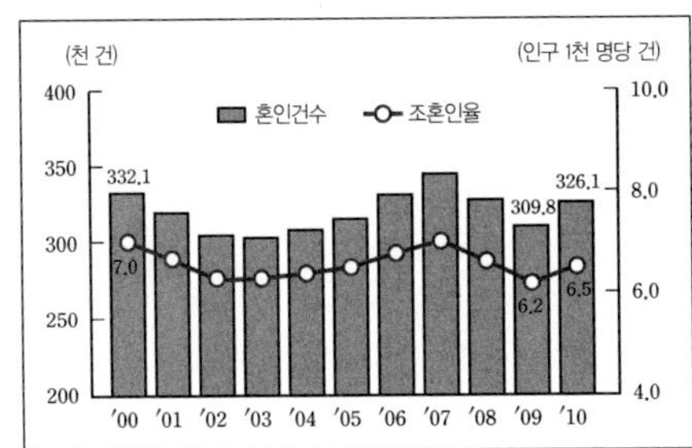

② 외국인과의 이혼율

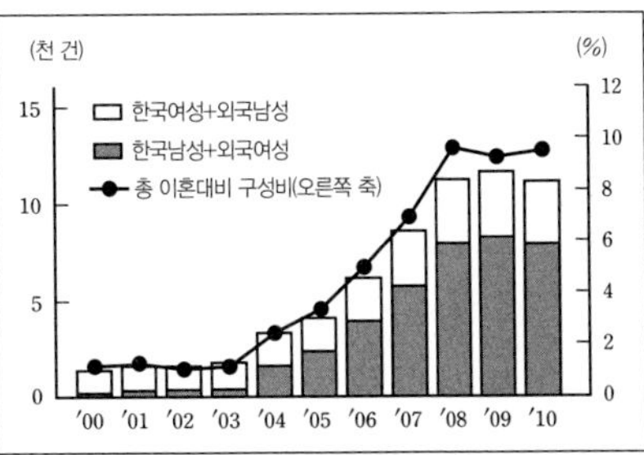

③ 남녀 평균 초혼연령 추이

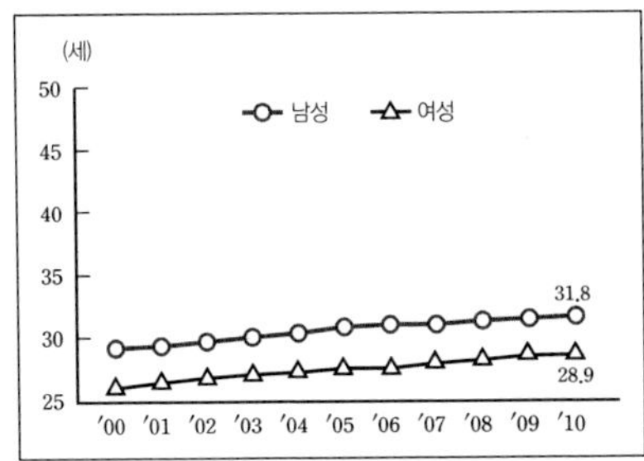

④ 남녀 평균 이혼연령 추이

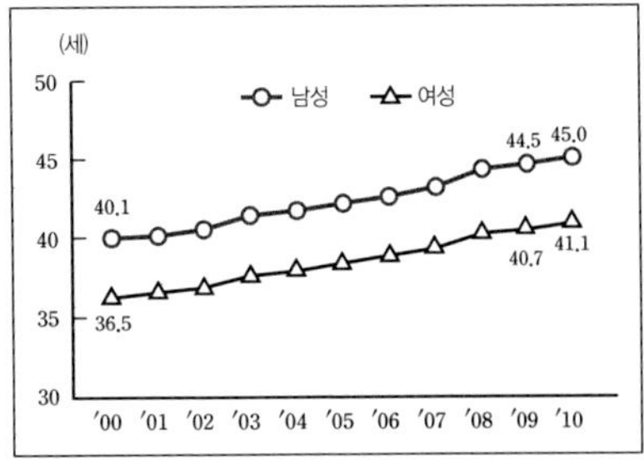

정답 02. ③ | 03. ④

⑤ 이혼종류별 이혼구성비 추이

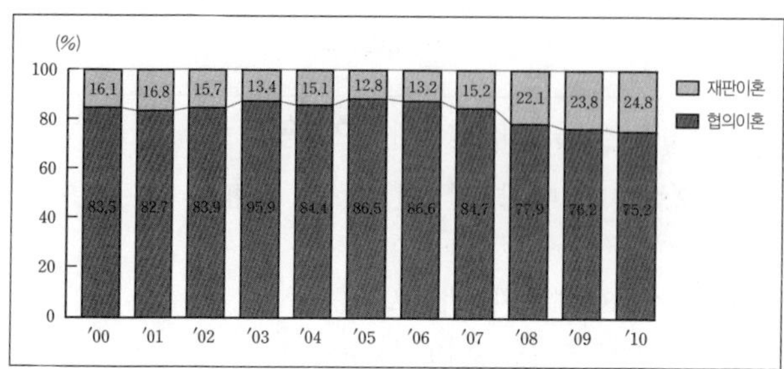

④ 10년간 남성과 여성의 평균 이혼연령에 대한 통계로, 이혼 평균연령이 지속적으로 증가하는 것을 알 수 있다. 그러나 제시된 자료에 남녀 평균 이혼연령에 대한 직접적인 언급은 없었으므로 제시된 자료와 함께 쓰이지 않아도 무방한 그래프이다.

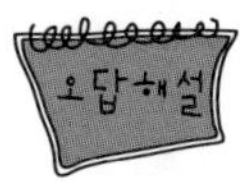

① 2010년까지의 혼인건수와 조혼인율에 대한 통계를 제시할 수 있는 자료이다.
② 2010년까지의 내국인과 외국인 간 이혼율을 보여줄 수 있는 자료이다.
③ 최근 10년간 남성과 여성의 평균 초혼연령이 증가하고 있음을 보여줄 수 있는 자료이다.
⑤ 협의이혼과 재판이혼의 10년간 변화 추이를 나타낸 그래프로, 이혼종류별 이혼구성비에 대한 변화를 보여줄 수 있는 자료이다.

04 다음에 제시된 [자료 1]과 [자료 2]를 바탕으로 도출해 낼 수 있는 결론이 아닌 것은?

| 자료 1 |

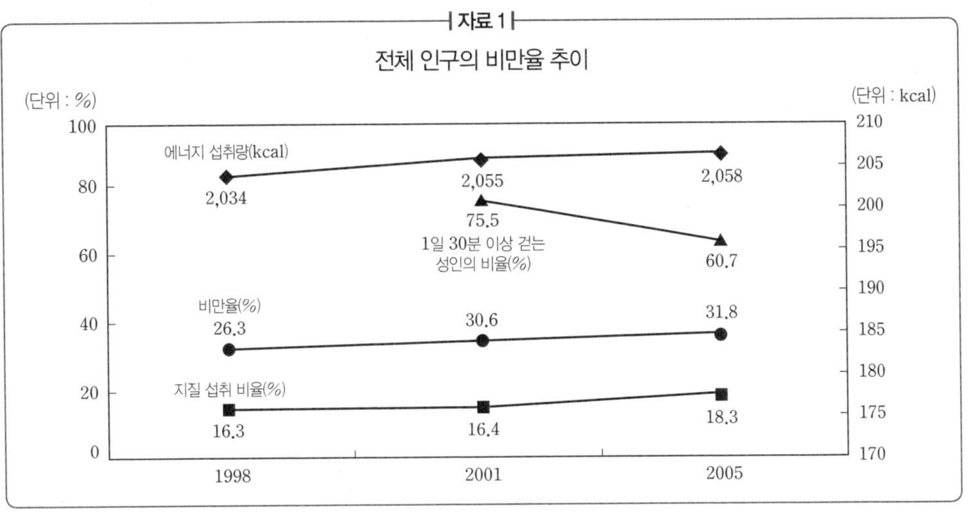

| 자료 2 |

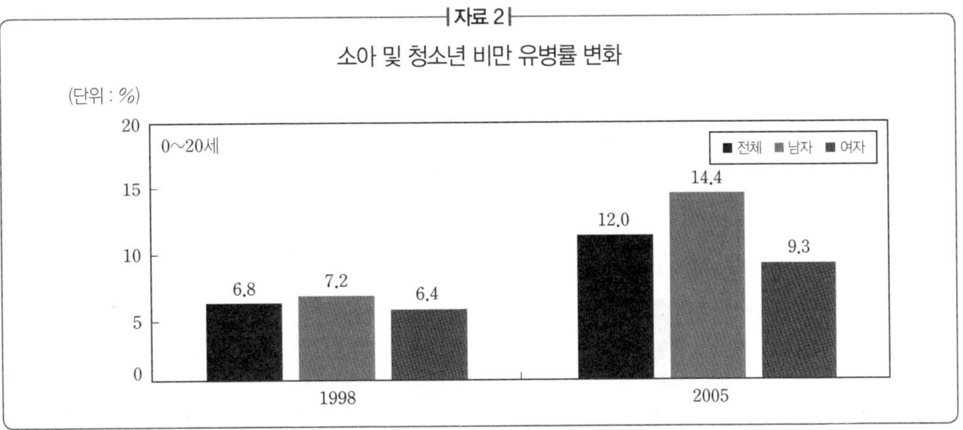

① 2005년의 지질 섭취 비율은 2001년보다 약 2% 증가했다.

② 조사기간에 에너지 섭취량과 활동량은 모두 증가했다.

③ 소아 및 청소년 비만은 7년 동안 약 2배 가까이 증가했다.

④ 1998년과 2005년 모두 남자 청소년의 비만 유병률이 여자 청소년에 비해 상대적으로 높다.

⑤ 전체 인구의 비만율은 점차 증가하고 있는 추세이다.

정답 04. ②

② 에너지 섭취량은 1998년에는 2,034kcal, 2001년에는 2,055kcal, 2005년에는 2,058kcal로 24kcal 증가했으나 활동량은 2001년 75.5%에서 2005년 60.7%로 14.8% 감소하였다.

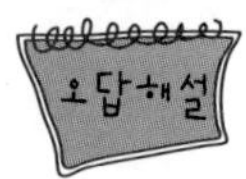

① 2001년 지질 섭취 비율은 16.4%, 2005년 지질 섭취 비율은 18.3%로 약 2% 증가하였다.
③ 1998년 청소년 비만 유병률은 6.8%, 2005년 청소년 비만 유병률은 12%로 약 2배 증가하였다.
④ 1998년 남자 청소년 비만 유병률은 7.2% 여자 청소년 비만 유병률은 6.4%, 2005년 남자 청소년 비만 유병률은 14.4%, 여자 청소년 비만 유병률은 9.3%로 남자가 상대적으로 높다.
⑤ 1998년 전체 비만율은 26.3%, 2001년 30.6% 2005년 31.8%로 증가 추세이다.

05 다음 제시된 자료에 대한 설명 중 옳지 않은 것을 고르면?

우리나라의 학력별 임금 격차

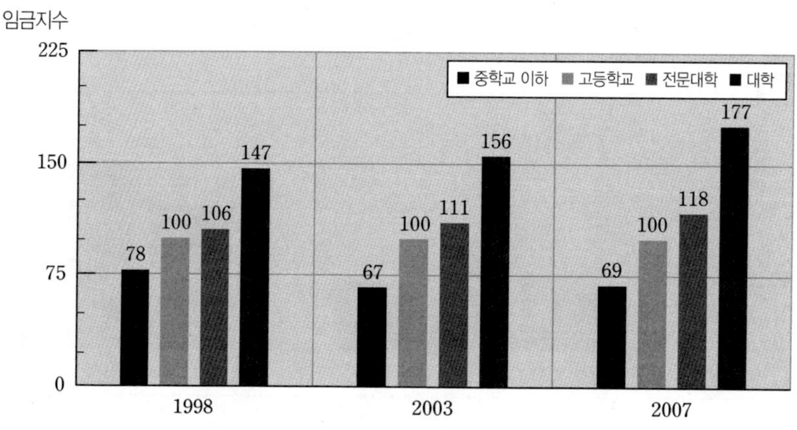

① 고등학교 졸업자의 경우 1998년 이후 상대적 임금에 변화가 없다.
② 전문대학 졸업자의 경우 조사기간 동안 상대적 임금이 지속적으로 상승하고 있다.
③ 고등학교 졸업자와 전문대학 졸업자의 상대적 임금격차는 갈수록 작아지고 있다.
④ 대학 졸업자의 경우 조사기간 동안 상대적 임금이 지속적으로 상승하고 있다.
⑤ 중학교 이하 졸업자의 경우 2003년에 비해 2007년 상대적으로 임금이 높아졌지만 1998년의 수준에는 미치지 못하고 있다.

고등학교 졸업자와 전문대학 졸업자의 상대적 임금격차는 6(1998), 11(2003), 18(2007)로 갈수록 커지고 있다.

06 다음에 제시된 '고추 및 참깨의 생산량'에 대한 자료를 바탕으로 쓰기에 적절하지 않은 것을 고르면?

- '10년 고추 생산량은 95.4천 톤으로 전년의 117.3천 톤보다 18.7% 감소
  - 재배면적 : ('09)44.8 → ('10)44.6천ha(△0.5%)
  - 단위면적(10a)당 생산량 : ('09)262 → ('10)214kg(△18.3%)
  - 총 생산량 : ('09)117.3 → ('10)95.4천 톤(△18.7%)
  - 시도별 생산량 : 경북(26.7천 톤) > 전남(18.2천 톤) > 전북(10.8천 톤) > 충북(10.4천 톤)
- 참깨 생산량은 12.7천 톤으로 전년의 12.8천 톤보다 0.6% 감소
  - 재배면적 : ('09)34.9 → ('10)27.2천ha(△22.1%)
  - 단위면적(10a)당 생산량 : ('09)37 → ('10)47kg(27.0%)
  - 총 생산량 : ('09)12.8 → ('10)12.7천 톤(△0.6%)
  - '10년 시도별 생산량 : 전남(4.4천 톤) > 경북(2.5천 톤) > 전북(1.3천 톤) > 충북(1.1천 톤)

① 연도별 고추 생산량 및 재배면적 현황

구분	평년	'05	'06	'07	'08	'09	'10	전년비 (%)	평년비 (%)
생산량(천 톤)	115.5	161.4	116.9	160.4	123.5	117.3	95.4	△18.7	△17.4
10a당 수량 (kg)	259	263	220	292	253	262	214	△18.3	△17.4
재배면적 (천ha)	(44.6)	61.3	53.1	54.9	48.8	44.8	44.6	△0.5	–

- 평년 : 최근 5개년 중 최고와 최저 연도의 수량을 제외한 나머지 3개년치의 평균 수량

② 연도별 고추 재배면적 및 생산량 추이

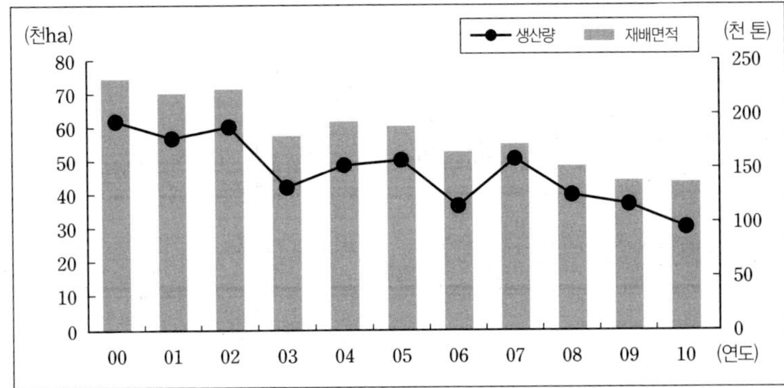

정답 05. ③ | 06. ④

③ 전년대비 시도별 참깨 생산량 비교

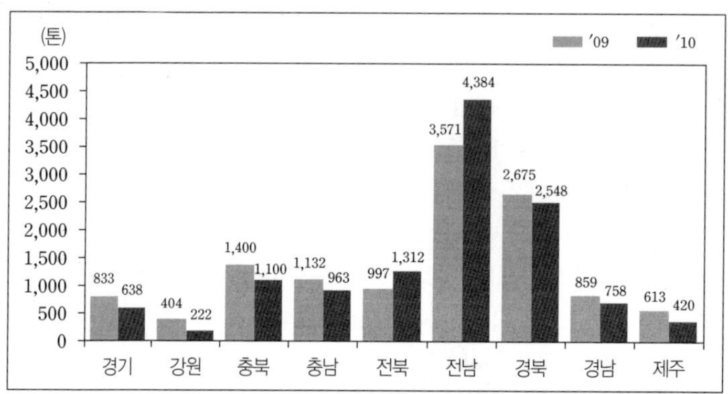

④ 시도별 참깨 피해상황

구분	정상필지비율		피해필지비율									
			계		병충해		수 · 습해		풍해		기타	
	'09	'10	'09	'10	'09	'10	'09	'10	'09	'10	'09	'10
전국	35.2	47.5	64.8	52.5	16.0	9.1	35.0	28.8	1.0	6.5	12.8	8.2
경기	71.4	38.1	28.6	61.9	9.5	4.8	–	23.8	–	23.8	19.1	9.5
충남	52.0	60.0	48.0	40.0	24.0	20.0	–	4.0	8.0	12.0	16.0	4.0
전북	10.3	67.9	89.7	32.1	37.9	–	37.9	10.7	3.4	17.9	10.3	3.6
전남	8.1	35.5	91.9	64.5	9.9	4.7	72.1	52.3	–	–	9.9	7.5
경북	44.7	57.3	55.3	42.7	23.7	9.3	11.8	25.3	–	–	19.8	8
경남	17.2	33.9	82.8	66.1	3.4	3.6	65.5	33.9	3.4	7.1	10.3	21.4
제주	50.0	32.1	50.0	67.9	10.0	–	36.7	39.3	–	17.9	3.3	10.7

⑤ 시도별 고추 생산량

구분	재배면적(ha)			10a당 수량(kg)			생산량(톤)		
	'09	'10	증감률(%)	'09	'10	증감률(%)	'09	'10	증감률(%)
전국	44,817	44,584	△0.5	262	214	△18.3	117,324	95,391	△18.7
대구	171	169	△1.2	152	190	25.0	259	321	23.9
충북	5,307	4,931	△7.1	293	212	△27.6	15,569	10,448	△32.9
전북	5,479	5,437	△0.8	226	198	△12.4	12,370	10,753	△13.1
전남	7,464	7,650	2.5	235	238	1.3	17,528	18,180	3.7
경북	11,781	11,699	△0.7	310	228	△26.5	36,513	26,703	△26.9
경남	2,285	2,298	0.6	266	192	△27.8	6,078	4,405	△27.5
제주	34	38	11.8	142	183	28.9	48	70	45.8

④ 제시된 자료에 참깨의 시도별 피해상황에 대한 언급은 없으므로, 자료로 이용되기에는 적절하지 않다.

① 연도별 고추 생산량 및 재배면적에 대한 현황을 파악할 수 있는 자료로, 2009년 대비 2010년의 생산량이 재배면적에 비해 감소했다는 것을 알 수 있다.
② 연도별 고추 재배면적 및 생산량 추이를 그래프화한 자료이다.
③ 시도별 참깨의 생산량을 보여주는 자료로, 전남 지역이 가장 많은 참깨 생산을 하고 있으며 강원 지역이 가장 낮은 참깨 생산을 하고 있다는 걸 알 수 있다.
⑤ 시도별 고추의 생산량을 보여주는 자료로 재배면적 및 생산량 등을 알 수 있다.

07 다음에 주어진 자료를 바탕으로 설명한 내용이 적절하지 않은 것은?

부패인식 응답 비율 : '부패하다' 응답 비율

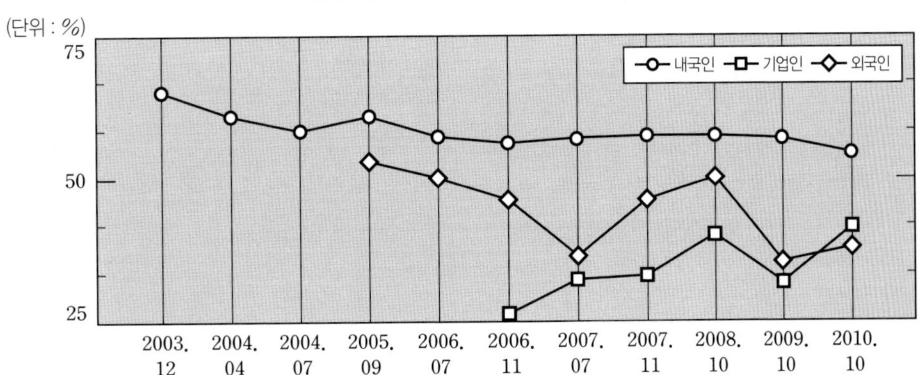

우리나라의 부패인식지수(CPI)

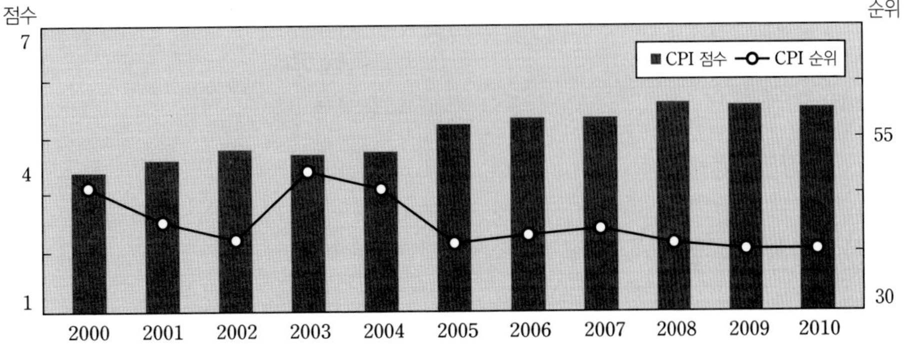

정답 07. ④

OECD 주요 국가별 CPI 현황

구분		뉴질랜드	덴마크	핀란드	영국	미국	프랑스	스페인	한국	폴란드	이탈리아	그리스
2010		1위	1위	3위	20위	22위	25위	30위	39위	41위	67위	78위
		9.3점	9.3점	9.2점	7.6점	7.1점	6.8점	6.1점	5.4점	5.3점	3.9점	3.5점
2009		1위	2위	6위	17위	19위	24위	32위	39위	49위	63위	71위
		9.4점	9.3점	8.9점	7.7점	7.5점	6.9점	6.1점	5.5점	5.0점	4.3점	3.8점

① 외국인에 비해 내국인이 한국이 부패하다고 인식하고 있다.

② 2005년 9월 이후 우리나라가 부패하다고 응답한 내국인의 비율이 점차 감소하는 추세이다.

③ 우리나라의 부패인식지수(CPI) 점수가 처음으로 5점을 초과한 것은 2005년이다.

④ 외국인이 내국인이나 기업인보다 부정부패에 민감하게 반응하는 경향이 있다.

⑤ OECD 주요 국가들 중 CPI점수가 9점을 넘은 국가 수는 2009년보다 2010년에 증가하였다.

정답해설 외국인은 내국인에 비해 한국의 부패 정도가 심하지 않다고 생각하고 있다. 물론 내국인이 한국의 부패 정도에 대한 인식의 변화가 크지 않은 반면 외국인은 조사 시기에 따라 한국의 부패 정도에 대한 인식의 변화가 상대적으로 크다. 하지만 이것은 '부패하다'의 응답률이 변화한 것이고 한국의 부패 정도에 대한 인식의 변화이지 부패 자체에 대한 민감성을 반영한 것이라고 보기는 어렵다.

08 다음은 2010년 우리나라 사교육비 조사결과를 정리한 자료이다. 제시된 자료를 바탕으로 관련 도표를 만들고자 할 때, 적절하지 않은 것을 고르면?

> **2010년 사교육비 조사결과**
>
> • 2010년 우리나라 초 · 중 · 고교 학생의 1인당 월평균 사교육비는 24만 원으로 전년 대비 0.8% 감소함(실질금액으로는 3.5% 감소)
> • 사교육 참여율은 73.6%로 전년 대비 1.4%p 감소함. 반면, 방과후학교 참여율은 55.6%로 전년 대비 4.3%p 증가하고, EBS 교재구입 학생 비율도 20.8%로 3.6%p 증가함
> • 사교육비 총액은 약 20조 9천억 원으로, 1인당 사교육비와 전체 학생 수 감소에 기인하여 전년 대비 3.5% 감소함
> • 학생 1인당 사교육비와 사교육비 총액 모두 2007년 사교육비 조사시작 이래 처음 감소로 전환됨
> • 가구의 소득수준이 높을수록 학생 1인당 월평균 사교육비 및 사교육 참여율이 대체로 높음
> • 여학생의 1인당 월평균 사교육비(24만 7천 원) 및 참여율(74.9%) 모두 남학생(23만 4천 원, 72.4%)에 비해 높음

① 학생 1인당 사교육 참여율

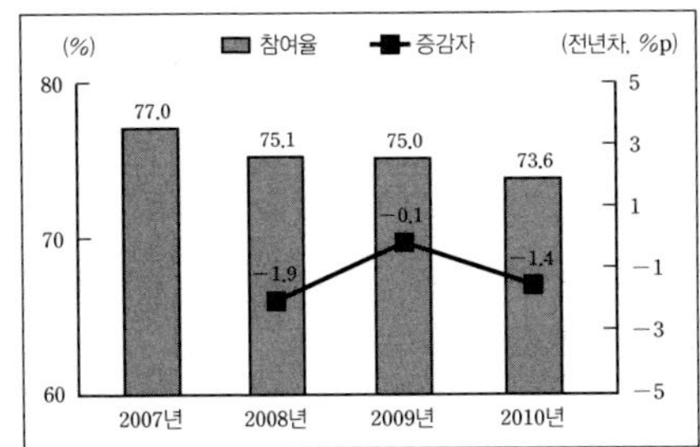

② 사교육비 규모

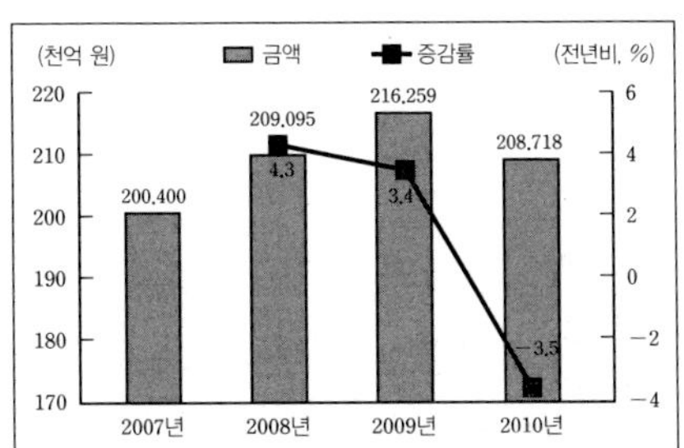

③ 성적순위별 사교육비 및 참여율

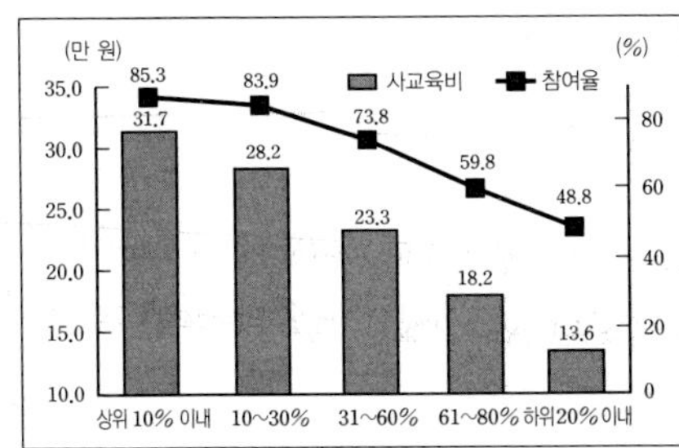

④ 성별 사교육비 및 참여율

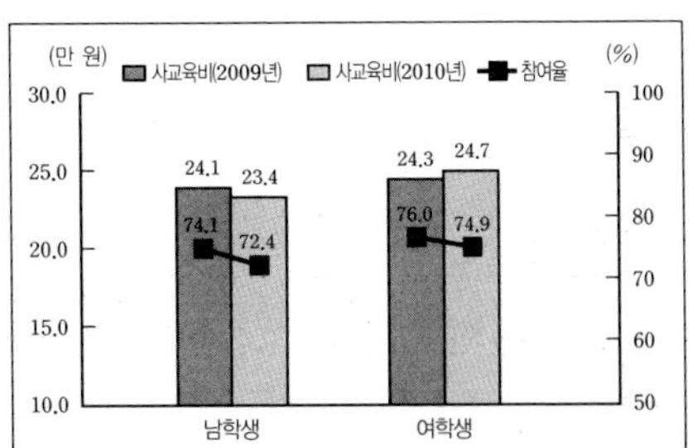

정답 08. ③

⑤ 가구소득 수준별 사교육비 및 참여율

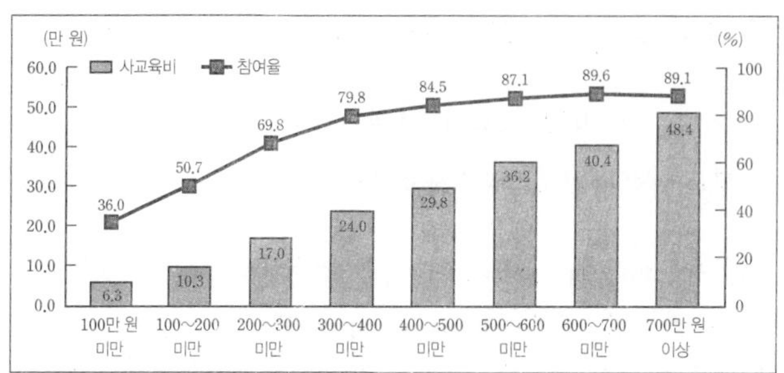

③ 성적순위별 사교육비 및 참여율에 대해 보여주는 그래프로 성적이 높을수록 사교육비와 사교육 참여율이 높다는 것을 알 수 있지만, 제시된 자료에서는 성적순위별 사교육비 및 참여율에 관해서는 직접적인 언급을 하지 않고 있으므로 관련 도표로 쓰이지 않아도 무방한 그래프이다.

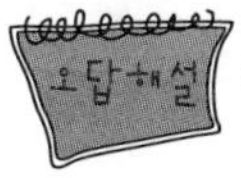

① 2007년부터 2010년까지의 사교육 참여율에 대해 보여주는 자료로, 그래프를 통해 사교육 참여율이 점차 줄어드는 것을 알 수 있다.

② 사교육비 규모에 대한 그래프로, 사교육비 총액과 전년 대비 사교육비 증감률을 알 수 있는 자료이다.

④ 성별에 따른 사교육비 및 참여율을 보여주는 자료로 2010년 남학생의 경우 사교육비와 사교육 참여율은 모두 2009년에 비해 감소했지만, 여학생의 경우 2009년 대비 2010년 사교육 참여율은 감소한 데 반해 사교육비는 증가했음을 알 수 있다.

⑤ 가구소득 수준에 따른 사교육비 및 사교육 참여율을 보여주는 자료로, 가구소득이 높을수록 학생 1인당 월평균 사교육비와 사교육 참여율이 대체로 높다는 것을 알 수 있다.

09 다음은 2012년과 2013년 H회사의 5개 품목(A~E)별 매출액, 시장점유율 및 이익률을 나타낸 그래프이다. 이 그래프에 대한 설명 중 옳은 것은? (단, 원의 중심좌표는 각각 이익률과 시장점유율을 나타내고 원의 내부 숫자는 매출액(억 원)을 의미하며, 원의 면적은 매출액에 비례한다.)

2012년 A~E의 매출액, 시장점유율, 이익률

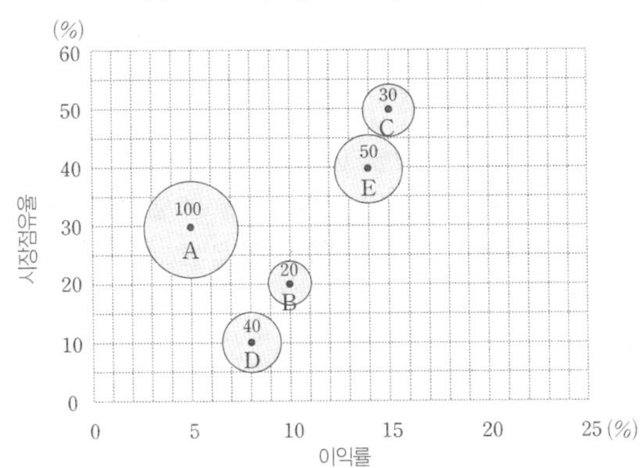

2013년 A~E의 매출액, 시장점유율, 이익률

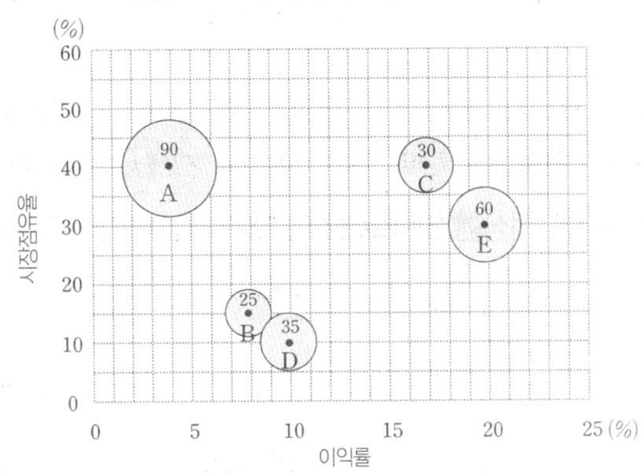

- 이익률(%)$=\frac{\text{이익}}{\text{매출액}}\times 100$
- 시장점유율(%)$=\frac{\text{매출액}}{\text{시장규모}}\times 100$

① 2013년 A 품목의 시장규모는 2012년보다 크다.

② 2013년 A와 D 품목의 이익률은 동일하다.

③ 2012년에 이익률이 가장 높은 품목의 이익은 4.5억 원이다.

④ 2013년 시장점유율이 가장 적은 품목은 전년보다 이익률이 하락하였다.

⑤ 2012년보다 2013년에 매출액, 이익률, 시장점유율이 모두 상승한 품목은 E이다.

정답 09. ③

③ 2012년보다 2013년 이익률이 가장 큰 품목은 C로, C의 이익을 구하면 다음과 같다.

C : $15=\frac{x}{30억}\times 100$, $x=4.5$(억 원)

① A 품목의 시장규모는 2012년이 2013년보다 크다.

- 2012년 : $30=\frac{100억}{x}\times 100 \fallingdotseq 333$(억 원)
- 2013년 : $40=\frac{90억}{x}\times 100=225$(억 원)

② 2013년 A와 D의 이익률은 각각 4%, 10%이다.

④ 2013년 시장점유율이 가장 적은 품목은 D이며, D의 이익률은 전년도에 비해 2% 상승하였다.

⑤ 전년도와 비교하여 매출액, 이익률, 시장점유율이 모두 상승한 품목은 없다.

10 다음은 2008~2011년 외국 기업의 국내 투자 현황에 대한 자료이다. 이에 대한 설명으로 옳은 것은?

외국 기업 국내 투자 건수의 산업별 비율

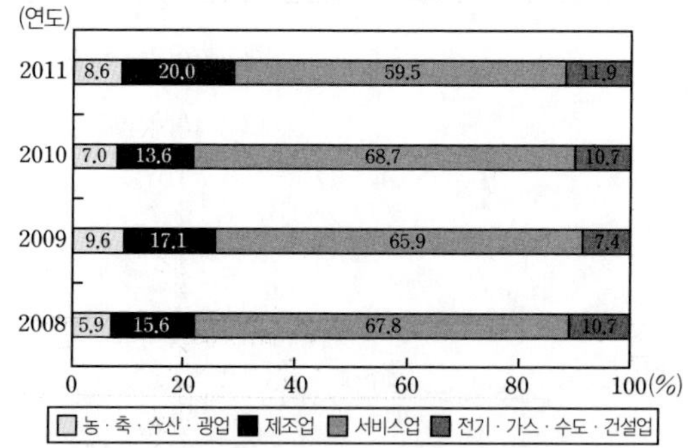

외국 기업의 국내 서비스업 투자 건수 및 총 투자 금액

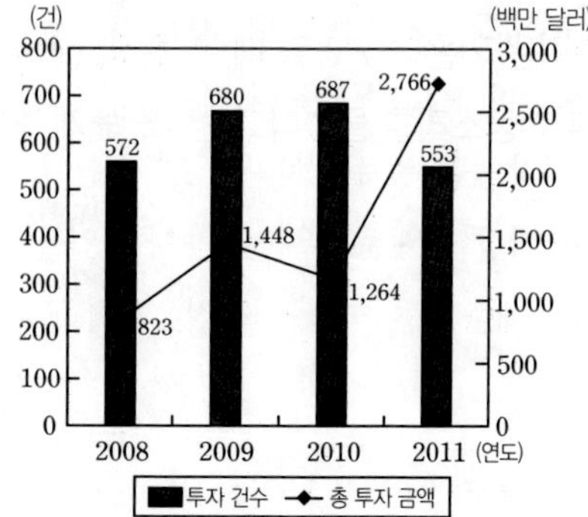

① 외국 기업의 국내 서비스업 투자 건당 투자 금액은 매년 증가하였다.

② 2008년 외국 기업의 국내 농 · 축 · 수산 · 광업에 대한 투자 건수는 60건 이상이다.

③ 외국 기업 국내 투자 건수 중 제조업이 차지하는 비율은 매년 증가하였다.

④ 외국 기업 국내 투자 건수 중 각 산업이 차지하는 비율의 순위는 매년 동일하다.

⑤ 외국 기업 국내 투자 건수는 2010년이 2009년보다 적다.

⑤ 외국 기업 국내 서비스업 투자 건수에서 2009년에는 680건이고 2010년에는 687건이므로,

2009년 외국 기업의 국내 투자 건수 : $\frac{680}{0.659} ≒ 1,031.8665$(건)

2010년 외국 기업의 국내 투자 건수 : $\frac{687}{0.687} = 1,000$(건)

① 외국 기업의 국내 서비스업 투자 건당 투자 금액을 계산하면,

2008년 : 823 ÷ 572 ≒ 1.4388(백만 달러)

2009년 : 1,448 ÷ 680 ≒ 2.1294(백만 달러)

2010년 : 1,264 ÷ 687 ≒ 1.8399(백만 달러)

2011년 : 2,766 ÷ 553 ≒ 5.0018(백만 달러)

2010년 외국 기업의 국내 서비스업 투자 건당 투자 금액은 전년 대비 감소하였다.

② 2008년 외국 기업의 국내 투자 건수의 산업별 비율 중 서비스업은 572건으로 전체의 67.8%를 차지하였다.

2008년 외국 기업의 국내 투자 건수를 x라고 하면,

$x = \frac{687}{0.687} ≒ 843.6578$(건)

이 중 농 · 축 · 수산 · 광업에 대한 투자 건수의 비율은 5.9%이므로,

843.6578 × 0.059 ≒ 49.7758(건)

③ 2010년 외국 기업 국내 투자 건수 중 제조업이 차지하는 비율은 13.6%로 2009년의 17.1%보다 감소하였다.

④ 외국 기업 국내 투자 건수 중 각 산업이 차지하는 비율의 순위를 정리하면,

2008년 : 서비스업 – 제조업 – 전기 · 가스 · 수도 · 건설업 – 농 · 축 · 수산 · 광업

2009년 : 서비스업 – 제조업 – 농 · 축 · 수산 · 광업 – 전기 · 가스 · 수도 · 건설업

2010년 : 서비스업 – 제조업 – 전기 · 가스 · 수도 · 건설업 – 농 · 축 · 수산 · 광업

2011년 : 서비스업 – 제조업 – 전기 · 가스 · 수도 · 건설업 – 농 · 축 · 수산 · 광업

그러므로 2009년의 순위는 다른 해와 다르다.

정답 **10.** ⑤

CHAPTER 09

상황판단력

※ 영역의 특성상 별도의 정답은 없습니다.

상황판단력은 실제 입사 후 발생하는 상황에 어떻게 대응할지를 평가하기 위한 것으로 이를 대비하기 위해서는 신입 사원의 태도 등에 관한 여러 서적들을 탐독하는 노력이 요구된다.

대표유형문제

사원 A는 우연히 팀장 B와 단둘이 식사를 하게 되었다. B는 A에게 요새 우리 팀이 많이 바빠 개인시간이 없긴 하겠지만 그래도 사원들이 자기개발에 신경을 쓰지 않는 것 같다고 불만을 털어놓았다. 장기적으로 업무 능력을 향상시키기 위해 자기개발은 꼭 필요하다고 역설하면서 혹시 A에게 팀원들의 자기개발을 격려할 만한 방법이나 아이디어가 있으면 생각해보고 말해 달라고 하였다. 다음 중 조직이 가장 좋은 결과를 얻기 위한 바람직한 A의 행동을 고르시오.

① 자기개발 관련된 도서 목록 및 활동 등을 작성해 사무실 곳곳에 붙여 놓는다.
② 팀 전체 회의가 있을 때 자기개발을 위한 사내 스터디 모임을 추진하자고 제안한다.
③ A 자신의 자리에 자기개발 계획을 크게 붙여 놓고 이를 실천하는 모습을 보여준다.
④ 다양한 자기개발 프로그램을 조사해 현재 조직 상황에 맞게 변경한 뒤 B에게 제안한다.
⑤ 평소 여유 있을 때 자기개발을 위해 노력하자고 기회가 될 때마다 팀원들에게 얘기한다.

※ 별도의 정답이 없이 상황에 따른 지원자의 문제해결 능력과 상황판단 능력을 평가하는 영역이므로 솔직하게 답해야 한다. 그러나 제시된 선택지 중 절대적인 오답은 피하는 것이 좋다.

기초응용문제

[01~20] 다음 제시된 상황에 대한 바람직한 대처 방안을 고르시오.

01 새로 입사한 사원 A는 일에 집중하지 못하고 업무 시간에 컴퓨터로 메신저를 하거나 핸드폰으로 SNS를 하는 등 여러 가지 개인적인 행동을 많이 한다. 이번에 팀에서 중요한 프로젝트를 맡게 되어 선배인 C와 사원 A가 함께 일을 하게 되었다. 하지만 A는 여전히 개인적인 행동을 많이 해서 일이 진행되지 않고, 선배인 C가 거의 모든 일을 하고 있다. 조직이 가장 좋은 결과를 얻으려면 다음 중 C의 가장 바람직한 행동은?

① A를 따로 불러내어 회사에서 개인적 행동을 자제하도록 지적하고 주의를 준다.
② C도 A가 볼 때마다 개인적인 행동을 하는 모습을 보여준다.
③ 팀장에게 보고하여 A가 징계를 받게 한다.
④ C가 맡은 일만 열심히 하고 A의 일은 알아서 하도록 내버려둔다.
⑤ A가 개인적인 행동을 할 때 공개적으로 주의를 준다.

02 사원 A는 휴가를 이용하여 해외여행을 다녀오려고 꽤 긴 시간 준비를 해왔다. 여권과 비행기표, 숙소 예약 등 모든 것들을 완벽하게 준비하고 휴가 날짜만을 기다리던 상황에서 휴가 전날 갑자기 회사에 급한 업무가 생겨 이번 휴가는 날짜가 뒤로 미루어질 것 같다는 통보가 왔다. 이와 같은 상황에서 A의 가장 바람직한 행동은?

① 급한 업무의 사정을 이해하고, 모든 휴가 일정을 취소한 채 그냥 일한다.
② 급한 업무보다는 원래 날짜에 휴가를 갈 수 있도록 회사에 건의한다.
③ 원래 휴가 기간에 적당히 거짓말을 해 회사를 결근하고 일정대로 해외여행을 다녀온다.
④ 상사에게 상황을 설명하고 자신만은 원래 일정대로 휴가를 다녀오겠다고 이야기한다.
⑤ 바뀐 휴가 일정에 맞추어 여행 일정을 다시 조정해보고, 일단 회사 업무를 한다.

03 사원 A는 입사 당시 팀장 B에게 개인적으로 사소한 실수를 하여 B의 기분을 상하게 한 적이 있다. A는 실수에 대해서 바로 사과를 하였지만 그 후로 A는 아무리 일을 잘하여도 B로부터 정당한 평가를 받지 못했다. 또 B가 다른 팀원들과 A를 대하는 태도도 겉으로 크게 드러나지는 않지만 미묘하게 다르다. 조직을 올바르게 이해했을 때 A의 가장 바람직한 행동은?

① 회사에 B가 A에게 한 부당한 대우에 관해 소문낸다.
② 시간이 지나면 나아질 것이라 기대하고 그냥 지낸다.
③ B에게 찾아가 한 번 더 실수에 대한 사과를 하고 자신을 정당하게 대해 줄 것을 직접 요구한다.
④ B와 친한 다른 팀원에게 말을 하여 B에게 자신을 정당하게 대해 달라는 의견을 슬쩍 흘린다.
⑤ 회사 상부에 투서를 낸다.

04 사원 A는 팀원들과 며칠간 야근을 해가며 준비한, 하나 밖에 없는 중요한 자료를 급하게 출근하느라 집에 두고 왔다. 회사에 출근하여서야 그 사실을 알았고 10분 후에 그 자료를 이용하여 간부 회의를 진행해야 한다. 집에는 아무도 없어서 자료를 가져오려면 직접 1시간 거리의 집까지 다녀와야 한다. 조직이 가장 좋은 결과를 얻기 위한 A의 가장 바람직한 행동은?

① 팀장에게 회의 시간을 나중으로 미루어 달라고 하고 집에 다녀온다.
② 팀원들과 상의하여 최대한 빨리 새로운 자료를 작성한다.
③ A의 머릿속에 남아있는 자료를 토대로 몰래 다시 작성한다.
④ 그냥 자료 없이 말로 설명을 하여 회의를 진행한다.
⑤ 회의시간에 솔직히 지금 상황을 설명한다.

05 팀장 A는 회사에서 나온 회식비로 팀원들과 회식을 했다. 그런데 실제로 쓴 회식비가 생각보다 적게 나와 돈이 많이 남았다. 조직이 가장 좋은 결과를 얻으려면 다음 중 A의 가장 바람직한 행동은?

① 다음 회식 때 사용한다.

② 회사에 반납한다.

③ 팀원들끼리 나누어 갖고 비밀을 유지한다.

④ 아무도 모른다면 자신이 갖는다.

⑤ 사무실에 함께 쓸 수 있는 물품을 구매한다.

06 팀장 A는 항상 D의 방식으로 일을 하라고 사원들에게 강요한다. 하지만 막 입사한 사원 B는 F의 방식으로 일을 할 때 훨씬 효율적이라는 것을 확신하고 있다. 조직이 가장 좋은 결과를 얻으려면 다음 중 B의 가장 바람직한 행동은?

① A를 무시하고 F의 방식으로 자신의 일을 처리한다.

② 팀원들에게 F의 방식으로 일을 하자고 상의한다.

③ 팀장에게 직접 찾아가 F 방식의 효율성을 증명하고 설득한다.

④ 회의 시간에 공개적으로 팀장에게 F의 방식으로 일을 하자고 건의한다.

⑤ A의 의견을 따라 D의 방식으로 일을 한다.

07 퇴근하기 직전, 사원 A는 팀장이 입사동기인 사원 B에게 새로운 업무를 맡기고 퇴근하는 것을 보았다. 그 일은 B가 전적으로 맡아왔던 일로 팀장은 B를 지명하여 내일까지 마무리하라고 하였다. 하지만 B는 집안에 급한 일이 있어 오늘은 야근을 할 수가 없다는 것을 A는 알고 있다. 조직을 올바르게 이해했을 때 A의 가장 바람직한 행동은?

① 팀장 몰래 B를 먼저 보내고 자신이 업무를 맡아 처리한다.
② 빨리 업무를 끝낼 수 있도록 B를 도와 함께 일한다.
③ 그냥 먼저 퇴근한다.
④ 팀장에게 연락하여 사정을 설명하고 업무를 미룬다.
⑤ 남아있는 다른 팀원들에게도 도움을 청해 다 같이 일을 한다.

08 회사의 규정상 회사 내에서는 물론 건물 밖에서도 금연을 하는 것을 원칙으로 하고 있다. 하지만 사원 A는 선배인 사원 B가 회사 건물 뒤에서 담배를 피우는 것을 종종 목격하고는 했다. B가 담배를 피우는 곳은 특히나 인적이 드문 곳이어서 우연히 발견한 A가 관심 있게 살펴보았기에 B의 흡연을 알게 된 것이라면, 조직을 올바르게 이해했을 때 A의 가장 바람직한 행동은?

① 팀장에게 보고하여 회사 규정에 따라 B가 징계를 받도록 한다.
② 귀찮은 일에 휘말리고 싶지 않으므로 그냥 모른 척 한다.
③ B의 흡연 사실은 밝히지 않고 금연이 제대로 지켜지고 있는지 팀원들에게 금연 교육을 건의한다.
④ B가 흡연하는 모습을 다른 팀원이 우연히 발견하도록 유도한다.
⑤ B를 따로 불러내어 직접 자신이 목격한 것을 말하고, 금연하도록 권고한다.

09 사원 A에게는 자신이 어려울 때 도움을 많이 주었던 친한 친구 B가 있다. B는 음악을 하는 친구로 이번에 각고의 노력 끝에 큰 공연을 하게 되었고 A를 그 공연에 초대하였다. 그러나 공연 당일 날, 막 퇴근하려고 하는데 회사에 급한 일이 생겨 팀원 전원이 야근을 하게 되었다. 조직을 올바르게 이해했을 때 A의 가장 바람직한 행동은?

① 팀원들에게 사정을 설명하고 B의 공연을 보러 간다.
② B에게 전화를 하여 사정을 설명하고 양해를 구한 뒤 야근을 한다.
③ 다른 날 공연을 또 하는지 알아보고 다른 날에 공연을 보러 간다.
④ 적당히 거짓말을 하고 빠져나와 공연을 보러 간다.
⑤ 잠시만 자리를 비운다고 양해를 구하고 공연을 보고나서 회사로 돌아가 일을 한다.

10 회사에서 급하게 프로젝트를 진행하게 되었고, 팀장 A가 프로젝트를 맡게 되었다. 팀장 A에게는 부하직원이 3명 있는데 그 중 일 잘하는 직원 B는 현재 휴가를 간 상태이다. 나머지 2명은 평소 미덥지 못하게 일을 하여 별로 도움이 될 것 같지는 않다. 조직이 가장 좋은 결과를 얻으려면 다음 중 A의 가장 바람직한 행동은?

① A 혼자서 프로젝트를 진행한다.
② B를 제외한 부하직원 2명을 믿고 함께 프로젝트를 진행한다.
③ B를 휴가지에서 다시 불러들여 같이 프로젝트를 진행한다.
④ 같은 부서의 다른 인원을 보충하여 줄 것을 요청한다.
⑤ 프로젝트 자체를 다른 팀에게 양보한다.

11 올해 입사한 신입사원 A는 아직 자신의 일이 익숙하지 않아 일을 하는데 업무량에 비해 시간이 많이 걸리는 편이다. 게다가 근래에는 회사가 사업 확장을 하여 업무량이 급격히 많아졌다. A는 이제 거의 매일 야근을 해야 일을 끝낼 수 있는 상황에 이르렀다. 조직이 가장 좋은 결과를 얻으려면 다음 중 A의 가장 바람직한 행동은?

① 매일 야근을 해서라도 주어진 일을 끝마친다.
② 팀장에게 이야기하여 자신의 업무량을 줄여줄 것을 요청한다.
③ 같은 팀원들과 상의하여 일의 요령을 빨리 익히도록 한다.
④ 시간 안에 일을 처리하도록 대충 일한다.
⑤ 자신과 회사가 맞지 않는다고 판단하고 회사를 그만둔다.

12 여자 사원 A에게는 입사동기인 남자 사원 B가 있다. 평소 일을 하는 것을 보면 A와 B는 거의 비슷한 역량을 가지고 있다. 하지만 팀장 C는 중요한 회의는 모두 B에게만 맡기고, 해외 출장도 B와 함께 다녀온다. 조직을 올바르게 이해했을 때 A의 가장 바람직한 행동은?

① 객관적으로 B와 자신의 능력을 비교하고 그 자료를 바탕으로 C에게 직접 항의한다.
② C에게 인정받도록 B보다 더 노력하여 일을 한다.
③ 팀원들에게 자신이 여성으로서 받는 차별 대우에 대해 토로한다.
④ 회의 시간에 공개적으로 자신의 의견을 팀원들과 C에게 모두 말한다.
⑤ 차이가 있는 이유가 있을 것이라 생각하고 그냥 자신의 일을 한다.

13 사원 A는 조용한 분위기에서 일을 할 때 업무의 효율이 가장 좋다. 하지만 옆자리에 앉은 사원 B는 조용한 분위기에서도 큰 소리를 자주 내어 수시로 A의 일을 방해한다. 요새는 감기에 걸려 기침 소리를 비롯해 평소보다도 시끄럽지만, 병원에도 가지 않고 약도 먹지 않은 채 자신의 일에만 몰두하고 있다. 조직이 가장 좋은 결과를 얻으려면 다음 중 A의 가장 바람직한 행동은?

① B에게 감기약을 챙겨 주어 감기가 빨리 낫도록 도와준다.

② 평소에 시끄러워 일이 되지 않았던 것을 B에게 직접 이야기 한다.

③ 자신이 소음 속에서도 일을 할 수 있도록 자신의 업무 스타일을 바꾸도록 한다.

④ 지금까지 그랬던 것처럼 그냥 참고 일한다.

⑤ 회의 시간에 공개적으로 팀원들 모두와 상의한다.

14 사원 A는 평소 지각도 잘 안하고 성실하게 자신의 일을 하는 사원이었다. 하지만 근래 여자 친구와 헤어지고 나서는 일도 제대로 하지 못하고, 지각도 자주 한다. 팀장인 B의 입장에서 조직이 가장 좋은 결과를 얻으려면 다음 중 B의 가장 바람직한 행동은?

① A를 따로 불러내어 주의를 준다.

② A와 같이 저녁을 먹으며 A의 이야기를 들어주고 격려하여 일에 집중할 수 있게 한다.

③ 다른 팀원들과 상의하여 간접적으로 주의를 준다.

④ 새로운 여자친구를 소개시켜 준다.

⑤ 근무 태만에 대하여 회사의 규정에 따라 처벌을 내린다.

15 사원 A는 회사에서 파는 상품에 몸에 안 좋은 성분이 소량 포함된 것을 알게 되었다. 당장 몸에 특별한 이상을 초래할 정도는 아니지만 지속해서 노출된다면 건강에 어떤 영향을 줄지 알 수 없다. 조직을 올바르게 이해했을 때 A의 가장 바람직한 행동은?

① 관계된 국가기관에 신고한다.

② 익명으로 방송이나 언론에 알려 고객들이 상품을 사지 않도록 한다.

③ 보고서를 작성하여 회사에 공식적으로 상품의 판매 중지를 요청한다.

④ 상품을 회수 하고, 몸에 안 좋은 성분이 포함되지 않은 상품을 다시 개발하도록 요청한다.

⑤ 회사에서 알아서 하도록 내버려 둔다.

16 중요한 거래 업체와의 접대 자리에서 사원 A는 상대방이 대학 시절 사이가 좋지 않았던 친구 B인 것을 알게 되었다. 회사 입장에서 이번 거래는 꼭 성사시켜야 하는 중요한 거래이고, B는 A가 거래 상대인 것이 마땅치 않아 보인다. 조직이 가장 좋은 결과를 얻으려면 다음 중 A의 가장 바람직한 행동은?

① 다른 동료에게 일을 맡기고, 자신은 접대 자리를 빠져 나온다.

② 접대 자리에서 B와의 관계를 풀도록 노력한 후에 자신이 일을 맡는다.

③ 접대 자리에서 우선 최선을 다해 접대를 하고 일과 사적인 것을 구분하자고 B에게 말한다.

④ B측 회사에 다른 담당자로 바꾸어 줄 것을 요구한다.

⑤ 그냥 사이가 안 좋은 채로 일 얘기만 한다.

17 팀장 B는 요새 팀원들의 체력이 많이 저하 됐다고 하면서 주말에 등산을 하는 산악 동호회를 만들어 팀원들과 함께 등산을 가자고 했다. 하지만 바쁜 업무량 때문에 휴일에는 그냥 쉬고 싶은 사원 A는 등산을 가고 싶지 않다. 조직을 올바르게 이해했을 때 A의 가장 바람직한 행동은?

① 산악 동호회를 만드는 것에 공개적으로 반대하고 자신의 의견을 말한다.

② 산악 동호회를 만들기는 하되 자신은 동호회에 참가하지 않는다.

③ 산악 동호회를 만들고 참가는 하되, 등산하는 날 이런저런 핑계를 대고 빠진다.

④ 체력을 증진 할 수 있는 다른 방법을 생각하여 B에게 건의한다.

⑤ 그냥 산악 동호회에 참가하여 체력을 키운다.

18 사원 A가 담당하여 준비한 회사의 야외 행사 장소에 당일 아침 갑작스럽게 비가 내렸다. 잠깐 내린 소나기였지만, 비로 인해 준비한 모든 것들이 물에 젖게 되었다. 조직이 가장 좋은 결과를 얻으려면 다음 중 A의 가장 바람직한 행동은?

① 서둘러 손님들에게 사정을 설명하고 행사 날짜를 뒤로 미룬다.

② 물에 젖은 물건들을 걷어내고 임시방편으로 주변에 있는 것을 이용해 새로 행사 장소를 꾸민다.

③ 가까운 곳에 있는 다른 행사 장소를 섭외하여 손님들을 그쪽으로 데려간다.

④ 그냥 물에 젖은 채로 손님들에게 양해를 구한 뒤에 행사를 진행한다.

⑤ 물에 젖은 것들을 드라이기 등을 이용해 직접 말린 후 행사 시간을 뒤로 미뤄 진행한다.

19 회사에 막 입사한 신입사원 A는 자신의 옆자리에 앉은 선배 B 때문에 본인의 업무에 집중을 할 수가 없다. B는 오지랖이 넓어 비품 관리 등 사무실의 잡다한 일까지 도맡아 하는데, 요즘에는 자신이 맡겠다던 잡다한 일을 은근슬쩍 옆자리인 A에게 떠넘기고 있다. 조직을 올바르게 이해했을 때 A의 가장 바람직한 행동은?

① 사무실에 도움이 되는 일이므로 그냥 자신이 한다.

② 잡다한 업무를 그만 시키도록 B에게 직접 이야기 한다.

③ 팀장에게 가서 B에 대해 이야기하며, 주의를 줄 것을 요청한다.

④ B에 대해서는 이야기 하지 않고, 팀원들에게 회의 시간에 공평하게 잡다한 업무들을 분담하자고 제안한다.

⑤ 팀장에게 자신의 자리를 바꾸어 달라고 말하여, B의 눈에서 벗어난다.

20 평소 말이 많은 팀장 A는 늘 회의 시간에 업무와 관계없는 이야기를 하여 회의 시간이 길어지게 만든다. 업무량이 많은 사원 B는 그 점이 불만이었는데 오늘도 회의가 길어져 제 시간에 일을 끝마치지 못하고 야근을 하게 되었다. 조직을 올바르게 이해했을 때 B의 가장 바람직한 행동은?

① 팀원들 모두 아무런 말이 없으므로 그냥 참는다.

② A에게 찾아가 직접 자신의 불만을 얘기한다.

③ 회의시간에 A가 다른 이야기를 꺼낼 때마다 나서서 본 의제로 말을 돌린다.

④ 팀원들과 대화할 때 이 문제에 대해 자주 거론하며 A가 간접적으로 알도록 한다.

⑤ 회사 홈페이지에 공개적으로 지금의 상황을 게시글로 올린다.

CHAPTER 10 NCS 유형 최종정리

직무수행능력을 최대로 발휘하기 위해 대부분의 산업분야에서 공통적으로 사용되는 능력으로 KEPCO의 경우 10개 영역 가운데 8개 영역(의사소통능력, 수리능력, 문제해결능력, 자원관리능력, 대인관계능력, 정보능력, 기술능력, 조직이해능력)이 반영된다.

| 직업기초능력평가 |

대표유형문제

다음은 업무처리 절차를 도식화한 내용이다. 잘못 쓰인 글자는 모두 몇 개인지 고르시오.

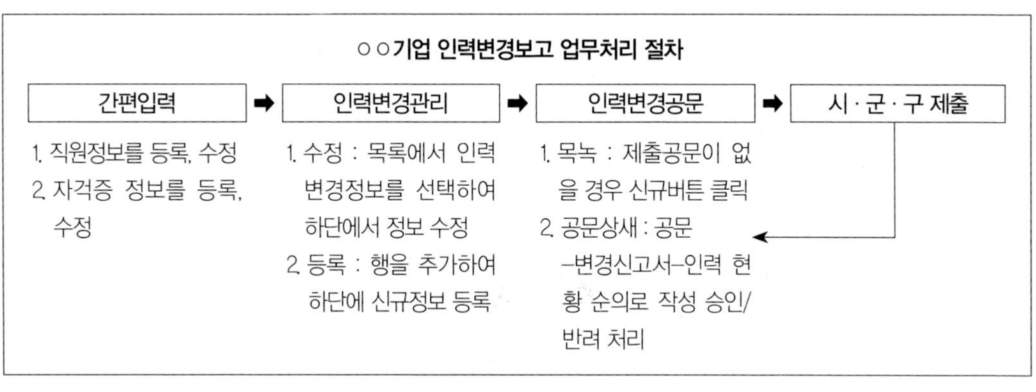

① 2개
② 3개
❸ 4개
④ 5개
⑤ 6개

의사소통능력에 해당하는 문항이다.
㉠ 자각증 → 자격증
㉡ 목녹 → 목록
㉢ 상새 → 상세
㉣ 순의로 → 순으로

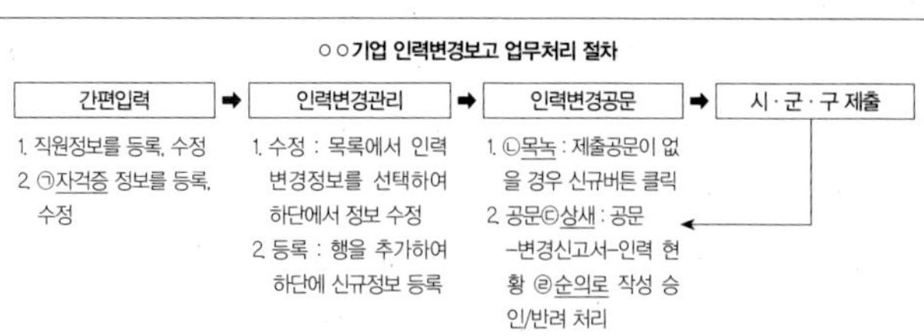

기초응용문제

01 다음 제시된 사무실 내 전화 관련 매뉴얼에서 기능이 중복되어 사용되는 버튼은 삽화를 추가해 설명을 보충하고자 한다. 이때 삽화에 추가할 필요가 없는 것은?

1. 일반 전화 걸기	회사 외부에 전화를 걸어야 하는 경우 수화기를 들고 0번을 누른 후 (지역번호)+전화번호를 누른다.
2. 전화 당겨받기	다른 직원에게 전화가 걸려왔으나 사정상 받을 수 없어 내가 받아야 하는 경우 수화기를 들고 *(별표)를 누른다. * 전화 당겨받기는 같은 팀 내에서만 가능하다. ** 다른 팀 전화도 당겨받으려면 인사팀 내 시스템관리 담당자를 통해 받을 수 있는 부서 범위를 지정해야 한다.
3. 회사 전화를 내 휴대전화로 받기	외근 나가 있는 상황이나 퇴근 후에 급한 전화가 올 예정인 경우 외근 나가기 전 또는 퇴근 전에 미리 사무실 내 전화기로 1번과 3번을 연달아 누르고 난 후 신호음이 울리면 내 휴대전화 번호를 누르고 #(우물정자)를 누른다. 휴대전화의 회사 전화 수신을 해지하려면 사무실 내 전화기로 2번과 3번을 연달아 누르고 난 후 신호음이 울리면 수화기를 내려놓는다.
4. 자동응답 모드 설정	불가피하게 전화를 받지 못하는 경우 수화기를 들고 전화기의 자동응답 버튼을 누른 후 1번을 누르고 자동응답 멘트를 녹음한 뒤, #(우물정자)를 눌러 녹음을 완료한다.
5. 회사 내 직원과 전화하기	수화기를 들고 내선번호를 누르면 자동으로 연결이 된다.
6. 전화 넘겨주기	다른 직원에게 걸려온 전화를 사정상 내가 먼저 받은 후 해당 직원에게 넘겨줄 때 통화 중 상대에게 양해를 구한 뒤 *(별표)를 누르고 해당 직원의 내선번호를 누른다. * 전화를 넘겨준 뒤에 신호음이 들리니, 반드시 신호음을 듣고 수화기를 내려놓아야 한다.

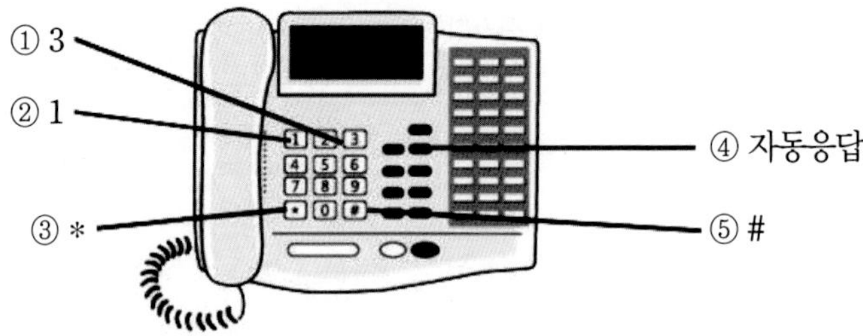

문제해결능력을 평가하는 대표적인 문항이다.
④ 제시된 매뉴얼에서 '자동응답'버튼은 중복 기능을 가지고 있지 않다.

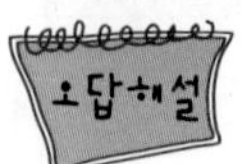

① 3번 버튼은 회사전화를 휴대전화로 받을 때, 이 기능을 해지 할 때 사용된다.
② 1번 버튼은 회사전화를 휴대전화로 받을 때, 자동응답 멘트 녹음 시 사용된다.
③ *버튼은 전화 당겨받기, 넘겨주기에 중복으로 사용된다.
⑤ #버튼은 회사전화를 휴대전화로 받을 때와 자동응답설정 시에 사용된다.

[02~03] K전력의 정보기획팀에서는 새로운 프로젝터를 구매하였다. 정보기획팀의 한 주임은 새 프로젝터를 설치하기 위해 아래의 제품 설명서를 참고하였다. 제품 설명서에는 다음의 내용이 포함되어 있다. 이를 바탕으로 물음에 답하시오.

〈설치방법〉

1. 통풍이 잘 되고 화기와 멀리 있는 장소에 프로젝터를 설치하십시오(단, 기기 주변에 충분한 공간을 확보하지 않을 경우 프로젝터가 과열됩니다).
2. 전원을 연결하십시오(반드시 전용 콘센트를 사용하십시오).
3. 프로젝터가 작동하는 소리가 들릴 것입니다(정상 작동할 경우 검은 화면이 나타납니다).

〈주의사항〉

- 전원은 반드시 교류 220V에 연결하십시오(반드시 전용 콘센트를 사용하십시오).
- 프로젝터 주변을 자주 청소하십시오(먼지나 이물질로 인해 프로젝터의 통풍구가 막힙니다).
- 천장에 설치 시 프로젝터를 천장에 단단히 고정하십시오(프로젝터가 떨어져 고장 및 파손의 원인이 됩니다).

〈A/S 신청 전 확인사항〉

NO.	현상	원인	조치방법
1	영상이 흐리거나 초점이 맞지 않음	스크린의 위치가 너무 가까움	스크린 영상의 초점을 조정하고 프로젝터와 스크린의 거리를 더 멀리 하세요.
		렌즈에 먼지나 얼룩이 묻음	매뉴얼을 참고하여 렌즈를 청소하세요.
2	프로젝터가 뜨거움	프로젝터를 지나치게 오래 사용함	프로젝터를 사용하지 않을 때에는 잠시 꺼두십시오.
		프로젝터의 통풍이 원활하지 않음	프로젝터 주변에 충분한 공간을 확보하십시오.
3	프로젝터에서 '웅웅'거리는 큰 소리가 남	프로젝터가 흔들리는 장소에 있음	프로젝터보다 크기가 넓고 수평이 맞는 책상이나 선반에 설치하세요.
		프로젝터의 통풍이 원활하지 않음	프로젝터 주변에 충분한 공간을 확보하십시오.
4	스크린 상에 "신호 없음" 표시가 나타남	프로젝터에 연결되어 있지 않은 영상기기가 선택됨	어떤 영상기기가 선택되었는지 확인 후 연결되어 있는 영상기기로 설정을 변경하세요.
		프로젝터와 영상기기의 연결이 불량	프로젝터와 영상기기의 연결 상태를 확인한 후 영상기기의 입력신호를 바르게 선택하세요.
5	프로젝터 스크린 상에 영상이 깜빡거리며 나타남	전원 케이블 연결 불량	프로젝터와 전원 케이블의 연결 상태를 점검하세요.
		프로젝터의 렌즈 고장	프로젝터의 렌즈 불량이므로 A/S센터에 연락하세요.
6	화면의 기본 색상이 보라색으로 출력됨	프로젝터와 영상기기의 연결이 불량	프로젝터와 영상기기의 연결 상태를 확인한 후 영상기기의 입력신호를 바르게 선택하세요.

정답 01. ④

02 프로젝터에서 '웅웅'거리는 큰 소리가 났을 때, 한 주임이 그 원인을 파악하기 위해 반드시 확인해야 할 사항은?

① 스크린의 넓이
② 렌즈의 청결 상태
③ 프로젝터의 통풍 환경
④ 전원 케이블 연결 상태
⑤ 프로젝터와 영상기기 간의 연결 상태

〈A/S 신청 전 확인 사항〉의 3에 해당하는 문제이다. 프로젝터에서 '웅웅'거리는 소리가 날 경우 프로젝터의 설치 장소와 통풍 환경을 확인해야 한다.

03 앞서 확인한 사항이 고장의 원인일 경우 이 원인으로 인해 발생할 수 있는 현상은?

① 영상이 흐리게 나온다.
② 프로젝터가 뜨거워진다.
③ 화면의 기본 색상이 보라색으로 출력된다.
④ 스크린 상에 영상이 깜빡거리며 나타난다.
⑤ 스크린 상에 "신호 없음" 표시가 나타난다.

프로젝터의 통풍이 원활하지 않을 경우 발생할 수 있는 또 다른 문제점은 프로젝터가 뜨거워지는 것이다.

04 다음 중 문서와 그에 대한 설명이 바르게 연결되지 않은 것은?

① 결재문서 : 기안문서에 그 내용에 대하여 권한 있는 결재권자의 결재를 받은 문서이다.

② 기안문서 : 접수, 배부 받은 문서의 처리 또는 자체적으로 어떤 의사를 결정하기 위해서 일정한 내용을 작성한 문서를 말한다.

③ 장표 : 일정한 양식에 인쇄하여 필요한 사항을 쉽게 기입할 수 있도록 만들어진 사무 문서로 기업의 정관, 규칙, 회의록 등이 여기에 해당한다.

④ 공람문서 : 담당 처리 부서에서 접수, 배부 받은 문서를 담당자로부터 결재권자까지 결재를 받은 후에 그 문서 내용과 관련이 있는 구성원들에게 문서 내용을 알리는 의미에서 회람시키는 문서이다.

⑤ 미결문서 : 의사 결정을 위해 작성한 문서 중 보조 기관의 검토를 거쳤으나 아직 결재권자의 결재가 남아있는 상태이거나 내용의 확인 과정, 협의 미비 등으로 인하여 결재가 유보된 문서이다.

③ 기업의 정관, 규칙, 회의록 등은 장표(章表)나 일반 문서에 속하지 않는 '특수문서'이다.

Check Point **보고서의 종류**

보고서란 특정 일에 관한 현황이나 그 진행 상황 또는 연구 · 검토 결과 등을 보고하고자 할 때 작성하는 문서이다.

- **영업보고서** : 재무제표와 달리 영업상황을 문장 형식으로 기재해 보고하는 문서
- **결산보고서** : 진행됐던 사안의 수입과 지출결과를 보고하는 문서
- **일일업무보고서** : 매일의 업무를 보고하는 문서
- **주간업무보고서** : 한 주간에 진행된 업무를 보고하는 문서
- **출장보고서** : 회사 업무로 출장을 다녀와 외부 업무나 그 결과를 보고하는 문서
- **회의 보고서** : 회의 결과를 정리해 보고하는 문서

정답 **02.** ③ | **03.** ② | **04.** ③

[05~06] 다음은 K공사의 결재규정을 보여주는 자료이다. 이를 바탕으로 주어진 상황에 알맞게 작성된 양식을 고르시오.

결재규정

1. 결재를 받고자 하는 업무에 대해서는 최고결재권자(사장)를 포함한 이하 직책자의 결재를 받아야 한다.
2. '전결'이라 함은 공사의 경영활동이나 관리활동을 수행함에 있어 의사 결정이나 판단을 요하는 일에 대하여 최고결재권자의 결재를 생략하고, 자신의 책임 하에 최종적으로 의사 결정이나 판단을 하는 행위를 말한다.
3. 전결사항에 대해서도 위임 받은 자를 포함한 이하 직책자의 결재를 받아야 한다.
4. 표시내용 : 결재를 올리는 자는 최고결재권자로부터 전결 사항을 위임 받은 자가 있는 경우 결재란에 전결이라고 표시하고 최종 결재권자란에 위임 받은 자를 표시한다. 다만, 결재가 불필요한 직책자의 결재란은 상향대각선으로 표시한다.
5. 최고결재권자의 결재사항 및 최고결재권자로부터 위임된 전결사항은 아래의 표에 따른다.

구분	내용	금액 기준	결재서류	팀장	본부장	사장
접대비	거래처 식대, 경조사비 등	20만 원 이하	접대비지출품의서, 지출결의서	★◆		
		30만 원 이하			★◆	
		30만 원 초과				★◆
교통비	국내 출장비	30만 원 이하	출장계획서, 출장비신청서	★◆		
		50만 원 이하		★	◆	
		50만 원 초과		★		◆
	해외 출장비			★		◆
소모품비	사무용품		지출결의서	◆		
	문서, 전산소모품					◆
	기타 소모품	20만 원 이하		◆		
		30만 원 이하			◆	
		30만 원 초과				◆
교육훈련비	사내외 교육		기안서, 지출결의서	★		◆
법인카드	법인카드 사용	50만 원 이하	법인카드신청서	◆		
		100만 원 이하			◆	
		100만 원 초과				◆

※ ★ : 기안서, 출장계획서, 접대비지출품의서
◆ : 지출결의서, 세금계산서, 발행요청서, 각종 신청서

05 기획팀 사원 A는 감사팀 대리 B의 결혼 축의금 50만 원을 회사 명의로 지급하기로 했다. A가 작성한 결재 양식으로 알맞은 것은?

①

지출결의서

결재	담당	팀장	본부장	최종 결재
	A			사장

②

지출결의서

결재	담당	팀장	본부장	최종 결재
	B	전결	/	사장

③

지출결의서

결재	담당	팀장	본부장	최종 결재
	A		전결	본부장

④

지출결의서

결재	담당	팀장	본부장	최종 결재
	B	/	/	팀장

⑤

지출결의서

결재	담당	팀장	본부장	최종 결재
	A	전결	/	사장

경조사비 50만 원에 대한 결재권은 사장에게 있으며, 전결되지 않았으므로 결재 양식으로 옳은 것은 ①이다.

정답 05. ①

06 인사팀 사원 A는 신입사원 교육에 사용될 교재를 준비하던 중 잉크 카트리지가 떨어진 것을 확인하고 개당 가격이 120,000원인 토너 6개를 법인카드로 구매하려고 한다. A가 작성한 결재 양식으로 알맞은 것은?

①

지출결의서

결재	담당	팀장	본부장	최종 결재
	A	전결	/	팀장

②

지출결의서

결재	담당	팀장	본부장	최종 결재
	A		/	본부장

③

법인카드신청서

결재	담당	팀장	본부장	최종 결재
	A			전결

④

법인카드신청서

결재	담당	팀장	본부장	최종 결재
	A	전결	/	팀장

⑤

법인카드신청서

결재	담당	팀장	본부장	최종 결재
	A		전결	본부장

잉크 카트리지는 전산소모품이므로 금액에 관계없이 지출결의서를 사장에게 받아야 한다. 또한 법인카드를 사용하였으므로 100만 원 이하에 대해서 법인카드신청서를 본부장에게 받아야 한다.

[07~08] K사 인사팀의 박 대리는 2016년도에 변경된 사내 복지 제도에 따라 경조사 지원 내역을 정리 · 공시하는 업무를 담당하게 되었다. 다음 제시된 자료를 바탕으로 물음에 답하시오.

〈2016년 사내 복지 제도 변경 사항〉

구분	세부 사항
주택 지원	사택 지원(A~G 총 7동 175가구), 최소 1년, 최장 3년 지원 대상 • 입사 3년 차 이하 1인 가구 사원 중 무주택자(A~C동 지원) • 입사 4년 차 이상 본인 포함 가구원이 3인 이상인 사원 중 무주택자(D~G동 지원)
경조사 지원	본인 · 가족 결혼, 회갑 등 각종 경조사 시 경조금, 화환 및 경조휴가 제공
학자금 지원	대학생 자녀의 학자금 지원
기타	상병 휴가, 휴직, 4대 보험 지원

〈2016년 1/4분기 지원 내역〉

이름	부서	직위	내역	변경 전	변경 후	금액(천 원)
오세훈	감사팀	부장	자녀 대학 진학	지원 불가	지원 가능	2,000
이태훈	회계팀	차장	장모상	변경 내역 없음		100
정희진	배전운영	차장	병가	실비 지급	금액 지원 추가	50 (실비 제외)
이상우	통신팀	사원	사택 제공(A－102)	변경 내역 없음		－
김마리	배전계획	대리	결혼	변경 내역 없음		100
윤형규	영업 1팀	차장	부친상	변경 내역 없음		100
이민지	감사팀	사원	사택 제공(F－305)	변경 내역 없음		－
김도윤	토목팀	대리	모친 회갑	변경 내역 없음		100
하정우	기획팀	차장	결혼	변경 내역 없음		100
이동식	자재팀	과장	생일	상품권	기프트 카드	50
최재훈	발전팀	사원	생일	상품권	기프트 카드	50

정답 06. ⑤

07 다음 자료는 박 대리가 2016년 1/4분기 복지제도 지원을 받은 사원을 표로 정리한 것이다. 다음 중 구분이 잘못된 사람은?

지원 구분	이름
주택 지원	이상우, 이민지
경조사 지원	김도윤, 이태훈, 김마리, 이동식, 최재훈, 하정우
학자금 지원	오세훈
기타	윤형규, 정희진

① 윤형규
② 이태훈
③ 이민지
④ 정희진
⑤ 오세훈

자료로 제시된 〈2016년 1/4분기 지원 내역〉에 따르면 부친상은 기타가 아닌 경조사 지원에 포함되어야 한다. 따라서 구분이 잘못된 사람은 ① 윤형규이다.

08 2016년 1/4분기 지원 내역 중 변경 사례를 참고하여 새로운 사내 복지 제도를 정리하려고 한다. 이를 정리한 내용으로 적절하지 않은 것은?

① 사택 지원의 경우 변경 내역이 없다.
② 복지 제도 변경 후 대학생 자녀에 대한 학자금 지원이 신설되었다.
③ 복지 제도 변경 후 병가 시 실비 지급 이외에 금액 지원이 추가되었다.
④ 복지 제도 변경 전과 달리 변경 후에는 생일에 현금을 지급하지 않는다.
⑤ 변경 전과 같이 경조사 지원금은 직위와 관계없이 동일한 금액으로 지원된다.

생일에는 변경 전에는 상품권을, 변경 후에는 기프트 카드를 제공하였으므로 변경 전후 모두 현금을 지급하지 않았다.

09 인상적인 의사소통능력의 개발에 관한 설명으로 적절하지 않은 것은?

① 자신의 의견을 인상적으로 전달하기 위해서는 자신의 의견도 장식하는 것이 필요하다.

② 인상적인 의사소통능력을 개발하기 위해서는 자주 사용하는 표현도 잘 섞어서 쓰면 괜찮다.

③ 인상적인 의사소통이란 내가 전달하고자 하는 내용이 상대방에게 의사소통과정을 통하여 '과연' 하며 감탄하게 만드는 것이다.

④ 인상적인 의사소통이란 의사소통과정에서 상대방에게 같은 내용을 전달한다고 해도 이야기를 새롭게 부각시켜 인상을 주는 것을 말한다.

⑤ 새로운 고객을 만나는 직업인이라도 매일 다른 사람을 만나기 때문에 항상 새로운 표현을 사용하여 인상적인 의사소통을 만든다.

인상적인 의사소통을 위해서는 자주 사용하는 표현은 섞어 쓰지 않으면서 자신의 의견을 잘 전달하는 것이 중요하다.

10 다음 글의 밑줄 친 내용으로 보아 사용할 프로그램으로 가장 적절한 것은?

> 인사팀의 김철수 대리는 한국 전력공사의 연혁을 정리해서 취업 박람회에서 활용하려고 한다. 발표에 사용할 <u>자료를 다양하게 꾸미기 위하여 차트 및 애니메이션 효과를 활용하여</u> 작성할 계획이다.

① 프레젠테이션
② 스프레드시트
③ 워드프로세서
④ 데이터 베이스
⑤ 통신 프로그램

① 다양한 차트와 애니메이션 효과를 줄 수 있는 소프트웨어는 프레젠테이션이다.

②, ③ 스프레드시트와 워드프로세서는 차트는 사용할 수 있으나 다양한 애니메이션 효과는 사용하기가 어렵다.

정답 07. ① | 08. ④ | 09. ② | 10. ①

11 다음은 스캐너의 작동법에 대한 설명이다. ㉠~㉤ 중 옳지 않은 설명은?

■ 멀티형 스캐너의 일반적인 사용법
- ㉠ 한 장일 경우 스캐너의 커버를 열고 복사할 면을 아래로 향하게 놓는다. ㉡ 스캔할 문서가 여러 장일 경우에는 글자가 보이는 쪽을 위로 보이게 하고 문서 투입구(자동 공급)에 넣는다.
- 파일을 저장할 컴퓨터가 설정되어 있는지 확인한 후(혹은 파일이 저장될 컴퓨터를 선택한 후) 스캔 버튼을 누른다.

■ 단독 스캐너의 일반적인 사용법
- ㉢ 스캐너의 덮개를 열고 스캔할 문서를 앞면이 위로 보이게 한 후 올려놓는다.
- 컴퓨터에서 스캐너를 실행할 소프트웨어를 실행한다.
- ㉣ 스캔 파일이 저장될 위치를 지정한다.
- ㉤ 소프트웨어가 실행되면 파일의 형식(PDF, JPG 등)을 택하고, 스캔 품질, 용지 크기 등을 확인한 후 스캔 미리 보기 또는 바로 스캔 버튼을 누른다.

① ㉠　　② ㉡
③ ㉢　　④ ㉣
⑤ ㉤

㉢ 단독 스캐너의 사용 시 스캐너의 덮개를 열고 스캔할 문서를 뒷면이 위로 보이게 한 후 올려놓는다.

12 다음 자료는 스프레드시트를 이용하여 진급 대상자 명단을 작성한 것이다. 이에 대한 설명으로 옳은 것을 〈보기〉에서 모두 고른 것은? (단, 순위 [E4 : E8]은 '자동채우기' 기능을 사용한다.)

	A	B	C	D	E
1	진급 대상자 명단				
2				대상인원 :	5명
3	성명	코드	부서명	승진점수	순위
4	정태정	B	기획부	93	1
5	김태영	C	인사부	80	5
6	한인수	C	인사부	82	4
7	박술희	A	총무부	85	3
8	지명환	A	총무부	92	2
9					

최고/최저 비교 ■승진점수
김태영
정태정
70 80 90 100

보기

ㄱ. 차트는 '가로 막대형'으로 나타냈다.
ㄴ. 부서명을 기준으로 '내림차순' 정렬을 하였다.
ㄷ. 순위 [E4]셀의 함수식은 '=RANK(D4,$D$4:$D$8,0)'이다.

① ㄱ
② ㄴ
③ ㄱ, ㄷ
④ ㄴ, ㄷ
⑤ ㄱ, ㄴ, ㄷ

ㄴ. 부서명은 '오름차순' 정렬을 하였다.
ㄱ, ㄷ 차트는 '가로 막대형'이며, 순위[E4]셀 함수식은 '=RANK(D4,$D$4:$D$8,0)'이므로 옳은 설명이다.

- **오름차순** : 데이터를 정렬할 때에, 작은 것부터 큰 것의 차례로 정렬하는 것. 알파벳의 경우는 A부터 Z로, 한글의 경우는 ㄱ부터 ㅎ으로 정렬한다.

정답 11. ③ | 12. ③

[13~14] 다음 제시된 자료들은 K전력회사의 주택용 전기요금 산정과 관련된 것들이다. 이를 참고하여 물음에 답하시오.

[자료 1] 기본요금(원/호)

주택용 전력(저압)			주택용 전력(고압)		
1단계	100kWh 이하 사용	400	1단계	100kWh 이하 사용	400
2단계	101~200kWh 사용	890	2단계	101~200kWh 사용	710
3단계	201~300kWh 사용	1,560	3단계	201~300kWh 사용	1,230
4단계	301~400kWh 사용	3,750	4단계	301~400kWh 사용	3,090
5단계	401~500kWh 사용	7,110	5단계	401~500kWh 사용	5,900
6단계	500kWh 초과 사용	12,600	6단계	500kWh 초과 사용	10,480

[자료 2] 전력량요금(원/kWh)

주택용 전력(저압)			주택용 전력(고압)		
1단계	처음 100kWh까지	59.1	1단계	처음 100kWh까지	56.1
2단계	다음 100kWh까지	122.6	2단계	다음 100kWh까지	96.3
3단계	다음 100kWh까지	183.0	3단계	다음 100kWh까지	143.4
4단계	다음 100kWh까지	273.2	4단계	다음 100kWh까지	209.9
5단계	다음 100kWh까지	406.7	5단계	다음 100kWh까지	317.1
6단계	500kWh 초과	690.8	6단계	500kWh 초과	559.5

[전기요금 산정법]

- 전기요금계 : 기본요금 + 전력량요금
- 부가가치세 : 전기요금계 × 0.1
- 전력산업기반기금 : 전기요금계 × 0.04
- 청구금액 : 전기요금계 + 부가가치세 + 전력산업기반기금

* 비주거용 주택에서 사용된 전력에는 1단계 사용량(100kWh 이하)에 대하여 2단계 기본요금과 전력량 요금을 적용함

* 전기요금계, 부가가치세, 전력산업기반기금, 청구금액에서 10원 미만은 절사함

13 다음은 K전력회사의 고객상담 게시판에 올라온 문의 내용이다. 이 고객에게 청구될 전기요금으로 옳은 것은?

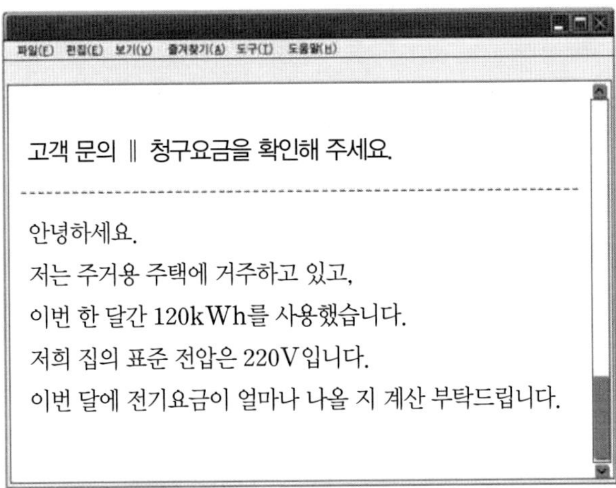

① 9,160원
② 9,630원
③ 10,540원
④ 16,500원
⑤ 19,550원

표준전압이 220V이므로 [주택용 전력(저압)]을 참고하여 청구요금을 계산한다.

- **기본요금** : 890원(주택용 전력(저압) 2단계)
- **전력량요금** : 100 × 59.1 + 20 × 122.6 = 8,362(원)
- **전기요금계** : 890 + 8,362 = 9,252(원) ≒ 9,250(원)
- **부가가치세** : 9,250 × 0.1 = 925(원) ≒ 920(원)
- **전력산업기반기금** : 9,250 × 0.04 = 370(원)

∴ **청구금액** : 9,250 + 920 + 370 = 10,540(원)

정답 **13.** ③

14 다음과 같은 문의를 한 고객이 지불해야 할 전력산업기반기금으로 옳은 것은?

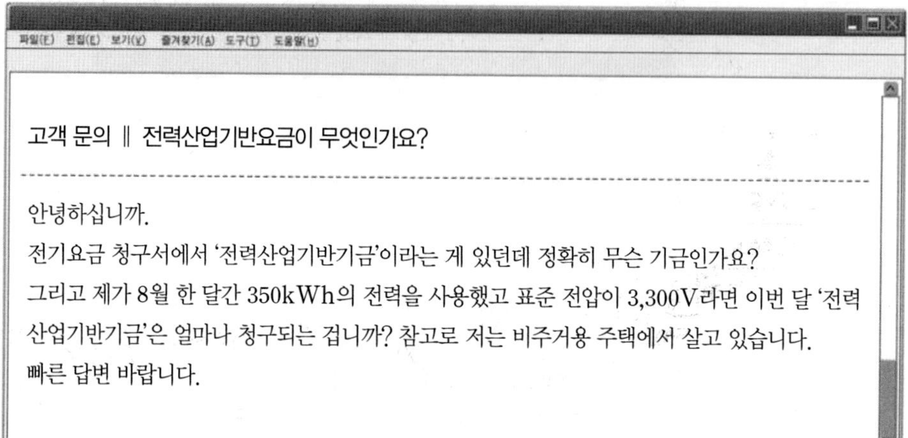

고객 문의 ‖ 전력산업기반요금이 무엇인가요?

안녕하십니까.
전기요금 청구서에서 '전력산업기반기금'이라는 게 있던데 정확히 무슨 기금인가요?
그리고 제가 8월 한 달간 350kWh의 전력을 사용했고 표준 전압이 3,300V라면 이번 달 '전력산업기반기금'은 얼마나 청구되는 겁니까? 참고로 저는 비주거용 주택에서 살고 있습니다.
빠른 답변 바랍니다.

① 1,720원
② 2,320원
③ 2,870원
④ 3,450원
⑤ 4,310원

- **기본요금** : 3,090원(주택용 전력(비거주용/고압))
- **전력량요금**

  100 × 56.1 = 5,610(원)

  100 × 96.3 = 9,630(원)

  100 × 143.4 = 14,340(원)

  50 × 209.9 = 10,495(원)
- **전기요금** : 3,090 + 5,610 + 9,630 + 14,340 + 10,495 = 43,165(원) ≒ 43,160(원)
- **전력산업기반기금** : 43,160 × 0.04 = 1,726.4(원) ≒ 1,720(원)

15 다음 숫자들의 배열 규칙을 찾아 (?)에 들어갈 알맞은 숫자를 고르면?

1883	1849	1857	1861	(?)

① 1862　② 1863
③ 1867　④ 1872
⑤ 1878

1883	1849	1857	1861	(?)

$+2^4(=16)$　$+2^3(=8)$　$+2^2(=4)$　$+2^1(=2)$

16 다음 숫자들의 배열 규칙을 찾아 (?)에 들어갈 알맞은 숫자를 고르면?

30	32
40	44

➡

50	54
70	(?)

① 70　② 74
③ 76　④ 78
⑤ 80

㉠	㉡
㉢	㉣

➡

㉤	㉥
㉦	㉧

30(㉠)×2−10=50(㉤)
32(㉡)×2−10=54(㉥)
40(㉢)×2−10=70(㉦)
44(㉣)×2−10=78(㉧)

정답 14. ① | 15. ② | 16. ④

[17~18] 다음 〈보기〉는 그래프 구성 명령어 실행 예시이다. 〈보기〉를 참고하여 물음에 답하시오.

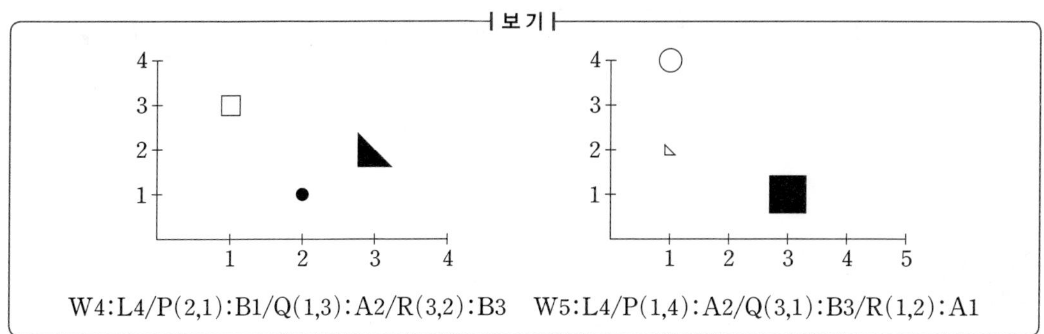

17 〈보기〉를 참고할 때 다음 그래프의 명령어로 알맞은 것은?

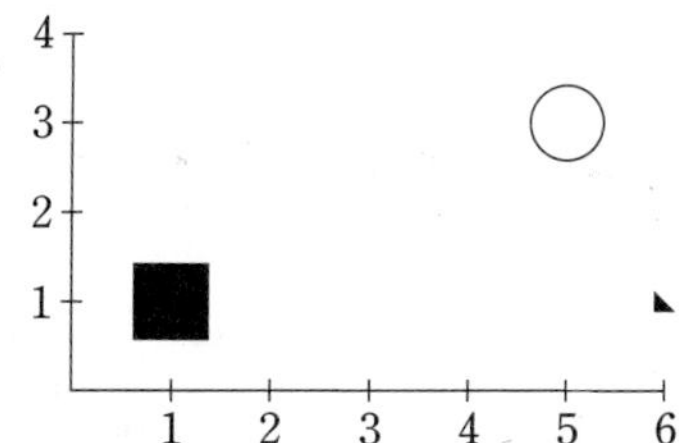

① W6:L4/P(4,3):A3/Q(1,1):B3/R(6,1):B1

② W5:L4/P(4,3):A1/Q(1,1):B3/R(6,1):B2

③ W6:L4/P(6,1):A2/Q(4,3):A3/R(1,1):B1

④ W4:L6/P(1,1):B2/Q(4,3):B3/R(6,1):B1

⑤ W6:L4/P(4,3):B1/Q(1,1):A3/R(6,1):B3

좌 · 우의 그래프를 비교하여 〈보기〉의 그래프 구성 명령어를 파악한다.

- W : 가로축 좌표의 범주를 나타낸다.
- L : 세로축 좌표의 범주를 나타낸다.

P	(2,1):	B1
도형 형태	좌표	색 · 크기

- P(2,1):B1 → 원으로 2,1에 위치, 검은색의 가장 작은 크기 도형
- P(1,4):A2 → 원으로 1,4에 위치, 흰색으로 중간 크기 도형
- Q(1,3):A2 → 사각형으로 1,3에 위치, 흰색으로 중간 크기 도형
- Q(3,1):B3 → 사각형으로 3,1에 위치, 검은색으로 가장 큰 크기 도형
- R(3,2):B3 → 삼각형으로 3,2에 위치, 검은색으로 가장 큰 크기 도형
- R(1,2):A1 → 삼각형으로 1,2에 위치, 흰색으로 가장 작은 크기 도형

주어진 그래프를 명령어로 나타내면 다음과 같다.

- 가로축 좌표 범주 6, 세로축 좌표 범주 4 → W6:L4
- 원으로 4,3에 위치, 흰색으로 가장 큰 크기 도형 → P(4,3):A3
- 사각형으로 1,1에 위치, 검은색으로 가장 큰 크기 도형 → Q(1,1):B3
- 삼각형으로 6,1에 위치, 검은색으로 가장 작은 크기 도형 → R(6,1):B1

이를 종합한 명령어는 W6:L4/P(4,3):A3/Q(1,1):B3/R(6,1):B1이다.

18 명령어 W5:L4/P(3,4):B3/Q(2,1):A3/R(1,4):A2를 입력하였는데, 오류가 발생하여 다음과 같은 그래프가 나왔다. 다음 중 오류가 발생한 값은?

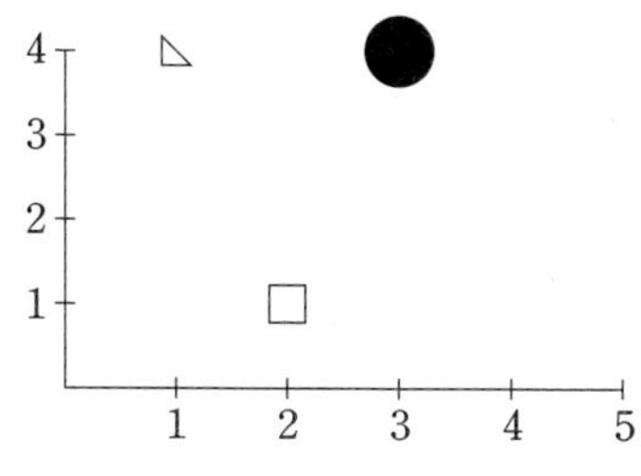

① W5
② L4
③ P(3,4):B3
④ Q(2,1):A3
⑤ R(1,4):A2

주어진 그래프의 바른 명령어는 W5:L4/P(3,4):B3/Q(2,1):A2/R(1,4):A2이다. 따라서 오류가 발생한 값은 Q(2,1):A3이다.

정답 17. ① | 18. ④

[19~20] 다음 표를 참고하여 물음에 답하시오.

버튼	기능
●	1번과 2번 기계를 180도 회전하시오.
○	1번과 3번 기계를 180도 회전하시오.
◎	2번과 3번 기계를 180도 회전하시오.
⊙	3번과 4번 기계를 180도 회전하시오.

19 A상태에서 버튼을 두 번 눌렀더니 B와 같은 상태로 바뀌었다. 이때 누른 버튼이 순서대로 바르게 연결된 것은?

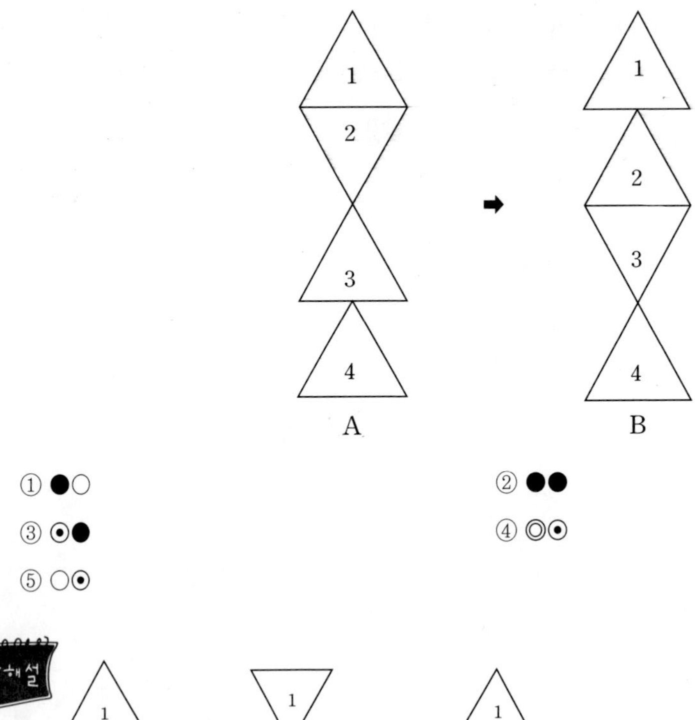

① ●○ ② ●●
③ ⊙● ④ ◎⊙
⑤ ○⊙

정답해설

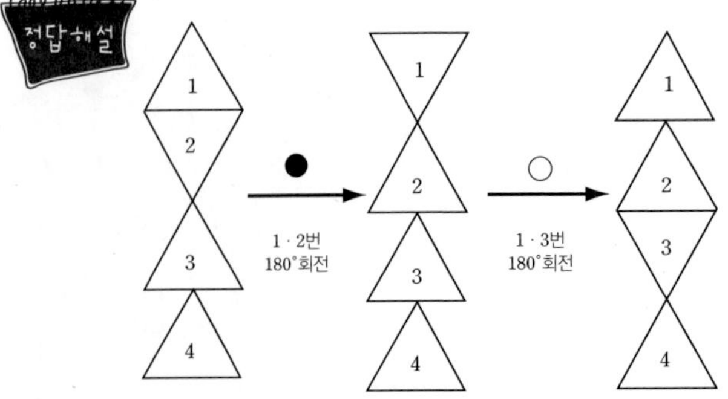

20 A상태에서 버튼을 세 번 눌렀더니 B와 같은 상태로 바뀌었다. 이때 누른 버튼이 순서대로 바르게 연결된 것은?

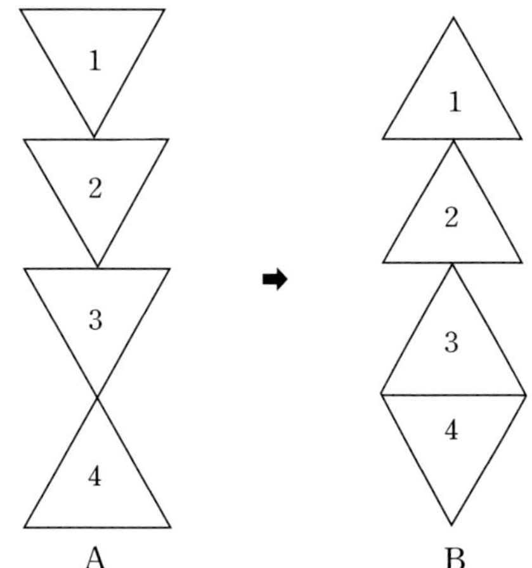

① ◎⊙●
② ◎⊙⊙
③ ◎⊙○
④ ●●○
⑤ ○⊙●

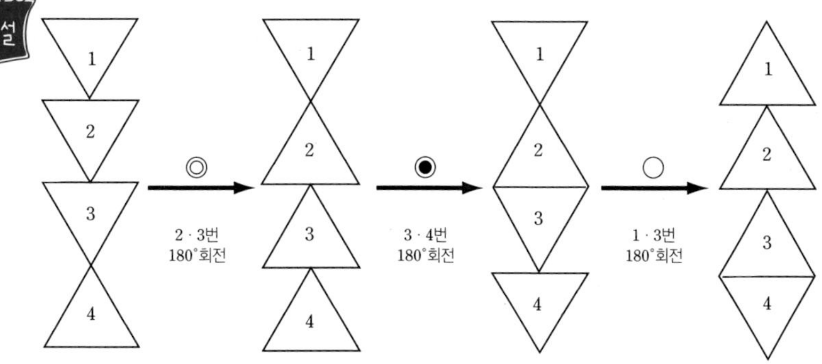

정답 19. ① | 20. ③

21 다음 중 문서의 종류와 각 문서에 대한 설명으로 옳지 않은 것은?

① 기획서 – 상대방에게 기획의 내용을 전달하여 기획을 시행하도록 설득하는 문서

② 기안서 – 회사의 업무에 대한 협조나 의견 전달시 작성하는 사내 공문서

③ 설명서 – 상품의 특성이나 가치, 작동 방법 등을 소비자에게 설명하기 위해 작성한 문서

④ 비즈니스 레터 – 업무상 체크해야 할 내용을 메모형식으로 작성한 문서

⑤ 보도자료 – 정부 기관이나 기업체, 각종 단체 등이 언론을 상대로 자신들의 정보가 기사로 보도되도록 하기 위해 보내는 자료

비즈니스 레터는 사업상의 이유로 고객이나 단체에 편지를 쓰는 것이며, 직장 업무나 개인 간의 연락, 직접 방문하기 어려운 고객 관리 등을 위해 사용되는 문서이나, 제안서나 보고서 등 공식적인 문서를 전달하는 데도 사용된다. ④번 보기의 설명은 비즈니스 메모에 대한 설명이다.

22 다음 중 문서작성의 원칙에 대한 설명으로 옳지 않은 것은?

① 이해하기 쉽게 쓰며, 우회적인 표현은 가급적 쓰지 않는다.

② 문장은 간결하게 작성하며, 간단한 표제를 붙인다.

③ 관련된 논거와 상황을 모두 제시한 후에 결론을 마지막에 쓴다.

④ 한자의 사용은 되도록 자제해야 한다.

⑤ 긍정문으로 작성한다.

문서작성의 핵심은 결론과 같은 주요한 내용을 먼저 쓰는 것이다. 따라서 ③은 문서작성의 원칙으로 옳지 않다.

23 다음 중 의사표현에 대한 설명으로 옳지 않은 것은?

① 의사표현은 의사소통의 중요한 수단으로서, 말하는 이가 듣는 이에게 언어로 표현하는 행위를 말한다.

② 의사표현에는 입말로 표현하는 음성언어와 몸말을 의미하는 신체언어가 있다.

③ 의사표현의 종류는 공식적 말하기, 의례적 말하기, 친교적 말하기로 구분된다.

④ 공식적 말하기는 주례나 회의 등과 같이 정치적 · 문화적 행사 절차에서의 말하기를 의미한다.

⑤ 의사표현은 의도나 목적을 가지고 이를 달성하고자 할 때 더욱 효과적인 말하기 방식이다.

주례나 회의 등 정치적 · 문화적 행사에서와 같이 의례 절차에 따른 말하기는 '의례적 말하기'이다. 공식적 말하기는 사전에 준비된 내용을 대중을 상대로 하여 말하는 것으로 연설, 토의, 토론 등이 있다.

24 신입사원이 기획부 과장인 당신에게 공문서를 작성하여 검토를 요청하였다. 다음 중 직접적인 관련이 없는 내용은?

① 날짜 작성 시 연도와 월일을 반드시 함께 기입하며, 날짜 다음에 괄호를 사용할 경우에는 마침표를 찍지 않는다.

② 한 장에 담아내는 것을 원칙으로 하며, 마지막엔 반드시 '끝'자로 마무리 한다.

③ 복잡한 세부 내용은 '-다음-', '-아래-' 등을 사용하여 항목 별로 구분한다.

④ 누가, 언제, 어디서, 무엇을, 어떻게(왜)가 정확하게 드러나야 한다.

⑤ 복잡한 내용은 도표로 시각화하고, 동일한 문장 반복은 피한다.

복잡한 내용은 도표를 통해 시각화하여 이해도를 높이며, 동일한 문장 반복을 피하고 다양하게 표현하는 것은 설명서의 작성법에 해당한다. 나머지는 모두 공문서 작성 시의 유의사항에 해당한다.

정답 21. ④ | 22. ③ | 23. ④ | 24. ⑤

25 다음 내용이 설명하는 설득력 있는 의사표현의 지침으로 가장 알맞은 것은?

회사에 불만이 가득한 부하 직원이 있다고 하자. 이런 부하 직원을 회사 일에 적극적으로 협조하게 만들려면 그와 공동의 적을 만드는 방법이 있다. "이번에도 실적이 떨어지면 자네와 나는 지방 영업소로 밀려나겠지"라는 식으로 가상의 적을 만들면 불평만 늘어놓던 부하 직원은 상사에게 협력하게 된다. 또한 라이벌 의식을 부추기는 것도 한 가지 방법이 될 수 있다. 이러한 것은 모두 대부분의 다른 사람들과 같은 행동을 하고 싶어 하는 마음을 이용하는 것이다.

① 대비 효과로 분발심을 불러 일으켜라.
② 상대방의 불평이 가져올 결과를 강조하라.
③ 동조 심리를 이용하여 설득하라.
④ 변명의 여지를 만들어 주고 설득하라.
⑤ 끄집어 말하여 자존심을 건드려라.

제시문의 마지막 부분에 언급된 '대부분의 다른 사람들과 같은 행동을 하고 싶어 하는 마음(심리)'를 동조 심리라 한다. 인간은 동조심리에 의해 행동하는 수가 많은데, 이는 유행이라는 현상을 생각하면 쉽게 알 수 있다. 즉, 다른 사람들과 같아지고 싶은 충동이 유행을 추구하게 만드는 것이다. 제시된 가상의 적이나 라이벌 의식을 부추기는 것도 이러한 동조 심리를 이용하여 설득하는 예라 할 수 있다.

26 한 회사의 상품기획팀 사원인 당신은 거래처 직원과의 미팅이 길어져 사무실에 조금 늦게 복귀하게 되었다. 당신은 A팀장에게 늦게 복귀하게 된 상황을 설명하려고 한다. 다음 대화 중 이러한 상황에서 A팀장이 가져야할 경청의 방법으로 가장 적절한 것은?

나 : 팀장님, 외근 다녀왔습니다. 늦어서 죄송합니다. 미팅이 길어지는 바람에 늦게……
A팀장 : 왜 이렇게 늦은 거야? 12시에 급한 회의가 있으니, 11시 30분까지는 복귀하라고 했잖아. 지금 도대체 몇 시야? 미팅이 다 끝나고 오면 어떡해?
나 : 죄송합니다, 팀장님. 미팅 중 거래처 공장에서 갑자기 일이 발생해……
A팀장 : 알았으니까 30분 뒤에 외근 업무 내용 보고해.

① 상대방의 말을 가로막지 않는다.
② 질문을 통해 경청의 적극성을 부여한다.
③ 의견이 다르더라도 일단 수용한다.
④ 무엇을 말한 것인지 추측하려고 노력한다.
⑤ 상대방이 말을 할 때는 그 상황을 회피한다.

경청이란 다른 사람의 말을 주의 깊게 듣고 공감하는 능력을 말한다. 제시된 사례에서 A팀장의 경우 상대의 이야기가 채 끝나기 전에 자신이 말을 함으로써 상대의 발언을 가로막고 있다. 따라서 A팀장이 가져야할 경청의 방법으로 가장 적절한 것은 상대방의 말을 가로막지 않는 것이다.

27 $A\diamond B=(A-B)^2$이고, $A\blacklozenge B=(A+B)^2$일 때, $(2\blacklozenge 7)\diamond(3\diamond 10)$의 값은?

① 2^7
② 2^8
③ 2^9
④ 2^{10}
⑤ 2^{11}

문제에 주어진 기호의 연산으로 계산해보면

$(2\blacklozenge 7)=(2+7)^2=9^2=81$

$(3\diamond 10)=(3-10)^2=(-7)^2=49$

따라서 $(2\blacklozenge 7)\diamond(3\diamond 10)=81\diamond 49=(81-49)^2=32^2=(2^5)^2=2^{10}$

28 연속하는 세 짝수의 합이 366일 때 가장 큰 짝수를 a, 연속하는 두 정수의 합이 93일 때 작은 정수를 b라 할 때, $a-b$의 값은?

① 76
② 77
③ 78
④ 79
⑤ 80

연속하는 세 짝수를 $a-4$, $a-2$, a라 하면 $(a-4)+(a-2)+a=366$이 된다. 따라서 $3a-6=366$, $3a=372$, $a=124$이다.

연속하는 두 정수를 b, $b+1$이라 하면 $b+(b+1)=93$, $2b+1=93$이 된다. 따라서 $2b=92$, $b=46$이다.

$\therefore a-b=124-46=78$

정답 25. ③ | 26. ① | 27. ④ | 28. ③

29 8%의 소금물 $200g$에 물을 추가하여 농도가 5%의 소금물을 만들려고 한다. 추가해야 하는 물의 양은 얼마인가?

① 120g
② 130g
③ 140g
④ 150g
⑤ 160g

'소금의 양=소금물의 양$\times\frac{\text{농도}}{100}$'이므로 8%의 소금물 $200g$에 들어있는 소금의 양부터 구해보면 $200g\times\frac{8}{100}=16g$이다.

농도가 5%인 소금물을 만들기 위해 추가해야 하는 물의 양을 xg이라 하면 '농도$=\frac{\text{소금의 양}}{\text{소금물의 양}}\times100$'이므로 $5=\frac{16}{200+x}\times100$이다. 정리해보면 $5=\frac{1600}{200+x}$, $5(200+x)=1600$, $200+x=320$, $x=120g$이다.

30 A씨가 혼자 작업하는 경우 9일, B씨가 혼자 하는 경우 12일이 걸리는 일이 있다. B씨가 먼저 4일간 작업을 시작하고 남은 일을 A씨가 완료한다고 할 때, A씨는 며칠 동안 일을 해야 완료할 수 있는가?

① 2
② 3
③ 4
④ 5
⑤ 6

전체 작업량을 1이라 하면, A씨가 하루 동안 하는 작업량은 $\frac{1}{9}$이고, B씨가 하루 동안 하는 작업량은 $\frac{1}{12}$이다. 여기서 A씨가 일해야 하는 일수를 x일이라 하면 $1=\frac{1}{9}\times x+\frac{1}{12}\times4$이다. 양변에 9를 곱하면 $9=x+3$, $x=6$이다. 따라서 A씨는 6일 동안 일을 해야 완료할 수 있다.

31 한 공장에서 A, B 두 대의 기계가 있는데, A는 하루에 1,200개를, B는 하루에 1,500개를 생산한다. A의 불량률이 3%이고, B의 불량률은 4%라 할 때, 하루에 생산된 불량품이 B에서 나왔을 확률은 얼마인가?

① 62%
② 62.5%
③ 63%
④ 63.5%
⑤ 64%

먼저 A, B의 기계에서 하루에 나오는 불량품의 개수를 계산해보면

A : $1{,}200 \times \frac{3}{100} = 36$개

B : $1{,}500 \times \frac{4}{100} = 60$개

따라서 하루에 생산된 불량품이 B에서 나왔을 확률은 $\frac{60}{36+60} \times 100 = \frac{60}{96} \times 100 = \frac{5}{8} \times 100 = 62.5\%$이다.

32 7층 건물에 설치된 엘리베이터 안에는 A, B, C, D, E, F가 타고 있다. 엘리베이터가 1층에서 올라가기 시작하였는데, F는 A보다 늦게 내렸지만 D보다 빨리 내렸다. E는 B보다 한 층 더 가서 내렸고 D보다는 세 층 전에 내렸다. D가 마지막 7층에서 내린 것이 아니라고 할 때, 다음 중 홀수 층에서 내린 사람을 맞게 연결한 것은? (모두 다른 층에 살고 있으며, 1층에서 내린 사람은 없다.)

	3층	5층	7층
①	B	F	C
②	E	A	C
③	E	F	C
④	B	D	C
⑤	C	F	B

F는 A보다 늦게 내렸고 D보다는 빨리 내렸으므로, 내린 순서는 'A – F – D'이다.
E는 B보다 한 층 더 가서 내렸고 D보다는 세 층 전에 내렸으므로, 'B – E – ( ) – ( ) – D'가 된다.
D가 마지막 7층에서 내린 것이 아니므로, C가 7층에 내린 것이 된다.
이를 종합하면, 2층부터 내린 순서는 'B(2층) – E(3층) – A(4층) – F(5층) – D(6층) – C(7층)'이 된다.
따라서 홀수 층에서 내린 사람은 'E(3층), F(5층), C(7층)'가 된다.

정답 29. ① | 30. ⑤ | 31. ② | 32. ③

33 A는 한 은행의 프라이빗뱅킹(PB) 서비스를 제공하는 업무를 담당하고 있는데, 최근 실적이 감소하고 있어 그 원인을 파악하고 있다. 아래에 제시된 '5Why'를 참고로 할 때, 다음 중 원인들의 인과관계상 가장 근본적인 원인으로 적절한 것은?

> 문제해결을 위한 사고법 – 5Why
> 문제에 대한 근본적인 원인과 핵심에 대해 구체적으로 파고드는 기법으로, 첫 번째 프로세스는 해결해야 할 사항이나 문제를 한 문장으로 적고 5번의 Why(왜)를 통하여 표면으로 나타나는 이유가 아닌 진정한 원인을 찾아내어 각 관점의 명확한 원인을 발견하는 것이다. 체중 감소를 둘러싼 태도와 행동을 이해하기 위한 인터뷰를 예로 들면 다음과 같다.
> Why? #1 : 왜 당신은 운동하는가? – 건강 때문이다.
> Why? #2 : 왜 건강인가? – 심박수를 높이기 때문이다.
> Why? #3 : 왜 그것이 중요한가? – 그러면 많은 칼로리를 소모한다.
> Why? #4 : 왜 그것을 하고 싶어하는가? – 체중을 줄이기 위함이다.
> Why? #5 : 왜 체중을 줄이고 싶은가? – 건강해 보이도록 사회적 압력을 느낀다.

① 고객의 PB서비스 계약 감소
② 고객정보의 수집 부족
③ 금융상품의 다양성 부족
④ 절대적인 고객 수의 감소
⑤ 고객의 서비스 불만족

'5Why' 기법의 첫 번째 프로세스는 해결해야 할 사항이나 문제를 한 문장으로 적는 것인데, 문제에서 제시된 문제점은 '최근 실적의 감소'이다. 이러한 실적이 감소하는 가장 직접적인 원인은 '고객의 PB서비스 계약 감소'라 할 수 있다. 다음으로 고객의 PB서비스 계약이 감소하는 원인은 '절대적인 고객 수의 감소'가 될 것이다. 절대적인 고객 수가 감소하는 것은 고객 서비스 등에 만족하지 못한 것이 원인이 될 수 있는데, 여기서는 '금융상품의 다양성 부족'으로 고객의 불만족이 발생한 것이 원인이 된다. 금융상품의 다양성이 부족한 것은 고객이 무엇을 원하는지 제대로 파악하지 못하였기 때문이라 할 수 있다. 따라서 고객의 수요 파악을 위한 '고객정보의 수집 부족'이 가장 근본적인 원인이 된다.

34 A의 회사에서 ○○제품을 개발하여 중국시장에 진출하고자 한다. A의 상사는 3C 분석 결과를 건네주며, 사업 기획에 반영할 수 있는 회사의 전략 과제가 무엇인지 파악해 보고하라는 지시를 내렸다. 다음 중 A의 회사에서 해결해야 할 전략 과제로 적합하지 않은 것은?

Customer(고객)	Company(자사)	Competitor(경쟁사)
• 중국시장은 매년 10% 성장하는 추세 • 중국시장 내 제품의 규모는 급성장 추세 • 20~30대 젊은 층 중심 • 온라인 구매가 약 80% 이상 • 인간공학 지향	• 국내시장 점유율 부분 1위 • A/S 등 고객서비스 부문 우수 • 해외 판매망 취약 • 온라인 구매시스템 미흡 • 높은 생산원가 구조 • 높은 기술개발 및 경쟁력	• 중국 기업들의 압도적 시장점유 • 중국 기업들 간의 치열한 가격경쟁 • A/S 및 사후관리 취약 • 생산 및 유통 노하우 보유

① 온라인 구매시스템의 보완 및 강화
② 원가 절감을 통한 생산비용 절감
③ 젊은 층을 겨냥한 제품 확대
④ 해외 판매망 구축을 위한 전략 강화
⑤ 기술향상을 통한 경쟁력 확보

자사는 현재 높은 기술개발 및 경쟁력을 확보하고 있는 상태이므로, 기술향상을 통한 경쟁력 확보는 해결해야 할 전략 과제로 볼 수 없다.

오답해설

① 현재 온라인 구매가 80% 이상을 차지하고 있는데 자사의 온라인 구매시스템이 취약한 상태이다. 따라서 온라인 구매시스템을 보완 · 강화하는 전략이 필요하다.
② 자사의 생산원가가 높은 구조이므로 이를 개선하기 위해 원가 절감을 할 필요가 있다. 따라서 원가 절감을 통한 생산비용 절감은 해결해야 할 전략 과제에 해당한다.
③ 중국시장의 고객은 20~30대 젊은 층이 중심이므로, 그들을 겨냥한 제품을 확대하는 것이 전략 방안이 될 수 있다.
④ 자사는 해외 판매망이 취약하므로 해외 판매망 구축을 위한 전략을 강화시키는 것이 중국 시장 진출에 도움이 될 것이다.

정답 33. ② | 34. ⑤

35 다음 기사를 보고 한식 뷔페의 입장에서 SWOT 분석을 할 때 옳은 것을 고르면?

외식 시장에서 한식 뷔페의 독주가 지속되자 기존 뷔페 레스토랑들이 저마다 살 길 찾기에 나서고 있다. 한식 뷔페 레스토랑은 소비자가 줄을 서는 '문전성시'를 이루는 반면 ㉠ 기존 뷔페 레스토랑은 손님이 없어 매장을 줄이는 상황이 이어지고 있기 때문이다.

업계에 따르면 론칭 10년이 넘는 '장수' 뷔페 브랜드는 다양한 생존 전략을 짜고 있다. 한 중식 뷔페 레스토랑 ○○○○○○는 지난 여름 목동점을 새롭게 단장하며 소비자 반응 살피기에 나섰다. 인테리어는 물론 주문과 이용 방식도 변경했다. 주문 방식의 경우, 기존 뷔페 대신 코스 방식을 선택했다. 기존 뷔페 방식에서는 딤섬, 디저트, 음료 등 사이드 메뉴를 무제한으로 즐길 수 있지만 코스 방식에서는 딤섬 샘플러와 디저트가 각각 한 번씩 제공된다. 기존 ○○○○○○ 매장에서 대부분 3만원 이상인 요리 메뉴는 목동점에서 8900~2만 9000원대에 즐길 수 있다. 한식 뷔페의 가격이 대부분 1인당 2만원대 초반을 넘지 않는다는 점을 고려, ㉡ 보다 합리적인 가격으로 소비자 마음을 잡겠다는 의도다. 관계자는 "지난 여름 선보인 ○○○○○○ 목동점의 경우 다른 매장보다 매출이 5% 정도 더 늘어난 것으로 나타났다"면서 "이번 시험 운영을 통해 고객 반응을 살펴보고 향후 다른 매장으로 확대 적용할 가능성도 있다"고 말했다.

㉢ △△△는 프리미엄 전략으로 한식 뷔페에 대응하기로 했다. 프리미엄 브랜드 '△△△ 퀸즈'로 차별화된 메뉴를 선보인다는 전략이다. 여기에서는 스테이크, 텍사스 BBQ, 스노우크랩, 중식, 이탈리안, 초밥, 디저트 등 전세계 총 200여가지의 메뉴를 제공하고 있다. 샐러드바 가격은 런치 1만 9900원, 디너 · 주말 2만 9900원으로 일반 샐러드바(런치 9900원, 디너 · 주말 1만2900원)의 두 배가 넘는 수준이지만 전략이 성공적이라는 평가다. ㉣ 지난 5월에는 압구정 1호점에 이어 부산 센텀시티에 2호점을 오픈했고 대기시간이 한 시간을 넘는 등 인기를 끌고 있다.

이들은 차별화 전략을 통해 매장 수 감소를 막는 것이 목표다. 뷔페 레스토랑은 매장이 줄어들면 매출 규모도 축소되고 영업이익도 줄어든다. ㉤ ○○○○○○의 경우 2012년 말 9개였던 매장 수가 올 9월 6개로 줄어들었다. 210석 규모 대형 매장이었던 ○○○○○○ 건대점 마저 자리를 내줬다. △△△ 매장 수도 점차 주는 추세다. 지난해 152개였던 매장은 현재 142개로 줄었다.

업계 관계자는 "한식 인기가 뜨거워 외식 업체들도 한식 뷔페 레스토랑에 힘을 실어줄 수밖에 없는 상황"이라며 "그러나 패밀리 레스토랑, 양식 뷔페, 한식 뷔페 등으로 소비자들의 선호가 옮겨가는 것을 보면 한식 뷔페에만 모든 것을 올인 할 수도 없는 상황"이라고 말했다.

① ㉠ – S(강점)
② ㉡ – O(기회)
③ ㉢ – S(강점)
④ ㉣ – T(위협)
⑤ ㉤ – W(약점)

㉣은 △△△가 한식 뷔페에 대응하기 위한 프리미엄 전략이 성공하여 매장이 새로 오픈하고 인기를 끌었다는 내용이므로, 한식 뷔페의 입장에서는 외부 환경요인이 나쁜 쪽으로 작용한 'T(위협)'이 된다.

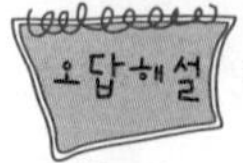

① 기존의 뷔페 레스토랑이 어려움을 겪는 것은 한식 뷔페의 외부 환경요인이 좋은 쪽으로 작용하는 것이므로 한식 뷔페의 입장에서는 'O(기회)'가 된다.
② ㉡은 중식 뷔페 레스토랑인 ○○○○○○ 매장에서 보다 합리적인 가격으로 소비자 마음을 잡겠다는 것이므로, 한식 뷔페 입장에서는 'T(위협)' 요인이 된다.
③ ㉢은 △△△가 프리미엄 전략을 내세워 한식 뷔페에 대응하겠다는 내용이므로 'T(위협)' 요인이 된다.
⑤ ㉤은 한식 뷔페 외에 다른 뷔페 레스토랑의 매장 수가 감소하였다는 것으로, 한식 뷔페 입장에서는 외부 환경요인이 좋아진 것이므로 'O(기회)'에 해당한다.

36 다음은 ○○공사의 여비규정과 A의 출장 일정을 나타낸 것이다. A가 받을 총 출장여비는 얼마인가?

[여비규정]

제10조(일반출장)
① 일반출장여비는 운임, 일비, 숙박비, 식비로 한다.
② 출발일과 도착일은 여행일수에 포함한다.

제11조(운임의 구분과 적용)
① 운임은 철도임, 버스임으로 구분한다.
② 철도임은 철도여행에, 버스임은 철도 외의 육로여행에 각각 적용한다.

제12조(일비)
① 일비는 '별표 제1호'에 따라 지급한다.
② 일비는 여행일수에 따라 지급한다.

제13조(숙박비) 숙박비는 '별표 제1호'의 상한액 내에서 실비를 지급한다.

제14조(식비) 식비는 1일 2식비를 기준으로 '별표 제1호'에 따라 지급하되, 숙박의 경우 1식비를 추가로 지급한다.

[별표 제1호]

(단위 : 원)

구분	운임		일비(1일당)	숙박비(1일당 상한액)	식비(1일당)
	철도임	버스임			
직원	실비	실비	18,000	60,000	20,000

[직원 A의 일반출장 일정]

날짜	일정	시각	비고
1일차	출발	10 : 00	철도 이용 22,500원
	식사	13 : 00	식사 이용 9,000원
	숙박	—	숙박비 70,000원
2일차	회의	09 : 00	—
	만찬	17 : 00	—
	숙박	—	숙박비 50,000원
3일차	복귀	11 : 00	철도 이용 25,500원

① 290,000원
② 292,000원
③ 295,000원
④ 300,000원
⑤ 310,000원

정답 35. ④ | 36. ②

일반출장여비의 경우 운임과 일비, 숙박비, 식비의 합계를 구하면 된다.
먼저 운임의 경우 철도임을 실비로 지급하므로, '22,500+25,500=48,000(원)'이 된다.
일비의 경우 1일당 18,000원을 지급하므로, '3×18,000=54,000(원)'이다.
숙박비의 경우 70,000원과 50,000원이 지급되었지만, 1일당 상한액이 60,000원이고 상한액 내에서 실비로 지급되므로, 지급되는 금액은 '60,000+50,000=110,000(원)'이 된다.
식비의 경우 식비는 1일 2식비를 기준으로 지급하므로 1식비는 10,000원이 된다. 숙박의 경우 1식비를 추가로 지급되므로 1일차와 2일차의 경우 '20,000+10,000=30,000(원)'이 지급되며, 3일차의 경우 '20,000(원)'이 된다. 따라서 식비는 모두 '60,000+20,000=80,000(원)'이 지급된다.
이상을 종합하면, A가 받을 총 출장여비는 '48,000+54,000+110,000+80,000=292,000(원)'이다.

37 S은행의 고객인 A는 S은행으로부터 예금만기 문자를 받고 은행을 방문하였다. 다음 조건을 토대로 A고객이 은행으로부터 수령할 수 있는 이자는 얼마인가?

- 상품명 : S은행 드림드림 예금상품
- 가입자 : A(본인)
- 계약기간 : 30개월
- 저축금액 : 1천만원
- 저축방법 : 거치식
- 이자지급방식 : 만기일시지급, 단리식
- 기본이자율(계약당시, 세전)

1개월	6개월	12개월	24개월	36개월	48개월
연 0.5%	연 1%	연 1.3%	연 1.6%	연 1.8%	연 1.9%

- 우대금리(세전)
  - 계약당시 자신이 세운 목표 또는 꿈을 성취했을 경우 : 0.1%
  - 본인의 추천으로 지인이 해당 상품을 가입한 경우 : 0.05%
  - 타인의 추천으로 해당 상품을 본인이 가입한 경우 : 0.05%
- 기타 사항
  - A는 지인으로부터 추천을 받아 해당 상품을 가입하였음
  - 해당 상품 계약 시 세운 목표를 성취하여 은행이 이를 확인하였음
  - 해당 상품에서 발생하는 이자는 15%가 과세됨

① 223,125원
② 210,375원
③ 215,750원
④ 204,000원
⑤ 221,540원

A의 계약기간이 30개월이므로 기본이자율은 1.6%이다. 여기서 상품 계약 시 세운 목표를 성취하였고, 지인의 추천으로 해당 상품을 가입하였으므로 0.15%가 추가된다. 따라서 적용되는 금리는 모두 1.75%이다.
A는 30개월(24개월+6개월)을 가입하였고 이자는 단리식이 적용된다고 하였으므로,

이자는 '$10,000,000 \times 1.75\% + 10,000,000 \times 1.75\% \times \frac{6}{12} = 175,000 + 87,500 = 262,500$(원)'이다.

그런데 이는 세전 금리이므로, 지급되는 이자는 여기서 15%를 제외해야 한다.
따라서 '$262,500 \times 85\% = 223,125$(원)'이 된다.

[38~40] 다음 글을 읽고 내용과 일치하지 않는 것을 고르시오.

38

유전자(DNA)는 자신을 그대로 복제한다. 따라서 고대 이집트의 파라오나 다른 인물의 유전자를 연구하기 위해 당사자의 유전자가 반드시 필요한 것은 아니다. 현대 이집트인의 유전자도 결국은 투탕카멘보다 훨씬 더 앞선 조상들의 유전자가 거듭 복제되어 내려온 것이기 때문이다.

유전자 복제는 경우에 따라 남성과 여성의 경우 다르게 진행된다. 이것은 주로 미토콘드리아의 DNA와 관련된다. 미토콘드리아는 우리가 섭취한 양분을 에너지로 바꿔주는 대사가 이루어지는 세포 내 소기관이다. 미토콘드리아는 세포핵의 DNA와는 별도로 그 나름의 DNA를 가지고 있다. 미토콘드리아는 16,000개 정도의 DNA 염기쌍이 차례차례 이어져 닫혀있다. 대부분의 미토콘드리아 DNA는 원형이지만 몇몇 섬모충류의 경우는 선형이다.

난자에는 미토콘드리아가 가득 들어있는 반면 정자에는 미토콘드리아가 거의 없다. 그러니까 미토콘드리아의 DNA는 오직 모계를 따라서 전달된다. 민족의 정통성이 어머니를 따라 계승되는 유대 민족의 전통처럼, 미토콘드리아 DNA는 아버지와는 상관없이 오로지 어머니의 것만이 아들이나 딸에게 대물려진다. 그리고 그 다음 대에는 다시 아들은 배제되고 딸의 몸을 통해서 전달이 된다. 반면 세포핵의 유전자는 난자와 정자의 결합으로 형성되므로, 어머니와 아버지의 유전자를 모두 포함한다.

① 인간의 경우 핵 속의 DNA와 미토콘드리아 속의 DNA는 서로 일치하지 않는다.
② 미토콘드리아 DNA에 근거해서 볼 때 외할머니-외손녀의 관계가 아버지-딸의 관계보다 더 가깝다.
③ 아들의 미토콘드리아 DNA와 어머니의 미토콘드리아 DNA는 일치하지 않는다.
④ 미토콘드리아 안에 들어있는 DNA의 분자구조는 대부분 둥근 모양이다.
⑤ 세포핵의 유전자는 아버지와 어머니의 것 모두가 다음 대에 대물려진다.

③은 예문에 부합하지 않는다. 미토콘드리아 DNA는 아버지와는 상관없이 오로지 어머니의 것만이 아들이나 딸에게 대물려진다고 한 부분을 통해, 아들과 어머니의 미토콘드리아 DNA는 일치하는 것을 알 수 있다.

정답 37. ① | 38. ③

39

이미지를 생산 · 유포하는 기술의 급속한 발달은 우리가 이미지의 홍수에 휩쓸려 떠내려가고 있다는 느낌을 갖게 한다. 신문, 텔레비전, 컴퓨터 등을 통해 생산되고 전파되는 이미지들은 우리를 둘러싸고 있는 자연 환경과도 같이 우리 삶의 중요한 부분을 차지하고 있다.

시각적 이미지의 과도한 증식 현상과 맞물려 그에 대한 우려와 비판의 목소리도 한층 높아지고 있다. 그러한 비판의 내용은 시각 이미지의 물결이 우리의 지각을 마비시키고 주체의 성찰 기능을 앗아간다는 것이다. 시각 이미지는 바라보고 그 의미를 해독해야 할 대상으로 존재하는 것이 아니라, 우리를 자극하고 사라져 버릴 뿐이다. 더욱이 그렇게 스치고 지나가는 시각 이미지들이 현실을 덮어 버림으로써 우리의 현실감은 마비된다. 더 나아가 시공을 넘나드는 이미지의 초역사성으로 말미암아 우리의 역사감각, 시간 의식의 작동도 불가능하게 된다.

이미지 범람 현상에 대한 또 다른 우려의 목소리도 있다. 현대의 인간이 누가 생산해 내는지도 모를 이미지를 단순히 수동적으로 소비함으로써, 그러한 이미지를 비판하면서 주체적으로 새로운 이미지를 꿈꿀 수 있는 기회를 빼앗기게 된다는 것이다. 더욱이 컴퓨터 그래픽 등 디지털 기술의 발달은 자유롭게 가상현실을 만들어 내는 것을 가능하게 하여 가상 현실과 실제 세계를 명확히 구분하지 못하게 한다. 이렇게 이미지에 이끌리는 인간의 삶은 결국 이미지를 통해 모든 것을 얻고, 수정하고, 모방 · 생산할 수 있다고 믿는 환상 속의 삶으로 전락하고 만다.

① 이미지의 초역사성은 인간의 현실감을 약화시키고, 더 나아가 우리의 역사감각, 시간 의식의 작동도 불가능하게 한다.
② 이미지 과잉 현상의 문제는 이미지의 생산, 유포, 소멸과 관련되어 있다.
③ 발달된 이미지 생산 기술은 가상 세계를 실제 세계로 착각하게 할 위험이 있다.
④ 이미지를 생산하는 위치에 서지 않는 한 이미지의 범람에 효과적으로 대처할 수 없다.
⑤ 이미지의 과도한 범람은 이미지의 주체적 · 비판적 수용을 어렵게 한다.

④는 예문과 부합하지 않는다. 예문에 언급된, 이미지를 단순히 수동적으로 소비함으로써 주체적으로 새로운 이미지를 꿈꿀 수 있는 기회를 빼앗기게 된다는 것을, 이미지를 생산하는 위치에 서야 한다는 뜻으로 보기에는 무리가 있다.

40

교육의 입장에서 생각해 볼 때, 민주적인 사회는 그 안의 여러 관심들이 서로 긴밀하게 관련되어 있고, 또 진보 또는 재적응이 중요한 고려사항으로 되어 있는 사회이므로, 이러한 사회를 실현하려고 하면 민주적인 사회는 다른 형태의 사회보다도 의도적이고 체계적인 교육에 더 관심을 둘 수밖에 없다. 민주주의가 교육에 열성을 가진다는 것은 잘 알려진 사실이다. 여기에 대한 피상적인 설명은, 민주주의 정치는 국민의 투표에 의존하는 만큼, 대의원들을 선출하고 그들에게 복종할 사람들이 교육을 받지 않으면 정치가 잘 될 수 없다는 것이다. 민주적인 사회는 외적 권위에 복종해야 한다는 것을 인정하지 않기 때문에, 자발적인 성향이나 관심으로 외적 권위를 대신하지 않으면 안 된다. 이 자발적인 성향과 관심은 오직 교육에 의해서만 길러질 수 있다. 그러나 이 피상적인 설명 이외에, 더 본질적인 설명이 있다. 즉, 민주주의는 단순히 정치의 형태만이 아니라, 보다 근본적으로는, 공공생활의 형식이요, 경험을 전달하고 공유하는 방식이라는 것이다. 동일한 관심사에 참여하는 개인들의 수가 점점 더 넓은 지역으로 확대되어서, 각 개인이 자신의 행동을 다른 사람들의 행동에 관련 짓고 다른 사람들의 행동을 고려하여 자신의 행동의 목적이나 방향을 결정한다는 것은 곧, 계급, 인종, 국적 등 우리로 하여금 우리 자신의 행동의 완전한 의미를 파악하지 못하도록 가로막는 장애가 철폐된다는 뜻이다.

① 민주사회에서는 구성원이 다른 사람의 행동을 고려하여 자신의 행동의 목적이나 방향을 결정한다.

② 민주주의는 근본적인 면에서 정치형태보다는 공동생활의 형식이며, 경험을 전달하고 공유하는 방식으로 이해되어야 한다.

③ 민주사회의 특징은 사회 구성원 사이에 공유되는 관심의 범위가 확장되는 것이다.

④ 민주주의적 사회는 진보 또는 재적응이 중요한 고려사항으로 되어 있는 사회로 다른 형태의 사회보다 의도적이고 체계적인 교육에 더 관심을 둘 수밖에 없다.

⑤ 민주사회는 외적 권위보다는 자발적 성향과 관심이 중요하며, 그것은 오직 정치 활동을 통해서 길러질 수 있다.

⑤는 예문에 부합하지 않는다. 민주적인 사회는 외적 권위에 복종해야 한다는 것을 인정하지 않으므로, 자발적인 성향이나 관심으로 외적 권위를 대신하지 않으면 안 되며, 이것들은 오직 교육을 통해서만 길러질 수 있다.

정답 **39.** ④ | **40.** ⑤

41 자신에게 주어진 모든 시간을 계획적으로 사용하는 것은 현실적으로 불가능하기 때문에, 전문가들은 시간계획의 기본 원리로서 다음과 같은 '60 : 40의 규칙'을 제시하였다. 다음 그림의 ㉠~㉢에 들어갈 적절한 말을 모두 맞게 연결한 것은?

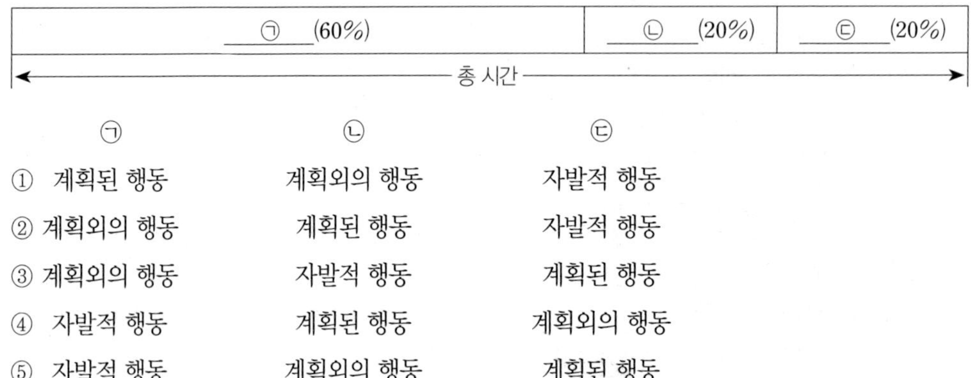

	㉠	㉡	㉢
①	계획된 행동	계획외의 행동	자발적 행동
②	계획외의 행동	계획된 행동	자발적 행동
③	계획외의 행동	자발적 행동	계획된 행동
④	자발적 행동	계획된 행동	계획외의 행동
⑤	자발적 행동	계획외의 행동	계획된 행동

'60 : 40의 규칙'은 자신의 시간 중 60%는 계획된 행동을 하여야 한다는 것을 의미한다. 즉, 예측하지 못한 사태와 일의 중단(낭비 시간의 발생 요인)이나 개인적으로 흥미를 가지는 것, 개인적인 일 등에 대응할 수 있도록 자신이 가지고 있는 시간 중 60%를 계획하는 것을 말한다. 구체적으로 자신에게 주어진 시간을, '계획된 행동(60%)', '계획외의 행동(20%, 예정 외의 행동에 대비한 시간)', '자발적 행동(20%, 창조성을 발휘하는 시간)'의 세 가지 범주로 구분하였다.

Check Point --- **시간관리에 대한 오해**

- 시간관리는 상식에 불과하다.
  나는 회사에서 일을 잘하고 있기 때문에 시간관리도 잘한다고 말할 수 있다.
- 나는 시간에 쫓기면 일을 더 잘하는데, 시간을 관리하면 오히려 이런 나의 강점이 없어질지도 모른다.
- 나는 약속을 표시해둔 달력과 해야 할 일에 대한 목록만으로 충분하다.
- 시간관리 자체는 유용할지 모르나 창의적인 일을 하는 나에게는 잘 맞지 않는다. 나는 일상적인 업무에 얽매이는 것이 싫다.

42 〈보기〉의 설명 중 옳은 것을 모두 고르면?

국가별 여성권한척도

구분	여성권한 척도 국가순위	여성권한 척도				1인당 GDP 국가순위
		국회의원 여성비율(%)	입법 및 행정관리직 여성비율(%)	전문기술직 여성비율(%)	남성대비 여성 추적소득비	
한국	59	13.0	6	39	0.48	34
일본	43	9.3	10	46	0.46	13
미국	10	14.8	46	55	0.62	4
필리핀	46	15.4	58	62	0.59	103

보기

ㄱ. 4개 국가 중에서 1인당 GDP 국가순위가 가장 높은 국가가 여성권한척도 국가순위도 가장 높다.
ㄴ. 필리핀은 4개 국가 중 1인당 GDP 국가순위보다 여성권한척도 국가순위가 높은 유일한 국가이다.
ㄷ. 일본은 4개 국가 중 1인당 GDP 국가순위와 여성권한척도 국가순위의 차이가 가장 큰 국가이다.
ㄹ. 4개 국가 중 입법 및 행정관리직 여성비율, 전문기술직 여성비율이 가장 낮은 국가는 한국이다.
ㅁ. 한국은 4개국 중에서 남성대비 여성 추적소득비가 가장 낮다.

① ㄱ, ㄴ
② ㄱ, ㄷ
③ ㄴ, ㄹ, ㅁ
④ ㄱ, ㄴ, ㄹ
⑤ ㄴ, ㄷ, ㄹ, ㅁ

ㄱ. 미국은 4개 국가 중 1인당 GDP와 여성권한척도의 국가순위가 가장 높다. 대체로 1인당 GDP가 높을수록 여성권한척도 국가순위도 높음을 알 수 있다.
ㄴ. 필리핀은 1인당 GDP 국가순위는 103, 여성권한척도 국가순위는 46으로 4개 국가 중 1인당 GDP 국가순위보다 여성권한척도 국가순위가 높은 유일한 국가이다.
ㄹ. 4개 국가 중 입법 및 행정관리직 여성비율과 전문기술직 여성비율이 가장 낮은 국가는 한국이다.

정답 41. ① | 42. ④

43 일의 우선순위를 결정하는 기법은 다양하지만 일반적으로 일의 중요성과 긴급성을 바탕으로 구분하는 경향이 있는데, 이 두 축을 통해 스티븐 코비(Stephen R. Covey)는 시간관리 매트릭스를 4단계로 구분하였다. 다음 중 각 단계에 들어갈 내용이 옳지 않은 것은?

	긴급함	긴급하지 않음
중요함	Ⅰ 긴급하면서도 중요한 일	Ⅱ 긴급하지 않지만 중요한 일
중요하지 않음	Ⅲ 긴급하지만 중요하지 않은 일	Ⅳ 긴급하지 않고 중요하지 않은 일

① Ⅰ단계 – 급박한 문제
② Ⅱ단계 – 인간관계 구축
③ Ⅲ단계 – 기간이 정해진 프로젝트
④ Ⅳ단계 – 일반 우편물, 전화
⑤ Ⅳ단계 – 시간 낭비거리

'기간이 정해진 프로젝트'는 Ⅰ단계인 '긴급하면서도 중요한 일'에 해당한다. Ⅲ단계인 '긴급하지만 중요하지 않은 일'에 해당하는 것으로는 잠깐의 급한 질문, 일부 보고서 및 회의, 눈앞의 급박한 상황 등이 있다.

44 월 단위로 실행예산대비 사용실적에 대한 워크시트를 작성해 예산을 관리하는 것을 예산 집행 실적이라고 하는데, 그 양식은 다양하게 사용할 수 있지만 대표적인 예로 다음과 같이 작성할 수 있다. 다음 워크시트에서 배정액이 3천 5백만원이고 누적 지출액이 7백만원일 때, 잔액과 사용률(%)을 모두 맞게 고른 것은?

예산 집행 실적

항목	배정액	당월 지출액	누적 지출액	잔액	사용률(%)	비고
합계						

① 잔액 : 2천 8백만원 사용률 : 25%
② 잔액 : 2천 8백만원 사용률 : 20%
③ 잔액 : 3천 5백만원 사용률 : 20%
④ 잔액 : 3천 5백만원 사용률 : 25%
⑤ 잔액 : 3천 5백만원 사용률 : 30%

예산 편성 항목과 항목별 배정액을 작성하고, 해당 항목에 대한 당월 지출액, 누적 지출액을 작성한다. 그리고 잔액은 '배정액−누적 지출액'을 적고, 사용률은 '$\frac{\text{누적 지출액}}{\text{배정액}} \times 100$'을 작성한다.

따라서 '잔액=35,000,000−7,000,000=28,000,000(원)'이 되며, '사용률=$\frac{7,000,000}{35,000,000} \times 100 = 20(\%)$'이 된다.

예산 집행 실적에는 다양한 항목들이 들어갈 수 있지만 잔액과 현재 예산 사용률은 반드시 포함되어야 하는데, 이것을 통해 예산을 얼마만큼 사용하였고 앞으로 얼마만큼 사용할 수 있는지를 파악할 수 있어야 효과적으로 예산을 집행할 수 있다. 비고는 어떠한 목적으로 사용했는지에 대한 정보를 기입하는 것이다.

45 다음은 한 기업의 인사팀장인 A가 인사발령을 즈음하여 발언한 내용의 핵심을 요약한 것이다. 이를 통해 A가 인사관리 원칙 중 가장 중시하고 있는 내용을 모두 맞게 고른 것은?

> 인사팀장 A는 상반기 인사발령과 관련하여 해당 직원들에게 해당 직무 수행에 가장 적합한 인재를 배치하도록 해야 한다는 것을 강조하였고, 인사 과정 전반에서 승진과 상벌, 근무성적의 평가 등을 공정하게 처리할 것을 지시하였다.

① 적재적소의 원칙, 공정 보상의 원칙
② 종업원 안정의 원칙, 창의력 계발의 원칙
③ 적재적소의 원칙, 공정 인사의 원칙
④ 종업원 안정의 원칙, 단결의 원칙
⑤ 적재적소의 원칙, 종업원 안정의 원칙

해당 직무 수행에 가장 적합한 인재를 배치하도록 하는 것은 적재적소 배치의 원칙이며, 직무 배당과 승진, 상벌, 근무 성적의 평가, 임금 등을 공정하게 처리해야 한다는 것은 공정 인사의 원칙이다.

① 공정 보상의 원칙은 근로자의 인권을 존중하고 공헌도에 따라 노동의 대가를 공정하게 지급해야 한다는 원칙을 말한다.

정답 43. ③ | 44. ② | 45. ③

[46~47] 다음 제시문을 읽고 물음에 답하시오.

A회사는 텀블러를 생산한다. 텀블러 뚜껑을 생산하는 기계는 소비전력이 5,000W로, 하루 8시간 가동하면 한 달 기준 전기 사용량이 1,200kWh로 전기 사용료가 84만원, 연료비는 100만원이 든다.

A회사의 비용 절감을 위해 다양한 제품의 생산 비용을 분석하였더니, 텀블러 뚜껑을 생산하는 고정 비용의 비율이 A회사 전체 제품 생산 비용의 45%인 것으로 나타났다. 이에 따라 임원진은 텀블러 뚜껑 생산 비용 절감을 요구하였다.

텀블러 뚜껑 생산팀장인 귀하는 B회사의 설비를 설치하면 연료비가 한 달 기준 70만원으로 줄어드는 효과가 있다는 것을 알았다. B회사의 설비를 설치하는데 드는 비용은 900만원이다.

또 다른 C회사의 설비는 소비전력을 1,500W나 감소시켜 한 달 기준 전기 사용량이 840kWh로 감소한다. 한 달 기준 전기 사용료를 25%나 절감할 수 있는 것이다. C회사의 설비를 설치하는데 드는 비용은 1,000만원이다.

46 A회사는 회의를 통해 B회사의 설비를 설치하기로 결정하였다. 최소 몇 달 이상 사용하여야 기존 설비를 유지하는 것보다 손해를 보지 않는가?

① 2년 6개월
② 2년 10개월
③ 3년
④ 3년 4개월
⑤ 3년 6개월

기존의 설비를 유지하는 경우 한 달 84만원의 전기 사용료와 연료비 100만원이 들고, B회사의 설비를 설치하는 경우 연료비가 한 달 70만원으로 줄어들게 되며, 설치비용은 900만원이 된다(전기 사용료는 동일함).

기존 설비를 유지하는 것보다 손해를 보지 않는다는 것은 기존 설비 보다 생산 비용이 같거나 적게 든다는 것을 말한다. 따라서 여기서 사용하는 개월 수를 x라 하면, '100(만원)$\times x \geq$70(만원)$\times x+$900(만원)'이 성립한다. 이를 정리하면 '$30x \geq 900$'이므로 '$x \geq 30$(개월)'이 된다.

따라서 30개월(2년 6개월) 이상 사용하면 손해를 보지 않게 된다.

47 C회사의 설비를 설치하여 5년 간 사용하는 경우, 기존 설비를 유지한 경우에 비해 절감된 생산 비용은 얼마나 되는가?

① 60만원
② 130만원
② 200만원
④ 230만원
⑤ 260만원

C회사의 설비를 설치하는 경우, 한 달 전기 사용료는 25% 절감(84×75%=63만원)되고 연료비는 동일하며, C회사의 설비 설치비용으로 1,000만원이 소요된다. 이를 통해 5년간 기존의 설비를 유지하는 경우와 C회사의 설비를 설치한 경우를 각각 구하면 다음과 같다.

- 기존 설비를 5년간 유지하는 경우의 생산 비용 : (840,000×60)+(1,000,000×60)=110,400,000(원)
- C회사의 설비를 설치한 경우의 생산 비용 :
  (630,000×60)+(1,000,000×60)+10,000,000=107,800,000(원)

따라서 C회사의 설비를 설치한 경우 절감된 생산 비용 '110,400,000−107,800,000=2,600,000(원)'이 된다.

48 감정은행계좌란 인간관계에서 구축하는 신뢰의 정도를 은유적으로 표현한 것이다. 만약 우리가 다른 사람의 입장을 먼저 이해하고 배려하며, 친절하고 정직하게 약속을 지킨다면 우리는 감정을 저축하는 셈이 된다. 다음의 사례 중 감정은행계좌를 적립하기 위한 주요 예입 수단에 대한 설명으로 가장 적절하지 않은 것은?

① A는 프로젝트를 진행함에 있어 상충되는 의견이 발생하는 경우 항상 나보다 상대방의 입장을 먼저 생각하려고 노력한다.
② B는 직장생활을 하면서 비록 사소한 것이라도 상대와 약속한 것이 있는 경우, 업무가 바쁜 때라도 꼭 지키려고 노력한다.
③ C는 업무의 성과가 미흡한 경우에도 직원들에게 불만과 불평을 말하기보다는 잘한 부분에 대한 칭찬의 말과 감사의 표시를 한다.
④ D는 업무상 자신이 실수한 부분이 있는 경우 상대에게 끝없이 반복하여 사과를 함으로써 마음을 완전히 풀어주려고 노력한다.
⑤ E는 직장 동료들과의 관계에서 항상 자신이 말했던 대로 행동하기위해 노력한다.

진지한 사과의 경우는 감정은행계좌에 신뢰를 예입하는 것이 되나, 반복되는 사과는 불성실한 사과와 마찬가지로 받아들여지므로 신용에 대한 인출이 되어 오히려 대인관계 향상에 부정적인 영향을 미칠 수 있다.

정답 46. ① | 47. ⑤ | 48. ④

49 조직원들이 지속적으로 자신의 잠재력을 발휘하도록 하기 위해서는 외적 동기유발제 이상을 제공해야 한다. 모든 조직원들의 욕구를 만족시킬 수 있는 이상적인 근무환경을 조성하는 방법 중 다음의 설명과 관련된 것은?

> '안전지대(Comport Zone)'란 모든 것이 친숙하고 위험 요소가 전혀 없는 편안한 상황을 의미한다. 더욱 높은 목표를 달성하고자 한다는 것은 이러한 안전지대를 떠난다는 것을 의미한다. 그것은 위험을 감수한다는 말과 같다. 리더는 부하직원들이 안전지대에서 벗어나 더 높은 목표로 나아가도록 격려해야 한다. 위험을 감수해야 할 이유가 합리적이고 목표가 실현가능한 것이라면 직원들은 기꺼이 변화를 향해 나아갈 것이며, 자긍심을 가지고 좋은 결과를 이끌어내고자 노력할 것이다.

① 창의적인 문제해결법을 찾는다.
② 책임감으로 철저히 무장한다.
③ 변화를 두려워하지 않는다.
④ 긍정적 강화법을 활용한다.
⑤ 안전지대를 벗어나지 않는다.

변화에 대한 두려움은 리더나 구성원들을 정신적 고통에 직면하게 할 수 있지만, 리더는 부하직원들이 안전지대에서 벗어나 더욱 높은 목표를 향해 나아가도록 격려해야 한다. 위험을 감수해야 할 이유가 합리적이고 목표가 실현가능한 것이라면 직원들은 기꺼이 변화를 향해 나아갈 것이며, 위험을 선택한 자신에게 자긍심을 가지며 좋은 결과를 이끌어내고자 지속적으로 노력할 것이다. 따라서 제시된 설명에 관련된 것은 ③이다.

Check Point 동기부여 방법

1. 긍정적 강화법을 이용한다.
2. 새로운 도전의 기회를 부여한다.
3. 창의적인 문제해결법을 찾는다.
4. 책임감으로 철저히 무장한다.
5. 몇 가지 코칭을 한다.
6. 변화를 두려워하지 않는다.
7. 지속적으로 교육한다.

50 다음에 제시된 사례 중 코칭의 기본 원칙에 대한 설명으로 적절하지 않은 것은?

① A팀장은 부하직원들이 자유롭게 의견을 피력하고 제안할 수 있도록 팀 분위기를 조성하려고 노력하고 있으며, 항상 부하의 창조적 능력과 통찰력을 중시하고 있다.

② B팀장은 업무에 대한 책임은 자신이 져야 한다는 의식을 갖고, 직원들에게 프로젝트를 부여한 뒤 업무 수행기간 동안 결정 권한을 직접 행사하며 지속적인 관심을 갖는다.

③ 부서장인 C는 직원들의 말을 듣는 경우 다른 생각을 하지 않고 집중하는 자세를 가지고 있으며, 그 말에 대해 최선의 결정을 내릴 수 있도록 피드백을 제공하려고 한다.

④ 부서장인 D는 직원들에게 어떠한 목표를 부여할 것인지를 제대로 판단하기 위해 직원들의 장점을 파악하고 있으며, 관련된 여러 기술을 배우고 이를 발휘하기 위해 노력하고 있다.

⑤ E팀장은 직원들의 능력을 전적으로 신뢰하며 확신하고 업무 수행에 필요한 자원을 아끼지 않고 지원하려고 노력하고 있다.

코칭의 기본 원칙 중 '권한을 위임한다.'는 내용에 반하는 사례이다. 리더는 직원들이 어떠한 일이든 자신의 업무에 책임의식을 갖고 완전히 책임질 수 있도록 이끌어야 한다. 어떤 직원에게 프로젝트를 부여한 뒤 업무를 수행하는 동안 모든 결정을 스스로 하도록 권한을 준다면, 그 직원은 자연적으로 주인의식을 갖게 된다.

51 회사 내에서의 갈등은 개인적 갈등이 아니라 하더라도 여러 경우에 발생할 수 있다. 다음 중 갈등에 대한 설명으로 옳은 것은?

① 목표 달성을 위해 노력하는 팀은 갈등이 발생하지 않는다.

② 갈등은 항상 부정적 결과를 초래한다.

③ 상대방과 한번 갈등이 일어난 이상 그 갈등은 해결할 수 없다.

④ 갈등이란 조직을 구성하는 개인과 집단이 서로 협력하는 상태를 의미한다.

⑤ 적절한 갈등은 조직에 생동감이 넘치게 하고 문제해결 능력을 향상시킬 수 있다.

갈등수준이 전혀 없거나 낮을 때에 조직은 의욕이 상실되고 환경변화에 대한 적응력도 떨어져 조직성과가 낮아지게 되나, 갈등수준이 적절할 때는 조직 내부적으로 생동감이 넘치고 변화 지향적이며, 문제해결 능력이 발휘된다.

정답 **49.** ③ | **50.** ② | **51.** ⑤

52 현재 같은 팀에서 근무하고 있는 직원 A와 B는 원래 서로 다른 부서 출신이다. A와 B는 쟁점이 되는 한 문제의 원인에 대해 서로 다른 견해를 가지고 갈등하고 있는데, 두 사람은 모두 상대방이 문제를 잘 이해하지 못하는 책임이 있다고 생각하고 있다. 다음 중 이러한 경우 발생하는 갈등 유형의 원인으로 옳은 것은?

① 정보가 부족하거나 전달이 불분명한 경우
② 목표나 욕망을 바라보는 시각이 다른 경우
③ 스트레스, 분노 등의 부정적 감정
④ 변화에 대한 저항으로 발생한 의견 불일치
⑤ 통제나 권력 확보를 위한 싸움

갈등에는 '불필요한 갈등'과 '해결할 수 있는 갈등'의 두 가지가 있는데, '해결할 수 있는 갈등'은 위 사례의 경우와 같이 반대되는 욕구나 목표, 가치, 이해관계에 놓였을 때 발생하게 된다. 즉, '해결할 수 있는 갈등'은 목표와 욕망, 가치, 문제를 바라보는 시각과 이해하는 시각이 다를 경우에 일어날 수 있는 갈등을 말한다. 이러한 갈등은 상대를 먼저 이해하고 서로가 원하는 것을 만족시켜주면 저절로 해결되는 경우가 많다.

53 다음의 사례에서 J대리와 K대리의 갈등이 증폭된 원인으로 옳은 것은?

> 기획팀 L부장은 최근 J대리와 K대리의 사이가 점점 나빠지고 있다는 것을 알게 되었고, 이를 해결하기 위해서는 사적인 만남을 통해 진솔한 이야기를 해보는 것이 좋겠다고 생각했다. 며칠 뒤, L부장은 셋이서 만나는 자리를 마련하였고 그 자리에서 J대리가 평소 하고 싶어 했던 프로젝트를 K대리가 맡은 것에 대하여 굉장히 분노하고 K대리를 비난하고 있었음을 알게 되었다. 또한 J대리의 이러한 악감정은 공식적인 모임이나 회의에서도 고스란히 나타나 팀의 발전이 이루어지지 않고 있다는 사실도 알게 되었다.

① 감정적 관여
② 목표의지 달성
③ 입장고수
④ 승 · 패의 경기
⑤ 편 가르기

J대리는 K대리에게 악감정을 가지고 있으며, 이러한 감정이 회의 자리에서도 고스란히 나타나 갈등해결에 어려움을 겪고 있다. 이는 자신의 입장에 감정적으로 묶여있기 때문이다. 따라서 정답은 '감정적 관여'이다.

54 다음 중 Windows7의 제어판에서 사용자 컴퓨터에 설치된 하드웨어 장치를 확인할 수 있는 항목으로 옳은 것은?

① 장치 관리자
② 사용자 프로필
③ 하드웨어 프로필
④ 컴퓨터 작업그룹
⑤ 디스플레이

Windows7의 제어판에서 사용자 컴퓨터에 설치된 하드웨어 장치를 확인할 수 있는 항목은 장치관리자이다. 장치관리자 항목에서는 현 시스템에 설치된 하드웨어의 종류 및 작동여부를 확인할 수 있고 각 하드웨어의 드라이버 업데이트 및 드라이버 설치를 할 수 있다.

55 다음 중 Windows7에서 [프린터 속성] 대화상자의 [고급]탭에서 설정할 수 없는 항목은?

① 인쇄된 문서 보관
② 기본값으로 인쇄
③ 인쇄를 빨리 끝낼 수 있도록 문서 스풀
④ 보안을 위한 사용 권한 설정
⑤ 짝이 맞지 않는 문서 보류

[프린터 속성] 대화상자의 [고급]탭에서 설정할 수 없는 항복은 보안을 위한 사용권한 설정이다. 이 항목은 [보안]탭에서 설정가능하다.

정답 52. ② | 53. ① | 54. ① | 55. ④

56 다음 중 멀티미디어의 특징에 대한 설명으로 옳지 않은 것은?

① 멀티미디어는 다중 매체의 의미를 가지며 다양한 매체를 통해 정보를 전달한다는 의미이다.

② 멀티미디어 데이터는 정보량이 크기 때문에 일반적으로 압축하여 저장한다.

③ 대용량의 멀티미디어 데이터를 저장하기 위해 CD-ROM, DVD, 블루레이 디스크 등의 저장 장치가 발전하였다.

④ 멀티미디어는 일정한 방향성을 띄지 않고 사용자의 다양한 선택에 따라 처리하는 비선형성의 구조를 가진다.

⑤ 멀티미디어 동영상 정보는 용량이 크고 통합처리하기 어려워 사운드와 영상이 분리되어 전송된다.

멀티미디어는 통합성을 가지기 때문에 사운드와 영상이 분리되지 않고 통합해서 전송된다.

57 다음 중 컴퓨터와 컴퓨터 사이에서 파일을 주고받을 수 있도록 하는 원격 파일 전송 프로토콜은?

① SSL　② FTP

③ Telnet　④ Usenet

⑤ DNS

컴퓨터와 컴퓨터 또는 컴퓨터와 인터넷 사이에서 파일을 주고받을 수 있도록 하는 원격 파일 전송 프로토콜은 FTP(File Transfer Protocol)이다.

58 다음 중 피벗 테이블 보고서에 관한 설명으로 옳지 않은 것은?

① 피벗 테이블 보고서를 작성한 후에 사용자가 새로운 수식을 추가하여 표시할 수 있다.

② 피벗테이블을 삭제하더라도 피벗테이블과 연결된 피벗 차트는 삭제되지 않고 일반 차트로 변경된다.

③ 피벗테이블 보고서는 현재 작업중인 워크시트나 새로운 워크시트에 작성할 수 있다.

④ 원본데이터가 변경되는 즉시 피벗 테이블 보고서의 데이터도 자동으로 변경된다.

⑤ 피벗 테이블 보고서는 대량의 데이터를 빠르게 요약하는데 사용하는 대화형 테이블이다.

원본데이터가 변경되면 데이터 새로 고침 아이콘을 이용하여 피벗 테이블의 데이터도 변경할 수 있다.

59 다음 제시된 자료들로부터 평균, 분산, 표준편차를 각각 구한 것으로 옳은 것은?

80, 83, 74, 96, 87

	평균	분산	표준편차
①	84	52	$\sqrt{52}$
②	85	53	$\sqrt{53}$
③	84	54	$\sqrt{54}$
④	85	55	$\sqrt{55}$
⑤	85	56	$\sqrt{56}$

- **평균** : 제시된 자료의 평균을 구하면, '$\frac{80+83+74+96+87}{5}=84$'이다.
- **분산** : 분산은 각 관찰값과 평균값과의 차이의 제곱을 모두 합한 값을 개체의 수로 나눈 값을 의미하므로, '$\frac{(80-84)^2+(83-84)^2+(74-84)^2+(96-84)^2+(87-84)^2}{5}=54$'가 된다.
- **표준편차** : 표준편차란 분산값의 제곱근 값을 의미하므로, '$\sqrt{54}(3\sqrt{6})$'이다.

정답 **56.** ⑤ | **57.** ② | **58.** ④ | **59.** ③

Check Point --- **범위, 평균, 분산, 표준편차**

㉠ **범위** : 관찰값의 흩어진 정도를 나타내는 도구로써 최고값과 최저값을 가지고 파악하며, 최고값에서 최저값을 뺀 값에 1을 더한 값을 의미함

㉡ **평균** : 관찰값 전부에 대한 정보를 담고 있어 대상집단의 성격을 함축적으로 나타낼 수 있는 값으로, 평균(산술평균)은 전체 관찰값을 모두 더한 후 관찰값의 개수로 나눈 값을 의미함

㉢ **분산** : 분산이란 자료의 퍼져있는 정도를 구체적인 수치로 알려주는 도구로, 각 관찰값과 평균값과의 차이의 제곱을 모두 합한 값을 개체의 수로 나눈 값을 의미함

㉣ **표준편차** : 표준편차란 분산값의 제곱근(양의 제곱근) 값을 의미하며, 개념적으로는 평균으로부터 얼마나 떨어져 있는가를 나타냄

60 다음은 한 회사 직원의 4년간의 연봉 인상률을 도표로 나타낸 것이다. A와 B의 평균 연봉 인상률을 구하면?

(단위 : 만원)

구분	2013년	2014년	2015년	2016년
A군	180	188	200	215
B군	150	156	163	170

	A군	B군
①	19.44%	13.33%
②	18.32%	12.78%
③	6.48%	4.44%
④	6.11%	4.26%
⑤	6.56%	4.38%

A군의 연봉 인상률은 '$\frac{(188-180)}{180}\times100+\frac{(200-188)}{188}\times100+\frac{(215-200)}{200}\times100 ≒ 18.32\%$'이다.

따라서 연봉 평균 인상률은 '$18.32\div3 ≒ 6.11\%$'가 된다.

B군의 연봉 인상률은 '$\frac{(156-150)}{150}\times100+\frac{(163-156)}{156}\times100+\frac{(170-163)}{163}\times100 ≒ 12.78\%$'이다.

따라서 연봉 평균 인상률은 '$12.78\div3 ≒ 4.26\%$'가 된다.

61 같은 집에 사는 회사 동료 A와 B는 각각 시속 60km/h, 40km/h의 속력으로 운전하여 회사에 간다. A와 B가 집에서 같은 시간에 출발하였을 때 A가 30분 빨리 회사에 도착했다면, 집에서 회사까지의 거리는 얼마인가? (회사까지의 거리는 직선이라 가정한다.)

① 40km
② 50km
③ 60km
④ 70km
⑤ 80km

집과 회사의 거리를 x(km)라 하면, '시간$=\frac{\text{거리}}{\text{속력}}$'이므로 A와 B가 회사까지 걸린 시간은 각각 $\frac{x}{60}$, $\frac{x}{40}$이 된다.

같은 시간에 출발한 경우 A가 0.5시간(30분) 빨리 도착하므로, '$\frac{x}{40}-\frac{x}{60}=0.5$'이다. '$3x-2x=60$'이므로, $x=60$(km)이다.

62 다음에 제시된 빈칸에 공통적으로 들어갈 말로 가장 알맞은 것은?

- (　　)은/는 과학이론을 실제로 적용하여 사물을 인간생활에 유용하도록 가공하는 수단이다.
- 20세기 중엽 이후 1970년대까지는 (　　)이/가 과학의 응용이라는 인식이 지배적이었는데, 바니바 부시(V. Bush)는 1944년에 쓴 『과학, 그 끝없는 개척자(Science, the Endless Frontier)』에서 과학이 (　　)을/를 낳고 산업을 발전시킨다고 설명하였다.
- 1970년대 들어서는 (　　)은/는 과학과 같은 추상적 이론보다는 실용성, 효용성, 디자인을 강조한다고 생각하게 되었다.

① 기술
② 지식
③ 가치
④ 창조
⑤ 산업

- '기술'은 과학이론을 실제로 적용하여 자연의 사물을 인간 생활에 유용하도록 가공하는 수단이라 정의된다. 이에 비해 과학은 인간이 원하는 방식으로 활용하도록 해주는 상호연관적인 지식들이므로, 기술은 과학의 응용이라 할 수 있다.
- 20세기 중엽 이후 1970년대까지는 기술이 과학의 응용이라는 인식이 지배적이었는데, 제2차 세계대전 동안 미국의 군사 연구를 총괄 지휘했던 바니바 부시(V. Bush)는 1944년에 쓴 『과학, 그 끝없는 개척자(Science, the Endless Frontier)』에서 과학이 '기술'을 낳고, 기술이 산업을 발전시킨다고 설명하였다.
- 1970년대 들어와서는 기술도 과학과 마찬가지로 지식이라는 시각으로 변화하였다. 과학과 기술의 상호작용은 지식이 사물에 응용되는 것이 아니라, 지식과 지식 사이의 상호작용이라는 것이다. 즉, '기술'은 과학과 같이 추상적인 이론보다는 실용성과 효용성, 디자인을 강조하고, 과학은 그 반대로 추상적 이론, 지식을 위한 지식, 본질에 대한 이해를 강조한다고 생각하게 되었다.

정답 60. ④ | 61. ③ | 62. ①

63 다음 제시문의 빈칸에 가장 알맞은 것은?

> (　　)은/는 컴퓨터 온라인을 통하여 학생들의 성적과 진도는 물론, 출석과 결석 등 학사 전반에 걸친 사항들을 관리해주는 학습활동지원시스템이다. 따라서 (　　)은/는 대학의 수강 · 출석 · 학점관리뿐 아니라 기업의 임직원 교육 및 평가에 이르기까지 다양한 분야에서 폭넓게 이용되고 있어, 최근 다수의 회사에서 도입을 검토하고 있다.

① LMS
② OJT
③ JIT
④ e-learning
⑤ 작업교시법

LMS(Learning Management System)는 가르치는 사람이나 학습을 관리하는 사람이 학생들의 공부 이력과 장 · 단점, 출 · 결 사항 등 학사에 관한 전반적 사항을 평가해 관리하는 학습 관리 시스템을 말한다. 따라서 온라인 학습이 원활하게 이루어지기 위해서는 이 학습 관리 시스템의 역할이 중요하다고 할 수 있다.

64 경영활동은 외부경영활동과 내부경영활동으로 구분할 수 있다. 다음 중 외부경영활동에 대한 설명으로 적절한 것을 모두 고른 것은?

> ㉠ 조직 내부를 관리하고 운영하는 것이다.
> ㉡ 기업에서는 주로 시장에서 이루어진다.
> ㉢ 총수입을 극대화하고 총비용을 극소화하는 활동이다.
> ㉣ 인사관리, 재무관리, 생산관리 등이 해당된다.

① ㉠
② ㉡, ㉢
③ ㉠, ㉡, ㉣
④ ㉡, ㉢, ㉣
⑤ ㉠, ㉡, ㉢, ㉣

㉡ 외부경영활동은 기업의 경우 주로 시장에서 이루어지는 활동을 말한다.
㉢ 외부경영활동은 총수입을 극대화하고 총비용을 극소화하여 이윤을 창출하는 것이다.
㉠ 외부경영활동은 조직 내부를 관리 · 운영하는 것이 아니라, 조직외부에서 조직의 효과성을 높이기 위해 이루어지는 활동이다.
㉣ 내부경영활동은 조직내부에서 인적 · 물적 자원 및 생산기술을 관리하는 것으로, 여기에는 인사관리, 재무관리, 생산관리 등이 해당된다.

65 최근 국내 전기설비 안전규격에 문제가 있다는 주장이 제기되고 있다. 일부 전기안전 전문가들은 차단기의 국내 전기설비 규격이 선진국에 비해 지나치게 낮다고 주장하기도 한다. 다음 중 세계 각국의 표준 규격과 차단기를 비교했을 때, 표준 규격 국가와 차단기의 연결이 옳지 않은 것은?

[국가 표준 규격]

구분	ANSI	CSA	GOST	JIS	DVGW
국가	A	B	C	D	E
정격전압(V)	380, 460	220	460, 690	220	380
정격전류(A)	50~110	15~35	1000~1500	30~60	50~110
정격차단전류(kA)	2~5	1~5	50~70	2~3	5~10

[차단기 종류]

구분	EBS 103Fb	AN 13D	32 GRhc	AF 50	ABE 103AF	AN 20E
정격전압(V)	220, 380	690	220	220	460	690
정격전류(A)	60, 70, 100	1250	15, 20, 30	30, 40, 50	60, 75, 100	1600
정격차단전류(kA)	5	50	1.5	2.5	2.5	65

① A국 – ABE 103AF
② B국 – 32 GRhc
③ C국 – AN 20E
④ D국 – AF 50
⑤ E국 – EBS 103Fb

C국의 경우 국가 표준 규격의 정격전류가 '1000~1500'인데 비해, 차단기 'AN 20E'의 정격전류는 '1600'으로 국가 표준 규격의 전류범위보다 높다. 따라서 'AN 20E'는 C국에 적합하지 않다. C국에 적합한 차단기는 'AN 13D'이다.

정답 63. ① | 64. ② | 65. ③

66 산업 재해를 예방하기 위해서는 사고의 원인이 되는 불안전한 행동과 불안전한 상태의 유형을 이해하고, 이들을 잘 분석하여 적절한 대책을 수립해야 한다. 다음에 제시된 산업 재해의 예방 대책을 순서대로 바르게 나열한 것은?

> ㉠ 사고 조사, 안전 점검, 현장 분석, 작업자의 제안 및 여론조사, 관찰 및 보고서 연구 등을 통하여 사실을 발견한다.
> ㉡ 경영자는 안전 목표를 설정하고 안전 관리 책임자를 선정하며, 안전 계획을 수립하고, 이를 시행·감독해야 한다.
> ㉢ 안전에 대한 교육 및 훈련 실시, 안전시설과 장비의 결함 개선, 안전 감독 실시 등의 선정된 시정책을 적용한다.
> ㉣ 재해의 발생 장소, 재해 형태, 재해 정도, 관련 인원, 직원 감독의 적절성, 공구 및 장비의 상태 등을 통해 원인을 정확히 분석한다.
> ㉤ 원인 분석을 토대로 적절한 시정책, 즉 기술적 개선, 인사 조정 및 교체, 교육, 설득, 공학적 조치 등을 선정한다.

① ㉠ – ㉡ – ㉤ – ㉢ – ㉣
② ㉡ – ㉠ – ㉢ – ㉣ – ㉤
③ ㉡ – ㉠ – ㉣ – ㉤ – ㉢
④ ㉠ – ㉢ – ㉡ – ㉣ – ㉤
⑤ ㉡ – ㉢ – ㉤ – ㉣ – ㉠

산업 재해의 예방 대책은 '안전 목표의 설정 및 관리 조직(㉡) – 사실의 발견(㉠) – 원인 분석(㉣) – 기술 공고화(㉤) – 시정책 적용 및 뒤처리(㉢)' 순서의 5단계로 이루어진다.

67 다음 설명에 해당하는 용어로 가장 알맞은 것은?

- 한 문화권에 속한 사람이 다른 문화를 접하게 되었을 때 체험하는 것이다.
- 다른 문화권이나 하위문화 집단에서 기대되는 역할을 잘 모를 때 겪게 되는 혼란이나 불안을 의미하기도 한다.
- 문화는 종종 전체의 90%가 표면 아래 감추어진 빙하에 비유되는데, 우리가 눈으로 볼 수 있는 음악, 음식, 예술, 의복, 디자인, 건축, 정치, 종교 등과 같은 문화는 10% 밖에 해당되지 않는 것이다. 따라서 개인이 자란 문화에서 체험된 방식이 아닌 다른 방식을 느끼게 되면 의식적 혹은 무의식적으로 이질적으로 상대 문화를 대하게 되고 불일치, 위화감, 심리적 부적응 상태를 경험하게 된다.

① 문화충격 ② 문화지체
③ 문화 상대주의 ④ 문화융합
⑤ 문화체험

문화충격(culture shock)은 한 문화권에 속한 사람이 다른 문화를 접하게 되었을 때 체험하는 충격 또는 다른 문화권이나 하위문화 집단에 들어가 기대되는 역할과 규범을 잘 모를 때 겪게 되는 혼란이나 불안을 의미한다. 문화충격에 대비하기 위해서 가장 중요한 것은 다른 문화에 대해 개방적인 태도를 견지하는 것이다. 자신이 속한 문화의 기준으로 다른 문화를 평가하지 말고, 자신의 정체성은 유지하되 새롭고 다른 것을 경험하는데 오는 즐거움을 느끼는 적극적 자세를 취하는 것이 필요하다.

② 문화지체(cultural lag)란 급속히 발전하는 물질문화와 완만하게 변하는 비물질문화 간에 변동속도의 차이에서 생겨나는 사회적 부조화를 의미한다.
③ 문화융합이란 서로 다른 사회의 문화 요소가 결합하여 기존의 두 문화 요소와는 다른 성격을 지닌 새로운 문화가 나타나는 현상을 말한다. 서로 다른 문화가 접촉 · 전파되면서 문화 접변이 일어나면, 그 결과 문화동화, 문화공존, 문화융합 등 다양한 변동 양상이 나타나게 된다.
④ 문화 상대주의는 어떤 사회의 특수한 자연환경과 역사적 배경, 사회적 맥락 등을 고려하여 그 사회의 문화를 이해하는 태도를 말한다.

정답 66. ③ | 67. ①

68 당신은 대형 백화점의 안내데스크에서 근무하고 있다. 하루는 회사에서 "노약자나 임산부 등의 고객이 길을 물어볼 경우 가급적 해당 장소까지 직접 안내해 드리도록 하라"는 지침이 내려왔다. 다음 중 당신이 취할 행동으로 가장 옳은 것은?

① 만삭인 젊은 여성이 길을 물어볼 경우 해당 장소까지 안내한다.
② 50대 부부가 길을 물어볼 경우 해당 장소까지 안내한다.
③ 60대 노인이 길을 물어볼 경우 같은 장소를 가는 다른 고객에게 안내를 부탁한다.
④ 휠체어를 탄 고객이 길을 물어볼 경우 상사에게 보고해 지시에 따른다.
⑤ 아무리 바쁘더라도 모든 고객을 직접 안내할 수 있도록 한다.

회사의 지시 내용은 노약자나 임산부가 길을 물어볼 경우 고객을 해당 장소까지 직접 안내해 드리라는 것이므로, 만삭은 여성의 경우 해당 장소까지 안내하는 것이 적절하다.

② 통상 노인은 60대 이상을 의미하므로, 50대 부부의 경우 직접 안내할 대상에 해당되지 않는다.
③, ④ 노인이나 환자 등의 노약자는 직접 안내해 드려야 하는 대상이다.

69 다음 문장을 읽고 순서에 맞게 배열한 것을 고르시오.

가. 공식에 따르지 않는 지적 · 정신적 기능은 컴퓨터에는 있을 수 없다. 심리학에서는 컴퓨터처럼 공식에 따르는 정신 기능을 수렴적 사고라 하고, 이에 비해 인간이 이루어내는 종합적 사고를 발산적 사고라 한다. 발산적 사고는 과학 · 예술 · 철학 등에서도 아주 중요한 지적 기능이다.
나. 이러한 기능은 컴퓨터에는 없다. 제아무리 발달한 컴퓨터라 해도 〈죄와 벌〉 같은 문학작품을 써낼 수는 없다. 지나치게 컴퓨터에 의존하거나 중독되는 일은 이런 발산적 사고의 퇴화를 가져올 수 있다.
다. 그러나 컴퓨터의 기능이 얼마나 복잡하든, 궁극적으로는 공식에 따라 진행되는 수리적 · 논리적인 여러 조작의 집적으로 이루어지는 것에 불과하다.
라. 컴퓨터는 처리할 수 있는 정보의 양과 속도 면에서는 인간의 능력을 훨씬 뛰어넘는다.

① 라 – 다 – 가 – 나
② 나 – 가 – 다 – 라
③ 가 – 라 – 다 – 나
④ 가 – 다 – 라 – 나
⑤ 다 – 가 – 나 – 라

컴퓨터는 처리할 수 있는 정보의 양과 속도 면에서는 인간의 능력을 훨씬 뛰어넘는다. – 그러나 컴퓨터의 기능이 얼마나 복잡하든, 궁극적으로는 공식에 따라 진행되는 수리적 · 논리적인 여러 조작의 집적으로 이루어지는 것에 불과하다. – 공식에 따르지 않는 지적 · 정신적 기능은 컴퓨터에는 있을 수 없다. 심리학에서는 컴퓨터처럼 공식에 따르는 정신 기능을 수렴적 사고라 하고, 이에 비해 인간이 이루어내는 종합적 사고를 발산적 사고라 한다. 발산적 사고는 과학 · 예술 · 철학 등에서도 아주 중요한 지적 기능이다. – 이러한 기능은 컴퓨터에는 없다. 제아무리 발달한 컴퓨터라 해도 〈죄와 벌〉 같은 문학작품을 써낼 수는 없다. 지나치게 컴퓨터에 의존하거나 중독되는 일은 이런 발산적 사고의 퇴화를 가져올 수 있다.

[70~71] 다음은 I사의 부서별 연수 참가 인원수를 나타낸 표이다. I사의 경우 모든 사원이 영어 연수나 컴퓨터 연수 중 하나에 참가해야 한다.

(단위 : 명)

구분	영어 연수 참가 인원수	컴퓨터 연수 참가 인원수	총 인원수
A부서		㉠	80
B부서	㉡		㉢
C부서	15	㉣	75

70 A부서에서 영어 연수에 참여하는 비율이 45%라 할 때, ㉠의 값은?

① 36명
② 38명
③ 40명
④ 44명
⑤ 46명

부서의 모든 인원이 영어 연수나 컴퓨터 연수 중 하나에 참여하므로, A부서의 컴퓨터 연수 참여 비율은 부서 총 인원수의 55%이다. 따라서 ㉠은 $80 \times 0.55 = 44$(명)이다.

정답 68. ① | 69. ① | 70. ④

71 B부서의 경우 총 인원수에서 컴퓨터 연수에 참여하는 비율이 65%라 할 때, ㉡+㉢의 값은?

① 81명
② 99명
③ 125명
④ 133명
⑤ 140명

C부서의 총 인원수가 75명이므로 ㉢은 $75-15=60$이 된다. B부서에서 컴퓨터 연수에 참여하는 비율이 65%이므로 영어 연수에 참여하는 비율은 35%가 된다.
따라서 ㉡은 $60 \times 0.35 = 21$(명)이다. ∴ ㉡+㉢$=21+60=81$(명)

72 다음 제시문에서 설명하는 것으로 옳은 것은?

- 하는 일 : 만나는 사람들에게 자신을 빠르고 정확하게 어필할 수 있는 가장 좋은 방법
- 제작 노하우 : 하고자 하는 말을 간단명료하면서 일목요연하게 압축해서 제작 하는 것이 중요함.
- 중요성 : 나의 신상 정보, 하는 일 등 신상정보를 알린다. 보관되고 간직할 수 있도록 한다. 용무가 있는 사람이 연락을 할 수 있도록 연락처를 알려준다.

① 주민등록증
② 이력서
③ 자기소개서
④ 포트폴리오
⑤ 명함

명함에는 일반적으로 자신의 이름, 소속, 연락처 등이 포함되어 있어 다른 사람들로 하여금 자신이 어떤 일을 하는지를 알려주는 효과가 있다. 명함은 단지 받아서 보관하는 것이 목적이 아니라, 이를 활용하고 적극적인 의사소통을 통해 자신의 인맥을 만들기 위한 도구로 활용되어야 한다. 중요한 사항을 명함에 메모하는 것도 중요하다.

73 다음 중 아래에서 응용 소프트웨어만 선택하여 나열한 것은?

㉠ 윈도우	㉡ 포토샵
㉢ 리눅스	㉣ 한컴오피스
㉤ 유닉스	

① ㉠, ㉡ ② ㉡, ㉣
③ ㉠, ㉢, ㉤ ④ ㉡, ㉣, ㉤
⑤ ㉠, ㉣

보기에서 윈도우, 리눅스, 유닉스는 시스템 소프트웨어에 해당하고, 포토샵과 한컴오피스는 응용 소프트웨어에 해당한다.

74 컴퓨터 통신에서 문자와 기호, 숫자 등을 적절히 조합해 감정이나 특정한 상황을 상징적이며 재미있게 표현하는 사이버 공간 특유의 언어를 뜻하는 말로 옳은 것은?

① 네티켓 ② 이모티콘
③ 스팸 ④ 트래픽
⑤ SNS

이모티콘(Emoticon)은 컴퓨터 통신에서 자신의 감정이나 의사를 나타내기 위해 사용하는 기호나 문자의 조합을 말하는 것으로, 감정(emotion)과 아이콘(icon)을 합성한 말이다. 이모티콘은 1980년대에 미국의 한 대학생이 최초로 사용했으며, PC통신과 인터넷 상용화 초창기에 웃는 모습이 주류를 이루었기 때문에 스마일리(Smiley)로 불리기도 하였다.

정답 71. ① | 72. ⑤ | 73. ② | 74. ②

KEPCO JOB APTITUDE TEST

Part 02

인성검사

PART 2 인성검사

KEPCO의 인성검사는 직장생활 수행 과정에서 어떤 개인적 특성이 나타날지를 파악하고 이해하기 위한 수단으로서 성취지향성, 주도성, 팀워크, 표현력 등 18개 요인에 대해 검사한다. 총 350문항이 제시되며 제한 시간은 50분이다. 해당 문항이 자신의 성격을 잘 설명하는지를 고려하여 '예(Y), 아니요(N)'의 두 가지로 응답할 수 있는데 이때 문항이 중복 제시될 수 있으므로 수험생은 일관성을 가지고 대처해야 한다.

문항에 대한 답은 그른 답이 따로 있는 것이 아니라 개개인이 갖고 있는 특성이나 성향에 따라 다를 수 있으므로 평소 지니고 있던 자신의 태도를 솔직하고 편안한 마음으로 응답하면 된다. 또한 문항 수에 비해 검사 소요시간이 촉박하므로 한 문항을 너무 오래 생각해서는 안 된다.

일러두기

- 본 검사는 성격측정 도구로써 개인의 행동을 예측하고 이해하기 위해 사용되는 검사입니다.
- 본 검사 문항은 '예', '아니요'의 두 가지로 응답할 수 있습니다. 해당 문항이 자신의 성격을 잘 설명하는지를 고려하여 응답하여 주시기 바랍니다.
- 문항에 대한 답은 옳거나 그른 답이 따로 있는 것이 아니라 개개인이 갖고 있는 특성 또는 성향에 따라 다를 수 있습니다.
- 본 검사의 문항은 총 350문항으로 구성되어 있으며, 검사 소요시간은 50분입니다. 한 문항을 너무 오래 생각하지 마시기 바랍니다.
- 인성검사는 적 · 부 여부만 판정하며 배점이 없습니다.

번호	문항	응답	
001	나는 여러 개의 클럽이나 모임에 가입하고 싶다.	예	아니요
002	나는 일기를 썼던 적이 있었다.	예	아니요
003	어릴 때 나의 문제를 부모님들과 상의할 수 있었다.	예	아니요
004	내 주위의 대부분의 사람들처럼 나도 유능하고 영리하다고 생각된다.	예	아니요
005	나의 일상생활은 즐거운 일로 가득 차 있다.	예	아니요
006	나는 항상 내가 하는 일이 성공하리라고 기대한다.	예	아니요
007	나는 투표할 권리를 포기하는 것을 부끄럽게 여긴다.	예	아니요
008	나는 대부분의 다른 사람들보다 옳고 그른 것에 대해서 보다 엄격한 편이라고 생각한다.	예	아니요
009	나는 의사결정을 하기 전에 모든 관점에서 문제를 신중히 생각한다.	예	아니요
010	나는 뱀을 그렇게 무서워하지 않는다.	예	아니요
011	나는 일을 마친 후에야 즐긴다는 규칙을 항상 따른다.	예	아니요
012	부모님은 내가 출세하기를 바랐다.	예	아니요
013	나는 많은 사람들 앞에서 이야기하기를 좋아한다.	예	아니요
014	나는 특별한 이유가 없거나 일이 잘못 되더라도 '세상을 정복한 것 같은' 행복감을 느낄 때가 가끔 있다.	예	아니요
015	내 주위의 대부분의 사람들처럼 나도 유능하고 영리하다고 생각된다.	예	아니요
016	연구를 수행한다는 생각만 해도 나는 매력을 느낀다.	예	아니요
017	나는 마무리 짓지 못할 일들을 종종 벌려 놓는다.	예	아니요
018	나는 의상 디자이너와 같은 일을 좋아할 것 같다.	예	아니요
019	나는 어떤 모임에서 일을 하게 될 때 그 책임을 맡고 싶어 한다.	예	아니요
020	나는 라디오에서 흘러나오는 교향음악을 듣기 좋아한다.	예	아니요
021	내 주위의 대부분의 사람들처럼 나도 유능하고 영리하다고 생각된다.	예	아니요
022	나는 지루할 때면 어떤 스릴 있는 일을 일으키고 싶어진다.	예	아니요
023	때때로 나는 실제로 내가 알고 있는 것 이상으로 아는 체 한다.	예	아니요
024	나는 집안 식구들과 좀처럼 싸우지 않는다.	예	아니요
025	탈세하기 위하여 소득 보고서를 허위로 작성하는 것은 정부의 돈을 훔치는 것과 마찬가지로 나쁘다.	예	아니요
026	나의 가정생활은 언제나 행복했다.	예	아니요

027	나는 일주일에 몇 번씩 마치 끔찍스러운 일이 나에게 일어날 것처럼 느낀다.	예	아니요
028	나의 가정생활은 언제나 행복했다.	예	아니요
029	나는 라디오에서 흘러나오는 교향음악을 듣기 좋아한다.	예	아니요
030	나는 남의 물건을 자기 것과 같이 함부로 다루는 사람에게는 내 물건을 빌려주고 싶지 않다.	예	아니요
031	남의 명령을 받아들일 때 화나 짜증을 내는 사람은 무언가가 잘못되어 있다.	예	아니요
032	나는 매우 이상한 경험을 한 적이 있다.	예	아니요
033	나는 일 년에 책을 적어도 열 권은 읽는다.	예	아니요
034	나는 학교 다닐 때 언제나 긴 안목으로 과목을 선택하거나 공부 방향을 정했다.	예	아니요
035	규칙적인 시간 생활과 잘 정돈된 생활양식이 내 성질에 맞는다고 생각된다.	예	아니요
036	기회만 주어진다면, 나는 훌륭한 지도자가 될 것이다.	예	아니요
037	나는 유명한 성악가의 노래를 듣고 싶다.	예	아니요
038	나는 학교 다니기를 좋아했었다.	예	아니요
039	나는 놀이와 오락을 다양하게 즐긴다.	예	아니요
040	나는 가끔 일을 너무 많이 벌려서 스스로 지치곤 하였다.	예	아니요
041	나는 목덜미가 아파 본 적이 거의 없다.	예	아니요
042	모든 국민들은 개인적인 즐거움을 포기하는 한이 있더라도 국가적인 문제를 해결하는 데에는 시간을 할애해야만 한다.	예	아니요
043	나는 법을 어겨서 말썽이 된 경우가 한 번도 없다.	예	아니요
044	나는 사실을 확실히 알기 전에는 남을 판단하는 일이 없다.	예	아니요
045	나는 매우 이상한 경험을 한 적이 있다.	예	아니요
046	나는 고의적인 거짓말을 한 번도 한 적이 없다.	예	아니요
047	교육이란 많은 사람들이 생각하는 것보다 훨씬 중요하다.	예	아니요
048	나는 평상시 아침에 일어나면 기분이 개운하고 피로가 풀린다.	예	아니요
049	모든 사실들을 종합해보면, 대부분의 질문에는 단지 하나의 정답만이 있을 뿐이다.	예	아니요
050	나는 어떤 모임에서 내가 잘 아는 분야에 대해 토론을 시작하거나, 의견을 제시하라는 요청을 받았을 때 당황하지 않을 것이다.	예	아니요
051	나는 뱀을 그렇게 무서워하지 않는다.	예	아니요
052	만약 우리가 '아마도', '대체로', '혹시'와 같은 말들을 쓰지 않도록 한다면 우리의 생각은 훨씬 나아질 것이다.	예	아니요

053	다른 사람이 나를 인정하지 않는다는 생각이 들면 매우 긴장되고 불안해진다.	예	아니요
054	나는 이야기를 듣기보다는 하기를 더 좋아한다.	예	아니요
055	나는 여러 개의 클럽이나 집회에 가입하고 싶다.	예	아니요
056	나는 다른 사람들에게 주목의 대상이 되기를 좋아한다.	예	아니요
057	나는 신문사의 해외특파원이 되기를 좋아하는 것 같다.	예	아니요
058	솔직히 말해서 나는 체면 차릴 만큼은 일을 한다.	예	아니요
059	나는 학교 다니기를 좋아했었다.	예	아니요
060	대체로 나는 행복감을 느낀다.	예	아니요
061	나는 집안 식구들과 좀처럼 싸우지 않는다.	예	아니요
062	남이 나에게 친절을 베풀면 나는 대개 숨겨진 이유가 무엇인지를 생각해본다.	예	아니요
063	나는 이전에도 그랬듯이 지금 매우 행복하다.	예	아니요
064	어떤 사람들은 동정을 얻기 위하여 그들의 고통을 과장한다.	예	아니요
065	기회만 주어진다면, 나는 훌륭한 지도자가 될 것이다.	예	아니요
066	우리의 한국적 생활양식을 변화시키려고 하는 것은 바보같은 짓이다.	예	아니요
067	나는 역사에 관한 것을 읽기 좋아한다.	예	아니요
068	나는 전문서적을 저술해 보고 싶다.	예	아니요
069	나는 사실을 확인하기 전에는 남을 판단하지 않는다.	예	아니요
070	나는 폭풍을 무척 두려워했다.	예	아니요
071	나는 내가 처음에 관련되어 있지 않았더라도 그릇된 것을 고치기 위해서라면 기꺼이 돈을 내겠다.	예	아니요
072	나는 어떤 모임에서 내가 잘 아는 분야에 대해 토론을 시작하거나, 의견을 제시하라는 요청을 받았을 때 당황하지 않을 것이다.	예	아니요
073	나는 많은 사람이 이미 모여서 이야기하고 있는 방에 들어가는 것을 두려워하지 않는다.	예	아니요
074	나는 다른 사람들에게 주목의 대상이 되기를 좋아한다.	예	아니요
075	나는 스페인의 투우 경기를 구경하고 싶다.	예	아니요
076	나는 한 가지 일에 전념하기가 어렵다.	예	아니요
077	나는 아프거나 상처를 입었을 때 의사를 찾아가는 일이 두렵지 않다.	예	아니요
078	나는 술을 과음한 적이 없다.	예	아니요
079	나는 스릴을 느끼기 위해 위험한 일을 한 적이 없다.	예	아니요

080	대부분의 사람들은 잡히는게 두려워서 나쁜 짓을 하지 않는다.	예	아니요
081	나는 명령을 받거나 작업지시 받는 것을 꺼리지 않는다.	예	아니요
082	학교 다닐 때 대부분의 선생님들은 공정하고 솔직하게 나를 대해 주었다.	예	아니요
083	나는 역사에 관한 것을 읽기 좋아한다.	예	아니요
084	나는 세상에서 가능한 한 무엇이든지 손에 넣을려고 노력하는 사람을 비난하지 않는다.	예	아니요
085	나는 과학을 좋아한다.	예	아니요
086	선출된 공무원들에게는 지금보다 더 많은 월급을 주어야 한다.	예	아니요
087	강한 사람은 아무리 어려운 문제에 부딪쳐도 스스로 결정을 내릴 수 있다.	예	아니요
088	교통사고가 날지도 모른다고 생각을 하면 소름이 끼친다.	예	아니요
089	여러 사람들이 모이는 자리에서 흔히 나는 사람들을 소개시키는 일을 맡는다.	예	아니요
090	나는 합창부에 가입하고 싶다.	예	아니요
091	나는 아프거나 상처를 입었을 때 의사를 찾아가는 일이 두렵지 않다.	예	아니요
092	나는 많은 사람이 이미 모여서 이야기하고 있는 방에 들어가는 것을 두려워하지 않는다.	예	아니요
093	나는 내 자신에 대해 높은 기준을 세우고 있고 다른 사람들도 그래야만 한다고 느낀다.	예	아니요
094	길을 걷다가 때때로 나는 어떤 사람과 마주치는 것을 피하기 위해 다른 쪽으로 간다.	예	아니요
095	나는 현기증이 난 적이 전혀 없다.	예	아니요
096	나의 가정생활은 항상 즐거웠다.	예	아니요
097	나는 매우 이상한 경험을 한 적이 있다.	예	아니요
098	아무런 이유 없이 일주일에 한 번 이상 갑자기 온몸이 화끈거리는 것을 느낀다.	예	아니요
099	나는 토론회나 연구회에 참석하기를 좋아한다.	예	아니요
100	나는 대체로 남들이 나에게 기대하고 있는 일을 해내려고 애쓰며 또한 남의 비판을 피하려 한다.	예	아니요
101	나는 학교 선생님이 하는 일을 좋아할 것 같다.	예	아니요
102	나는 학교에서 무엇을 배울 때 느린 편이었다.	예	아니요
103	나는 과학에 관한 것을 읽기를 좋아한다.	예	아니요
104	비록 내가 어떤 일에 대해서 이미 결심을 하였더라도, 사람들은 나의 마음을 꽤 쉽게 변화시킬 수 있다.	예	아니요
105	모든 사실을 종합해 보면 대부분의 질문에는 단지 한 가지 정답만이 있을 뿐이다.	예	아니요
106	나는 어두움을 무서워하는 편이다.	예	아니요

107	나는 내 자신이 매우 '강한' 성격의 소유자라고 말할 수 있다.	예	아니요
108	나는 누가 나를 지켜보고 있다는 생각을 하면 매우 불안해진다.	예	아니요
109	나는 파티나 사교적인 모임을 좋아한다.	예	아니요
110	나는 일 년에 책을 적어도 열 권은 읽는다.	예	아니요
111	나는 현기증이 난 적이 전혀 없다.	예	아니요
112	아무런 이유 없이 일주일에 한 번 이상 갑자기 온몸이 화끈거리는 것을 느낀다.	예	아니요
113	자기 집 앞의 거리를 청소하는 일은 시민의 의무이다.	예	아니요
114	나는 곤경에 처해있을 때라도 언제든지 올바른 행동을 하려고 노력하였다.	예	아니요
115	나는 성급하다는 말을 종종 듣는다.	예	아니요
116	현재 상태가 계속된다면, 나는 성공하리라는 희망을 가지기가 매우 어렵다.	예	아니요
117	나는 일을 하기 전에 언제나 남의 입장을 생각해 보려고 노력한다.	예	아니요
118	나는 의견을 말할 수 있는 권리를 매우 중요하게 생각한다.	예	아니요
119	나는 활동 계획을 미리 짜기를 좋아한다.	예	아니요
120	만약 우리가 '아마도', '대체로', '혹시'와 같은 말들을 안 쓴다면, 우리의 생각은 훨씬 나아질 것이다.	예	아니요
121	나는 소변을 보거나 참는데 별 어려움을 겪은 적이 없다.	예	아니요
122	나는 종종 직업을 잘못 선택했다고 느낀다.	예	아니요
123	나는 모든 것을 반드시 제자리에 놓아두기를 좋아한다.	예	아니요
124	나는 매사를 어렵게 대하는 경향이 있다.	예	아니요
125	솔직히 말해서 나는 상당히 말재주가 있다.	예	아니요
126	누군가가 나를 부당하게 취급하는 경우가 있다면 가능한 한 정의를 실현하기 위해 보복을 하여야만 된다고 생각한다.	예	아니요
127	나는 여러 개의 클럽이나 집회에 가입하고 싶다.	예	아니요
128	나는 어떤 모임에서 내가 잘 아는 분야에 대해 토론을 시작하거나, 의견을 제시하라는 요청을 받았을 때 당황하지 않을 것이다.	예	아니요
129	나는 값비싼 옷을 입기 좋아한다.	예	아니요
130	나는 곤경을 모면하기 위해 꾀병을 부린 적이 있다.	예	아니요
131	투표를 하지 않는 사람은 올바른 시민이 아니다.	예	아니요
132	나는 낯선 사람과는 화투나 놀음을 절대 하지 않는다.	예	아니요

133	때때로 나는 실제로 내가 알고 있는 것 이상으로 아는 체 한다.	예	아니요
134	파티에서 재주나 묘기 부리기를 하게 되면 내가 아닌 다른 사람들이 그런 놀이를 할 때 일지라도, 나는 기분이 언짢아진다.	예	아니요
135	나에게 가장 중요한 것은 나의 직업과 동료를 위하여 의무를 다하는 것이다.	예	아니요
136	나는 몹시 화를 낸 적이 가끔 있다.	예	아니요
137	나는 항상 남들이 나에게 기대하는 것보다 더 잘하려고 노력을 한다.	예	아니요
138	실제로 법을 위반하는 것이 아니라면 법망을 피하는 것은 괜찮다.	예	아니요
139	나는 대변을 보거나 참는데 별 어려움이 없었다.	예	아니요
140	나는 한 가지 일에 전념하기가 어렵다.	예	아니요
141	내가 남들과 언쟁을 하게 되는 경우는 대부분 나의 개인적인 신념이나 원칙 때문이다.	예	아니요
142	나는 도서관 직원이 하는 일을 좋아하는 것 같다.	예	아니요
143	나는 내가 속한 모임에서 대체로 지도자 역할을 한다고 생각한다.	예	아니요
144	나는 깊은 물을 두려워한다.	예	아니요
145	기회만 주어진다면, 나는 훌륭한 지도자가 될 것이다.	예	아니요
146	나는 떠들썩하고 재미있는 모임이나 행사에 참석하기를 좋아한다.	예	아니요
147	나는 어떤 모임에서 일을 하게 될 때 그 책임을 맡고 싶어 한다.	예	아니요
148	나는 어떤 대상에 대해 너무 민감해서 그와 관련된 이야기를 할 수 없다.	예	아니요
149	나는 법을 어겨서 말썽이 된 경우가 한 번도 없다.	예	아니요
150	우리 식구들은 언제나 매우 가깝게 지낸다.	예	아니요
151	때때로 나는 무엇인가 부수고 싶을 때가 있었다.	예	아니요
152	대부분의 사람들은 자기에게 도움이 될 것 같기 때문에 친구를 사귀게 된다.	예	아니요
153	사람들과 같이 있을 때, 나는 보통 의견을 표현하기 보다는 다른 사람들이 바라는 대로 행동하는 편이다.	예	아니요
154	세상에는 전혀 믿을 수 없는 사람도 있다.	예	아니요
155	학교 다닐 때, 나의 작문이 학생들 앞에서 낭독될 때 매우 기분이 좋았다.	예	아니요
156	오늘날의 부모들은 자식들에게 너무 허용적이다.	예	아니요
157	나는 종종 세상이 나와 상관없이 돌아가는 것 같은 느낌이 든다.	예	아니요
158	대개의 사람들은 성 문제를 지나치게 걱정한다.	예	아니요
159	나는 꾸준하고 열심히 일하는 사람으로 알려져 있다.	예	아니요

160	나는 간호원이 되고 싶다.	예	아니요
161	결정을 내려야 할 때면 사람들은 의당 나에게 도움을 구하는 것 같다.	예	아니요
162	현재 상태가 계속된다면, 나는 성공하리라는 희망을 가지기가 매우 어렵다.	예	아니요
163	나는 춤추기를 매우 좋아한다.	예	아니요
164	나는 항상 내가 하는 일이 성공하리라고 기대한다.	예	아니요
165	나는 이따금 천박한 농담을 듣고 웃는다.	예	아니요
166	대부분의 사람들은 남보다 앞서기 위하여 거짓말을 한다.	예	아니요
167	나는 거스름돈을 너무 많이 받으면 꼭 돌려준다.	예	아니요
168	나는 종종 직업을 잘못 선택했다고 느낀다.	예	아니요
169	거짓말을 하여 이득을 얻을 수 있다면 대부분의 사람들은 거짓말을 하게 될 것이다.	예	아니요
170	실제로 법을 위반하는 것이 아니라면 법망을 피하는 것은 괜찮다.	예	아니요
171	나는 가끔 남의 이야기를 할 때가 있다.	예	아니요
172	나는 가끔 낙담할 때가 있었다.	예	아니요
173	나는 매우 이상한 경험을 한 적이 있다.	예	아니요
174	나는 어려운 문제에 부딪치면 쉽게 포기해 버리는 경향이 있다.	예	아니요
175	나는 매우 이상한 경험을 한 적이 있다.	예	아니요
176	나는 옷을 아무렇게나 입은 사람을 만나기를 좋아하지 않는다.	예	아니요
177	나는 불분명하고 예측할 수 없는 일을 싫어한다.	예	아니요
178	솔직히 말해서 나는 낯선 곳에 가면 조금 겁을 먹는다.	예	아니요
179	나는 사람들을 감화시킬 수 있는 천부적인 재능을 가졌다.	예	아니요
180	나는 이성에 대한 생각으로부터 벗어났으면 좋겠다.	예	아니요
181	나는 역사에 관한 것을 읽기 좋아한다.	예	아니요
182	대체로 나는 행복감을 느낀다.	예	아니요
183	나는 무슨 일을 하기 전에 친구들의 반응이 어떠할지를 생각해 본다.	예	아니요
184	나는 가끔 해롭거나 세상 사람들이 깜짝 놀랄만한 일을 하고 싶은 강한 충동을 느낀다.	예	아니요
185	나는 스릴을 느끼기 위해 위험한 일을 한 적이 없다.	예	아니요
186	나는 학교 다닐 때 자주 수업을 빼 먹었다.	예	아니요
187	때때로 나는 같은 꿈을 몇 번이고 꾼다.	예	아니요

188	대부분의 사람들은 이익을 놓치지 않기 위해서 부당한 수단을 사용하려 든다.	예	아니요
189	이 세상에는 도저히 신뢰할 수 없는 사람들이 있다.	예	아니요
190	누군가가 나의 권리를 박탈하려고 한다면 나는 대항할 것이다.	예	아니요
191	나는 성급하다는 말을 종종 듣는다.	예	아니요
192	선생님은 종종 학생들에게 지나치게 많은 공부를 기대한다.	예	아니요
193	누군가가 나를 부당하게 취급하는 경우가 있다면 가능한 한 정의를 실현하기 위해 보복을 하여야만 된다고 생각한다.	예	아니요
194	나는 한 가지 일에 정신을 집중하기가 어렵다.	예	아니요
195	나는 일단 결심을 하면 좀처럼 바꾸지 않는다.	예	아니요
196	솔직히 말해서 나는 짓궂은 장난을 좋아한다.	예	아니요
197	나는 명령을 하고 일을 진행시키기를 좋아한다.	예	아니요
198	나는 집안에 있으면 마음이 편하지 않다.	예	아니요
199	나는 사람들과의 교제에 능숙하다.	예	아니요
200	나는 떠들썩하고 거창한 모임을 좋아한다.	예	아니요
201	나는 혼자 있을 때면 자유의지, 죄악과 같이 추상적인 문제들을 자주 생각한다.	예	아니요
202	나는 어둠 속에 혼자 있으면 무섭다.	예	아니요
203	사람들을 도와줘도 소용이 없는 일이다. 결국은 손해를 보게 된다는 것을 알게 될 뿐이다.	예	아니요
204	현재 상태가 계속된다면, 나는 성공하리라는 희망을 가지기가 매우 어렵다.	예	아니요
205	나는 한 가지 일에 전념하기가 어렵다.	예	아니요
206	나는 무슨 일을 하려고 하면 손이 떨릴 때가 많다.	예	아니요
207	나는 낯선 사람들에게 이야기를 꺼내기가 어렵다.	예	아니요
208	사람들은 가끔 나를 실망시킨다.	예	아니요
209	나는 학교 다닐 때 자주 수업을 빼 먹었다.	예	아니요
210	나는 언젠가 권투시합을 한번 갖고 싶다.	예	아니요
211	나는 폭풍을 무척 두려워했다.	예	아니요
212	나의 인생 목표 중 하나는 어머니가 나를 자랑할 수 있는 무엇인가를 달성하는 것이다.	예	아니요
213	나는 대부분의 다른 사람들보다 선과 악에 대하여 더 엄격한 편이다.	예	아니요
214	현재 우리가 직면하고 있는 국제문제에 대한 해결방안을 나는 알고 있다.	예	아니요
215	나는 일에 계획을 세우고 각자가 할 일을 결정하는 것을 좋아한다.	예	아니요

216	자기의 세금을 올리는데 찬성하는 사람은 바보밖에 없을 것이다.	예	아니요
217	나는 물을 무서워하지 않는다.	예	아니요
218	나에게 도전해 오는 것을 무엇이든지 하고자 한다.	예	아니요
219	내가 남들과 언쟁을 하게 되는 경우는 대부분 나의 개인적인 신념이나 원칙 때문이다.	예	아니요
220	나는 배탈이 자주 난다.	예	아니요
221	나는 매우 이상한 경험을 한 적이 있다.	예	아니요
222	나의 부모님들은 종종 나의 친구들을 못마땅하게 여긴다.	예	아니요
223	나는 내가 한 말이나 행동이 후회될까 두려워서 종종 다른 사람을 멀리할 때가 있다.	예	아니요
224	내가 잘 아는 사람이 성공했다는 소식을 들으면 나는 패배감 같은 것을 느낀다.	예	아니요
225	때때로 나는 실제로 내가 알고 있는 것 이상으로 아는 체 한다.	예	아니요
226	여러 아이들이 한 아이를 때리는 것을 본다면 나는 틀림없이 그들을 말리겠다.	예	아니요
227	누군가가 나를 부당하게 취급하는 경우가 있다면 가능한 한 정의를 실현하기 위해 보복을 하여야만 된다고 생각한다.	예	아니요
228	나는 다른 사람들이 나의 좋은 의견을 그들이 먼저 생각 못했다는 이유만으로 시기하는 것을 흔히 보아왔다.	예	아니요
229	신문에서 재미있는 부분은 만화나 해외토픽들 뿐이다.	예	아니요
230	나는 어려운 문제에 부딪치면 쉽게 포기해 버리는 경향이 있다.	예	아니요
231	결과야 어떻든 간에 모든 법률은 매우 엄격하게 집행되어야 한다는데 찬성한다.	예	아니요
232	나는 연애소설보다 모험소설을 더 좋아한다.	예	아니요
233	나는 내가 훌륭한 지도자가 될 수 있을까 의심스럽다.	예	아니요
234	보통 나는 매우 잘 아는 사람이 아니면 이야기를 잘 안한다.	예	아니요
235	나는 낯선 사람과 같이 있으면 자연스럽게 행동하기가 어렵다.	예	아니요
236	나는 연극배우나 영화배우가 되고 싶다.	예	아니요
237	남녀가 함께 있으면 남자는 대개 섹스에 관련된 것을 생각한다.	예	아니요
238	나는 나를 해치지 않는다는 것을 알면서도 어떤 물건이나 사람을 무서워한다.	예	아니요
239	교통 위반을 했을 때 벌금을 봐주는 사람은 사귀어둘만 하다.	예	아니요
240	나는 종종 깊이 생각하지 않고 즉각적으로 행동한다.	예	아니요
241	나는 때때로 욕지거리를 하고 싶어질 때가 있다.	예	아니요
242	가끔 내가 내 자신이나 남을 꼭 해칠 것만 같은 느낌이 든다.	예	아니요

243	때때로 나는 무엇인가 부수고 싶을 때가 있었다.	예	아니요
244	나는 무엇이든 잘하는 일이 없다.	예	아니요
245	자신의 활동계획을 미리 세운다면 인생의 즐거움 중 대부분을 빼앗기기 쉽다.	예	아니요
246	사람들은 실제보다도 더 남을 염려해 주는 체 한다.	예	아니요
247	여러 사람과 함께 있으면 어떤 적합한 말을 해야 할지 어려움을 느낀다.	예	아니요
248	장래의 목표를 희생하는 일이 있더라도 현시점에서 나를 즐겁게 하는 것이라면, 나는 그 일을 하겠다.	예	아니요
249	나는 항상 나의 일을 주의 깊게 계획하고 짜는데 완벽을 기한다.	예	아니요
250	나는 가끔 누군가와 주먹 싸움을 하고 싶은 충동을 느낀다.	예	아니요
251	나는 한 가지 일에 전념하기가 어렵다.	예	아니요
252	나는 낯선 사람들을 만나면 무슨 이야기를 해야 할지 어려움을 겪는다.	예	아니요
253	나는 폭풍을 무척 두려워했다.	예	아니요
254	나는 종종 세상이 나와 상관없이 돌아가는 것 같은 느낌이 든다.	예	아니요
255	나는 가끔 규율을 어기거나 금지된 일을 하기를 좋아한다.	예	아니요
256	내가 매우 즐겁고 활기 있을 때, 기분이 언짢거나 우울해 보이는 사람이 나타나면 내 기분이 망쳐진다.	예	아니요
257	나는 학교 다닐 때 자주 수업을 빼 먹었다.	예	아니요
258	나는 내가 걱정해야 할 것 이상으로 많은 걱정거리를 갖고 있었다.	예	아니요
259	나는 때때로 자신의 업적을 자랑하고 싶어진다.	예	아니요
260	나는 내가 걱정해야 할 것 이상으로 많은 걱정거리를 갖고 있었다.	예	아니요
261	거짓말을 하여 이득을 얻을 수 있다면 대부분의 사람들은 거짓말을 하게 될 것이다.	예	아니요
262	나는 대체로 잠을 안잔다.	예	아니요
263	나는 학교에서 무엇을 배울 때 느린 편이었다.	예	아니요
264	어떤 사람의 경우에 미래가 너무 불확실하기 때문에 진지하게 계획을 세울 수 없다.	예	아니요
265	나는 학교에서 무엇을 배울 때 느린 편이었다.	예	아니요
266	나는 혼자 있을 때면 자유의지, 죄악과 같이 추상적인 문제들을 자주 생각한다.	예	아니요
267	많은 사람들의 문제점은 일을 신중하게 하지 않는데 있다.	예	아니요
268	나는 경주용 차를 몰아보고 싶다.	예	아니요
269	나는 나의 한 말이나 행동이 후회될까 두려워서 종종 다른 사람을 멀리할 때가 있다.	예	아니요

270	자기 자신을 돌볼 수만 있다면 남을 걱정할 필요가 없다.	예	아니요
271	나 자신에 관해서 남에게 이야기하기가 매우 어렵다.	예	아니요
272	다른 사람이 나를 인정하지 않는다는 생각이 들면 매우 긴장되고 불안해진다.	예	아니요
273	나는 연극배우나 영화배우가 되고 싶다.	예	아니요
274	나는 늘 머리가 아픈 것 같다.	예	아니요
275	내가 사회에 아무런 도움을 줄 수 없을 바에야, 사회의 일들을 걱정해도 소용이 없는 일이다.	예	아니요
276	학교 다닐 때 가끔 말썽을 부려서 교무실에 불려가곤 했다.	예	아니요
277	솔직히 말해서 나는 다른 사람들이 원하는 바와 관계없이 내 고집대로 하려는 때가 종종 있다.	예	아니요
278	나는 다른 사람들이 나의 좋은 의견을 그들이 먼저 생각 못했다는 이유만으로 시기하는 것을 흔히 보아왔다.	예	아니요
279	나는 때때로 욕지거리를 하고 싶어질 때가 있다.	예	아니요
280	투표란 단지 귀찮은 절차일 뿐이다.	예	아니요
281	나는 어려운 문제에 부딪치면 쉽게 포기해 버리는 경향이 있다.	예	아니요
282	귀중한 물건을 아무데나 두어 다른 사람으로 하여금 훔치고 싶은 유혹을 일으키게 하는 사람은 훔친 사람과 똑같이 과실을 범한 사람이다.	예	아니요
283	대부분의 사람들은 자기에게 도움이 될 것 같기 때문에 친구를 사귀게 된다.	예	아니요
284	나는 일의 결과에 대한 확신이 서기 전에는 일을 시작하려 하지 않는다.	예	아니요
285	나는 내 자신에 대해 높은 기준을 세우고 있고, 다른 사람들도 그래야만 한다고 생각한다.	예	아니요
286	만약 내가 정치가가 된다면, 대부분의 현 정치가들보다도 일을 더 잘 할 수 있다고 생각한다.	예	아니요
287	여러 사람과 함께 있으면 어떤 적합한 말을 해야 할지 어려움을 느낀다.	예	아니요
288	어떤 사람의 경우에 미래가 너무 불확실하기 때문에 진지하게 계획을 세울 수 없다.	예	아니요
289	나는 공식적인 사교모임에서는 곧잘 불안하고 불편해진다.	예	아니요
290	나는 천박한 이야기를 들으면 당황한다.	예	아니요
291	경찰차가 오는 것을 쉽게 볼 수 있도록 경찰차에 뚜렷하게 표시를 해야만 한다.	예	아니요
292	사람들은 나를 성인으로 대하기보다는 어린이로 대한다.	예	아니요
293	누군가가 나를 부당하게 취급하는 경우가 있다면 가능한 한 정의를 실현하기 위해 보복을 하여야만 된다고 생각한다.	예	아니요
294	나는 나쁜 일을 한 것 같은 느낌이 가끔 든다.	예	아니요
295	나는 가끔 입에 담기 어려울 정도의 나쁜 일들을 생각한다.	예	아니요

296	전문가라고 알려진 사람들 중에서 나보다 별로 나을 것이 없는 사람들을 가끔 보아왔다.	예	아니요
297	길을 걷다가 때때로 나는 어떤 사람과 마주치는 것을 피하기 위해 다른 쪽으로 간다.	예	아니요
298	나는 친구가 한 사람도 없어도 완전히 행복해 질 수 있다.	예	아니요
299	나는 가끔 나 자신이 쓸모없는 사람이라고 느껴질 때가 있다.	예	아니요
300	나는 가끔 다른 사람에게 짐이 된다는 생각이 든다.	예	아니요
301	나의 부모님들은 종종 나의 친구들을 못마땅하게 여긴다.	예	아니요
302	많은 사람들이 자신도 모르게 죄를 범한다.	예	아니요
303	나는 떠들썩하고 재미있는 모임이나 행사에 참석하기를 좋아한다.	예	아니요
304	확실히 나는 자신감이 부족한 편이다.	예	아니요
305	학교에 다닐 때 나는 학생들 앞에 나가서 말하기가 매우 어려웠다.	예	아니요
306	여러 사람과 함께 있으면 어떤 적합한 말을 해야 할지 어려움을 느낀다.	예	아니요
307	나는 누구든지 파티에서 취할 때까지 술을 마시는 것을 못마땅하게 여긴다.	예	아니요
308	나는 낯선 사람과 같이 있으면 자연스럽게 행동하기가 어렵다.	예	아니요
309	어떤 동물들을 보면 나는 불안해진다.	예	아니요
310	소수 집단이 천대를 받을 때도 있지만 나와는 무관한 일이다.	예	아니요
311	나는 종종 부모님들이 하라는 대로 하지 않는다.	예	아니요
312	나는 다른 사람들에게 주목의 대상이 되기를 좋아한다.	예	아니요
313	대부분의 사람들은 속으로는 남을 돕는 것을 싫어한다.	예	아니요
314	나는 때때로 나 자신의 업적을 자랑하고 싶어진다.	예	아니요
315	남을 속여서 거액의 돈을 빼앗을 정도로 영리한 사람이라면, 그 돈을 가져도 좋다.	예	아니요
316	나는 방랑벽이 있어서 여행을 하지 않고는 결코 행복감을 느낄 수 없다.	예	아니요
317	많은 사람들은 사물을 진지하게 다루지 않는다는 결점을 가지고 있다.	예	아니요
318	선생님은 종종 학생들에게 지나치게 많은 공부를 기대한다.	예	아니요
319	나는 사냥을 매우 좋아한다.	예	아니요
320	학교 다닐 때 나는 학생들 앞에 나가서 말하기가 매우 어려웠다.	예	아니요
321	나는 밖에 나가거나 버스를 타거나 상점에 들어갔을 때 남들이 쳐다보면 괴로워진다.	예	아니요
322	나는 학교에서 무엇을 배울 때 느린 편이었다.	예	아니요
323	나 자신에 관해서 남에게 이야기하기가 매우 어렵다.	예	아니요

324	나는 내가 훌륭한 지도자가 될 수 있을까 의심스럽다.	예	아니요
325	내 가족 중에는 나를 몹시 괴롭히고 귀찮게 구는 사람이 있다.	예	아니요
326	우리는 조국만 걱정을 하면 되고, 다른 나라는 스스로 알아서 하도록 내버려 두어야 한다.	예	아니요
327	가끔 나는 집을 떠나고 싶은 생각이 들곤 했다.	예	아니요
328	나는 스페인의 투우 경기를 구경하고 싶다.	예	아니요
329	어떤 사람의 경우에 미래가 너무 불확실하기 때문에 진지하게 계획을 세울 수 없다.	예	아니요
330	솔직히 말해서 나는 다른 사람들이 원하는 바와 관계없이 내 고집대로 하려는 때가 종종 있다.	예	아니요
331	사회를 위해 봉사 할 때는 반드시 보수를 받아야 한다.	예	아니요
332	나는 분명한 이유 없이 가끔 시무룩하거나 짜증스러울 때가 있다.	예	아니요
333	나는 지진을 생각만 해도 두려워진다.	예	아니요
334	나는 내가 걱정해야 할 것 이상으로 많은 걱정거리를 갖고 있었다.	예	아니요
335	나는 기계에 관한 잡지를 좋아한다.	예	아니요
336	자녀가 없는 사람은 교육세를 낼 필요가 없다.	예	아니요
337	나는 다른 사람이 말을 걸어오기 전에 먼저 말을 걸지는 않는 편이다.	예	아니요
338	신문에서 재미있는 부분은 만화나 해외토픽들 뿐이다.	예	아니요
339	나는 낯선 사람들에게 이야기를 꺼내기가 어렵다.	예	아니요
340	아무도 나를 이해하지 못하는 것 같다.	예	아니요
341	나는 리더와 조직에 더욱 가치 있는 사람이 되기 위해서 독특한 능력을 적극적으로 발휘한다.	예	아니요
342	리더의 부재 시에도 맡은 일보다 많은 일을 하고 능력껏 일한다.	예	아니요
343	내가 아무런 인정을 받지 못할 때라도 다른 동료들이 좋은 평가를 받도록 돕는다.	예	아니요
344	리더에게 의존해서 어려운 문제를 해결하기 보다는 스스로 해결한다.	예	아니요
345	자신의 업무범위를 벗어나는 일도 찾아내서 성공적으로 완수하기 위해 솔선수범한다.	예	아니요
346	자신에 대한 평가를 미루기 보다는 장점과 약점을 적극적이고 솔직하게 인정한다.	예	아니요
347	리더나 팀의 기준이 아니라 자신의 윤리적 기준에 따라 행동한다.	예	아니요
348	내 자신의 열의가 확산되어 주변 사람들을 활기차게 만든다.	예	아니요
349	내 자신의 목표가 조직의 최고 목표와 일치하는 경우가 많다.	예	아니요
350	조직의 목표에 공헌할 수 있는 새로운 아이디어를 독자적으로 고안해서 적극적으로 제기한다.	예	아니요

KEPCO JOB APTITUDE TEST

Part 03

실전 모의고사

PART 3 실전모의고사

01 제시된 9개의 단어 중 3개의 단어와 공통 연상되는 단어를 고르면?

WHO	국회	기자
휘발유	AP	OPEC
감염병	오일달러	낙타

① 석유
② 보건
③ 기후
④ 인구
⑤ 방송

02 다음 중 ⓐ, ⓑ에 들어갈 단어가 순서대로 바르게 연결된 것은?

배우 : (ⓐ) = (ⓑ) : 촬영

① 노래, 가수
② 연기, 카메라 감독
③ 연출, 작가
④ 수술, 요리사
⑤ 영화, 사진

03 빈칸에 들어갈 알맞은 접속어는?

사전에서 가족의 정의는 부모자식과 같이 혈연으로 이루어지는 집단이다. 해외 입양에 비해 부족했던 국내 입양이 사회적으로 관심을 받으면서 가족에 대한 새로운 정의가 필요해졌다. (　　) 가족의 정의를 부모와 자식 관계나 동거형태로 이루어진 집단으로 수정해야 한다.

① 그리고
② 그러므로
③ 그러나
④ 그런데
⑤ 또한

04 다음은 스프레드시트로 작성한 워크시트이다. 각 셀에 사용할 수 있는 함수식으로 옳지 않은 것을 〈보기〉에서 모두 고른 것은? (단, G열은 '자동채우기' 기능을 사용함)

	A	B	C	D	E	F	G	H
1	정보기술 활용능력 평가표							
2		워드	엑셀	PPT	합계	평균	등수	평가
3	1	79	90	91	260	86.67	3	보통
4	2	82	87	83	252	84.00	4	보통
5	3	99	100	97	296	98.67	1	우수
6	4	79	68	65	212	70.67	5	노력
7	5	92	99	96	287	95.67	2	우수

보기

ㄱ. [E3]셀 : =SUM(B3,D3)
ㄴ. [F4]셀 : =AVERAGE(B4:D4)
ㄷ. [G5]셀 : =RANK(F5,F3:F7)
ㄹ. [H6]셀 : =IF(F6>=90, "우수",IF(F6>=80,"보통","노력"))

① ㄱ, ㄴ
② ㄱ, ㄷ
③ ㄴ, ㄷ
④ ㄴ, ㄹ
⑤ ㄷ, ㄹ

05 다음 서식을 보고 잘못 쓰인 글자가 모두 몇 개인지 고르면?

문서 번호 : 영업 0505-78　　2015년 11월 12일

수 신 : 부천 영업 소장 귀화
발 신 : 판매 관리 과장 이준
제 목 : 재고 및 판매 현항 조회
내 용 :

생산량 조절을 위해 AT-12, AT-14, BT-01, BT-02 상품에 대한 각 영업소의 제고 및 판매 현황을 조사하고 있습니다. 귀 영업소의 현황을 조사한 후 기일까지 아래와 같이 회신을 부탁드립니다.

– 아 래 –

1. 조사 내용
   (1) 조사 대상 상품명 : AT-12, AT-14, BT-01, BT-02
   (2) 각 상품의 10월 말 현재 재고 상황
   (3) 각 상품의 11월 판매 예정 수치
   (4) 각 상품의 2015년까지의 판매 애상 수치
2. 회신 기간 : 2015년 11월 19일(목) 15:00까지
3. 회산처 : 본사 판매 관리 과장(구내 전화 0085). 끝.

① 3개　② 4개
③ 5개　④ 6개
⑤ 7개

06 제시된 조건을 바탕으로 할 때, A, B에 대해 바르게 설명한 것은?

[조건]
• 어떤 여자들은 드라마를 좋아한다.
• 어떤 남자들은 드라마를 좋아한다.
• 모든 남자들은 뉴스를 좋아한다.
[결론]
A : 모든 남자들은 드라마를 싫어한다.
B : 어떤 남자들은 드라마와 뉴스를 모두 좋아한다.

① A만 옳다.
② B만 옳다.
③ A, B 모두 옳다.
④ A, B 모두 틀렸다.
⑤ A, B 모두 알 수 없다.

07 빈칸에 들어갈 내용으로 알맞은 것은?

7kl=(   )L

① 00.7
② 0.7
③ 70
④ 700
⑤ 7,000

08 다음 빈칸에 들어갈 알맞은 연산기호는?

19 − 6 + 33 (   ) 3 × 3 = 46

① +
② −
③ ×
④ ÷
⑤ 알 수 없다.

09 한 시간에 110km를 가는 자동차와 80km를 가는 자동차가 있다. 동시에 같은 지점에서 같은 방향으로 출발할 경우 40분 후에 두 차의 거리는?

① 20km
② 30km
③ 40km
④ 50km
⑤ 60k

10 다음은 토익시험을 치른 응시생의 수와 성적 분포를 나타낸 자료이다. 자료에서 유추할 수 없는 것을 〈보기〉에서 모두 고른 것은?

구분	남(명)	여(명)
중고생	75	120
대학생	200	270
대학원생	60	95
일반	85	95
합계	420	580

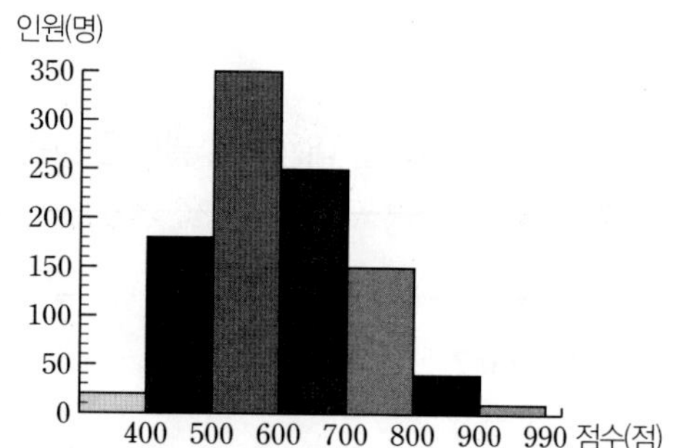

보기

㉠ 600~700점 사이의 점수분포가 가장 많은 계층은 대학생이다.
㉡ 일반인의 응시비율이 중고생의 응시비율보다 적다.
㉢ 점수가 800점 이상이 되어야 상위 5% 안에 들 수 있다.
㉣ 여자들의 평균점수가 높다.

① ㉠
② ㉠, ㉣
③ ㉡, ㉢
④ ㉡, ㉢, ㉣
⑤ ㉠, ㉡, ㉢, ㉣

11 다음은 2007~2010년 우리나라 국민 건강 영양 조사 결과에 대한 보고서이다. 제시된 내용과 부합하지 않는 것을 고르면?

> • 2010년 19세 이상 성인의 비만율은 남성 36.3%, 여성 24.8%였고, 30세 이상 성인 중 남성의 경우 30대의 비만율이 가장 높았으며, 여성의 경우 60대의 비만율이 가장 높았다.
> • 2007~2010년 동안 19세 이상 성인 남성의 현재흡연율과 월 평균 음주율은 각각 매년 증가하였다. 같은 기간 동안 19세 이상 성인 남성과 여성의 간접 흡연 노출률도 각각 매년 증가하였다.

① 19세 이상 성인의 현재흡연율

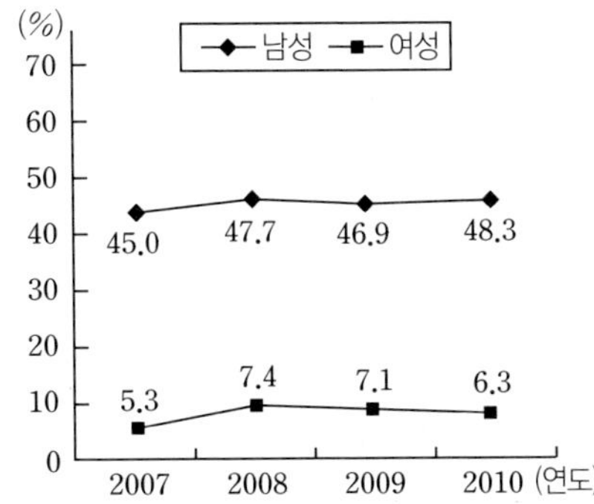

② 30세 이상 성인의 연령대별 비만율(2010년)

(단위 : %)

30대		40대		50대		60대	
남성	여성	남성	여성	남성	여성	남성	여성
42.3	19.0	41.2	26.7	36.8	33.8	37.8	43.3

③ 19세 이상 성인의 월 평균 음주율

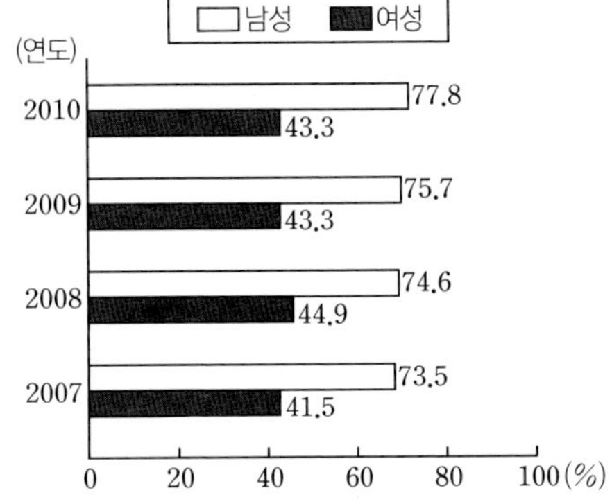

④ 19세 이상 성인의 비만율

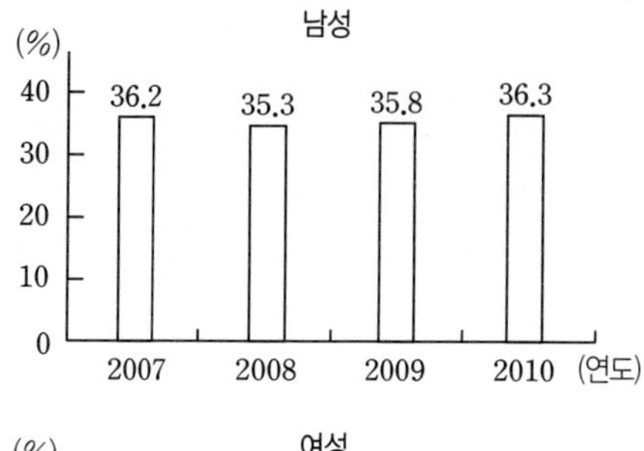

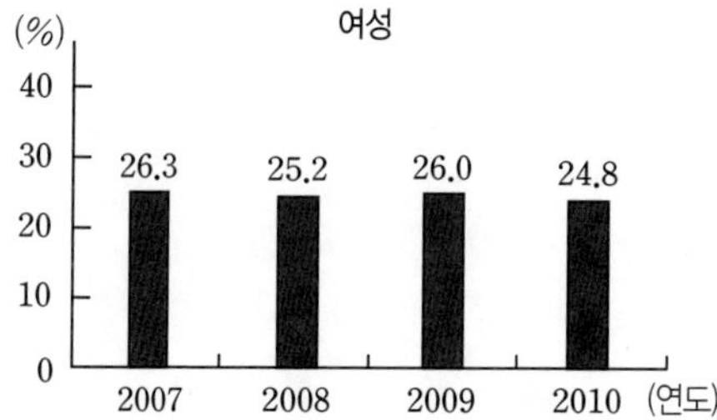

⑤ 19세 이상 성인의 간접 흡연 노출률

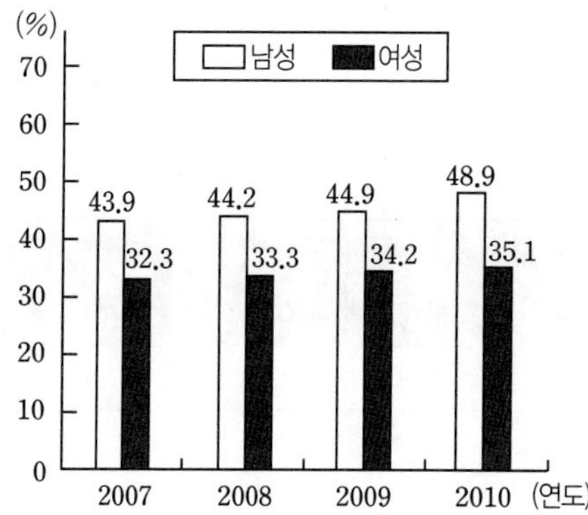

12 다음 전개도를 이용하여 만들 수 있는 입체도형은?

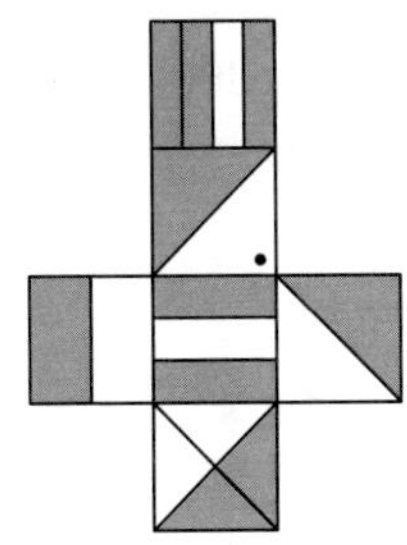

①

②

③

④
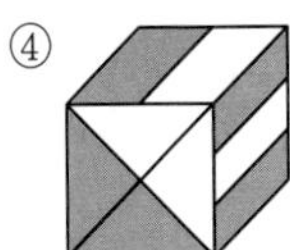

⑤
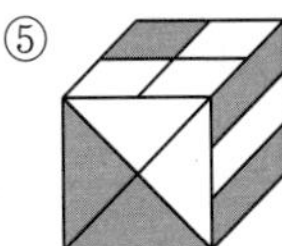

13 제시된 9개의 단어 중 3개의 단어와 공통 연상되는 단어를 고르면?

바리스타	무	첨가물
소믈리에	원두	식중독
배추	채소	카페인

① 직업
② 커피
③ 질병
④ 와인
⑤ 서비스

14 다음 지문의 내용과 일치하지 않는 것은?

미국 연방준비은행은 금리를 한 번 더 떨어뜨릴 예정이다. 미국 정부는 이미 9월에 경기를 활성화시키기 위해서 금리를 5.25%에서 4.75%로 낮추었다. 전문가들은 적어도 4.5%에서 4.25%까지 금리가 떨어질 것이라고 예상하고 있다. 이러한 조치는 침체에 빠져 있는 미국 경제를 안정화시키기 위한 미국 정부의 강한 의지를 보여주는 것으로 분석된다. 자금난에 허덕이는 시민들이 낮은 금리로 대출을 받는다면 그 만큼 소비자들의 지출도 늘어날 것이라는 긍정적인 전망도 여러 경제지에서 발표하고 있다. 하지만 일부에서는 인플레이션을 초래할 수 있다며 우려를 나타내고 있다. 이렇게 정부가 금리를 낮추는 가장 큰 이유는 융자를 받아서 집을 빌린 미국의 수많은 가정들이 한번에 길거리로 쫓겨날 수 있다는 전망이 국회에서 나오면서 낮은 금리에 대한 요구가 더 커졌기 때문이다.

① 미국에는 융자를 받아서 집을 사는 가정이 많다.
② 미국 정부는 9월에 4.75%로 금리를 낮추었다.
③ 미국 경제는 침체에서 벗어나지 못하고 있다.
④ 금리를 낮추는 정책에 대하여 긍정적인 전망만 있는 것은 아니다.
⑤ 경제지들은 금리가 낮아지면 소비자의 지출이 늘어날 것이라고 기대한다.

15 제시된 단어와 동일한 관계가 성립하도록 빈칸에 들어갈 적절한 단어를 고르면?

무람없다 : 예의없다 = 신월 : (　　)

① 하현달
② 초승달
③ 그믐달
④ 상현달
⑤ 보름달

16 문서 작성 시 주의해야 할 사항으로 적절하지 않은 것은?

① 문서의 작성은 작성 시기가 매우 중요하다.
② 문서 작성 후 반드시 다시 한 번 내용을 검토해야 한다.
③ 문서 작성 시 문장은 부정문 형식으로 작성해도 괜찮다.
④ 문서의 첨부자료는 반드시 필요한 자료 외에는 첨부하지 않도록 한다.
⑤ 문서 내용 가운데 금액, 수량, 일자 등의 기재에 정확성을 기하여야 한다.

17 다음 제시된 자료는 인터넷을 이용하기 위한 통신망을 나타낸 것이다. ㉠~㉢에 적합한 통신 장치가 바르게 짝지어진 것은?

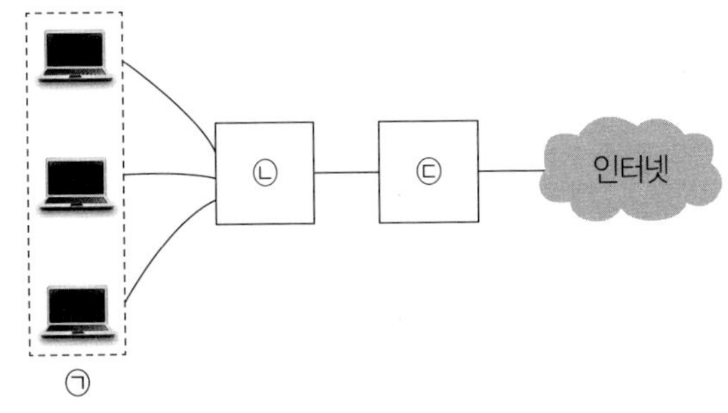

	㉠	㉡	㉢
①	허브	랜카드	라우터
②	랜카드	허브	라우터
③	랜카드	라우터	허브
④	라우터	허브	랜카드
⑤	라우터	랜카드	허브

18 제시된 조건을 바탕으로 할 때, A, B에 대해 바르게 설명한 것은?

[조건]
- 甲은 봄을 좋아하고, 乙은 여름을 좋아한다.
- 丁은 좋아하거나 싫어하는 계절이 없다.
- 丙은 甲과 좋아하는 계절이 일치한다.

[결론]
A : 丙은 봄을 좋아한다.
B : 丁은 여름을 좋아한다.

① A만 옳다.
② B만 옳다.
③ A, B 모두 옳다.
④ A, B 모두 틀렸다.
⑤ A, B 모두 알 수 없다.

19 다음 그림과 같이 가로, 세로의 길이가 각각 30cm, 24cm인 직사각형에서 가로의 길이는 매초 2cm 늘고, 세로의 길이는 매초 1cm 줄어든다. 이때 직사각형의 넓이가 처음과 같아지기까지 걸리는 시간은?

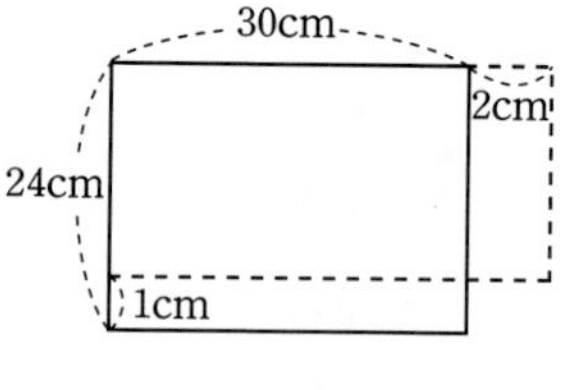

① 5초
② 9초
③ 12초
④ 15초
⑤ 18초

20 기획팀의 A는 얼마 전 계약업체의 납품 인사 차원의 식사초대를 거절하였다. 이후 식당에서 우연히 마주친 업체 직원이 A의 식사 값을 먼저 계산하고 나가버렸다. 당신이 A라면 이 경우 어떻게 하겠는가?

① 업체 직원과 식사 약속을 잡는다.
② 대가 없는 호의이므로 기분 좋게 받아들인다.
③ 개인적인 접대이므로 아무에게도 알리지 않는다.
④ 본인이 부담했어야 할 금액을 업체 직원에게 송금한다.
⑤ 식사 대금과 비슷한 금액의 선물을 업체 직원에게 보내준다.

21 다음은 2016년 상반기의 주요 품목별 수출액에 대한 도표이다. 옳은 것은?

항목 : 수출품목, 단위 : 백만 불	2016. 06	2016. 05	2016. 04	2016. 03	2016. 02
수출 계	29,961.7	30,392.8	26,244.2	28,084.5	28,775.4
식료 및 직접소비재	270.9	288.4	215.9	240.8	316.5
원료 및 연료	2,338.0	2,198.6	1,945.5	1,604.1	2,042.1
경공업제품	2,393.9	2,379.2	1,897.2	2,122.4	2,289.1
중화학공업제품	24,958.9	25,526.6	22,165.6	24,117.2	24,127.7

① 우리나라 수출품목 중 수출액이 가장 많은 것은 경공업제품이다.
② 식료 및 직접소비재의 수출액이 점차 감소하고 있다.
③ 2016년 5월 수출액이 최대치를 기록하고 있다.
④ 중화학공업의 비중이 가장 높은 지역은 남동임해공업지역이다.
⑤ 원료 및 연료의 수출액이 가장 높은 때는 2014년 5월이다.

22 다음에 제시된 문장들을 순서대로 옳게 배열한 것은?

> ㉠ 라오스의 에너지 잠재력은 크다.
> ㉡ 또한 라오스에는 금, 주석, 석탄, 칼륨, 철, 구리, 납 등의 천연자원도 풍부하게 매장되어 있다.
> ㉢ 메콩강의 잠재 수력발전 용량이 모두 개발될 경우 인도네시아 원유 총 매장량과도 맞먹을 수 있기 때문이다.
> ㉣ 실제로 현재 수력발전소를 앞으로도 더 많이 만들 계획이다.
> ㉤ 그러나 아직은 철도나 도로와 같은 인프라스트럭처가 구축되지 않아 개발이 더딘 상황이다.

① ㉠ – ㉡ – ㉢ – ㉣ – ㉤
② ㉠ – ㉡ – ㉣ – ㉢ – ㉤
③ ㉠ – ㉢ – ㉣ – ㉡ – ㉤
④ ㉠ – ㉢ – ㉤ – ㉣ – ㉡
⑤ ㉠ – ㉣ – ㉤ – ㉢ – ㉡

23 다음 전개도를 이용하여 만들 수 있는 입체도형은?

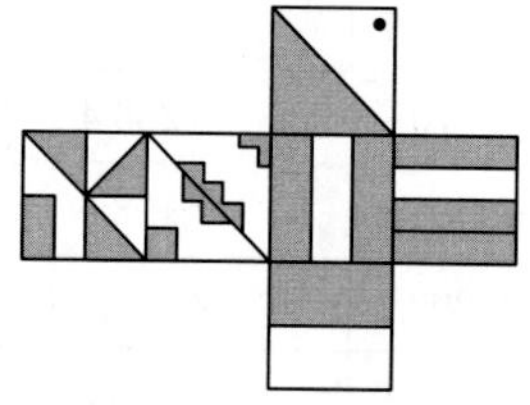

①
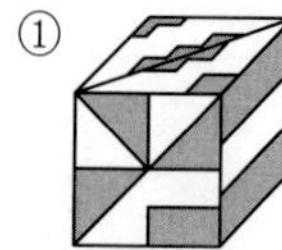

②
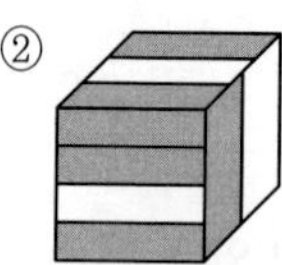

③
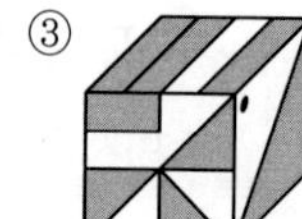

④
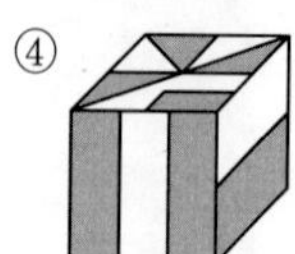

⑤
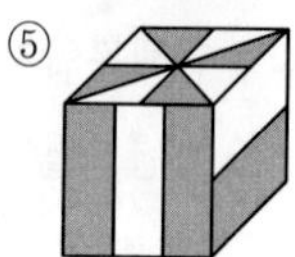

24 다음 제시된 자료를 참고하여 A역에서 I역까지 배송할 때 가장 빨리 도착하는 노선의 배송 시간을 구하면?

[자료 1] 철도 노선도

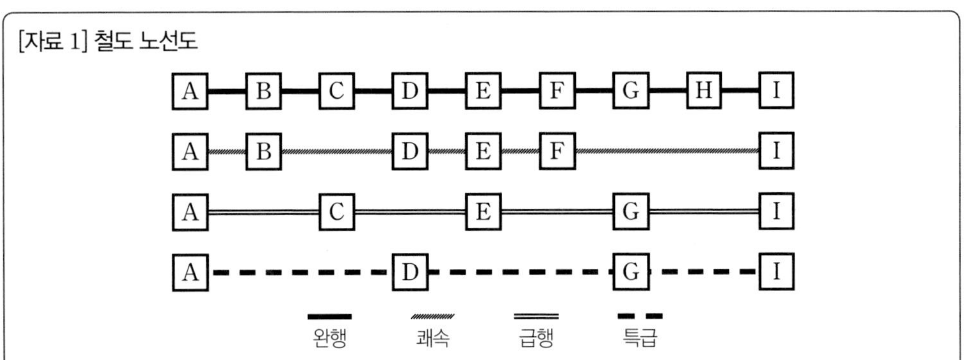

* 전체 노선길이 720km(완행 열차 기준으로 한 역 사이의 거리는 동일함)
* 모든 노선은 출발역과 종점역을 제외한 역에 들릴 때마다 10분씩 정차함

[자료 2] 노선 정보

구분	평균 속력(km/h)	구분	평균 속력(km/h)
완행	90	급행	180
쾌속	120	특급	360

① 2시간
② 2시간 20분
③ 3시간
④ 3시간 30분
⑤ 4시간

25 직장에서의 인사예절 가운데 '소개'에 대한 설명으로 적절하지 않은 것은?

① 신참자를 고참자에게 소개한다.
② 반드시 성과 이름을 함께 말한다.
③ 나이 어린 사람에게 연장자를 소개한다.
④ 자신이 속한 회사의 관계자를 타 회사의 관계자에게 소개한다.
⑤ 소개받는 사람의 별칭은 비즈니스에 사용되는 것이 아니라면 사용하지 않는다.

26 다음 나열된 숫자의 공통된 규칙을 찾아 빈칸에 들어갈 알맞은 숫자를 고르면?

12 20 19 17 26 14 ( ) 11

① 33
② 34
③ 35
④ 36
⑤ 37

27 제시된 9개의 단어 중 3개의 단어와 공통 연상되는 단어를 고르면?

멋	미소	칠
땜	옹기	잠
용기	겨울	손

① 맨
② 단
③ 쟁이
④ 장이
⑤ 꾸러기

28 다음 제시된 단어와 비슷한 의미를 지닌 단어는?

호방하다

① 호종하다
② 매끄럽다
③ 영글다
④ 여물다
⑤ 소심하다

29 다음 서식을 보고 잘못 쓰인 글자가 모두 몇 개인지 고르면?

> **편철 및 보존 규정**
>
> 제 4 절 편철 및 보존
>
> 제 33 조【문서의 편철】완결된 문서의 정리 및 편철에 관하여는 년도별로 이를 구분하여 주무 부서에서 정리 편촐한다.
>
> 제 34 조【보존기간의 구분】① 문서의 보존 기간은 다음과 같이 구분한다.
>
> 1. 갑종 ~ 영구
>   당사가 계속하는 한 필요 불가결한 기본적 문서, 역사적 기타 사유로 보아 가장 중요한 문서 및 주요부
> 2. 을종 ~ 10년
>   업무 수행에 장기간 참고 또는 이용하여야 할 문서, 법률상 10년간 보존을 요하는 장부 및 증거 문서
> 3. 병종 ~ 5년
>   중요도가 비교적 낮은 문서, 법률상 5년간 보존을 요하는 문서
> 4. 정종 ~ 3년
>   업무 수행상 2기 이상에 걸쳐 참고 또는 이용하여야 할 문서, 법률상 3년간 보존을 요하는 문서
> 5. 무종~1년
>   경비한 연락 문서나 일시적인 사용 또는 처리에 그치는 문서
>
> ② 전항의 보존 기간은 완결한 익년 초부터 이를 기산한다.
>
> 제 35 조【보존 기간의 결정 기준】① 문서 보존 기간의 결정은 따로 정한 것을 제외하고는 문서 보존 기간표에 의한다.(별표6)
>
> ② 문서 보존 기간표에 기제가 없는 문서의 보존 기간은 유사 문서에 준하고 유사문서가 없을 때에는 전조의 구분에 따라 당해 문서의 주무 부서장이 이를 결정한다.
>
> (이하 생략)

① 2개
② 3개
③ 4개
④ 5개
⑤ 6개

30 다음 글의 주제 또는 주제문으로 알맞은 것은?

상업성에 치중한다는 이미지를 극복하기 위해 자사 브랜드를 의도적으로 노출하지 않는 '노 브랜드 콜라보레이션'이 도입되고 있다. 그 사례로 한 기업이 특정 예술 작품을 모티프로 한 기획전을 콜라보레이션 형태로 진행하되, 일반인은 기획전을 관람하면서도 직접적으로 해당 기업의 존재를 알아차리지 못하게 되는 경우를 들 수 있다. 이는 소비자들의 브랜드에 대한 긍정적인 인식이 반드시 구매라는 시장 반응으로 연결되지는 않는다는 한계를 소비자들의 감성에 호소하는 방법을 통해 극복하기 위한 하나의 대안이기도 하다.

① 콜라보레이션의 의의

② 콜라보레이션의 다양한 유형

③ 콜라보레이션의 개념과 기원

④ 노 브랜드 콜라보레이션의 특징과 한계

⑤ 노 브랜드 콜라보레이션의 도입과 그 이유

31 K전력의 고객지원 홈페이지 관리자는 홈페이지 개편에 따라 기존 질문을 분류하여 정리하려고 한다. 이때 ㉠에 분류될 수 있는 질문들을 바르게 연결한 것은?

자주 묻는 질문

Q1 상사가 견딜 수 없을 정도로 빈번하게 인격모독적인 언행을 하는데 어떻게 해결하는 것이 좋을까요?

Q2 기기의 유지관리에 필요한 사항은 무엇입니까?

Q3 한전의 송전망을 이용하려면 어떤 절차를 거쳐야 하나요?

Q4 전기요금 절감을 위해서 가게만 따로 값싼 심야전기를 사용할 수 있습니까?

Q5 구역전기사업자도 송전이용요금을 내야 하나요?

Q6 회사의 예산이나 비품 등을 사용할 때 금지하고 있는 업무와 직접 관련 없는 용도란 구체적으로 무엇입니까?

Q7 전력시장에서 전력을 구매하는 수요자는 송전이용요금을 얼마나 내야 하나요?

Q8 전구형 형광등이란 무엇입니까?

Q9 회사 보고서를 필요하다고 생각되는 사람들에게 발송하였는데 그 중 한 사람이 외부로 유출시켜 물의를 일으킨 경우 저에게도 책임이 있습니까?

Q10 직무와 관련한 업체로부터 경조사 때 5만 원의 조의금을 받았는데 어떻게 해야 하나요?

자주 묻는 질문 분류

㉠ 윤리 경영	수요관리	송전용 전기 설비

① Q1, Q2, Q8, Q9

② Q2, Q4, Q5, Q7

③ Q1, Q6, Q9, Q10

④ Q3, Q5, Q6, Q8

⑤ Q2, Q3, Q9, Q10

32 책임감에 대한 설명으로 적절하지 않은 것은?

① 책임감이 강한 사람은 타인의 업무도 적극 돕는다.

② 모든 결과를 자신이 선택한 결과라 생각하는 태도이다.

③ 모든 업무는 정해진 시간에 끝내며 개인의 시간을 할애하지 않는다.

④ 책임을 지기 위해서는 부정적인 사고방식보다 긍정적인 사고방식이 필요하다.

⑤ 모든 일을 책임지기 위해서는 그 상황을 회피하지 않고, 상황을 맞닥뜨려 해결해야 한다.

33 미국 워싱턴의 시각은 서울보다 13시간 늦다. 서울에서 워싱턴까지 비행기로 12시간 걸린다면, 서울에서 7월 26일 오후 3시에 출발한 비행기가 워싱턴에 도착했을 때 그곳의 시각은?

① 7월 26일 오후 2시
② 7월 26일 오전 2시
③ 7월 27일 오전 2시
④ 7월 27일 오후 2시
⑤ 7월 27일 오후 4시

34 빈칸에 들어갈 내용으로 알맞은 것은?

20L=(　　)cc

① 0.2cc
② 2cc
③ 200cc
④ 2,000cc
⑤ 20,000cc

35 다음은 박은식의 『한국독립운동지혈사』에서 발췌한 3 · 1 운동 관련 자료이다. 가, 나, 다, 라, 마 지역의 3 · 1 운동 참여자 중 사망자의 비율은?

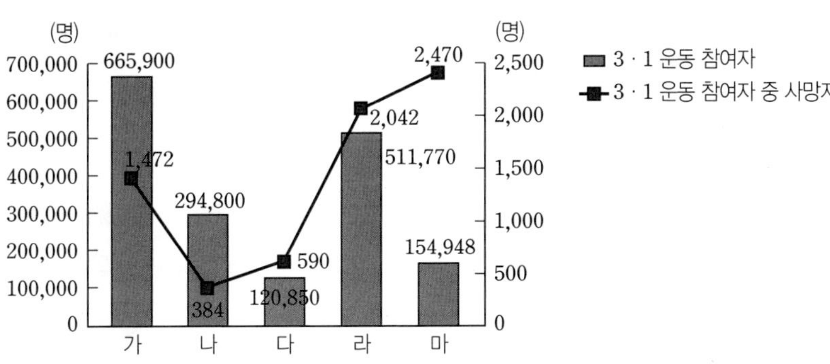

① 약 0.365%
② 약 0.376%
③ 약 0.387%
④ 약 0.398%
⑤ 약 0.421%

36 제시된 조건을 바탕으로 할 때, A, B에 대해 바르게 설명한 것은?

[조건]
- 모든 영화가 거짓이라면 모든 배우는 로봇이다.
- 어떤 배우는 로봇이 아니다.

[결론]
A : 모든 영화는 거짓이다.
B : 어떤 영화는 거짓이 아니다.

① A만 옳다.
② B만 옳다.
③ A, B 모두 옳다.
④ A, B 모두 틀렸다.
⑤ A, B 모두 알 수 없다.

37 다음 중 현재 각 나라에서 주조 · 통용하고 있는 화폐의 연결이 적절하지 않은 것은?

① 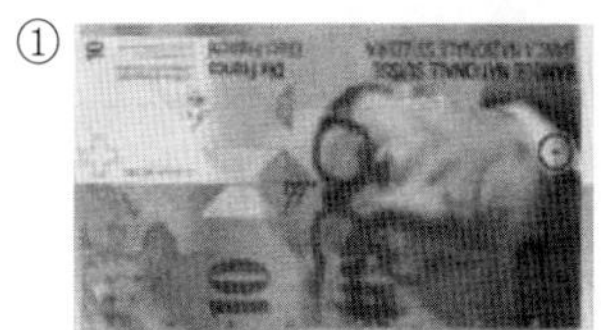

스위스 – 프랑

② 

영국 – 파운드

③ 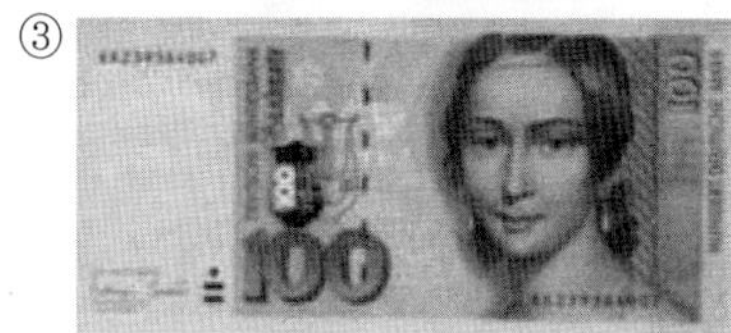

독일 – 마르크

④ 

스페인 – 유로

⑤ 

일본 – 엔화

38 다음 중 사무 환경 요소에 대한 설명으로 적절하지 않은 것은?

① 조명의 전구는 수명이 정해져 있으므로 천정을 살펴 수명이 다한 전구는 교체하도록 한다.

② 냉난방 기기는 여름철은 섭씨 25~26도를, 겨울철은 섭씨 18~20도의 범위를 넘지 않도록 조절한다.

③ 안정적인 사무실 분위기를 조성하기 위해서는 밝은 색은 아래쪽에, 어두운 색은 위쪽에 칠한다.

④ 벽은 소음을 막아주는 차음성 자재를, 바닥이나 천장은 소음을 흡수하는 흡음성 자재를 사용하도록 한다.

⑤ 사원들의 업무 수행을 위한 컨디션 유지를 위하여 반드시 주기적으로 환기를 시켜 적절한 사무 환경을 조성하여야 한다.

39 다음 제시문의 주제로 어울리는 것은?

양극화의 해소를 위해서는 근본적으로 중산층을 키울 수 있는 방안이 마련되어야 한다. 우선, 양질의 일자리가 만들어져야 중산층의 경제력이 살아날 것이다. 지금 정부와 기업은 비정규직 문제 해결에 소극적인 입장을 취하고 있다. IMF 이후 국민의 조세로 만든 수많은 공적 자금이 기업에게 들어갔으며, 노동자들은 울며 겨자 먹기 식으로 퇴직을 당하거나 비정규직으로 떠밀릴 수밖에 없었다. 우리나라 비정규직의 형태는 유럽이나 미국의 파트타임 근무제가 아니라 일은 정규직과 동일하게 일하면서 비정규직 대우를 받는 기형적인 형태이다. 이러한 비정규직 문제가 해결되지 않는 한 양극화 문제는 해소될 수 없다.

① 비정규직을 파트타임 근무제로 전환해야 한다.
② 비정규직 문제를 해결해야 양극화 문제를 해결할 수 있다.
③ 우리나라 비정규직은 유럽이나 미국에 비해서 불합리하다.
④ 회수하지 못한 공적 자금이 아직도 많다.
⑤ 비정규직 문제를 해소할 방법은 없다.

40 사내 게시판에 동료인 D의 애정 문제에 관하여 비방하는 글이 올라왔다. A는 D의 평소 행동으로 볼 때 절대 부적절한 행동을 할 사람이 아니라고 생각하지만 주위 동료들이 모두 D를 곱지 않은 시선으로 보고 있다. 이때 A가 할 수 있는 가장 바람직한 행동은?

① 사내 게시판에 D를 적극적으로 변호하는 답글을 단다.
② D에게 사실 여부를 확인한 후 어떻게 행동할 지 결정한다.
③ D를 옹호했을 때 자신에게 화살이 날아올 것이 걱정돼 가만히 있는다.
④ 일단 상황을 지켜본 뒤 잠잠해지면 그 후에 주변 동료들에게 D를 변호하는 말을 한다.
⑤ 사내 게시판이 근거 없는 소문을 퍼뜨리는 통로가 된다는 점을 들어 게시판 폐쇄를 제안한다.

41 다음 전개도를 이용하여 만들 수 있는 입체도형은?

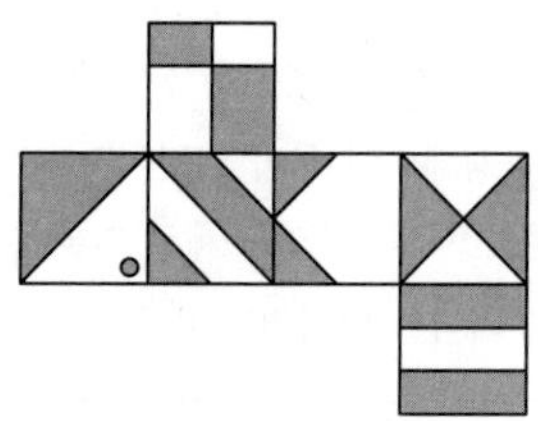

① 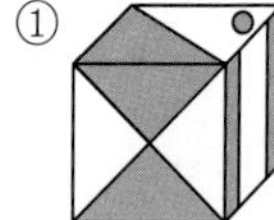
② 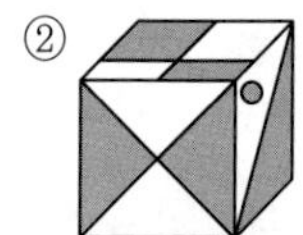
③ 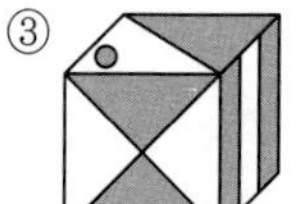
④ 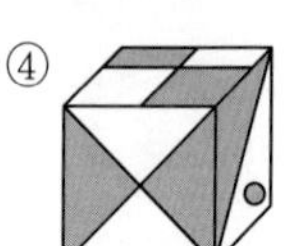
⑤ 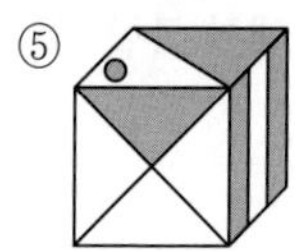

42 제시된 9개의 단어 중 3개의 단어와 공통 연상되는 단어를 고르면?

윷	모자	그램
미터	여름	하루
바둑	단오	근

① 시간
② 날짜
③ 단위
④ 등급
⑤ 무게

43 다음 중 ⓐ, ⓑ에 들어갈 단어가 순서대로 바르게 연결된 것은?

고구마 : (ⓐ) = (ⓑ) : 줄기

① 열매, 더덕
② 뿌리, 토마토
③ 줄기, 당근
④ 뿌리, 감자
⑤ 감자, 당근

44 다음 나열된 숫자의 공통된 규칙을 찾아 빈칸에 들어갈 알맞은 숫자를 고르면?

5　20　15　60　55　( )

① 128
② 176
③ 220
④ 236
⑤ 330

45 어느 회사에서 커피와 녹차에 대한 기호를 조사하였다. 커피를 좋아하는 사람 22명, 녹차를 좋아하지 않는 사람은 24명, 커피와 녹차 모두 좋아하는 사람 15명일 때, 커피를 좋아하지 않는 사람은 최소한 몇 명인가?

① 15명
② 16명
③ 17명
④ 18명
⑤ 19명

46 다음은 모바일 뱅킹 서비스 이용실적에 관한 분기별 자료이다. 2012년 4/4분기 대비 2013년 1/4분기의 자금이체 서비스 이용실적 증가율을 구하면? (단, 소수점 둘째 자리에서 반올림함)

모바일 뱅킹 서비스 이용실적

(단위 : 천 건, %)

구분	2011년	2012년				2013년
	4/4분기	1/4분기	2/4분기	3/4분기	4/4분기	1/4분기
조회 서비스	692	817	849	886	1,081	1,106
자금이체 서비스	18	25	16	13	14	25
합계	710 (50.0)	842 (18.6)	865 (2.7)	899 (3.9)	1,095 (21.8)	1,131 (3.3)

• (　)는 전분기 대비 증가율임

① 약 76.6%
② 약 77.6%
③ 약 78.6%
④ 약 79.6%
⑤ 약 80.6%

47 팩시밀리(facsimile)의 작동법에 대한 설명으로 적절하지 않은 것은?

보기

㉠ 문서를 뒤집어(뒷면이 보이게) 발신함에 꽂는다.
㉡ 온훅(onhook) 다이얼을 누른다.
㉢ 9번을 누른다.
㉣ 지역번호를 누르고 팩스 번호를 누른다.
㉤ 전화 송신음이 들린 후 "삐~"소리가 들리면 종료 버튼을 누른다.

① ㉠
② ㉡
③ ㉢
④ ㉣
⑤ ㉤

48 제시된 조건을 바탕으로 할 때, A, B에 대해 바르게 설명한 것은?

[조건]
• 악어는 뱀보다 예쁘다.
• 악어는 물개보다 예쁘지 않다.
[결론]
A : 물개는 뱀보다 예쁘다.
B : 악어, 뱀, 물개 가운데 누가 더 예쁜지 알 수 없다.

① A만 옳다.
② B만 옳다.
③ A, B 모두 옳다.
④ A, B 모두 틀렸다.
⑤ A, B 모두 알 수 없다.

49 다음 글의 내용과 일치하는 것을 고르면?

'공인인증서의 기반이 되는 공개키기반구조(PKI) 기술표준 개발, 세계 최초 전자투표 도입, 스카이프(Skype), 미 국가안보국(NSA)에 보안 솔루션 납품' 유럽 발트해 연안에 있는 발트 3국 중 하나인 에스토니아를 설명하는 키워드다. 남한의 절반도 안 되는 면적에 인구가 130만 명뿐인 도시국가 규모의 에스토니아는 우리에게는 잘 알려지지 않은 정보기술(IT) 분야 선진국이다. 에스토니아가 IT강소국이 된 배경엔 정보화 교육이 있다. 에스토니아는 1990년대 말, 초등학교 1학년부터 정보화 교육을 실시해 왔다. 어릴 때부터 수학적 사고방식을 배양하고 프로그래밍, 로봇 등 IT에 흥미를 돋울 수 있는 과목들을 가르치고 있다.

① 에스토니아는 우리에게 잘 알려지지 않은 군사 강국이다.
② 정보화 교육은 에스토니아가 IT강소국이 되는 바탕이 되었다.
③ 인터넷 전화 '스카이프'는 스마트폰의 보급으로 자취를 감췄다.
④ 유럽연합(EU)의 정보기술본부 역시 에스토니아를 기반으로 하고 있다.
⑤ 에스토니아 국민의 99%가 인터넷 뱅킹을 통해 금융 업무를 처리한다.

50 다음 전개도를 이용하여 만들 수 있는 입체도형은?

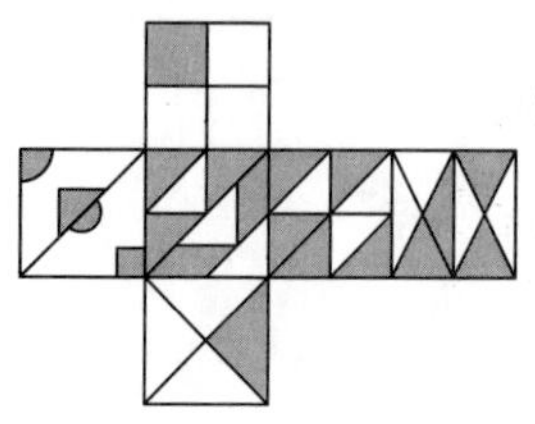

①
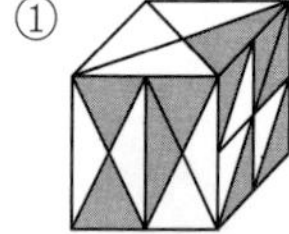

②
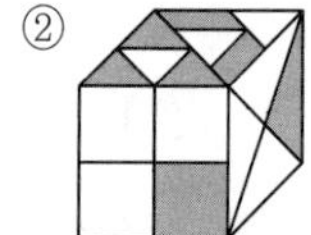

③
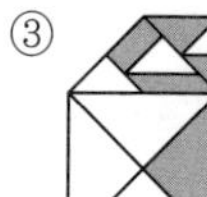

④
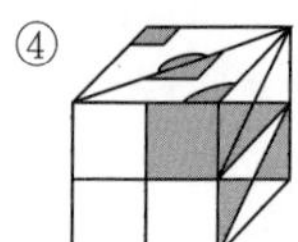

⑤
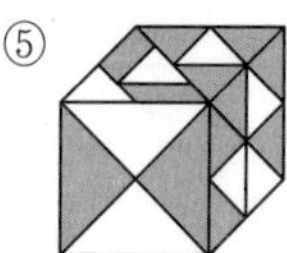

51 빈칸에 들어갈 알맞은 접속어는?

과학 기술의 공개 및 공유와 더불어 행해져야 할 것은 과학 교육의 쇄신이다. 지금까지는 대부분 도구적 이성으로서의 과학을 가르쳐 왔다. (　　) 이제는 비판적 이성으로서의 과학 교육이 확대되어야 한다. 거기에서는 과학과 사회와의 관련 영역이 한 가지 중심을 이루어야 할 것이다. (　　) 그러한 성격의 과학 교육은 전문 과학 기술인에 대해서 특히 철저히 시행되어야 하고, 국민 일반의 교육 과정에서도 시행되어야 한다.

① 그리고 – 그러나
② 그러나 – 그리고
③ 그래서 – 또한
④ 따라서 – 그래도
⑤ 또한 – 그래서

52 다음 글의 내용과 일치하지 않는 것은?

이글루 안이 추울 때 이누이트(Inuit)는 바닥에 물을 뿌린다. 마당에 물을 뿌리면 시원해지는 것을 경험한 사람은 이에 대해 의문을 품을 것이다. 여름철 마당에 뿌린 물은 증발되면서 열을 흡수하기 때문에 시원해지는 것이지만, 이글루 바닥에 뿌린 물은 곧 얼면서 열을 방출하기 때문에 실내 온도가 올라간다. 이때 찬물보다 뜨거운 물을 뿌리는 것이 더 효과적이다. 바닥에 뿌려진 뜨거운 물은 온도가 높고 표면적이 넓어져서 증발이 빨리 일어나고 증발로 물의 양이 줄어들어 같은 양의 찬물보다 어느 온도까지 빨리 도달하기 때문이다. 이누이트(Inuit)가 융해와 응고, 복사, 기화 등의 과학적 원리를 이해하고 이글루를 짓지는 않았을 것이다. 그러나 그들은 접착제를 사용하지 않고도 눈으로 구조물을 만들었으며, 또한 물을 이용하여 난방을 하였다. 이글루에는 극한 지역에서 살아가는 사람들이 경험을 통해 터득한 삶의 지혜가 담겨 있다.

① 물이 얼면서 방출하는 열은 온도를 높여준다.
② 물의 물리적 변화 과정에서는 열의 흡수와 방출이 일어난다.
③ 이누이트는 물의 화학적 변화를 난방에 이용하는 지혜를 지녔다.
④ 과학적 원리를 이해하지 않아도 경험을 통해 삶의 지혜를 터득할 수 있다.
⑤ 이글루 바닥에 뿌린 물은 찬물보다 뜨거운 물이 어는 온도까지 빨리 도달한다.

53 다음 중 ⓐ, ⓑ에 들어갈 단어가 순서대로 바르게 연결된 것은?

(ⓐ) : 먹이 사냥 = (ⓑ) : 둥우리 짓기

① 섭식본능, 조소본능
② 보호본능, 섭식본능
③ 보호본능, 생식본능
④ 생식본능, 조소본능
⑤ 조소본능, 보호본능

54 2달러 60센트는 몇 센트인가?

① 70센트
② 80센트
③ 160센트
④ 260센트
⑤ 300센트

55 주머니 속에 빨간 구슬 12개와 흰 구슬 7개가 들어 있다. 동시에 2개의 구슬을 꺼낼 때 빨간 구슬과 흰 구슬이 각각 1개씩 나올 확률은?

① $\frac{11}{35}$
② $\frac{28}{57}$
③ $\frac{54}{151}$
④ $\frac{64}{161}$
⑤ $\frac{94}{181}$

56 다음은 우리나라의 어업생산동향을 조사한 자료이다. 제시된 자료를 통해 추론할 수 없는 것은?

(단위 : 톤, 백만 원, %)

어업별 \ 연도별		2006	2007	2008	2009	2010	증감률 ('10/'09)
합계	생산량	3,032,116	3,274,823	3,361,255	3,182,342	3,126,223	−1.8
	생산금액	5,285,860	5,751,945	6,345,058	6,924,249	7,413,724	7.1
연 · 근해 어업	생산량	1,108,815	1,152,299	1,284,890	1,226,966	1,134,377	−7.5
	생산금액	2,751,251	2,939,109	3,222,256	3,640,437	3,913,898	7.5
천해양식 어업	생산량	1,259,274	1,385,804	1,381,003	1,313,355	1,370,751	4.4
	생산금액	1,443,169	1,599,542	1,520,122	1,846,311	1,789,569	−3.1
원양어업	생산량	639,184	709,960	666,182	611,950	590,113	−3.6
	생산금액	891,031	990,205	1,327,395	1,163,751	1,376,423	18.3
내수면어업	생산량	24,843	26,760	29,180	30,071	30,982	3.0
	생산금액	200,409	223,089	275,285	273,750	333,834	21.9

• 내수면어업 : 하천, 저수지, 댐 등에서 어 · 패류 등을 포획 · 채취하는 어업을 하거나 인위적인 시설물을 설치하여 민물을 이용하여 어 · 패류 등을 기르는 어업

① 2010년도 어업생산에서 잡는 어업의 생산량은 감소한 반면 기르는 어업의 생산량은 증가하였다.

② 2010년도 어업생산량이 전년에 비해 감소한 반면, 생산금액이 증가한 까닭은 일부 어업 어획물의 출하가격이 상승하였기 때문으로 볼 수 있다.

③ 원양어업의 생산량이 감소한 가장 큰 이유는 잦은 태풍 등 기상악화 때문이다.

④ 2009년 대비 2010년도 생산금액의 증가율은 내수면어업이 가장 크게 증가했다.

⑤ 2009년 대비 2010년도 생산금액의 증가율은 천해양식어업이 가장 많이 감소하였다.

57 다음 전개도를 이용하여 만들 수 있는 입체도형은?

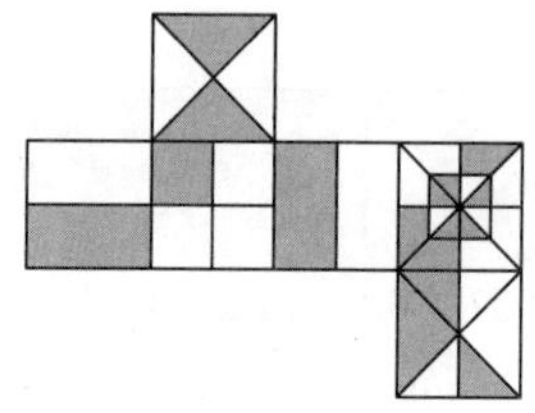

①
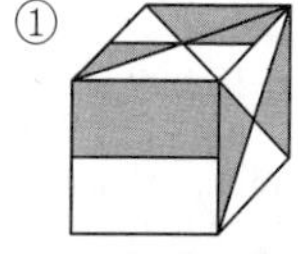

②
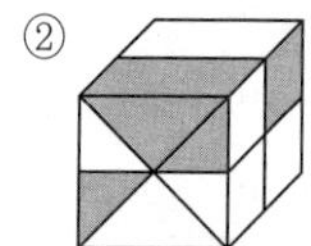

③
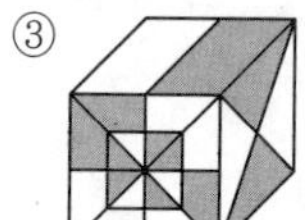

④
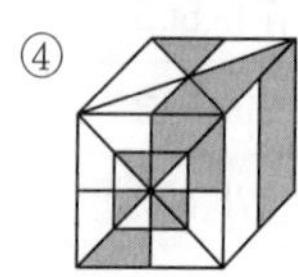

⑤
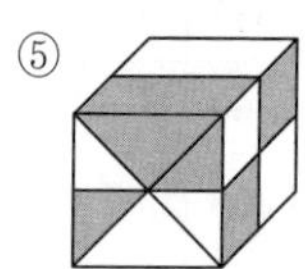

58 다음은 2007~2009년 방송사 A~D의 방송 심의 규정 위반에 따른 제재 현황을 나타낸 표이다. 이를 이용하여 작성한 그래프로 옳지 않은 것은?

방송사별 제재 건수

(단위 : 건)

방송사 \ 연도 / 제재	2007		2008		2009	
	법정 제재	권고	법정 제재	권고	법정 제재	권고
A	21	1	12	36	5	15
B	25	3	13	29	20	20
C	12	1	8	25	14	20
D	32	1	14	30	24	34
전체	90	6	47	120	63	89

• 제재는 법정 제재와 권고로 구분됨

① 방송사별 법정 제재 건수 변화

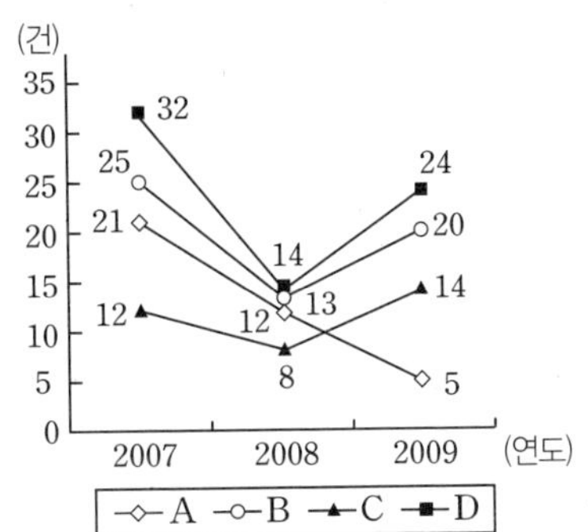

② 연도별 방송사 전체의 법정 제재 및 권고 건수

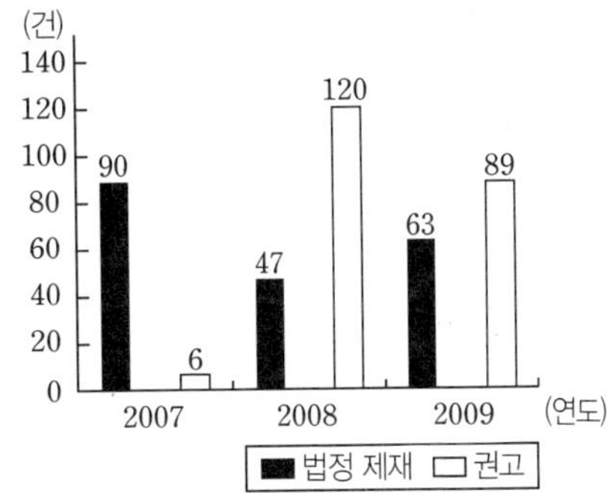

③ 2007년 법정 제재 건수의 방송사별 구성비

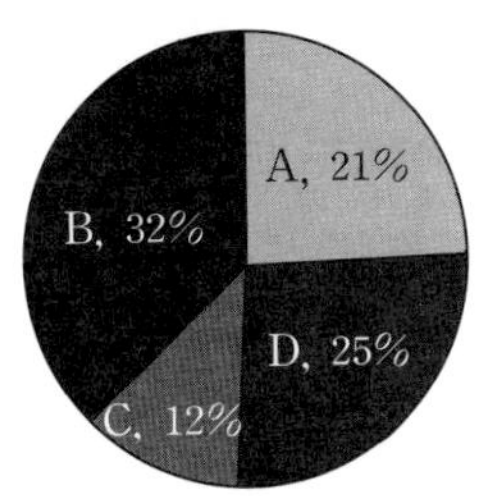

④ 2008년 방송사별 법정 제재 및 권고 건수

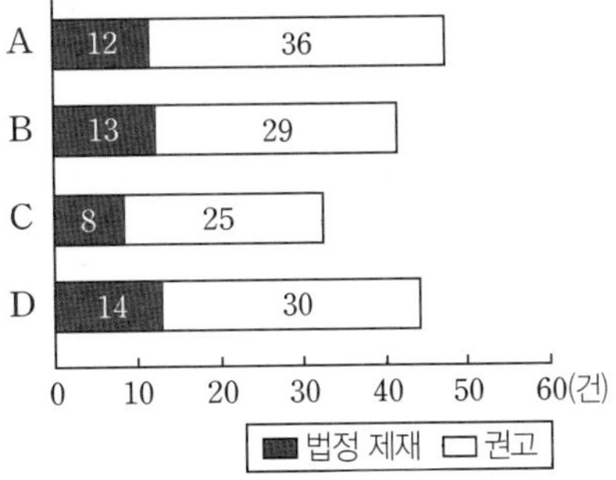

⑤ 2008년과 2009년 방송사별 권고 건수

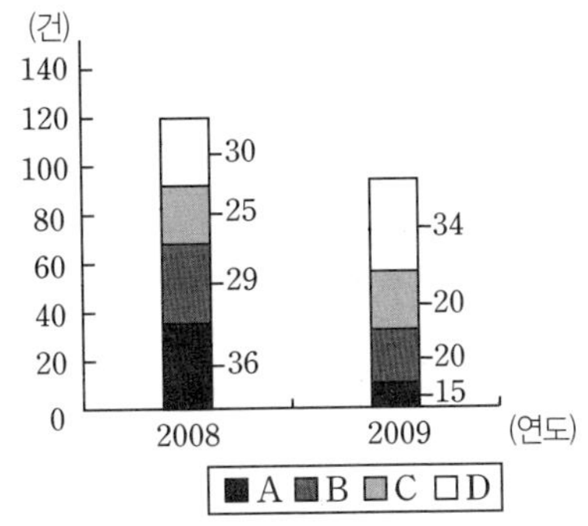

59 다음 문장을 읽고 순서에 맞게 배열한 것은?

> ㉠ 인간은 성장 과정에서 자기 문화에 익숙해지기 때문에 어떤 제도나 관념을 아주 오래전부터 지속되어 온 것으로 여긴다.
> ㉡ 그러나 이런 생각은 전통의 시대적 배경 및 사회 · 문화적 의미를 제대로 파악하지 못하게 하는 결과를 초래한다.
> ㉢ 여기에서 과거의 문화를 오늘날과는 또 다른 문화로 보아야 할 필요성이 생긴다.
> ㉣ 나아가 그것을 전통이라는 이름 아래 자기 문화의 본질적인 특성으로 믿기도 한다.

① ㉠ – ㉡ – ㉢ – ㉣
② ㉠ – ㉣ – ㉡ – ㉢
③ ㉡ – ㉢ – ㉠ – ㉣
④ ㉢ – ㉣ – ㉠ – ㉡
⑤ ㉢ – ㉣ – ㉡ – ㉠

60 다음 제시된 글의 제목으로 알맞은 것은?

> 전자책이 상용화되면 스마트폰이나 태블릿PC 같은 휴대용 단말기에 수천 권을 저장하고 검색하고 이용할 수 있는 '내 손 안의 도서관'이라는 혁명적인 독서 환경을 만들어 낼 수 있다. 휴가, 출장, 등 · 하교 때라도 종이책의 수량에 따른 무게 때문에 짓눌릴 필요가 없다. 제작 비용 때문에 출판을 포기할 필요도 없다. 종이책이라는 물리적 형태를 버림으로써 오히려 출판사는 종이책의 한계를 뛰어넘을 수 있으며, 독자는 더 다양한 책을 자유롭게 만날 수 있다.

① 전자책의 본질적 속성
② 전자책의 미디어적 위상
③ 전자책의 등장 배경과 특성
④ 전자책의 상용화에 따른 효과
⑤ 뉴미디어의 특징과 독서 매체의 변화

61 M팀의 A와 B는 입사동기이다. 평소 A는 자신이 B보다 더 성실하고 업무 능력도 뛰어나다고 생각하고 있었다. 그런데 인사 발령에서 B만 과장이 되고 자신은 승진하지 못했다. 이때 A가 할 수 있는 행동으로 가장 바람직한 것은?

① 승진 심사가 부당하다고 상사에게 보고한다.
② 가능한 경로를 통해 공식적으로 재심사를 요구한다.
③ 자신이 알지 못했던 B의 능력을 인정하고 결과를 수용한다.
④ 자신이 승진하지 못한 이유를 되돌아보고 개선하려고 노력한다.
⑤ 자신의 능력을 알아보지 못하는 회사를 떠나기 위해 이직 준비를 한다.

62 다음 중 ⓐ, ⓑ에 들어갈 단어가 순서대로 바르게 연결된 것은?

동 : 서 : 남 : 북 = (ⓐ) : (ⓑ) : 마파람 : 된바람

① 샛바람, 갈바람
② 갈바람, 샛바람
③ 하늬바람, 뒤바람
④ 뒤바람, 샛바람
⑤ 앞바람, 높바람

63 현재 어머니와 딸의 나이를 합하면 64세이다. 8년 전 어머니의 나이가 딸의 나이의 3배였다면, 현재 딸의 나이는?

① 14세
② 16세
③ 20세
④ 24세
⑤ 27세

64 빈칸에 들어갈 내용으로 알맞은 것은?

$3,000,000\text{cm}^3 = (\quad)\text{m}^3$

① 3
② 300
③ 3,000
④ 30,000
⑤ 300,000

65 K사는 당해 연도에 생산된 제품 A를 그 해에 전량 판매하고 있다. 다음 그림은 제품 A의 생산량에 따른 손익분기 상황을 나타낸 것이다. ㄱ~ㄹ에서 이 그림에 대한 설명으로 옳은 것을 모두 고른 것은? (단, 생산량이 증가하더라도 단위당 판매가격 및 변동비용은 항상 동일하며, 총비용은 고정비용과 변동비용의 합이다.)

제품 A의 생산량에 따른 손익분기 상황

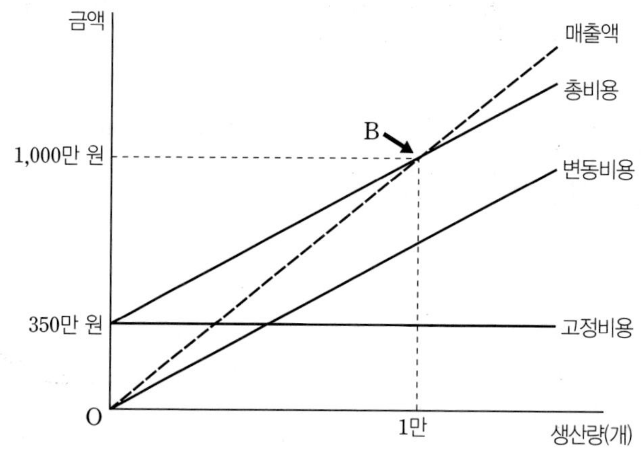

ㄱ. K사는 B점 오른쪽에서 생산량을 결정해야 이익을 보게 된다.
ㄴ. 매출액을 생산량으로 나눈 단위당 판매가격은 1,000원이다.
ㄷ. K사는 총비용과 매출액이 만나는 지점인 B점에서 손해를 보게 된다.
ㄹ. 생산량을 5,000개로 늘린 후 전량 판매하면 K사는 이익을 보게 된다.

① ㄱ, ㄴ
② ㄱ, ㄹ
③ ㄱ, ㄴ, ㄷ
④ ㄱ, ㄴ, ㄹ
⑤ ㄱ, ㄷ, ㄹ

66 다음은 2014년도 국가별 암 발생률에 대한 자료이다. 이에 근거하여 정리한 것 중 옳지 않은 것은?

국가별 암 발생률

(단위 : 명)

남자						여자					
한국		일본		미국		한국		일본		미국	
위	63.8	위	46.8	전립선	83.8	갑상선	68.6	유방	42.7	유방	76.0
폐	46.9	대장	41.7	폐	49.5	유방	36.8	대장	22.8	폐	36.2
대장	45.9	폐	38.7	대장	34.1	위	24.9	위	18.2	대장	25.0
간	38.9	전립선	22.7	방광	21.1	대장	24.7	폐	13.3	자궁체부	16.5
전립선	23.0	간	17.6	림프종	16.3	폐	13.9	자궁경부	9.8	갑상선	15.1
기타	95.7	기타	79.8	기타	130.2	기타	72.7	기타	60.8	기타	105.6
계	314.2	계	247.3	계	335.0	계	241.6	계	167.6	계	274.4

• 암 발생률 : 특정 기간 동안 해당 집단의 인구 10만 명당 새롭게 발생한 암 환자 수

① 성별에 따른 국가별 암 발생률의 계

(단위 : 명)

400 300 200 100 0
314.2 241.6 247.3 167.6 335.0 274.4
한국 일본 미국
■ 남자 □ 여자

② 국가별 여성 유방암 발생자 수

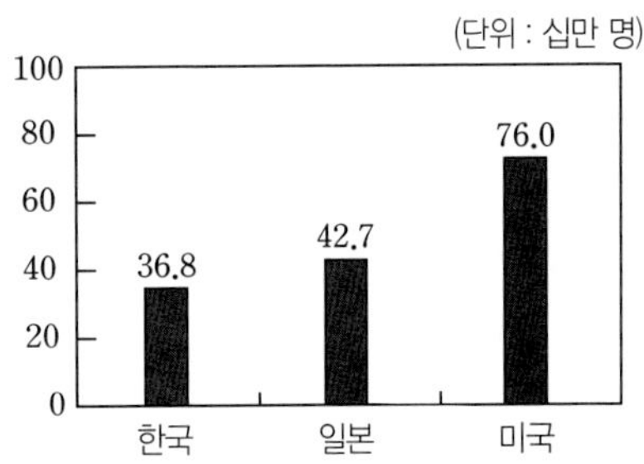

③ 한국의 성별에 따른 암 발생률

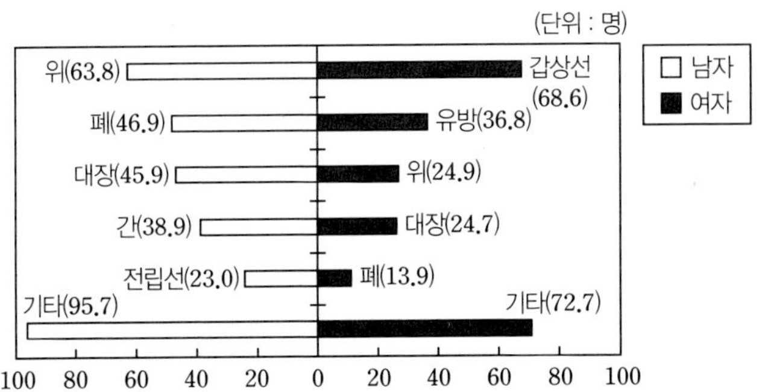

④ 한국과 일본의 암 발생률(남자)

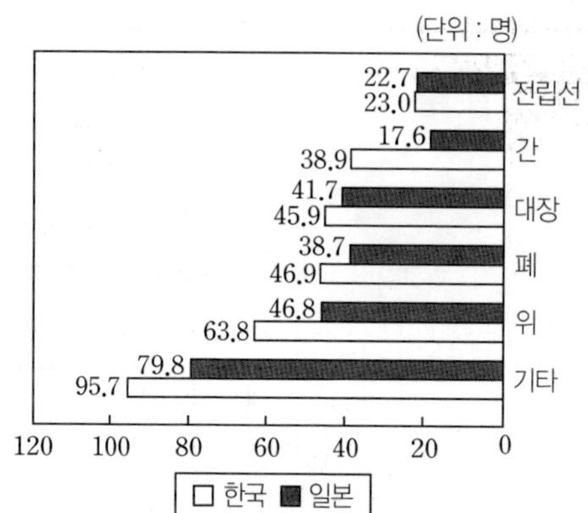

⑤ 한국 여성의 암 발생률 구성비

67 다음 전개도를 이용하여 만들 수 있는 입체도형은?

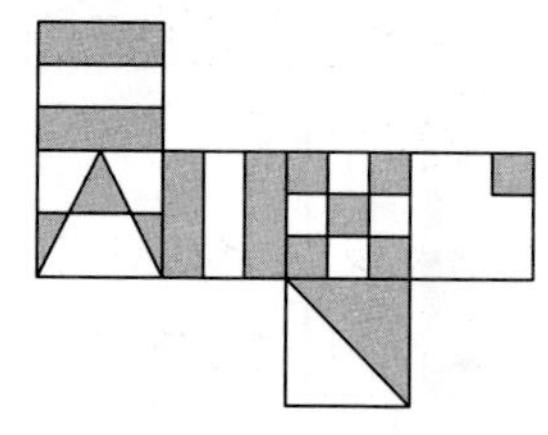

①
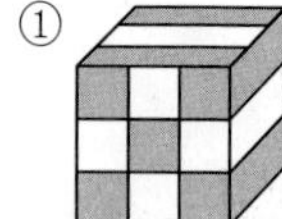

②
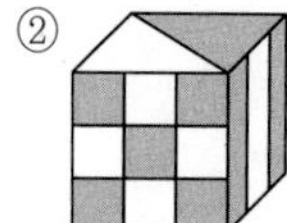

③

④
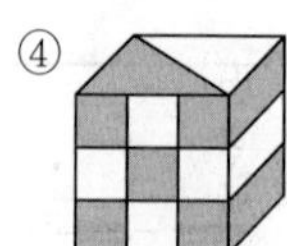

⑤
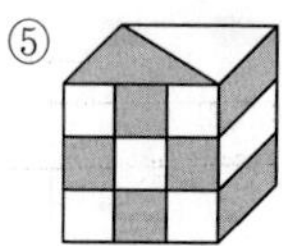

68 제시된 9개의 단어 중 3개의 단어와 공통 연상되는 단어를 고르면?

123	캠코	에너지보이
세종대왕	하이패스	119
원자력	빛가람	지하철

① KORAIL
② 한국도로공사
③ 한국조폐공사
④ 한국가스공사
⑤ 한국전력공사

69 다음 빈칸에 들어갈 알맞은 문장은?

우리는 꿈속에서 평소에는 억누르고 있던 내면 욕구나 콤플렉스를 민감하게 느끼고 투사를 통해 그것을 외적인 형태로 구체화한다. 예를 들어 전쟁터에서 살아 돌아온 사람이 몇 달 동안 계속해서 죽은 동료들의 꿈을 꾸는 경우, 이는 그의 내면에 잠재해 있는 그러나 깨어 있을 때에는 결코 인정하고 싶지 않은 죄책감을 암시하는 것으로 볼 수 있다. 우리에게 꿈이 중요한 까닭은 이처럼 자신도 깨닫지 못하는 무의식의 세계를 구체적으로 이해할 수 있는 형태로 바꾸어서 보여주기 때문이다. 우리는 꿈을 통해 그 사람의 잠을 방해할 정도의 어떤 일이 진행되고 있다는 것을 알 수 있을 뿐만 아니라 그 일에 대해서 어떤 식으로 대처해야 하는지도 알게 된다. 그런 일은 깨어 있을 때에는 쉽사리 알아내기가 어렵다. 이는 따뜻하고 화려한 옷이 상처나 결점을 가려주는 것과 마찬가지로, (   ) 우리는 정신이 옷을 벗기를 기다려 비로소 그 사람의 내면세계로 들어갈 수 있다.

① 잠이 콤플렉스의 심화를 막아주기 때문이다.
② 꿈이 정신의 질병을 예방하고 치료할 수 있기 때문이다.
③ 깨어 있는 의식이 내면세계의 관찰을 방해하기 때문이다.
④ 꿈은 내면에 잠재해 있는 죄책감을 암시해 주기 때문이다.
⑤ 수면상태의 나르시즘이 스스로를 보호하려고 하기 때문이다.

70 제시된 조건을 바탕으로 할 때, A, B에 대해 바르게 설명한 것은?

[조건]
- 영화가 음악이라면 춤은 리본이다.
- 영화는 음악이다.

[결론]
A : 음악은 피아노이다.
B : 춤은 발레이다.

① A만 옳다.
② B만 옳다.
③ A, B 모두 옳다.
④ A, B 모두 틀렸다.
⑤ A, B 모두 알 수 없다.

71 다음에 나열된 숫자의 공통된 규칙을 찾아 빈칸에 들어갈 알맞은 숫자를 고르면?

12 20 32 48 ( ) 92

① 55
② 59
③ 62
④ 64
⑤ 68

72 K전력공사의 자재관리팀에 근무 중인 직원 김대한은 행사 때 사용할 현수막 제작 업무를 맡아 처리하려고 한다. 아래 제시된 상사의 지시에 따라 김대한이 계산한 현수막 설치비용은?

• 행사장소 도면

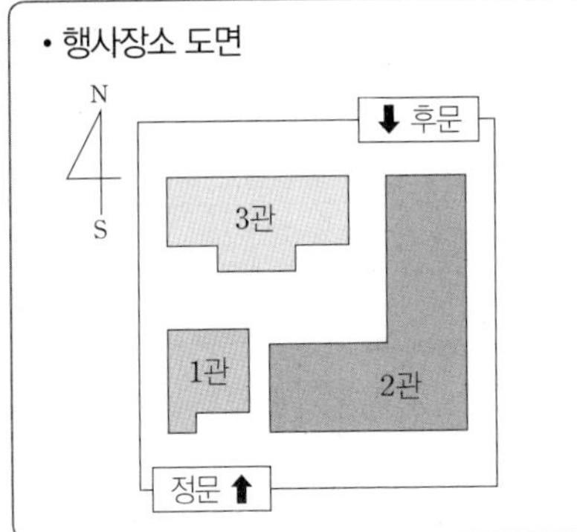

• 현수막 제작비용
– 기본 크기(세로×가로)
1m×3m → 5,000원
– 기본 크기에서 추가 시
$1m^2$당 3,000원씩 추가

대한 씨, 행사 위치를 명확히 알리기 위해서 현수막을 정문과 후문에 하나씩 겁시다. 그리고 3관 건물 입구에도 하나 더 답시다. 현수막 크기는 정문과 후문의 것은 2m×7m의 크기가 적당할 거 같고, 3관 건물 입구에는 1m×5m의 크기가 적당하겠군요. 그럼 오늘 오후까지 견적 좀 부탁할게요.

① 84,000원
② 85,000원
③ 86,000원
④ 87,000원
⑤ 88,000원

73 다음은 공인중개사 A의 중개수수료 요율표이다. 을이 병에게 주택을 임대해주며 9,500만 원의 전세금을 받았다면, A가 을로부터 받을 수 있는 수수료는 최대 얼마인가?

종별	거래가액	수수료율	한도액
매매 · 교환	5,000만 원 미만	거래가액의 0.6% 이내	250,000원
	5,000만 원 이상 2억 원 미만	거래가액의 0.5% 이내	800,000원
	2억 원 이상 6억 원 미만	거래가액의 0.4% 이내	–
매매 · 교환 이외의 임대차 등	5,000만 원 미만	거래가액의 0.5% 이내	200,000원
	5,000만 원 이상 1억 원 미만	거래가액의 0.4% 이내	300,000원
	1억 원 이상 3억 원 미만	거래가액의 0.3% 이내	–

① 12만 원
② 18만 원
③ 22만 원
④ 30만 원
⑤ 38만 원

74 다음 글의 주장과 일치하는 것은?

자유주의적 자유관에 대한 하나의 대안으로 나는 공화주의 정치이론의 한 형태를 옹호한다. 공화주의 이론의 중심 생각에 따르면 자유는 함께 하는 자치에 달려 있다. 이런 생각이 그 자체로 자유주의적 자유와 비일관적인 것은 아니다. 정치 참여는 사람들이 자신의 목표로 추구하고자 선택한 생활 방식 중 하나일 수 있다. 하지만 공화주의 정치이론에 따르면 자치를 공유하는 것은 그 이상의 어떤 것을 포함한다. 그것은 공동선에 대해 동료 시민들과 토론하는 것을 의미하고 정치공동체의 운명을 모색하는 데에 기여한다는 점을 의미한다. 하지만 공동선에 대해 토론을 잘하기 위해서는 각자가 자신의 목표를 잘 선택하고 타인에게도 그런 똑같은 권리를 인정해 줄 수 있는 능력 외에 더 많은 것이 필요하다. 이를 위해서는 공공사안에 대한 지식, 소속감, 사회 전체에 대한 관심, 나와 운명을 같이 하는 공동체와의 도덕적 연결이 필요하다. 따라서 자기 통치를 공유하기 위해서는 시민들이 어떤 특정한 성품 혹은 시민적인 덕을 이미 갖고 있거나 습득해야 한다.

① 개인의 자유는 공동선에 우선하는 가치이다.
② 공화주의는 개인의 자유에 대하여 소극적이다.
③ 공화주의를 실현하기 위해서는 시민적 자질이 필요하다.
④ 공동선에 대한 토론은 정치공동체의 운명을 위태롭게 한다.
⑤ 공화주의 정부는 경합하는 가치관에 대해서 중립을 지켜야 한다.

75 다음 전개도를 이용하여 만들 수 있는 입체도형은?

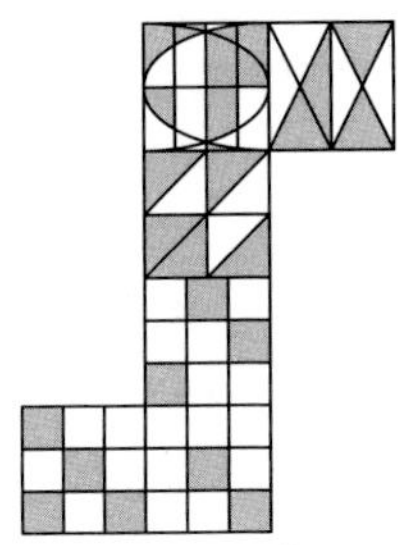

①

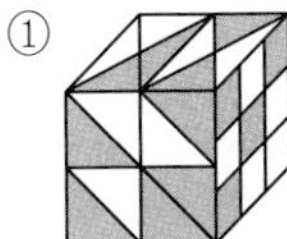

②

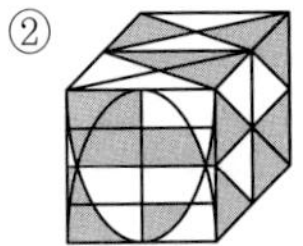

③

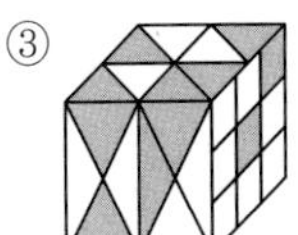

④

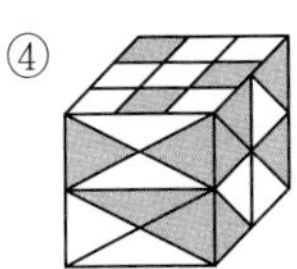

⑤

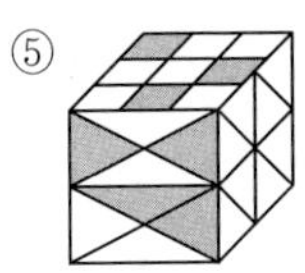

76 다음 글의 내용과 일치하지 않는 것은?

> 런던 패션쇼에서 삐쩍 마른 남자 모델들이 런웨이(Runway)를 활보했다. 뉴욕, 밀라노, 파리의 전체적인 패션 경향을 보여주는 런던 패션쇼는 최근 마른 남자들을 위한 옷이 유행하고 있는 것을 보여준다. 한때는 단단한 복근과 건장한 가슴을 가진 남자 모델들이 유행했지만 지금 모델들은 보디빌더의 허벅지보다 작은 허리를 가지고 있다. 물론 폭식을 즐기는 아이들에게 이 모델들은 통탄할 만한 대상일 것이다. 젊은 여성들에게 선망의 대상이 되는 제로-사이즈 여자 모델을 반대하는 시민 단체의 우려에도 불구하고 최근 젊은 남자들에게도 이러한 마른 남자 모델들의 패션이 유행하기 시작했다. 마른 여자 모델을 바라보는 시선과 마른 남자 모델을 바라보는 시선은 분명히 서로 다르다. 일부에서는 크고 건장한 모델들이 항상 좋아 보인다는 편견을 버려야 한다고 주장한다.

① 예전에는 근육질의 남자 모델들이 인기가 있었다.

② 마른 사람들을 위한 옷이 유행하고 있다.

③ 시민 단체들은 극단적으로 마른 남자 모델을 반대한다.

④ 최근 패션쇼에서는 마른 남자 모델들을 선호하고 있다.

⑤ 최근 패션계는 제로-사이즈 모델을 선호하고 있다.

77 다음 중 ⓐ, ⓑ에 들어갈 단어가 순서대로 바르게 연결된 것은?

> 톱 : 나무 = (ⓐ) : (ⓑ)

① 망치, 쇠

② 가위, 바위

③ 나무, 의자

④ 종이, 불

⑤ 돌, 바람

78 어떤 공연장에서 RED 카드는 2명이 입장할 수 있고 GREEN 카드는 3명이 입장할 수 있다. RED 카드 2장과 GREEN 카드 4장을 가졌다면 입장할 수 있는 인원수는?

① 12명
② 13명
③ 15명
④ 16명
⑤ 18명

79 제시된 조건을 바탕으로 할 때, A, B에 대해 바르게 설명한 것은?

[조건]
- 수영선수는 유도선수보다 키가 크다.
- 배구선수는 체조선수와 수영선수와 키가 같다.
- 배구선수는 농구선수보다 키가 작다.

[결론]
A : 농구선수의 키가 제일 크다.
B : 체조선수는 유도선수보다 키가 크다.

① A만 옳다.
② B만 옳다.
③ A, B 모두 옳다.
④ A, B 모두 틀렸다.
⑤ A, B 모두 알 수 없다.

80 2,500원인 커피와 1,000원인 빵을 한 세트로 제공할 때, 50,000원으로 빵과 커피를 나눠줄 수 있는 최대 인원수는?

① 11명
② 12명
③ 13명
④ 14명
⑤ 15명

81 다음은 어떤 국가의 국회의원들(총 의원정수 435명)을 대상으로 소속정당별 이념성향과 시장개방에 대한 태도를 조사하여 얻은 자료이다. ㄱ~ㄹ 가운데 표를 통해서 얻을 수 있는 결론으로 옳지 않은 것을 모두 고른 것은?

소속정당별 이념성향과 시장개방에 대한 태도

구분		시장개방에 대한 태도				계/평균
		적극 반대	대체로 반대	대체로 찬성	적극 찬성	
A당	의원 수	7	23	82	94	206
	ADA점수 평균	70.0	73.5	88.2	89.8	86.7
B당	의원 수	170	53	4	2	229
	ADA점수 평균	8.4	14.3	18.8	30.0	10.1
계/평균	의원 수	177	76	86	96	435
	ADA점수 평균	10.8	32.2	85.0	88.6	46.4

• ADA점수란 전반적 이념성향을 측정한 점수로 점수가 높을수록 진보적이고, 낮을수록 보수적인 성향이 강함을 의미함

ㄱ. A당 의원들은 B당 의원들에 비해 시장개방에 찬성하는 비율이 높다.
ㄴ. B당 의원들은 A당 의원들보다 진보적 성향을 나타내고 있다.
ㄷ. 이 국가의 총 국회의원 중 시장개방에 반대하는 의원의 비율이 찬성하는 의원의 비율보다 높다.
ㄹ. A당, B당 모두 시장개방에 찬성하는 의원들보다 반대하는 의원들의 ADA점수 평균이 높다.

① ㄱ, ㄴ
② ㄱ, ㄹ
③ ㄴ, ㄹ
④ ㄴ, ㄷ, ㄹ
⑤ ㄷ, ㄹ

82 다음 나열된 숫자의 공통된 규칙을 찾아 빈칸에 들어갈 알맞은 숫자를 고르면?

768	4	192	16	48	64	12	( )

① 54
② 72
③ 143
④ 256
⑤ 264

83 A는 몇 년 째 진급 시험에서 아주 적은 차이로 번번이 진급을 못 하고 있다. 이미 A의 입사 동기들은 모두 A보다 높은 직책을 갖고 있고, A보다 늦게 들어온 후배들도 A를 제치고 몇 명 진급을 하였다. A가 생각하기에 실력은 비슷한 것 같은데 어디서 그 차이가 나는 건지 알 수가 없다. 이때 A가 할 수 있는 가장 바람직한 행동은?

① 인사담당자를 찾아가 자신의 문제점을 묻는다.
② 정말 진급 시험이 정당하게 이루어졌는지 알아본다.
③ 자신의 실력이 부족한 것이라 생각하고 더 노력한다.
④ 팀장에게 자신의 부족한 점에 대해 물어보고 조언을 구한다.
⑤ 회사에서의 진급 가능성이 없다고 판단하고 회사를 그만둔다.

84 다음 중 논증구조를 바르게 분석한 것은?

㉠ 한민족의 전통은 고유한 것이다. 그러나 고유하다, 고유하지 않다 하는 것도 상대적인 개념이다. ㉡ 어느 민족의 어느 사상도 동일한 것이 없다는 점에서 모두가 고유하다고 할 수 있다. ㉢ 한 나라의 종교나 사상이 정치제도가 다른 나라에 도입된다하더라도 꼭 동일한 양상으로 발전되는 법은 없으며, 문화 · 예술은 물론이고 과학기술조차도 완전히 동일한 발전을 한다고는 볼 수 없다. ㉣ 이런 점에서 조상으로부터 물려받은 유산은 모두 고유하다고 할 수 있다. ㉤ 그러나 한 민족이 창조하고 계승한 문화 · 관습 · 물건이 완전히 고유하여 다른 민족의 문화 내지 전통과 유사한 점을 전혀 찾을 수가 없고 상호의 영향이 전혀 없다고 말할 수 있을 만큼 독특한 것은 원시시대의 몇몇 관습 외에는 없다고 할 것이다.

① ㉠은 ㉡의 근거이다.
② ㉡은 ㉢의 근거이다.
③ ㉢은 ㉣의 근거이다.
④ ㉣은 ㉡의 근거이다.
⑤ ㉣은 ㉤의 근거이다.

85 다음 글의 내용과 일치하는 것은?

EU 철강 협회는 EU 회원국의 철강업체들이 중국이나 대만 그리고 한국에서 수입하는 철강 제품 때문에 어려움을 겪고 있다고 주장했다. 최근 철강 제품 수입이 크게 늘어나면서 철강 제품 가격이 25%까지 떨어졌으며 수천 명의 근로자들이 일자리를 잃을 위기에 빠져있다고 분석했다. 특히 지난 한 해 동안 중국에서 수입한 철강 제품 톤 수는 지난해의 두 배인 100만 톤에 이른다. 특히 EU 철강 협회는 중국에서 수입되는 철강 제품 중에 냉각 압연 철강재와 용융 도금된 철강재를 문제 삼았다. 이러한 EU 철강 협회의 주장은 최근 미국 철강 협회가 중국산 철강 제품에 대해서 정부에 덤핑 판정을 요구하면서 더 힘을 얻고 있다.

① EU 회원국에 가장 많은 철강 제품을 수출한 나라는 중국이다.
② 미국 정부는 중국산 철강 제품에 반덤핑관세를 부과할 계획이다.
③ 중국에서 수입되는 철강 제품 중 가장 많은 것은 냉각 압연 철강재이다.
④ 철강 제품의 공급이 많아지면서 철강 제품 가격이 떨어졌다.
⑤ EU 회원국에 중국 철강 제품의 수입이 늘면서 중국 근로자들은 일자리를 잃을 위기에 빠졌다.

86 다음에 제시된 문장들을 옳게 배열한 것은?

㉠ 따라서 주민소환제는 '선거의 실패'를 보완할 수 있는 기회를 유권자들에게 제공한다.
㉡ 부패했거나 무능한 공직자를 일정한 절차에 따라 해임할 수 있기 때문이다.
㉢ 무엇보다 주민소환제는 지방자치단체에 대한 유권자의 직접 통제를 강화하는 수단이라는 점에서 그 의의가 있다.
㉣ 주민소환제는 민주정치의 건강성을 유지하기 위한 제도라고 볼 수 있다.

① ㉡ – ㉠ – ㉢ – ㉣
② ㉡ – ㉢ – ㉣ – ㉠
③ ㉣ – ㉡ – ㉠ – ㉢
④ ㉣ – ㉢ – ㉡ – ㉠
⑤ ㉣ – ㉠ – ㉡ – ㉢

87 다음 글의 빈칸에 들어갈 단어와 유사한 의미를 가진 단어는?

문화는 대개 일정한 지역 안에서 특정한 민족 단위로 형성된다. 민족 문화는 민족의 지역적 특성, 역사, 풍토 등에 의해 형성된다. 각 사회의 문화는 서로 다른 단면을 지니며, 문화적 가치들은 그 사회 관계적 조건에 따라 각각 (　　)한 의미를 지닌 채 그에 따라 각기 다른 관계 맺음의 원리, 즉 윤리를 형성한다.

① 기묘
② 특유
③ 다양
④ 고질
⑤ 이상

88 다음 중 ⓐ, ⓑ에 들어갈 단어가 순서대로 바르게 연결된 것은?

지식(知識) : 견식(見識) = (ⓐ) : (ⓑ)

① 개업(開業), 창업(創業)
② 학업(學業), 학생(學生)
③ 창업(創業), 휴업(休業)
④ 폐업(閉業), 개업(開業)
⑤ 전업(專業), 주부(主婦)

89 하나에 5센트짜리 펜이 있다. 100달러면 몇 개를 살 수 있는가?

① 100개
② 200개
③ 500개
④ 1,000개
⑤ 2,000개

90 다음 표는 KTX의 운임표이다. 부산에 거주하는 A는 강연을 위해 한 달에 두 번씩 서울에 와야 한다. A가 교통수단으로 KTX의 일반실을 이용할 경우, 1년간 지불해야 하는 요금은?

운임표

역간운임(단위 : 원)

행신	7,600	7,600	14,200	22,900	39,900	44,400	48,000	49,300
11,900	서울	7,600	12,800	21,500	38,600	43,200	46,800	48,100
11,900	11,900	광명	10,600	19,300	36,700	41,200	44,800	46,200
19,900	17,900	14,900	천안아산	8,700	25,700	29,500	33,100	34,400
32,100	30,100	27,000	13,000	대전	17,000	22,200	25,400	26,800
55,900	54,000	51,400	36,000	23,800	동대구	7,600	9,300	10,900
62,200	60,500	57,700	41,300	31,100	11,900	밀양	7,600	7,600
67,200	65,500	62,700	46,300	35,600	13,600	11,900	구포	7,600
69,000	67,300	64,700	48,200	37,500	15,300	11,900	11,900	부산

(진한 색) : 특실운임
(연한 색) : 일반운임

① 1,556,500원
② 1,937,200원
③ 2,125,100원
④ 2,308,800원
⑤ 2,413,200원

91 다음 전개도를 이용하여 만들 수 있는 입체도형은?

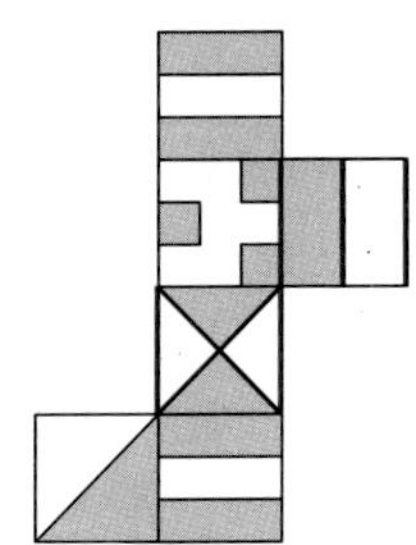

① 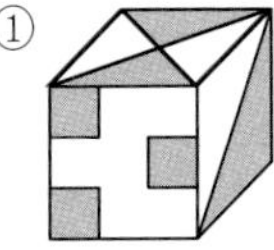

② 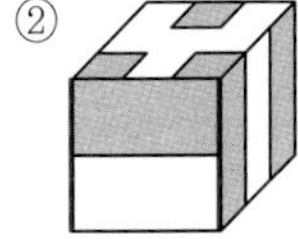

③ 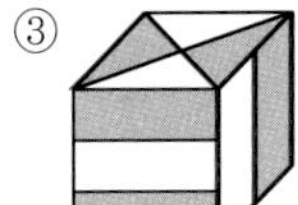

④ 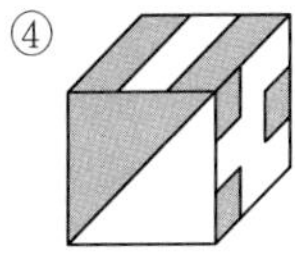

⑤ 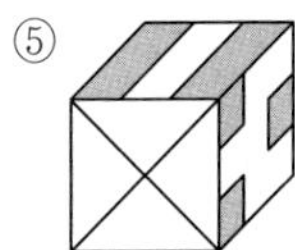

92 다음 중 (가), (나)와 빛나의 발언에 대해 잘못 말한 사람은?

(가) 시대가 바뀐 만큼 일에 대한 생각도 달라졌다. 직업에 대한 고정적 관념에 균열이 오고 새롭고 다양한 생각들이 존중받는 시대가 온 것이다. 통계에 따르면 요즘은 입사 후 11개월 내에 전직하는 경우가 비일비재하다. 틀에 박힌 성장을 거부하고 자신만의 독립적인 세계를 추구하는 새로운 세대에게 어쩌면 이건 당연한 현상일지도 모른다. 이렇게 해서 나타난 것이 바로 '창직(job creation)'이다.

(나) '창직'은 자신이 가지고 있는 기술이나 아이디어, 적성을 가지고 기존 비즈니스 모델이 아닌 새로운 직업을 발굴해 노동시장에 진입하는 것이다. 만들어진 일자리를 찾는 것이 아니라 자신의 적성에 맞는 직업을 직접 만드는 것을 말한다. 창직에 대한 아이디어가 나오려면 그만큼 기존 직업에 대한 직·간접 경험이 많이 있어야 한다.

빛나 : 일반 기업에 취직하는 것이 아니라 자신의 적성을 살려 친환경 마케팅전문가라는 기존에 없던 업무에 도전하고 있다.

① 미란 : '창직'은 새로운 직종을 만드는 일인 만큼 '블루오션'이라 할 수 있어.

② 혜연 : '창직'은 기존의 직업과 차별화되는 점이 분명히 있어야 한다고 생각해.

③ 정아 : 새로운 직업의 창출을 위해서는 다양한 경험과 새로운 발상이 바탕이 되어야 해.

④ 예림 : '창직'이란 기존의 시장에서 경쟁하고 있는 유사 업종의 기업을 세우는 것을 말하는구나.

⑤ 효선 : 자신의 적성을 살려서 새로운 직업을 발굴한다면 '창직'의 좋은 본보기가 될거라고 생각해.

93 제시문의 빈칸에 들어갈 문장을 〈보기〉에서 골라 순서대로 나열한 것은?

백신은 일반적으로 두 가지 경로를 통해 병균을 파괴한다. (　　) 이 중 한 가지는 병균이 세포 안에 숨어 버릴 때 그 세포를 '폭격 지점'으로 삼는다. 이 역할을 담당하는 몸 속 방어균은 T세포-임파구라고 불린다. 또 다른 방어군의 이름은 B세포이다. 병균-항원에 직접 결합해 조각내 버리는 항체를 만드는 세포이다. 그러나 두 가지 역할을 훌륭히 수행한다고 해서 모두 좋은 백신이 아니다. (　　) 백신이 제 아무리 면역 반응을 잘 일으킨다고 해도 몸의 입장에서는 낯선 이물질인 것이 사실이다. (　　)

보기

㉠ 백신이 투여되면 몸 안에서는 두 가지 종류의 방어군이 형성된다.
㉡ 기본적으로 약효뿐만 아니라 안정성을 갖추어야 하기 때문이다.
㉢ 그래서 과학자들은 효과를 최대화시키고 부작용을 최소화시키는 방향으로 다양한 백신을 개발해 왔다.

① ㉠ - ㉡ - ㉢
② ㉠ - ㉢ - ㉡
③ ㉡ - ㉠ - ㉢
④ ㉡ - ㉢ - ㉠
⑤ ㉢ - ㉡ - ㉠

94 다음 중 ⓐ, ⓑ에 들어갈 단어가 순서대로 바르게 연결된 것은?

주판 : (ⓐ) = (ⓑ) : 이동

① 수학, 공학
② 바퀴, 자동차
③ 자동차, 자전거
④ 의자, 계산
⑤ 계산, 자전거

95 3%의 식염수에 9%의 식염수를 섞어서 6%의 식염수 500g을 만들고자 한다. 9%의 식염수는 몇 g 필요한가?

① 100g ② 150g
③ 200g ④ 250g
⑤ 300g

96 다음 나열된 숫자의 공통된 규칙을 찾아 빈칸에 들어갈 알맞은 숫자를 고르면?

1	2	4	3	4	8	7	( )

① 7 ② 8
③ 9 ④ 10
⑤ 11

97 렌트 시간이 3시간 30분인 경우 A 요금과 B 요금의 차이는?

렌트카 요금제

요금제	기본요금	연장요금
A	1시간 15,000원	초과 30분당 1,000원
B	3시간 17,000원	초과 30분당 1,300원

• 연장 요금은 기본 요금 시간 초과 시 30분 단위로 부과됨 (1시간 1분 이용 시 1시간 30분 요금이 적용됨)

① 1,700원 ② 1,600원
③ 1,500원 ④ 1,400원
⑤ 1,300원

98 제시된 조건을 바탕으로 할 때, A, B에 대해 바르게 설명한 것은?

[조건]
• A는 B의 동생이다.
• B와 C는 동갑내기 친구이다.
• C와 D는 쌍둥이로 E의 동생이다.
[결론]
A : A와 E는 나이가 같다.
B : C와 D는 A보다 나이가 적다.

① A만 옳다.
② B만 옳다.
③ A, B 모두 옳다.
④ A, B 모두 틀렸다.
⑤ A, B 모두 알 수 없다.

99 수연, 소현, 현주, 승민, 혜정 다섯 명이 A, B, C, D, E 다섯 개의 선물 상자를 각 한 개씩 나누어 가졌다. 혜정이가 가진 선물 상자는 무엇인가?

• 수연은 A, B, E 상자를 가지고 있지 않다.
• 소현은 B, D, E 상자를 가지고 있지 않다.
• 현주는 A, C, E 상자를 가지고 있지 않다.
• 승민은 B, C 상자를 가지고 있지 않다.
• 혜정은 D, E 상자를 가지고 있지 않다.
• 승민이가 A 상자를 가지고 있지 않으면, 소현이도 A 상자를 가지고 있지 않다.

① A
② B
③ C
④ D
⑤ E

100 다음 전개도를 이용하여 만들 수 있는 입체도형은?

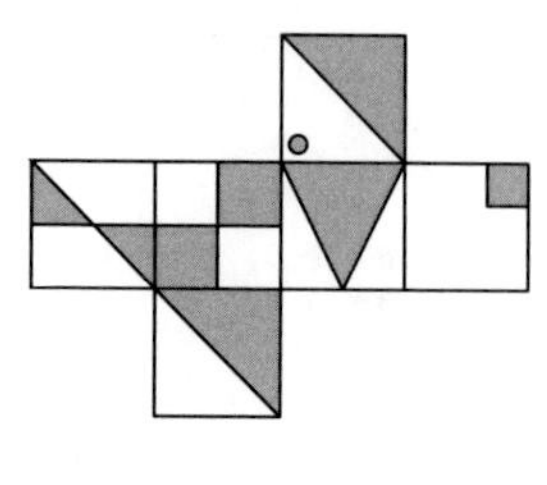

①
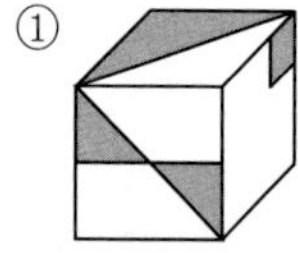

②
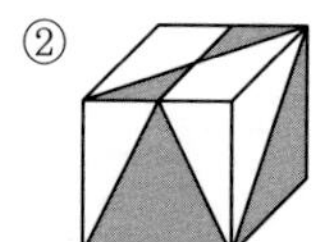

③
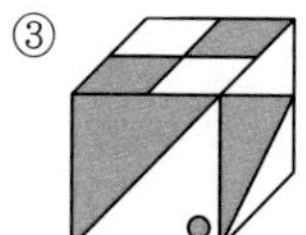

④
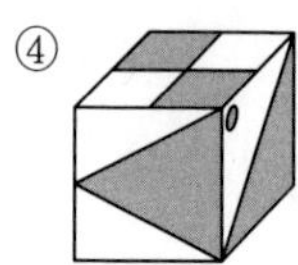

⑤
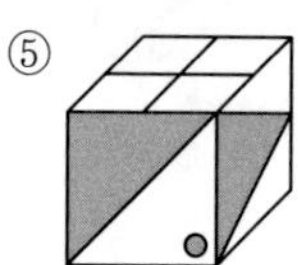

101 다음 글의 주제로 알맞은 것은?

BBC 방송에 의하면 지난해 인도에선 350만 병의 포도주가 소비되었다. 이에 따라 포도주 제조 및 수입회사들은 인도 전역의 대도시에서 포도주 시음행사를 열고 있다. 인도에서 프랑스산 포도주를 마시는 사람은 대개 영어를 유창하게 하고, 서구에서 교육받은 남녀들이다. 인도의 포도주 붐도 일본, 한국에서와 마찬가지로 건강요인이 작용하고 있다는 것이 현지 분석이다. 이제 인도 포도주는 서구 시장으로도 진출하고 있다 인도에서 처음으로 포도주 생산을 시작한 술라 포도농원의 경우 미국, 이탈리아는 물론 프랑스에까지 수출하고 있다. 이 회사는 현재 생산설비를 대대적으로 확충하고 있다. 현재 연 50만 병 규모를 150만 병으로 늘릴 예정이다. 인도의 포도주 소비가 앞으로 5년 간 연 30%씩 증가할 것이란 예측을 바탕으로 한 증설이다.

① 중산층의 포도주 소비
② 인도의 포도주 제조
③ 포도주 소비 계층
④ 인도의 포도주 붐
⑤ 포도주와 수명

102 다음 중 ⓐ, ⓑ에 들어갈 단어가 순서대로 바르게 연결된 것은?

> 마추픽추 : (ⓐ) = 타지마할 : (ⓑ)

① 여행, 비행기
② 브라질, 이란
③ 멕시코, 이란
④ 페루, 인도
⑤ 유물, 유산

103 20센트짜리 우표를 사려고 한다. 4달러를 내고 20센트의 거스름돈을 받았다. 구입한 우표의 개수는?

① 17장
② 18장
③ 19장
④ 20장
⑤ 21장

104 4%의 식염수에 16%의 식염수를 섞어서 8%의 식염수 300g을 만들고자 한다. 16%의 식염수는 몇 g이 필요한가?

① 100g
② 150g
③ 200g
④ 250g
⑤ 300g

105 다음 표는 성별에 따른 X기관의 직무 고용자료이다. 전체 남성채용률은 여성채용률의 몇 배인가? (단, 소수점 셋째 자리에서 반올림한다.)

성별에 따른 X기관의 직무 고용자료

(단위 : 명)

직무분류	남성채용자 수	남성지원자 수	여성채용자 수	여성지원자 수
A	3	6	4	6
B	1	3	1	2
C	0	1	1	10
D	85	100	2	40
E	2	3	2	2
F	3	7	4	7
합계	94	120	14	67

• 채용률 $= \frac{\text{채용자 수}}{\text{지원자 수}} \times 100$

① 약 3.75배

② 약 4.25배

③ 약 5.17배

④ 약 7.83배

⑤ 약 7.95배

106 다음 대화에서 ㉠에 들어갈 컴퓨터의 점검 사항으로 가장 알맞은 것은?

고　객 : △△컴퓨터 A/S 센터죠?
상담원 : 네. 맞습니다. 무엇을 도와 드릴까요?
고　객 : 컴퓨터의 모니터 화면이 나오지 않아요.
상담원 : 전원은 확인하셨나요?
고　객 : 네. 책상 위에 컴퓨터를 두고 사용했을 때는 정상이었어요. 그런데 본체만 책상 아래로 옮긴 후 부팅시켰더니, 본체와 모니터의 전원은 켜져 있는데 화면이 나오지 않아요.
상담원 : 그렇다면, ____________㉠____________

① 랜 카드의 작동 여부를 확인해 보세요.
② 사운드 카드의 설치 유무를 확인해 보세요.
③ CD-ROM 드라이브의 작동 여부를 확인해 보세요.
④ 모니터와 본체의 케이블 연결 상태를 확인해 보세요.
⑤ USB 포트에 마우스가 제대로 연결되었는지 확인해 보세요.

107 제시된 조건을 바탕으로 할 때, A, B에 대해 바르게 설명한 것은?

[조건]
- 모든 의사는 천재이다.
- 모든 천재는 악필이다.
- 민국은 천재다.

[결론]
A : 민국은 의사가 아니다.
B : 민국은 시인이다.

① A만 옳다.　② B만 옳다.
③ A, B 모두 옳다.　④ A, B 모두 틀렸다.
⑤ A, B 모두 알 수 없다.

108 다음 제시된 글의 바로 뒤에 이어질 내용으로 알맞은 것은?

자본주의 초기에는 기업이 단기이익과 장기이익을 구별하여 추구할 필요가 없었다. 소자본끼리의 자유 경쟁 상태에서는 단기든 장기든 이익을 포기하는 순간에 경쟁에서 탈락하기 때문이다. 그에 따라 기업은 치열한 경쟁에서 살아남기 위해 주어진 자원을 최대한 효율적으로 활용하여 가장 저렴한 가격으로 상품을 공급하게 되었다. 이는 기업의 이익 추구가 결과적으로 사회 전체의 이익도 증진시켰다는 의미이다. 이 단계에서는 기업의 소유자가 곧 경영자였기 때문에 기업의 목적은 자본가의 이익을 추구하는 것으로 집중되었다.

① 기업이 장기적으로 존속하고 성장하기 위해서는 장기이익을 추구해야 한다.

② 기업은 장기이익은 그 기업이 얼마만큼 단기적 손해를 감수하느냐에 달려 있다.

③ 오늘날의 기업은 경제적 이익만이 아닌 사회적인 이익도 동시에 추구해야 한다.

④ 기업의 장기이익은 기업이 다원사회의 구성원이 되어 장기적으로 생존하느냐 마느냐에 달려 있다.

⑤ 기업의 규모가 커지고 소유와 경영이 분리됨에 따라 기업은 단기이익과 장기이익 사이에서 갈등을 겪게 되었다.

109 다음 글의 내용과 일치하는 것은?

우리는 처음 만난 사람의 외모를 보고, 그를 어떤 방식으로 대우해야 할지를 결정할 때가 많다. 그가 여자인지 남자인지, 얼굴색이 흰지 검은지, 나이가 많은지 적은지 혹은 그의 스타일이 조금은 상류층의 모습을 띠고 있는지 아니면 너무나 흔해서 별 특징이 드러나 보이지 않는 외모를 하고 있는지 등을 통해 그들과 나의 차이를 재빨리 감지한다. 일단 감지가 되면 우리는 둘 사이의 지위 차이를 인식하고 우리가 알고 있는 방식으로 그를 대하게 된다. 한 개인이 특정 집단에 속한다는 것은 단순히 다른 집단의 사람과 다르다는 것뿐만 아니라, 그 집단이 다른 집단보다는 지위가 높거나 우월하다는 믿음을 갖게 한다. 모든 인간은 평등하다는 우리의 신념에도 불구하고 왜 인간들 사이의 이러한 위계화(位階化)를 당연한 것으로 받아들일까? 위계화란 특정 부류의 사람들은 자원과 권력을 소유하고 다른 부류의 사람들은 낮은 사회적 지위를 갖게 되는 사회적이며 문화적인 체계이다.

① 우리는 둘 사이의 차이를 인식하고 상대방을 대한다.

② 우리는 처음 만난 사람의 겉모습을 보고 좋은 사람인지 나쁜 사람인지 판단한다.

③ 산업 사회에서의 불평등은 계층과 계급의 차이를 통해서 정당화된다.

④ 내가 소속된 집단 외의 다른 집단이 우월하다는 믿음을 갖게 된다.

⑤ 우리 사회에서 위계화는 보편적이지 않은 정서이다.

110 다음 문장을 읽고 순서에 맞게 배열한 것은?

㉠ 카리브해 최대의 근대 도시이자 정치, 상공업, 문화의 중심인 이곳에는 여러 정부 기관과 화력 발전소, 석유 정제소, 화학 공장, 제지 공장, 방적 공장, 담배 공장 등의 공업 지대가 들어서 있다.
㉡ 이는 뉴욕이나 워싱턴보다 훨씬 오래된 것이다.
㉢ 현재는 쿠바 국민의 20%에 가까운 220만 명이 아바나에 거주하고 있다.
㉣ 1514년에 건설이 시작되었고, 1607년에 수도가 되었다.
㉤ 뿐만 아니라 아바나에는 1992년에 유네스코로부터 세계 문화유산으로 지정받은 바 있는 식민지시대의 오랜 주택가도 남아 있다.
㉥ 쿠바의 수도 아바나는 아메리카 대륙에서도 가장 긴 역사를 지닌 도시다.

① ㉢ – ㉥ – ㉣ – ㉡ – ㉤ – ㉠
② ㉥ – ㉢ – ㉣ – ㉠ – ㉡ – ㉤
③ ㉥ – ㉣ – ㉡ – ㉢ – ㉠ – ㉤
④ ㉢ – ㉣ – ㉥ – ㉠ – ㉤ – ㉡
⑤ ㉠ – ㉢ – ㉥ – ㉣ – ㉡ – ㉤

111 제시된 단어와 동일한 관계가 성립하도록 빈칸에 들어갈 적절한 단어를 고르면?

질투하다 : 시기하다 = 유들유들하다 : (　　)

① 튼튼하다
② 뻔뻔하다
③ 야들야들하다
④ 말랑말랑하다
⑤ 겸손하다

112 다음 나열된 숫자의 공통된 규칙을 찾아 빈칸에 들어갈 알맞은 숫자를 고르면?

8	23	67	198	590	( )

① 844
② 916
③ 1,352
④ 1,586
⑤ 1,765

113 다음 전개도를 이용하여 만들 수 있는 입체도형은?

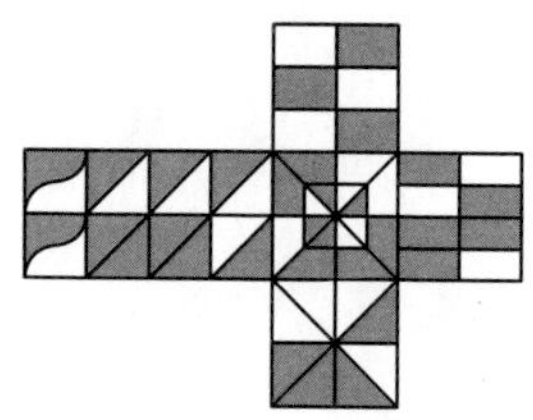

①
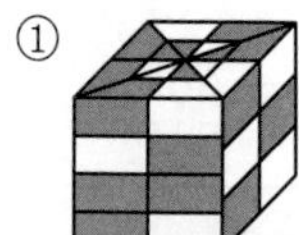

②
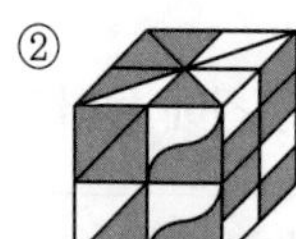

③

④
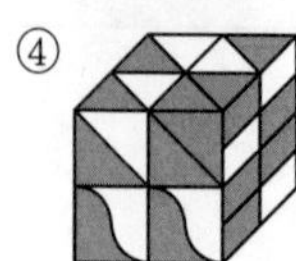

⑤
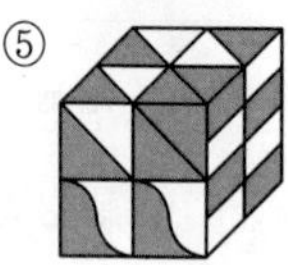

114 다음은 대학생 361명의 국사 및 서양사 시험결과의 분포를 나타낸 표이다. 국사 시험에서 20점 미만을 받은 학생들의 서양사 평균점수의 범위를 맞게 표시한 것은? (단, 소수점 둘째 자리에서 반올림한다.)

국사 및 서양사 시험결과 점수의 분포 교차도

서양사 \ 국사	0~9점	10~19점	20~29점	30~39점	40~49점	50~59점	60~69점	70~79점	80~89점	90~100점
0~9점	2	4	4							
10~19점	3	8	6	4				2		
20~29점		7	18	14			1	1		
30~39점			22	35	19	16				
40~49점				13	37	21				
50~59점			2	4	18	26	11	6		
60~69점			1	1		3	17	10	4	
70~79점							4	7	2	3
80~89점								1	2	1
90~100점										1

① 약 10.4 ~ 약 15.0

② 약 15.0 ~ 약 19.4

③ 약 10.4 ~ 약 19.4

④ 약 15.0 ~ 약 20.4

⑤ 약 10.4~약 20.4

115 어떤 건물의 1층에서 8층까지 올라가는 데 걸리는 시간이 28초라면 각 층을 올라가는 데 걸리는 시간은?

① 4초

② 5초

③ 6초

④ 7초

⑤ 8초

[116~117] 다음 글을 읽고 물음에 답하시오.

정부나 기업이 사업에 투자할 때에는 현재에 투입될 비용과 미래에 발생할 이익을 비교하여 사업의 타당성을 진단한다. 이 경우 물가 상승, 투자 기회, 불확실성을 포함하는 할인의 요인을 고려하여 미래의 가치를 현재의 가치로 환산한 후, 비용과 이익을 공정하게 비교해야 한다. 이러한 환산을 가능케 해주는 개념이 할인율이다. 할인율은 이자율과 유사하지만 역으로 적용되는 개념이라고 생각하면 된다. 현재의 이자율이 연 10%라면 올해의 10억 원은 내년에는 (1+0.1)을 곱한 11억 원이 되듯이, 할인율이 연 10%라면 내년의 11억 원의 현재 가치는 (1+0.1)로 나눈 10억 원이 된다.

공공사업의 타당성을 진단할 때에는 대개 미래 세대까지 고려하는 공적 차원의 할인율을 적용하는데, 이를 사회적 할인율이라고 한다. 사회적 할인율은 사회 구성원이 느끼는 할인의 요인을 정확하게 파악하여 결정하는 것이 바람직하나, 이것은 현실적으로 매우 어렵다. 그래서 시장 이자율이나 민간 자본의 수익률을 사회적 할인율로 적용하자는 주장이 제기된다.

시장 이자율은 저축과 대출을 통한 자본의 공급과 수요에 의해 결정되는 값이다. 저축을 하는 사람들은 원금을 시장 이자율에 의해 미래에 더 큰 금액으로 불릴 수 있고, 대출을 받는 사람들은 시장 이자율만큼 대출금에 대한 비용을 지불한다. 이때의 시장 이자율은 미래의 금액을 현재 가치로 환산할 때의 할인율로도 적용할 수 있으므로, 이를 사회적 할인율로 간주하자는 주장이 제기되는 것이다. 한편 민간 자본의 수익률을 사회적 할인율로 적용하자는 주장은, 사회 전체적인 차원에서 공공사업에 투입될 자본이 민간 부문에서 이용될 수도 있으므로, 공공사업에 대해서도 민간 부문에서만큼 높은 수익률을 요구해야 한다는 것이다.

그러나 시장 이자율이나 민간 자본의 수익률을 사회적 할인율로 적용하자는 주장은 수용하기 어려운 점이 있다. 우선 공공 부문의 수익률이 민간 부문만큼 높다면, 민간 투자가 가능한 부문에 굳이 정부가 투자할 필요가 있는가 하는 문제가 제기될 수 있다. 더욱 중요한 것은 시장 이자율이나 민간 자본의 수익률이, 비교적 단기적으로 실현되는 사적 이익을 추구하는 자본 시장에서 결정된다는 점이다. 반면에 사회적 할인율이 적용되는 공공사업은 일반적으로 그 이익이 장기간에 걸쳐 서서히 나타난다. 이러한 점에서 공공사업은 미래 세대를 배려하는 지속 가능한 발전의 이념을 반영한다. 만일 사회적 할인율이 시장 이자율이나 민간 자본의 수익률처럼 높게 적용된다면, 미래 세대의 이익이 저평가되는 셈이다. 그러므로 사회적 할인율은 미래 세대를 배려하는 공익적 차원에서 결정되는 것이 바람직하다.

116 윗글의 주제로 가장 알맞은 것은?

① 공공 부문의 수익률을 높이기 위한 경쟁 방안

② 시장 이자율과 사회적 할인율의 관계

③ 공공사업에 적용되는 사회적 할인율의 결정 수준

④ 사회적 할인율이 민간 자본의 수익률에 미치는 영향

⑤ 자본 시장에서 미래 세대의 몫에 대한 고려

117 윗글의 내용과 일치하지 않는 것은?

① 사회적 할인율은 공공사업의 타당성을 진단할 때 미래 세대까지 고려하여 적용하는 공적 차원의 할인율이다.

② 사회적 할인율이 시장 이자율이나 민간 자본의 수익률처럼 높게 적용된다면, 미래 세대의 이익이 저평가되는 것과 같다.

③ 사업의 타당성을 진단할 때 미래의 가치를 현재의 가치로 환산한 후 비용과 이익을 비교하는데, 이러한 환산을 가능케 해 주는 개념이 할인율이다.

④ 사회적 할인율이 적용되는 공공사업은 일반적으로 그 이익이 장기간에 걸쳐 서서히 나타난다.

⑤ 시장 이자율이나 민간 자본의 수익률은 비교적 장기적으로 실현되는 자본 시장에서 결정된다.

118 제시문의 빈칸에 들어갈 문장을 〈보기〉에서 골라 순서대로 나열한 것은?

( ) 그런데 운전석에 앉았을 때 왼쪽 거울에 비치는 모습과 오른쪽 거울에 비치는 모습은 동일하지가 않다. 사이드 미러로 자기 얼굴을 비추어 보면 이를 확인할 수 있다. ( ) 왜 그럴까? 이를 알아보기 위해서는 먼저 거울에 적용되는 반사의 법칙을 알아볼 필요가 있다. 반사의 법칙은 왜 사이드 미러의 좌우가 다르게 보이는지를 설명하는 기초가 된다. 반사면에서 수직을 이루는 가상의 선을 법선이라고 하는데, 입사광이 들어왔을 때 입사광의 진행 방향과 법선이 이루는 각을 입사각이라고 한다. 반사면에서 반사되는 반사광도 법선과 어떤 각을 이루며 반사되는데 그 각을 반사각이라 한다. ( )

보기

㉠ 반사각이 입사각과 같다는 것이 바로 반사의 법칙이다.
㉡ 사이드 미러는 자동차 문에 붙여서 뒤를 볼 수 있게 한 거울이다.
㉢ 왼쪽 거울에 비추어 보면 얼굴이 실제와 거의 같게 보이는데, 오른쪽 거울에 비추어 보면 얼굴이 실제보다 작게 보인다.

① ㉠ – ㉡ – ㉢
② ㉠ – ㉢ – ㉡
③ ㉡ – ㉢ – ㉠
④ ㉢ – ㉠ – ㉡
⑤ ㉢ – ㉡ – ㉠

119 빈칸에 들어갈 내용으로 알맞은 것은?

10MB=( )KB

① 1.024
② 10.24
③ 102.4
④ 1,024
⑤ 10,240

120 A는 평소 일도 잘하고 동료들과 사이도 좋지만 술버릇이 나빠 회식자리에서 종종 크고 작은 사고를 일으킨다. 그런데 회사에서 거래처와 중요한 접대 자리가 있어 C팀장은 담당자인 A를 술자리에 데려가야 하는 상황이 생겼다. 이때 C팀장이 할 수 있는 가장 바람직한 행동은?

① 적당한 구실을 들어 A를 접대 자리에 나오지 못하도록 한다.

② A와 직접 상의하여 A 스스로가 접대 자리에 나오지 않도록 한다.

③ 항상 사고를 일으키는 것은 아니므로, 그냥 A가 술을 마시도록 내버려 둔다.

④ 접대 자리에 같이 나가되 A가 술을 마시지 않도록 A에게 미리 이야기 해 둔다.

⑤ 접대 자리에서 거래처 상대방에게 A의 술버릇을 말하고 A가 술을 마시지 않도록 양해를 구한다.

KEPCO
JOB
APTITUDE
TEST

Part 04

정답 및 해설

PART 4

정답 및 해설

정답

01 ①	02 ②	03 ②	04 ②	05 ③	06 ②	07 ⑤	08 ④	09 ①	10 ②	11 ①	12 ③	13 ②	14 ①	15 ②
16 ③	17 ②	18 ①	19 ②	20 정답 없음		21 ③	22 ③	23 ③	24 ②	25 ③	26 ①	27 ④	28 ①	29 ③
30 ⑤	31 ③	32 ③	33 ①	34 ⑤	35 ④	36 ②	37 ③	38 ③	39 ②	40 정답 없음		41 ①	42 ③	43 ④
44 ③	45 ③	46 ③	47 ⑤	48 ①	49 ②	50 ①	51 ②	52 ③	53 ①	54 ④	55 ②	56 ③	57 ④	58 ③
59 ②	60 ④	61 정답 없음		62 ①	63 ③	64 ①	65 ①	66 ②	67 ③	68 ⑤	69 ③	70 ⑤	71 ⑤	72 ④
73 ④	74 ③	75 ②	76 ③	77 ①	78 ④	79 ③	80 ④	81 ③	82 ④	83 정답 없음		84 ③	85 ④	86 ④
87 ②	88 ①	89 ⑤	90 ④	91 ①	92 ④	93 ①	94 ⑤	95 ④	96 ②	97 ①	98 ④	99 ①	100 ④	
101 ④	102 ④	103 ③	104 ①	105 ①	106 ④	107 ⑤	108 ⑤	109 ①	110 ③	111 ②	112 ⑤	113 ③	114 ③	
115 ①	116 ③	117 ⑤	118 ③	119 ⑤	120 정답 없음									

해설

01 '휘발유, 오일달러, OPEC'를 통해 '석유'라는 단어를 연상할 수 있다.
- **OPEC(석유수출국기구)** : 1960년 9월 이라크, 이란, 쿠웨이트, 사우디아라비아, 베네수엘라가 바그다드에서 창설한 국제기구로 회원국들의 석유정책 조정을 통해 상호 이익을 확보하는 한편, 국제석유시장의 안정을 유지하기 위해 설립되었다.
- **오일달러(oil dollar)** : 산유국이 석유로 인해 획득한 달러를 뜻한다.

02 ② 제시된 단어들은 주체와 행위의 관계를 갖는다. 따라서 배우는 (ⓐ 연기)를 하고, (ⓑ 카메라 감독)은 촬영을 한다.

03 **그러므로** : 앞의 내용이 뒤의 내용의 이유나 원인, 근거가 될 때 쓰는 접속어이다.

04 셀 범위를 선택할 때 ','를 사용하면 해당 셀만 선택하게 되는 반면에 ':'을 사용하면 범위에 포함된 모든 셀을 선택하게 된다.

ㄱ. [E3]셀의 함수식은 '=SUM(B3:D3)'이다.

ㄷ. [G5]셀은 '=RANK(F5,$F$3:$F$7)'이다.

05 잘못 쓰인 글자는 5개이다.
- 귀화 → 귀하
- 현항 → 현황
- 제고 → 재고

• 애상 → 예상
• 회산처 → 회신처

06 주어진 명제에서 어떤 남자들은 드라마를 좋아한다고 했으므로 A는 옳지 않다. 역시 주어진 명제에 따라 남자들은 모두 뉴스를 좋아함을 알 수 있다. 모든 남자 중에서 어떤 남자들은 드라마를 좋아하므로, 어떤 남자들은 드라마와 뉴스를 모두 좋아한다. 따라서 B의 말만 옳다.

07 직장인으로서 업무를 수행하는 데 있어서 길이, 넓이, 부피, 들이, 무게, 시간 등과 관련된 단위를 읽고 해석할 수 있는 능력은 필수적이다.
1kl=1,000L이다. 따라서 7kl는 7,000L이다.

08 $19-6+33\div3\times3=46$

09 두 자동차의 속력의 차이는 $110-80=30(\text{km/h})$
거리=속력×시간이므로,
거리$=30\times\frac{40}{60}=20(\text{km})$

10 ㉠, ㉣ 알 수 없다.
㉡ 일반 응시인원=180명 ∴ 18(%),
중고생 응시인원=195명 ∴ 19.5(%)
㉢ 800점 이상은 40+10=50(명) → 전체 인원수(1,000명)의 5%이다.

11 보고서에 따르면 2007~2010년 동안 19세 이상 성인 남성 및 성인 여성의 현재흡연율은 매년 증가하였다. 그런데 ①의 자료에서 19세 이상 성인 남성의 현재 흡연율은 2008년 47.7%에서 2009년 46.9%로 감소하였으므로 보고서의 내용에 부합하지 않는다.

13 커피는 커피나무의 열매를 볶아서 간 가루로, 카페인을 함유하고 있으며 즉석에서 커피를 전문적으로 만들어 주는 사람을 바리스타(Barista)라 한다. 따라서 '바리스타, 원두, 카페인'을 통해 '커피'라는 단어를 연상할 수 있다.

14 ① 주어진 지문만으로 옳은지 그른지를 판단할 수 없다.

15 '무람없다'와 '예의없다'는 유의어관계이다.
• **무람없다** : 스스럼없고 버릇이 없다.
• **초승달** : 초승에 뜨는 달 ㊌ 신월(新月), 초월(初月)

16 문서 작성은 공적으로 자신을 표현하고, 대외적인 문서의 경우 회사를 대표하는 것이므로 문서작성의 원칙에 따라 주의하여야 한다. 또한 문서 작성 시 문장은 긍정문의 형식으로 작성해야 한다.

17 인터넷에 신호가 전달되는 순서는 '랜카드, 허브, 라우터'순이다.

18 丙은 甲과 좋아하는 계절이 일치한다고 했으므로 丙도 봄을 좋아한다. 따라서 A의 말은 옳다. 또한 丁은 좋아하거나 싫어하

는 계절이 없다고 했으므로 B의 말은 옳지 않다.

19 x초 후에 가로와 세로의 길이는
가로$=(30+2x)$cm
세로$=(24-x)$cm
직사각형의 넓이$=30\times24=720(\text{cm}^2)$이므로,
$(30+2x)(24-x)=720$
x에 대한 방정식을 구하면
$2x^2-18x=0$
$x(x-9)=0$
$\therefore x=0$ 또는 $x=9$
$x>0$이므로 $x=9$
따라서 9초 후에 처음 직사각형의 넓이와 같아진다.

20 상황판단능력 문항에 해당하므로 일괄적인 답은 정해져 있지 않다. 다만 회사의 행동규범 측면에서 본인이 부담했어야 할 금액을 업체 직원에게 송금하는 것을 적절한 행동으로 볼 수 있다.

21 ① 우리나라 수출 품목 중 수출액이 가장 많은 것은 중화학공업제품이다.
② 식료 및 직접소비재의 수출액은 증가와 감소를 반복하고 있다.
④ 제시된 자료만으로는 알 수 없다.
⑤ 원료 및 연료의 수출액이 가장 높은 때는 2016년 6월이다.

22 라오스의 에너지 잠재력은 크다. → 메콩강의 잠재 수력발전 용량이 모두 개발될 경우 인도네시아 원유 총 매장량과도 맞먹을 수 있기 때문이다. → 실제로 현재 수력발전소를 앞으로도 더 많이 만들 계획이다. → 또한 라오스에는 금, 주석, 석탄, 칼륨, 철, 구리, 납 등의 천연자원도 풍부하게 매장되어 있다. → 그러나 아직은 철도나 도로와 같은 인프라스트럭처가 구축되지 않아 개발이 더딘 상황이다.

24 배송시간
- **완행** : 8시간+70분(7개 역 정차)=9시간 10분
- **쾌속** : 6시간+40분(4개 역 정차)=6시간 40분
- **급행** : 4시간+30분(3개 역 정차)=4시간 30분
- **특급** : 2시간+20분(2개 역 정차)=2시간 20분

따라서 가장 빨리 도착하는 노선의 배송시간은 2시간 20분이다.

25 ③ 나이 어린 사람을 연장자에게 소개한다.

26
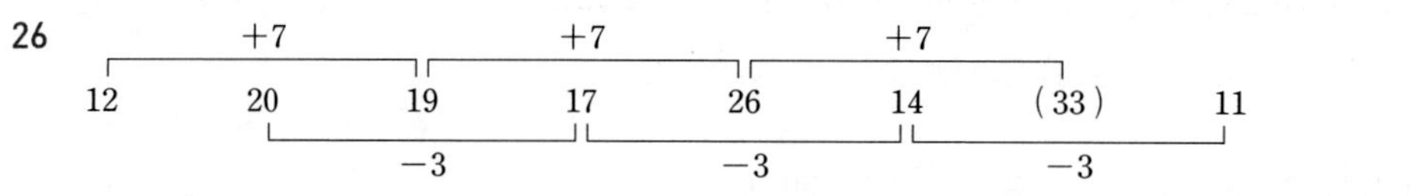

27 '장이'는 그것과 관련된 기술을 가진 사람'의 뜻을 더하는 접미사로 '칠<u>장이</u>, 땜<u>장이</u>, 옹기<u>장이</u>'와 같이 쓸 수 있다.

28 **호방하다** : 의기가 장하여 작은 일에 거리낌이 없다. ㊒ 호종하다

29 잘못 쓰인 글자는 4개이다.
- 년도 → 연도
- 편촐 → 편철
- 경비 → 경미
- 기제 → 기재

30 상업성에 치중한다는 이미지를 극복하기 위해 노 브랜드 콜라보레이션이 도입되었음을 밝히고 있다.
- **콜라보레이션(Collaboration)** : '모두 일하는' 혹은 '협력하는 것'을 의미하며, 공동 출연, 경연, 합작, 공동 작업을 뜻한다. 르네상스 시기의 이탈리아 피렌체의 메디치 가(家)와 밀라노의 스포르차 가(家) 등 당대 명문가들이 라파엘로, 레오나르도 다빈치, 미켈란젤로와 같은 예술 천재들을 후원함으로써 그들의 재능을 꽃피우게 한 데서 유래되었다.

31 자주 묻는 질문 분류
- **윤리경영** : Q1, Q6, Q9, Q10
- **수요관리** : Q2, Q4, Q8
- **송전용전기설비** : Q3, Q5, Q7

32 ③ 책임감이 강한 사람은 업무의 완수를 위해 자신의 시간마저도 희생한다.

33 서울에서 7월 26일 오후 3시에 출발했을 때 12시간 후 서울의 시각은 7월 27일 오전 3시이다. 워싱턴의 시각은 서울보다 13시간 늦으므로 그곳에서의 시각은 7월 26일 오후 2시가 된다.

34 1L＝1,000cc이므로 20L＝20,000cc이다.

35
- **가, 나, 다, 라, 마 지역의 3 · 1 운동 참여자** : 665,900＋294,800＋120,850＋511,770＋154,948＝1,748,268(명)
- **가, 나, 다, 라, 마 지역의 3 · 1 운동 참여자 중 사망자** : 1,472＋384＋590＋2,042＋2,470＝6,958(명)

$\therefore \frac{6,958}{1,748,268} \times 100 ≒ 0.398(\%)$

36 '모든 영화가 거짓이라면 모든 배우는 로봇이다.'의 대우는'어떤 배우가 로봇이 아니면 어떤 영화는 거짓이 아니다'이다. 대우는 항상 참이다.

37 독일은 2002년 1월부터 유럽 연합의 법정 화폐인 유로화를 통화 단위로 사용하고 있다. 2002년 이전의 통화 단위는 마르크(Mark)이다.

38 색체는 무게 감각을 지니고 있으므로 안정적인 사무실 분위기를 만들기 위해서는 무거운 느낌을 주는 어두운 색깔은 아래쪽에 칠하고, 가벼운 느낌을 주는 밝은 색은 위쪽에 칠하는 것이 좋다.

39 양질의 일자리를 만들기 위해서는 비정규직 문제를 해결해야 한다는 요지의 글이다.

40 상황판단능력 문항에 해당하므로 일괄적인 답은 정해져 있지 않다.

42 '그램, 미터, 근'은 길이, 무게, 수효 따위의 수량을 수치로 나타낼 때 기초가 되는 일정한 기준인 '단위'에 해당한다.

43 ④ 고구마는 뿌리에 달린 뿌리식물이며, 감자는 줄기부분에 달린 줄기식물이다.

44 5 → 20 → 15 → 60 → 55 → (220)

$\times 4$, -5, $\times 4$, -5, $\times 4$

45 • **커피만 좋아하는 사람** : x

• **커피도 녹차도 좋아하지 않는 사람** : y

㉠ $x+15 = 22$(명) $\therefore x=7$명

㉡ $7+y = 24$(명) $\therefore y=17$명

그러므로 커피를 좋아하지 않는 사람은 최소 17명이다.

46 2012년 4/4분기 자금이체 서비스 이용실적은 14이고, 2013년 1/4분기는 25이므로

$\frac{25-14}{14}\times 100 ≒ 78.6(\%)$

47 ⓜ 전화 송신음이 들린 후 "삐~"소리가 들리면 전송 또는 시작 버튼을 누른다.

48 주어진 조건에 따르면 '물개>악어>뱀' 순으로 예쁘다는 것을 알 수 있다. 따라서 A의 말은 옳고, B의 말은 옳지 않다.

49 ② '에스토니아가 IT강소국이 된 배경엔 정보화 교육이 있다.'를 통해서 지문의 내용과 일치함을 알 수 있다.

① 에스토니아는 우리에게 잘 알려지지 않은 정보기술(IT) 분야 선진국이다. 군사 강국이라는 말은 지문에 제시되지 않았다.

③ '스카이프(Skype)'는 에스토니아를 설명하는 키워드로만 언급되었다.

④, ⑤ 지문에 제시되지 않은 내용이다.

51 • **그러나** : 앞의 내용과 뒤의 내용이 상반될 때 쓰는 접속 부사이다.

• **그리고** : 단어, 구, 절 문장 따위를 병렬적으로 연결할 때 쓰는 접속 부사이다.

52 ③ 이글루 안이 추울 때 이누이트는 바닥에 물을 뿌리는데, 이것은 물이 얼면서 열을 방출하는 물의 물리적 변화를 난방에 이용한 것이다.

53 먹이 사냥은 동물의 ⓐ 섭식본능(攝食本能)이고, 둥우리 짓기는 새의 ⓑ 조소본능(造巢本能)이다.

54 1달러는 100센트이므로 2달러 60센트는 260센트이다.

55 **총 19개의 구슬에서 2개를 꺼내는 경우의 수** : ${}_{19}C_2=\frac{19\times 18}{2\times 1}=171$(가지)

빨간 구슬과 흰 구슬이 각각 1개일 경우의 수 : $12\times 7=84$

$\therefore$ 동시에 2개의 구슬을 꺼낼 때 빨간 구슬과 흰 구슬이 각각 1개씩 나올 확률은 $\frac{28}{57}$이다.

56 ③ 원양어업 생산량이 감소한 데는 이상 수온에 의한 자원의 감소, 해적 출몰에 의한 조업불안 등 다양한 원인이 있는데, 제

시된 자료만으로 태풍 등의 기상악화가 가장 큰 원인이라고 단정할 수 없다.

① 잡는 어업은 연 · 근해어업, 원양어업을 말하는데 2009년에 비해 생산량이 감소하였고, 기르는 어업, 즉 양식어업인 천해양식어업과 내수면어업에서는 생산량이 증가하였음을 알 수 있다.

② 2010년도의 어업생산금액은 2009년보다 7.1% 증가하였는데 이는 연 · 근해어업 및 원양어업 어획물의 출하가격 상승에 따른 어업생산금액의 증가 때문이라고 볼 수 있다.

④, ⑤ 2009년 대비 2010년도 생산금액의 증가율은 내수면어업>원양어업>연 · 근해어업>천해양식어업 순이다.

58 2007년 1년간 법정 제재 건수는 총 90건이다. 이를 각 방송사별로 살피면 다음과 같다.

A : $\frac{21}{90}\times 100 \fallingdotseq 23.3\%$

B : $\frac{25}{90}\times 100 \fallingdotseq 27.8\%$

C : $\frac{12}{90}\times 100 \fallingdotseq 13.3\%$

D : $\frac{32}{90}\times 100 \fallingdotseq 35.6\%$

그러나 수치를 계산하지 않아도 A~D 중 건수가 가장 많은 D의 비율이 B보다 낮게 표시되어 있기 때문에 옳지 않은 내용임을 알 수 있다.

59 인간은 성장 과정에서 자기 문화에 익숙해지기 때문에 어떤 제도나 관념을 아주 오래전부터 지속되어 온 것으로 여긴다. → 나아가 그것을 전통이라는 이름 아래 자기 문화의 본질적인 특성으로 믿기도 한다. → 그러나 이런 생각은 전통의 시대적 배경 및 사회 · 문화적 의미를 제대로 파악하지 못하게 하는 결과를 초래한다. → 여기에서 과거의 문화를 오늘날과는 또 다른 문화로 보아야 할 필요성이 생긴다.

60 전자책이 상용화될 경우 독서 환경이 혁신적으로 변화하고 종이책의 한계를 뛰어넘을 수 있을 것이라는 긍정적인 전망을 제시하고 있는 글이다. 따라서 제목으로 적절한 것은 '전자책의 상용화에 따른 효과'이다.

61 상황판단능력 문항에 해당하므로 일괄적인 답은 정해져 있지 않다.

62 동풍은 '샛바람', 서풍은 '갈바람' 또는 '하늬바람'이라고도 한다.

- **남** : 마파람, 앞바람
- **북** : 된바람, 뒤바람

63 딸의 나이를 x라 하고 어머니의 나이를 y라 할 때,

$x+y=64$ … ㉠

$y-8=3(x-8)$

$y=3x-16$ … ㉡

㉠과 ㉡을 연립해서 풀면

$x+3x-16=64,\ 4x=80$

$\therefore\ x=20$(세)

64 $1\text{m}^3=1{,}000{,}000\text{cm}^3$이므로 $3{,}000{,}000\text{cm}^3=3\text{m}^3$이다.

65 • ㄱ : 그래프에서 B점은 손익분기점을 나타내며 매출액과 총비용이 같아지는 지점이다. 따라서 B점의 왼쪽에서는 손해를 보며, 오른쪽에서는 이익을 남기게 된다.

• ㄴ : 매출액을 생산량으로 나눈 단위당 판매가격은 1,000만 원/1만=1,000원이다.

• ㄷ : B점은 손익분기점이며, 손해를 보는 지점은 B점의 왼쪽이다.

• ㄹ : 이익을 남기려면 손익분기점 B점 이상으로 생산량을 늘려 판매하여야 한다.

---

66 ② 주어진 표는 인구 10만 명당 새롭게 발생한 암 환자 수에 대한 것으로, 만분율(1/10,000)로 표시되어 있다. 각국의 여성 인구가 주어져 있지 않으므로 국가별 여성 유방암 발생자 수는 계산할 수 없다.

⑤ 한국 여성의 암 발생률 구성비를 구하면

갑상선 : $\frac{68.6}{241.6}\times 100 \fallingdotseq 28.4(\%)$　　대장 : $\frac{24.7}{241.6}\times 100 \fallingdotseq 10.2(\%)$

유방 : $\frac{38.6}{241.6}\times 100 \fallingdotseq 15.2(\%)$　　폐 : $\frac{13.9}{241.6}\times 100 \fallingdotseq 5.8(\%)$

위 : $\frac{24.9}{241.6}\times 100 \fallingdotseq 10.3(\%)$　　기타 : $\frac{72.7}{241.6}\times 100 \fallingdotseq 30.1(\%)$

---

68 • 전기고장 신고나 요금자동납부 신청은 국번없이 123이다.

• **에너지 보이(ENERGY BOY)** : 한국전력의 대고객 서비스 정신을 상징하는 마스코트이다.

• 한국전력공사의 본사는 전라남도 나주시 전력로 55(빛가람동 120)에 위치하고 있다.

---

69 빈칸에는 앞 문장인 '그런 일을~알아내기가 어렵다.'라는 내용에 대한 이유나 근거가 들어가야 하는데 이는 결국 빈칸 바로 앞의 내용, 즉 '따뜻하고 화려한 옷이 상처나 결점을 가려주는 것'의 내용이 비유하는 것에 해당한다. 이러한 내용에 잘 부합하는 것은 ③으로 따뜻하고 화려한 옷이 상처나 결점을 가려주는 것과 마찬가지로 깨어 있는 의식이 내면세계의 관찰을 방해하는 것이다.

---

70 제시된 조건만으로는 A, B 모두 옳고 그름을 파악할 수 없다.

---

71 12　　20　　32　　48　　(68)　　92

$+(4\times 2)$　$+(4\times 3)$　$+(4\times 4)$　$+(4\times 5)$　$+(4\times 6)$

---

72 • **정문 및 후문용 현수막 제작비용**

$2\times 7=14(m^2)$

기본 크기 $3m^2$에 비해 $11m^2$이 더 크므로

$(5,000+11\times 3,000)\times 2=76,000$(원)

• **3관 건물 입구용 현수막 제작비용**

$1\times 5=5(m^2)$이므로 $5,000+2\times 3,000=11,000$(원)

따라서 총 현수막 설치비용은 $76,000+11,000=87,000$(원)

---

73 9,500(만 원)×0.004=38(만 원)이다. 그러나 한도액인 30만 원을 넘었으므로, 최대 수수료는 30만 원이 된다.

---

74 제시문에서는 공화주의에서 자유는 함께하는 자치에 달려 있으며, 자치를 공유하는 것은 정치공동체의 운명을 모색하는 데 기여한다고 본다. 자치를 공유하는 것 즉, 공동선에 대해 토론을 잘하기 위해서는 시민들이 어떤 특정한 성품 혹은 시민적인 덕을 이미 갖고 있거나 습득해야 한다고 보고 있으므로 ③이 글의 주장과 일치한다.

76 시민 단체는 마른 여자 모델을 반대하고 있지만, 마른 남자 모델을 반대하고 있는지는 제시문만으로 알 수 없다.

77 톱은 나무를 자르는 데 쓰이고 (ⓐ 망치)는 단단한 물건이나 (ⓑ 쇠)를 두드리는 데 쓰는 도구이다.

78 $(2\times2)+(3\times4)=16$(명)

79 A가 B보다 키가 크다는 것을 'A>B'로, 키가 같다는 것을 'A=B'로 나타내면 다음과 같다.
농구선수>배구선수=체조선수=수영선수>유도선수
따라서 A와 B의 말은 모두 옳다.

80 $2{,}500+1{,}000=3{,}500$
$50{,}000\div3{,}500≒14.28$
∴ 14(명)

81 • ㄴ : ADA점수가 높을수록 진보적인 성향을 보이므로 A당 의원들이 B당 의원들보다 진보적 성향이 높다.
• ㄹ : 표를 보면 알 수 있듯이 A당, B당 모두 시장개방에 반대하는 의원들보다 찬성하는 의원들의 ADA점수 평균이 높다.

82
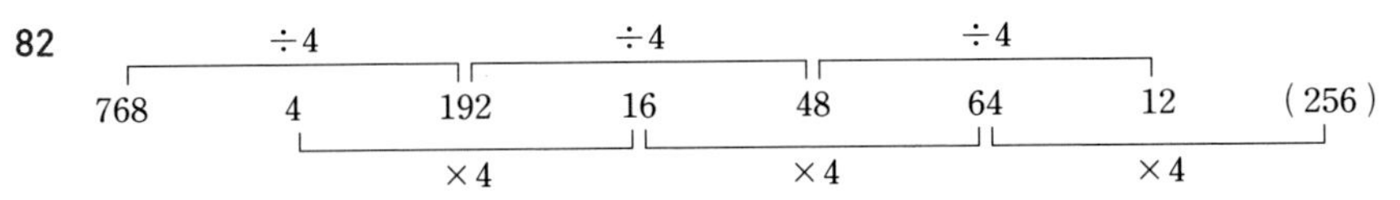

83 상황판단능력 문항에 해당하므로 일괄적인 답은 정해져 있지 않다.

84 ㉣의 내용은 ㉢을 토대로 하여 도출된 것이므로 ㉢은 ㉣의 근거라 할 수 있다.

85 제시문의 두 번째 문장에서 '최근 철강 제품 수입이 크게 늘어나면서 철강 제품 가격이 25%까지 떨어졌으며'라고 나와 있으므로 ④와 일치한다.

86 주민소환제는 민주정치의 건강성을 유지하기 위한 제도라고 볼 수 있다. → 무엇보다 주민소환제는 지방자치단체에 대한 유권자의 직접 통제를 강화하는 수단이라는 점에서 그 의의가 있다. → 부패했거나 무능한 공직자를 일정한 절차에 따라 해임할 수 있기 때문이다. → 따라서 주민소환제는 '선거의 실패'를 보완할 수 있는 기회를 유권자들에게 제공한다.

87 빈칸에 들어갈 단어는 '고유'로 본래부터 가지고 있는 특유한 것을 말한다. 이 단어와 유사한 뜻의 단어는 ②이다.
• **특유** : 일정한 사물만이 특별히 갖추고 있음

88 지식(知識)과 견식(見識)은 유의어 관계이다. 따라서 ⓐ와 ⓑ에는 유의어 관계인 개업(開業)과 창업(創業)이 들어가야 한다.

89 1달러=100센트, 100달러=10,000센트이므로 5센트짜리 펜 2,000개를 살 수 있다.

90 부산에서 서울까지 가기 위해 지불해야 하는 일반운임은 48,100원이다. 한 달에 두 번씩 1년이면 24번이므로 $48{,}100\times24=1{,}154{,}400$원이다. 또한 서울과 부산을 왕복해야 하므로 $1{,}154{,}400\times2=2{,}308{,}800$원이다.

92 '창직(job creation)'이란 기존 시장의 존재하는 업종이 아닌 새로운 직업을 발굴해 노동시장에 진입하는 것을 말한다.

93 백신은 일반적으로 두 가지 경로를 통해 병균을 파괴한다. (백신이 투여되면 몸 안에서는 두 가지 종류의 방어군이 형성된다.) 이 중 한 가지는 병균이 세포 안에 숨어 버릴 때 그 세포를 '폭격 지점'으로 삼는다. 이 역할을 담당하는 몸 속 방어균은 T세포－임파구라고 불린다. 또 다른 방어군의 이름은 B세포이다. 병균–항원에 직접 결합해 조각내 버리는 항체를 만드는 세포이다. 그러나 두 가지 역할을 훌륭히 수행한다고 해서 모두 좋은 백신이 아니다. (기본적으로 약효뿐만 아니라 안정성을 갖추어야 하기 때문이다.) 백신이 제 아무리 면역 반응을 잘 일으킨다고 해도 몸의 입장에서는 낯선 이물질인 것이 사실이다. (그래서 과학자들은 효과를 최대화시키고 부작용을 최소화시키는 방향으로 다양한 백신을 개발해 왔다.)

94 주판은 (ⓐ 계산)을 위해 사용되며, 자전거는 (ⓑ 이동)을 위해 사용된다.

95 3%의 식염수를 x라 하고, 9%의 식염수를 y라 할 때,

$x+y=500$ … ㉠

$\frac{3}{100}x+\frac{9}{100}y=\frac{6}{100}\times 500$

$x+3y=1,000$ … ㉡

㉠과 ㉡을 연립해서 풀면 $x=250$, $y=250$

∴ 9%의 식염수 양은 250(g)이다.

96 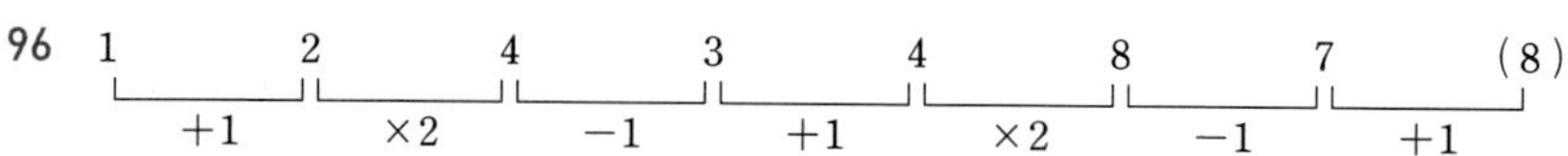

97 A : 15,000＋(1,000×5)＝20,000(원)

B : 17,000＋1,300＝18,300(원)

∴ 20,000－18,300＝1,700(원)

98 A가 B보다 나이가 많다는 것을 'A＞B'로, 나이가 같다는 것을 'A＝B'로 나타낼 때, 조건에 따라 나이 관계를 정리하면 'E＞D＝C＝B＞A'가 된다. 따라서 A, B의 말은 모두 틀렸다.

99 주어진 조건을 표로 만들면 다음과 같다.

구분	A	B	C	D	E
수연	×	×	×	○	×
소현	×	×	○	×	×
현주	×	○	×	×	×
승민	×	×	×	×	○
혜정	○	×	×	×	×

따라서 혜정이가 가진 상자는 A이다.

101 제시된 글은 인도에서 일어나고 있는 포도주 붐(Boom)에 대해 구체적인 자료를 바탕으로 서술하고 있다.

102 • 마추픽추(Machu Picchu) : 페루 중남부 안데스 산맥에 있던 고대 잉카 제국의 요새 도시로, 1983년 유네스코 세계문

화유산으로 지정되었다.

• **타지마할(Taj Mahal)** : 인도 야무나 강 남쪽 연안에 있는 영묘로, 무굴 제국 최고의 건축물일 뿐만 아니라 세계에서 가장 아름다운 건물의 하나로 평가받고 있다. 타지마할은 1983년 세계문화유산으로 등재되었다.

103 1달러는 100센트이므로 $20 \times x + 20 = 400$

$20x = 380$, $x = 19$(장)

104 4%의 식염수의 양 x, 16%의 식염수의 양 y

$x + y = 300$ … ㉠

$\frac{4}{100}x + \frac{16}{100}y = \frac{8}{100} \times 300$,

$x + 4y = 600$ … ㉡

㉠과 ㉡을 연립해서 풀면,

$x = 200$, $y = 100$

∴ 16%의 식염수는 100(g)이 필요하다.

105 전체 남성채용률 $= \frac{94}{120} \times 100 \fallingdotseq 78.33$

전체 여성채용률 $= \frac{14}{67} \times 100 \fallingdotseq 20.90$

$\frac{78.33}{20.90} \fallingdotseq 3.75$ ∴ 약 3.75배

106 고객과 상담원의 대화를 통해 컴퓨터 본체를 책상 아래로 옮긴 후 부팅시켰을 때 모니터 출력이 되지 않고, 본체와 모니터의 전원을 확인한 결과 전원은 켜져 있었다는 사실을 확인할 수 있다. 따라서 ㉠에는 모니터와 본체의 케이블 연결 상태 확인하라는 내용이 들어가는 것이 적절하다.

① 랜 카드는 네트워크를 위한 하드웨어이다.

② 사운드 카드는 소리 출력을 위한 하드웨어이다.

③ CD-ROM은 CD 미디어를 읽어 들이는 입력장치이다.

⑤ 마우스는 입력장치이다.

107 제시된 문장만으로는 민국이 의사인지 시인인지 알 수 없다.

108 제시문은 자본주의 초기에 관한 설명이므로 그 다음 단계, 즉 기업의 소유자가 경영자와 동일한 의미가 아니게 되는 부분이 다음에 이어질 내용으로 적절하다.

109 ① 보기글은 예문과 일치한다. 처음 만난 사람과의 차이를 인식하고 우리가 알고 있는 방식으로 상대방을 대한다.

② 보기글은 예문과 일치하지 않는다. 우리는 대부분 처음 만난 사람의 겉모습을 보고 그를 어떤 방식으로 대할지 결정한다.

③ 예문만으로 알 수 없다.

④ 보기글은 예문과 일치하지 않는다. 한 개인이 특정 집단에 속한다는 것은 그 집단이 다른 집단보다 지위가 높거나 우월하다는 믿음을 갖게 한다.

⑤ 보기글은 예문과 일치하지 않는다.

110 쿠바의 수도 아바나는 아메리카 대륙에서도 가장 긴 역사를 지닌 도시다. → 1514년에 건설이 시작되었고, 1607년에 수도가 되었다. → 이는 뉴욕이나 워싱턴보다 훨씬 오래된 것이다. → 현재는 쿠바 국민의 20%에 가까운 220만 명이 아바나에 거주하고 있다. → 카리브해 최대의 근대 도시이자 정치, 상공업, 문화의 중심인 이곳에는 여러 정부 기관과 화력발전소, 석유 정제소, 화학 공장, 제지 공장, 방적 공장, 담배 공장 등의 공업 지대가 들어서 있다. → 뿐만 아니라 아바나에는 1992년에 유네스코로부터 세계 문화유산으로 지정받은 바 있는 식민지 시대의 오랜 주택가도 남아 있다.

111 '질투하다'와 '시기하다'는 유의어 관계이다. '유들유들하다'는 부끄러운 줄 모르고 '뻔뻔하다'는 의미이다.

- **야들야들** : '목소리가 맑고 보드라운' 또는 '반들반들 윤기가 도는'의 의미이다.

112 $8\times3-1=23$ $23\times3-2=67$

$67\times3-3=198$ $198\times3-4=590$

$590\times3-5=(1{,}765)$

114 **국사 시험에서 20점 미만을 받은 학생** : $2+3+4+8+7=24$명

국사 시험에서 20점 미만을 받은 학생들의 서양사 시험 점수 분포는,

0~9점 : $2+4=6$명

10~19점 : $3+8=11$명

20~29점 : 7명

모두가 최저점수(0점, 10점, 20점)를 받았을 경우의 평균은,

$$\frac{(0\times6)+(10\times11)+(20\times7)}{24}=\frac{250}{24}\fallingdotseq10.4$$

모두가 최고점수(9점, 19점, 29점)를 받았을 경우의 평균은,

$$\frac{(9\times6)+(19\times11)+(29\times7)}{24}=\frac{466}{24}\fallingdotseq19.4$$

∴ 국사 시험에서 20점 미만을 받은 학생들의 서양사 평균점수의 범위는 약 10.4~약 19.4이다.

115 1층에서 8층까지 7개 층을 올라가는 데 걸리는 시간이 28초이다.

∴ 1개 층을 올라가는 데 걸리는 시간은 $28\div7=4$(초)

116 마지막 문단의 끝 문장인 '사회적 할인율은 미래 세대를 배려하는 공익적 차원에서 결정되는 것이 바람직하다.'를 통해서 '공공사업에 적용되는 사회적 할인율의 결정 수준'이 주제임을 알 수 있다.

117 시장 이자율이나 민간 자본의 수익률은 장기적인 아닌, 비교적 단기적으로 실현되는 사적 이익을 추구하는 자본 시장에서 결정된다.

118 (사이드 미러는 자동차 문에 붙여서 뒤를 볼 수 있게 한 거울이다.) 그런데 운전석에 앉았을 때 왼쪽 거울에 비치는 모습과 오른쪽 거울에 비치는 모습은 동일하지가 않다. 사이드 미러로 자기 얼굴을 비추어 보면 이를 확인할 수 있다. (왼쪽 거울에 비추어 보면 얼굴이 실제와 거의 같게 보이는데, 오른쪽 거울에 비추어 보면 얼굴이 실제보다 작게 보인다.) 왜 그럴까? 이를 알아보기 위해서는 먼저 거울에 적용되는 반사의 법칙을 알아볼 필요가 있다. 반사의 법칙은 왜 사이드 미러의 좌우가 다르게 보이는지를 설명하는 기초가 된다. 반사면에서 수직을 이루는 가상의 선을 법선이라고 하는데, 입사광이 들어왔을 때 입사광의 진행 방향과 법선이 이루는 각을 입사각이라고 한다. 반사면에서 반사되는 반사광도 법선과 어떤 각을 이루며 반사되는데 그 각을 반사각이라 한다. (반사각이 입사각과 같다는 것이 바로 반사의 법칙이다.)

119 IMB는 1,024KB이므로 10MB는 10,240KB이다.

120 상황판단능력 문항에 해당하므로 일괄적인 답은 정해져 있지 않다.

KEPCO JOB APTITUDE TEST

Part 05

부록-면접

PART 5

부록(면접)

면접은 일반적으로 서류심사, 필기시험, 적성검사 등을 실시한 후 최종적으로 지원자를 직접 대면해 인품 · 성격 · 언행 · 지식의 정도 등을 알아보는 구술 평가 또는 인물 평가이다.

1. 인성역량

인성면접을 보는 이유는 단순히 개인 신상에 대한 평가를 하고자 하는 것이 아니다. 지원자의 기본적인 성향과 자라온 환경, 가치관, 관련 경험 등을 파악해 기업에 대한 열정, 가능성 등을 측정하기 위한 것이다. 인성면접 질문은 특기 · 적성 및 자신의 능력, 대학생활 소개, 장래희망 및 포부 등으로 분류할 수 있다. 인성을 중요시 하는 이유는 성실함과 인간됨이 기업의 모든 직무에서 요구되는 공통적인 기본 바탕이기 때문이다.

KEPCO 인재상

- **열정과 행동의 실천인** : 열정과 실행력으로 새로운 가치창출에 끊임없이 도전하는 혁신마인드를 갖춘 인재
- **창의로 진화하는 전문인** : 격변하는 환경에 빠르게 적응하여 글로벌 경쟁력을 유지할 수 있는 창조적 사고와 유연성을 갖춘 인재
- **더불어 발전하는 협력인** : 팀워크와 희생정신, 주인의식을 바탕으로 경쟁에서 승리하는 강한 조직을 구성하는 사람

관련상식

성공을 위한 셀프 면접

- **너 자신을 알라** : '너 자신을 알라'는 유명한 경구는 취업에 있어서도 중요한 지침이다. 입사지원 전에 본인의 가치관과 장단점, 향후 목표에 대한 정의를 내려야 한다.
- **회사를 연구하라** : 기업의 역사와 주력 상품 및 서비스, 매출액, 사업 기술 및 방법, 경영 철학, 조직도, 비전 등 취업을 원하는 기업에 대한 정보를 수집한다. 또한 기업의 커뮤니티나 사보 등에 나와 있는 세세한 정보도 면접에 큰 도움이 된다.
- **면접을 위한 전략가가 되라** : 적절한 옷차림과 이미지 메이킹, 시간 엄수는 기본이며 열정적이고 긍정적인 모습을 보이도록 한다. 전술 없는 전쟁은 패하기 마련이다.
- **질문할 기회를 활용하라** : 질문을 할 수 있는 기회는 나를 돋보이게 할 수 있는 기회로 삼을 수 있다. 따라서 미리 어떤 질문을 할 수 있을지 생각해 보아야 한다.

1 개인신상

01 주위 사람들이 자신을 어떤 사람으로 보고 있다고 생각합니까?

예시답안

답안 1.

친구들은 저를 '비타민'과 같은 사람이라고 말합니다. 아무리 주변 환경이 힘들고 어려울지라도 긍정적이고 낙천적인 사고방식으로 상황에 임하려고 노력하기 때문입니다. 저의 유쾌한 에너지가 다른 사람에게 활력소가 되고 업무에서도 시너지 효과를 창출할 수 있으리라 생각합니다.

답안 2.

아마도 저를 늘 바쁜 친구로 생각하고 있을 겁니다. 봉사활동과, 동아리 활동, 학생회 활동을 모두 적극적으로 참여했기 때문에 시간을 쪼개서 생활하는 것이 습관이 되었습니다.

답안 3.

주위 사람들은 저를 '집념의 사나이'라고 합니다. 어떤 일에 집념이 너무 강해 제가 실패한 일에 대해서는 성공할 때까지 도전하는 편입니다. 포기를 모르는 집념 때문에 받는 스트레스가 심하기도 하지만 목표를 달성했을 때의 쾌감은 이루 말할 수 없습니다. 어려운 고비를 넘기고 나면 또 다른 목표에 도전하는 삶이 진정한 청춘이라고 생각합니다.

> 면접관은 타인의 눈에 비친 지원자의 객관적인 모습을 궁금해 한다. 자기 분석이 아닌 타인의 분석을 묻는 질문은 겸손하면서 자신의 좋은 인상을 이미지화 할 수 있는 방향으로 답변하는 것이 좋다.

02 자신을 설명할 수 있는 단어를 말해 보세요.

응용 질문

예시답안

제 모습을 잘 드러내는 단어는 양면성입니다. 저는 맡겨진 업무에 대해서는 차분하고 냉철한 판단을 하지만 때로는 열정적으로 모험을 할 줄 아는 반전이 있는 사람입니다.

한국전력공사의 업무는 대개 안정적이고 정해진 업무만 하는 것으로 알려져 있는 공기업의 이미지와는 달리 적극성이 필요한 경우가 많다. 신입사원을 선발할 때도 안정성을 추구하는 사람들보다는 진취적인 태도를 가진 사람을 선호하는 편이다. 따라서 자신이 가진 열정과 적극성을 적극적으로 내세워야 한다.

03 당신을 색에 비유한다면 무슨 색일지 말해 보세요.

응용 질문

예시답안

저는 제 자신을 노란색이라고 생각합니다. 파란색과 섞으면 녹색으로, 빨간색과 섞으면 주황색으로 한층 화려한 색조를 이끌어 내기 때문입니다.

지원자의 잠재적인 성격과 순발력을 동시에 알아보기 위한 질문이다. 일반적으로 빨간색은 정열, 노란색은 활력, 검정색은 차분함, 하얀색은 순수함을 연상하게 한다.

04 지금까지 읽은 책 중 가장 인상 깊은 책을 말해 보세요.

예시답안

답안 1.

마커스 버킹엄이 쓴 『First Break All The Rule』이란 책이 인상에 깊게 남습니다. 이 책은 '재능 있는 직원들이 직장에서 가장 필요로 하는 것은 무언인가'라는 질문에서 시작하여 다양한 분야에서 일하고 있는 백만 명이 넘는 사람에 대한 인터뷰를 바탕으로 유능한 관리자의 지혜와 관리 노하우를 담고 있습니다. 이 책을 통해 최고의 인재란 무엇이며, 최상의 팀을 만드는 리더십과 관리자의 행동 지침 등을 배울 수 있었습니다.

답안 2.

사마천의 『사기』를 제 인생의 책으로 삼고 있습니다. 한 시대를 풍미했던 고대 중국 인물들의 일화를 보노라면 옛날이나 지금이나 사람이 사는 세상은 다를 바가 없다는 생각이 듭니다.

> 지원자의 관심 분야, 성향 등을 파악할 수 있는 질문이다. 단순히 책을 읽었다는 경험에서 더 나아가 어떤 것을 얻을 수 있었는지 자신만의 참신한 생각을 면접관에게 표현할 수 있어야 한다.

관련상식

면접 전 준비

㉠ 면접 전날 충분한 수면을 취하자

첫인상은 면접에 있어 중요하다. 전날 충분히 수면을 취하지 못해 피곤해 보이거나 생기가 없어 보인다면 좋은 인상을 남기기 어렵다. 충분한 수면은 면접 당일 안정감을 유지해 주고 첫 출발의 신선한 마음가짐을 갖는 데 도움이 된다.

㉡ 생기 있는 얼굴과 옷차림으로 대면하자

면접관이 가장 좋아하는 인상은 예쁘고 잘생긴 얼굴이 아니라 얼굴에 생기가 있고 눈동자가 살아 있는 사람, 즉 기가 살아 있어 보이는 사람이다. 면접 시 첫인상을 가름하는 중요한 변수 중의 하나가 바로 옷차림이다. 가장 중요한 것은 깔끔하고 단정한 인상과 신뢰감과 호감을 줄 수 있는 옷차림이다. 면접 당일에 당황하지 않도록 입을 옷과 소품 등을 미리 준비해 두자.

㉢ 정보에 민감한 사람이 되자

면접의 질문대상이 될 수 있으니 아침에 인터넷 뉴스나 신문을 통해 중요한 뉴스나 최근 이슈를 알아두는 것이 좋다. 특히 경제, 사회, 문화, 정치면 등을 유의해서 봐둘 필요가 있다.

㉣ 필요한 준비물은 확실하게 챙기자

회사에서 요구하는 서류 및 자신의 경력이나 능력을 증명할 수 있는 포트폴리오 등을 꼼꼼히 준비하고, 서류 이외에 신분증(학생증, 주민등록증 등), 필기도구, 수첩, 시계, 손수건, 지도(회사 약도, 지하철 노선도 등) 등 필요한 지참물들을 꼼꼼하게 챙겨두도록 한다.

05 지금까지 살면서 가장 기뻤던 순간을 말해 보세요.

응용 질문

예시답안

지금까지 살면서 가장 기뻤던 순간은 대학을 수석으로 졸업했을 때입니다. 개인적으로도 명예로운 일이지만 졸업식에서 상을 받는 제 모습을 보고 부모님께서 저를 자랑스러워하실 때 가장 기뻤습니다. 여태껏 부모님을 크게 기쁘게 해드린 적이 없었는데 흐뭇해하시는 부모님의 모습을 보고 앞으로 더욱 열심히 살아야겠다는 다짐을 했습니다.

06 지금까지 살면서 가장 힘들었던 경험을 말해 보세요.

응용 질문

예시답안

제가 초등학교 5학년이 되던 해, 가공유리 제조업에 종사하시던 아버지의 사업이 부도가 났을 때 가장 힘들었습니다. 집에 많은 빚이 생기고 편안하게 살아왔던 생활이 송두리째 변하는 경험을 했습니다. 무엇보다 힘들었던 점은 힘들어하시는 부모님께 도움이 되기에는 제가 너무 어리다는 사실이었습니다. 이후 부모님과 저, 동생이 똘똘 뭉쳐서 서로를 위로하고, 절약하면서 2년 뒤 저희 집은 안정을 찾을 수 있었습니다. 그때의 경험으로 어떤 힘든 일이라도 가족이라는 버팀목이 있다면 얼마든지 극복할 수 있다는 가르침을 얻었습니다.

힘들었던 경험이라고 해서 부정적이고 우울한 내용만 나열하기 보다는 그 경험을 토대로 어떤 긍정적인 결과를 창출했는지 밝히는 것이 중요하다.

2 학교생활

01 학창시절 어느 한 가지에 몰입한 경험이 있습니까? 있다면 그 이유에 대해 설명해 보세요.

예시답안

답안 1.

저는 어려서부터 영어에 관심이 많았고 좋아했습니다. 그 때문에 대학생이 되면 꼭 교환학생이 되어 외국의 대학에서 공부해보고 싶다는 목표가 있었습니다. 대학교 2학년이 되던 해에 ㅇㅇ기업에서 주최하는 '글로벌 해외대학 교환학생' 프로그램이 매년 시행된다는 것을 알게 되었고, 선발의 기준이 되는 학점과 토플 점수를 향상시키기 위해 1년간 전력 질주했습니다. 그 결과 3학년이 되던 해에 교환학생으로 당당히 선발될 수 있었습니다. 선발 후에도 힘들게 주어진 기회인만큼 교환학생 프로그램을 성실하게 이수하고자 노력했습니다. 정규수업에 충실하게 참여해서 학점 우수 학생이 되었고, 외국인 교수님들과도 좋은 관계를 유지할 수 있었습니다. 그리고 연수기간 동안 여러 국가의 친구들과 어울리면서 그들에게 한국의 독창적인 문화를 알리는 동시에 그들의 색다른 문화를 경험해 볼 수 있었습니다.

> 학창시절을 어떻게 보냈는지, 또 그것을 통해 무엇을 얻었는지를 묻고 있다. 단순히 자랑으로 끝내지 말고 거기에서 무엇을 얻었고 어떻게 자신이 성장했는지까지 말할 수 있어야 한다.
> 세계시장 진출을 활발히 하고 있는 기업에서는 어학 실력, 국제적 감각 등이 필수적으로 요구된다. 따라서 이와 관련된 경험이라면 부각시키는 것이 좋다. 아무리 작은 경험이라도 얻은 바가 있고 성장하는 데 도움이 되었다면 자신감을 가지고 표현하도록 하자.

답안 2.

학과공부도 열심히 했지만 그에 못지않게 봉사 동아리 활동도 열심히 했습니다. 제가 속해있던 동아리에서는 보육원 아이들을 정기적으로 방문해서 학습을 지도해 주기도 하고, 형 또는 누나가 되어 함께 놀아주기도 했습니다. 돌이켜보면 제가 그 아이들에게 도움을 준 것이 아니라 진정한 어른이 될 수 있도록 많은 도움을 받았다고 생각합니다.

02 아르바이트 경험에 대해 말해 보세요.

응용 질문

예시답안

대학교 1학년 때부터 초등학생을 대상으로 하는 수영교실의 수영강사를 했습니다. 시작할 당시에는 제 몸을 단련하고 용돈을 벌어보자는 생각만 가지고 있었습니다. 그런데 처음에는 물에 뜨지도 못했던 아이들의 실력이 향상되어가는 것을 보면서 가르치는 즐거움을 알게 되었습니다. '가르친다는 것은 곧 스스로 배우는 것이다'라는 말처럼 몸과 마음이 성숙해지는 값진 경험이었습니다.

어떤 아르바이트를 했는가보다 아르바이트를 통해 무엇을 배웠는가를 말할 수 있어야 한다. 또한 여러 가지 경험을 나열하면 '무엇을 하든지 오래 버티지 못하는 사람'으로 보일 수 있으므로 가장 인상에 남는 경험을 중심으로 이야기를 풀어나가는 것이 좋다.

03 어학 실력은 어느 정도입니까?

응용 질문

예시답안

전공은 아니지만 중국어에 관심이 많아서 교양과목으로 중국어를 수강했습니다. 초급에서 시작해서 회화수업까지 꾸준히 들었기 때문에 신문을 읽거나 간단한 문서를 작성할 수 있고, 기초 회화도 가능한 수준입니다. 최근에는 SNS를 통해 사귄 중국 친구들에게 일상적으로 사용하는 중국어를 많이 배우고 있습니다.

04 자신의 전공을 선택한 이유를 말해 보세요.

응용 질문

예시답안

지금 지구촌의 환경오염은 인류의 생존을 위협할 만큼 심각한 수준이라고 생각합니다. 늦은 감이 있지만 모든 산업 분야에서 환경 친화적인 개발 방법에 대한 관심과 수요가 높아졌기 때문에 환경공학과를 선택했습니다. 환경에 대한 국내산업의 규모는 미흡한 상태이지만 발전가능성이 높은 분야이고, 사회에 공헌할 수 있다는 점이 전공 선택에 가장 큰 영향을 주었습니다.

3 인성 · 포부

01 한국전력공사에서 언제까지 일하고 싶습니까?

예시답안

답안 1.

저는 제가 가진 역량을 마음껏 발휘하면서 정년까지 오래도록 일을 하고 싶습니다. 정년이 지난 후에도 제가 가진 기술을 후배들에게 전수하면서 한국전력공사의 인재 양성에 도움이 되고 싶습니다.

답안 2.

저는 사람은 평생 일을 하면서 살아야 한다고 생각합니다. 청년기, 장년기, 노년기까지 제가 할 수 있는 업무의 내용은 달라지겠지만 그때마다 제가 발휘할 수 있는 최고의 역량을 가지고 한국전력공사에서 일하고 싶습니다.

> 회사에 어느 정도의 관심을 갖고 있으며, 지원자의 직업의식은 어떤지 평가하기 위한 질문이다. 면접관들이 자주 묻는 질문 중 하나이므로 평소 자신의 생각을 정리해두는 것이 좋다.

관련상식

공정 · 합리적 성과 평가 제도

KEPCO는 연공서열 중심 인사를 과감히 철폐하고 직급과 관계없이 능력과 성과에 다라 인재를 파격적으로 발탁하는 전방위 보직제도를 도입 · 운영하여 직원들이 자발적인 역량개발을 할 수 있는 환경을 조성하기 위해 노력하고 있다. 모든 직원을 대상으로 연1회 성과를 평가하고, 그 결과에 따라 성과급을 차등 지급하며 경영환경의 변화에 대응하기 위해 유연한 평가제도를 운영하고 있다.

02 공적인 일과 사적인 일의 관계에 대한 자신의 생각을 말해 보세요.

응용 질문

예시답안

공적인 일과 사적인 일 중 우선순위를 둔다면 공적인 일이 우선되어야 한다고 생각합니다. 제 개인의 사회적 가치 역시 공적인 가치에 의해 결정되기 때문입니다. 그렇지만 개인 생활 역시 중요한 것이며, 개인 생활이 뒷받침되지 못하면 성공적인 사회생활도 기대할 수 없다고 봅니다. 어느 한 쪽도 소홀히 해서는 안 되는 것이므로 공과 사를 별도로 생각하기보다 조화시켜 나가려는 자세가 중요하다고 생각합니다.

공적인 일과 사적인 일에 대한 질문은 개인주의적 성향이 강한 젊은이들의 사고방식, 열의, 직업관, 생활자세 등을 복합적으로 평가하기 위한 것이다. 일과 개인생활이 상호 보완적인 관계라는 점을 전제로 자신의 입장을 밝히는 것이 좋다.

03 사회인과 학생의 차이는 무엇인지 말해 보세요.

응용 질문

예시답안

몰두하는 분야와 책임의 정도가 사회인과 학생의 차이라고 봅니다. 학생이 '공부의 전문가, 놀이의 전문가, 연애의 전문가'라면 직장인은 '일의 전문가'가 되어야 한다고 생각합니다. 저는 지금부터 한국전력공사에서 '전기 분야의 전문가'로 다시 태어날 각오를 가지고 있습니다.

04 자신의 직업관에 대해 말해 보세요.

응용 질문

예시답안

직업이란 생활을 꾸려나가는 하나의 생계수단이자 한 인간이 완성된 인격체로 성장해 나가는 길을 알려주는 도구입니다. 단지 돈을 벌기 위한 수단만이 아니라 진정한 인생의 목표를 찾고 완성된 인간으로 성장할 수 있도록 스스로를 갈고 닦는 수련의 한 과정이라고 생각합니다. 수련과정을 차근차근 밟아야 작게는 가정, 회사, 크게는 국가를 이끄는 리더로서 역할을 잘 수행할 수 있으리라 생각합니다.

사례

- 면접장까지 오면서 웃을만한 사건을 말해 보세요.
- 처음 면접 보러 왔을 때의 느낌을 말해 보세요.
- 한국전력의 건물을 보고 난 소감을 말해 보세요.
- 친구들은 당신을 어떤 사람이라고 평가합니까?
- 자신을 한 마디로 표현해 보세요.
- 자주 사용하는 이메일 주소의 의미를 말해 보세요.
- 자신의 전공 · 취미 · 특기 · 장단점에 대해서 1분 이내로 소개해 보세요.
- 자신의 성격의 장점과 단점을 말해 보세요.
- 다른 사람과 차별화 되는 자신의 강점을 말해 보세요.
- 평소 스트레스를 받으면 어떻게 푸는지 말해 보세요.
- 고향에 대해서 설명해 보세요.
- 싫어하는 사람의 유형을 말해 보세요.
- 초 · 중 · 고 · 대학교 친구들 중 누구랑 제일 친하고, 그 차이점은 무엇입니까?
- 사람을 처음 만났을 때 보는 것은 무엇입니까?
- 자신의 삶에서 가장 가치 있는 것은 무엇인지 말해 보세요.
- 부모님을 기쁘게 해드린 경험을 말해 보세요.
- 오늘 아침 부모님과 무슨 대화를 했는지 말해 보세요.
- 부모님 생신 때 해드린 선물 중 가장 기뻐하셨던 것을 말해 보세요.
- 부모님께 배운 최고의 인생의 가치는 무엇입니까?
- 최근 본 뉴스 두 가지를 말해 보세요.
- 가장 최근에 읽은 책은 무엇이고, 어떤 내용이 인상 깊었나요?
- 입사를 위한 준비과정을 말해 보세요.
- 자신의 전공에 대해서 설명해 보세요.
- 전공 중 어떤 과목이 가장 기억에 남는지 말해 보세요.
- 대학생활에서 기업에 남는 점을 말해 보세요.
- 살아가면서 가장 크게 실망했던 경험은 무엇입니까?
- 인생에서 가장 어렵고 힘들었던 일을 말해 보세요.
- 살아오면서 가장 크게 법을 어긴 경험을 말해 보세요.
- 자기 인생에서 해보고 싶은 일 세 가지를 말해보세요.
- 지하철에서 우측통행을 지키지 않은 사람 때문에 넘어졌다면 어떻게 하겠습니까? (10초 이내로 답변)
- 운전을 하고 가는데 옆 차에서 조수석으로 담배꽁초를 버렸다면 어떻게 하겠습니까? (10초 이내로 답변)

2. 직무역량

1 직무상식

01 현재 한국전력공사는 몇 년째 적자를 겪고 있는 상황인데 그 원인은 무엇이라고 생각하는지 말해 보세요.

기출 질문

예시답안

지속적인 경제 불황에 따라 원자재 가격과 물가는 상승하고 있지만 물가 안정을 위하여 생산원가에 비해서 낮은 가격으로 전기를 공급하다보니 지속적인 수익성 악화로 이어졌다고 생각합니다. 또한 우리나라는 해외 수출과 수입을 통한 무역거래에서 80% 이상의 GDP, GNP 등이 발생하는데 한국전력공사의 구조는 내수시장에 집중되어있다고 봅니다. 이와 같은 내수시장에는 어느 정도의 한계선이 발생하기 마련이기 때문에 해외시장 확장에 더욱 많은 관심을 쏟아야 할 때라고 봅니다.

지원한 회사에 대한 기본적인 정보 파악

사회생활의 첫발을 내디딜 곳에 대한 연구는 선택사항이 아니라 너무나도 당연한 기본조건이다.

- **회사의 연혁** : 회사의 설립배경부터 발전단계까지 알아두도록 한다.
- **회장 또는 사장 등의 대표 이름, 출신학교, 전공과목** : 회사의 CEO에 대해 안다는 것은 그 회사의 성격을 아는 것이나 다름없다.
- **회사의 사훈, 사시, 경영이념, 비전** : 회사와 함께 할 사람이라는 것을 강조하도록 한다.
- **회사에서 요구하는 사원의 인재상** : 회사의 인재상에 부합하는 사람으로 자신을 연출한다.
- **업종별 시장점유율 및 잠재능력개발에 대한 제언** : 관계 업종의 시장을 꿰뚫는 안목이 필요하며, 내가 다니게 될 회사의 과거와 현재, 미래의 모습과 함께 비전까지 볼 수 있어야 한다.

02 한국전력공사가 지역사회에서 어떤 역할을 해주었으면 하는지 말해 보세요.

응용 질문

예시답안

답안 1.

저는 한국전력공사가 공기업이 지니는 딱딱하고 권위적인 이미지를 벗고 지역사회의 소외된 일원들을 따뜻하게 품어주는 역할을 해주기 바랍니다. 이를 위해서는 사회공헌활동에 더욱 힘을 쏟아야 한다고 생각합니다. 물론 한국전력공사에도 한전사회봉사단이 다양한 활동을 펼치고 있다고 알고 있지만 그 홍보가 부족하다고 생각합니다. 사회공헌은 광고를 통해서 얻을 수 없는 기업 이미지 구축에 많은 도움을 주기 때문에 사회공헌활동은 지속가능한 성장전략의 일환이 될 것입니다.

답안 2.

한국전력공사는 다양한 국가적인 사업을 진행하는 공기업인 만큼 국가와 국민을 연결하는 고리 역할을 해야 한다고 생각합니다. 국민들이 생소해 하는 전력 산업에 대해 친숙해 질 수 있도록 다양한 소통 방법을 모색해야 할 것입니다. 최근 우리의 생활을 크게 변화시키고 있는 SNS를 활용하는 것도 좋은 방법이라고 봅니다.

관련상식

CRS(Corporate Social Responsibility)

기업의 사회적 책임이라는 뜻으로, 기업이 생산 및 영업활동을 하면서 환경경영, 윤리경영, 사회공헌과 노동자를 비롯한 지역사회 등 사회 전체에 이익을 동시에 추구하며, 그에 따라 의사결정 및 활동을 하는 것으로 다음과 같은 것들이 기업의 사회적 책임의 예라 할 수 있다.

- 취약계층에 일자리 제공, 사회 서비스 제공 등 사회적 목적 추구
- 영업활동 수행 및 수익의 사회적 목적 재투자
- 영업활동을 통해 창출되는 이익을 사업 자체나 지역공동체에 투자, 사회적 목적으로 사용

03 열역학 0 · 1 · 2 · 3법칙에 대해서 말해 보세요.

예시답안

먼저 열역학 제0법칙은 열평형상태와 경험적 온도에 관한 법칙입니다. 외계로부터 고립시켜 물체를 방치해 두면 아무 변화도 일어나지 않는 상태가 됩니다. 다음으로 열역학 제1법칙은 에너지 보존법칙이라고도 합니다. 에너지는 이전되거나 변환될 수 있지만 창조되지도 않을 뿐만 아니라 소멸되지도 않는다는 것을 의미합니다. 열역학 제2법칙은 열현상의 비가역성에 대한 이론으로 이전되거나 변환되는 모든 에너지는 우주의 무질서도(엔트로피)를 증가시킨다는 것을 의미합니다. 한 번 변환된 에너지는 외부의 효과 없이는 절대 이전의 형태로 변화되지 않는다는 것입니다. 그리고 절대영도에서의 상태에 관한 열역학 제3법칙이 있습니다. 열역학적 온도가 0으로 접근함에 따라 모든 과정은 멈추고, 절대온도가 0으로 접근함에 따라, 계의 엔트로피는 상수로 수렴합니다. 열의 본성은 물체를 구성하는 전자나 원자핵과 같은 미시적 입자의 운동에서 구하지만, 열역학법칙은 거시적 수준에서의 열 현상에 관계되며 물체의 미시적 구조와는 관계없이 엄밀하게 또는 일반적으로 성립하는 법칙입니다. 반면 열전달은 두 시스템 간의 온도차에 의해서만 일어나며, 열에 대한 이러한 정의로부터 물체는 열을 지닐 수 없습니다. 요약하면 열역학은 열과 일의 관계를 다루어 물질의 열역학적 성질을 규명하고, 열전달은 온도차의 결과로 발생하는 물체 간의 에너지, 즉 열의 이동을 말합니다.

관련상식

엔트로피(Entropy)

엔트로피는 물질계의 열적 상태를 나타내는 물리량의 하나로 1865년 클라우지우스(Clausius)가 열역학 제2법칙을 포괄적으로 설명하기 위해 제시했다.

클라우지우스가 제안한 엔트로피(S)는 열량(Q)을 온도(T)로 나눈 양(S = Q/T)이었다. 열량이란 물체가 가지고 있는 열에너지를 말한다. 따라서 열에너지를 제외한 다른 에너지의 엔트로피는 열량이 없으므로 0이다. 그리고 열에너지의 엔트로피는 온도에 따라 달라지는 양이 되었다. 높은 온도에 있던 열이 낮은 온도로 흘러가면 열량은 변하지 않더라도 분모에 있는 온도가 작아지므로 엔트로피는 증가한다. 엔트로피가 0인 운동에너지가 열에너지로 바뀌는 경우에는 없던 열량이 생겨나므로 엔트로피는 증가하게 된다.

04 기후변화협약에 대해 아는 대로 말해 보세요.

응용 질문

예시답안

기후변화협약은 지구온난화 방지를 위해 모든 온실가스의 인위적인 방출을 규제하기 위한 협약입니다. 기후변화에 관한 국제사회의 주요 관심사는 '기후변화의 원인이 되는 온실가스 배출량의 기술적, 경제적 감축'에 집중되어 왔는데 온실가스 배출량을 국제적으로 감축하려는 노력의 일환으로 1997년 교토의정서를 채택한 것으로 알고 있습니다. 이와 같이 선진국들을 중심으로 온실가스를 줄이려는 노력이 있었지만 탄소배출권거래제에 대한 각국의 입장차이로 구체적인 감축량과 감축시기에 대한 합의를 도출하지 못하고 있는 실정입니다. 2020년 이후부터는 우리나라를 포함한 중국, 인도 등 개도국들이 모두 참여하는 온실가스 감축체제 설립을 위한 협상을 개시하는 등 온실가스 감축에 대한 국제적 노력은 앞으로도 계속될 것입니다.

면접 시 금기사항

- 어설픈 논리는 금물이다. 지원자가 어설픈 논리나 주장을 펼칠 경우 면접관들은 답변에 꼬리에 꼬리를 물고 더욱 추궁하게 된다.
- 차분한 어조를 유지하고 쉽게 흥분하거나 초조해하지 않아야 한다.
- 장황하게 말을 늘어놓아서는 안 되며, 면접관을 의식하면서 주제와 관련된 내용만 말하도록 한다.
- 실수는 변명하지 말고 곧바로 인정하도록 한다. 실수를 하고서도 변명을 늘어놓으면 감점되기 십상이다.
- 자기비하적인 발언은 면접관을 불쾌하게 하므로 유의해야 한다. 자기비하와 열린 마음으로 배우겠다는 '겸손'은 엄연히 다르다.

관련상식

탄소배출권과 탄소배출권거래제

- **탄소배출권(CERs)** : 6대 온실가스, 이산화탄소(CO_2), 메테인(CH_4), 아산화질소(N_2O), 과불화탄소(PFCs), 수소불화탄소(HFC), 육불화황(SF_6)을 일정기간 동안 배출할 수 있는 권리를 말한다.
- **탄소배출권거래제(CDM)** : 유엔기후변화협약(UNFCCC)에서 발급하고, 발급된 탄소배출권을 시장에서 상품처럼 자유롭게 거래할 수 있도록 한 제도이다. 우리나라는 2015년 1월 1일부터 제도의 적용을 받게 된다.

2 문제해결능력

01 전기료를 낼 수 없을 정도로 가난한 사람이 있는데 본인이 전기료 징집관일 경우 어떻게 행동할 지 말해 보세요.

기출 질문

예시답안

업무에는 정해진 원칙이 있기 때문에 전기료가 징집되지 않을 경우 단전조치를 취하도록 하겠습니다. 하지만 그 전에 고지 사항이 잘 전달되도록 신경 써서 고객이 단전에 대비할 준비시간을 충분히 주도록 하겠습니다. 그리고 제가 할 수 있는 범위에서 지역사회 단체에 문의하여 구제할 수 방안을 적극적으로 찾아보도록 하겠습니다. 고객에 대한 작은 배려와 관심이 한국전력공사에 대한 긍정적인 이미지를 높이는데 도움이 되리라고 생각합니다.

면접관에 따라 달라지는 면접 분위기

- **압박형** : 지원자의 취약점을 파고들어 심리적 압박감을 가하는 형태이다. 당혹스러운 표정을 짓지 말고 인내를 갖고 차분히 대처하는 모습을 보여줘야 한다.
  - ⓔ **면접관** : "이 성적으로 어떻게 우리 회사를 지원했습니까?"
  - **지원자** : "성적은 안 좋지만 사람 사귀는 특기가 있습니다. 이 특기를 살리면 성적우수자들보다 회사에 더 큰 기여를 할 수 있다고 생각합니다."
- **문제 해결형** : 문제를 불쑥 던져주고 해결방식을 내놓으라고 하는 형태이다. 머뭇거리지 말고 말의 속도를 늦춘다든지 하여 생각할 시간을 갖고 문제를 정확히 파악한 후 구체적인 해결책을 제시한다.
  - ⓔ **면접관** : "동아리 회장이 됐는데 동아리방이 없다면 어떻게 해결하겠습니까?"
  - **지원자** : "동아리방 실태를 조사하고 넓은 곳이 있다면 나눠 쓰도록 하겠습니다."
    "실태를 조사해 빈방이 있으면 배정받도록 동아리 연합회장과 상의하겠습니다."
- **말꼬리 잡기형** : 지원자가 한 얘기를 다시 질문으로 연결하는 형식이다. 의도적인 질문인 만큼 당당히 대처하되 예의가 없다는 느낌을 주지 않도록 한다. 압박형과 비슷한 유형으로 응시자가 답변한 내용을 가지고 더 깊게 물어보게 되므로 한 가지 질문에 대해 이어질 수 있는 예상 질문을 미리 생각해두어야 한다.
  - ⓔ **지원자** : "고시를 포기하고 취업하기 위해 귀사에 원서를 냈습니다."
  - **면접관** : "고시를 더 준비하지 않고 취업하는 이유는 무엇입니까?"
  - **지원자** : "최선을 다했지만 합격하지 못해 미련 없이 취업하기로 했습니다."

02 상사가 부당한 지시를 내린다면 어떻게 행동할 지 말해 보세요.

응용 질문

예시답안

답안 1.

만약 상사께서 부당한 지시를 내린다면 우선은 상사의 지시에 따르겠습니다. 제가 상사의 의도를 정확히 모르는 상태에서 그 지시를 따르지 않는 것은 옳지 않다고 생각하기 때문입니다. 그 후에 점심시간이나 쉬는 시간에 따로 면담을 신청해서 상사의 진짜 의도를 듣고 문제가 있다면 그것을 해결할 수 있도록 함께 노력하겠습니다.

답안 2.

만약 상사께서 부당하게 저만 차별하신다면 저는 상사분께 식사를 대접하고 싶다고 말씀드리겠습니다. 상사분이 응해주신다면 제가 마음에 들지 않았던 이유를 여쭤보고 제가 그 점을 개선할 수 있다는 확신을 드리도록 하겠습니다.

지원자의 융통성 정도를 알아보기 위한 질문이다. 일단 원칙에 준수한 답변을 하고, 이어서 재치 있는 답변을 덧붙인다면 면접관에게 좋은 인상을 줄 수 있을 것이다.

03 야근이 잦을 경우 어떻게 하겠습니까?

응용 질문

예시답안

답안 1.

저는 꼼꼼하고 완벽을 기하는 성격이기 때문에 할 일이 있는데도 미뤄 두고 퇴근하는 것은 제 성격에 용납되지 않습니다. 또 업무가 많다면 업무상 야근 및 주말 근무는 언제든지 있을 수 있는 일인데 그때마다 불만을 갖는다면 스트레스를 받아 업무를 진행할 때 많이 힘들 것입니다. 그렇기 때문에 즐거운 마음으로 야근을 할 수 있도록 생각하고, 일이 빨리 끝날 수 있도록 노력하겠습니다.

답안 2.

저는 업무를 통해서 제 능력을 향상시키고 발전시킬 수 있다고 생각합니다. 시간 내로 업무가 정확히 끝나는 일은 얼마 안 될 것입니다. 저는 야근을 고생이라 여기지 않고 자기 계발을 하는 것이라고 여길 것입니다. 또 야근이 잦다는 것은 그만큼 일이 많다는 것이고 이는 회사의 좋은 상황에서 연유한다고 생각합니다. 그런 회사에 몸담고 있는 것 자체가 매우 긍정적인 일이 아닐까요? 저는 불평을 늘어놓기보다 제 자신과 회사를 위한 투자라고 생각하고 열심히 일할 각오가 돼 있습니다.

과중한 업무에도 중도에 포기하지 않고 잘해 나갈 수 있는지를 확인하는 질문이다. 자신의 일에 대한 열정을 면접관에게 보여주는 것이 중요하다. 면접관들은 상황을 제시하고 어떤 선택을 하는지, 고객에게 어떻게 대처하는지 순발력과 융통성, 리더십 등을 보고자 한다. 예상치 못한 질문이 나왔을 때 지원자들은 당황하고 얼어붙기 마련이다. 가령 '무인도에 필요한 것 3가지는 무엇인가'라는 질문을 받는다면 무엇이라고 대답할 수 있을까? 이런 경우 면접관들은 틀에 박힌 정답을 들으려는 것이 아니라 지원자들을 당황스럽게 한 다음 어떻게 대처하는지를 알아보려고 하는 것이다. '고객이 어떻게 했을 때 어떻게 대처할 것인가'에 대한 질문 역시 당황하지 않고 그 상황을 어떻게 잘 대처하는지를 보고자 함이므로 극단적인 대처보다는 융통성 있는 상황대처 능력을 보여주는 방향으로 답변하면 된다.

04 지원했던 업무와 상관없는 부서에 배치된다면 어떻게 하겠습니까?

응용 질문

예시답안

저는 예비 사회인입니다. 스스로도 제 가능성의 한계가 어디까지인지 알 수 없습니다. 어떤 업무가 저의 적성에 맞을지 모르는 일입니다. 처음 지원했던 부서에 배치되지 않는다면 당황은 되겠지만 출발점에 서 있는 만큼 어떤 업무라도 충실히 배울 가치가 있다고 생각합니다. 사회인이라면 책임이 전제되어야 하기 때문에 적성과 직종이 100% 일치하지 않더라도 일정 부분 감수할 수 있다고 생각합니다. 원치 않는 부서라도 새로운 경험을 할 수 있는 또 다른 기회라 여기고 열심히 배우고 익힐 생각입니다.

뜻밖의 상황에서 지원자가 어떤 선택을 하는지, 조직을 위해 기꺼이 희생할 준비가 되어 있는지 확인하려는 질문이다. 면접관들은 지원자가 원치 않는 상황이거나 힘든 상황에 닥치더라도 한결같은 열정, 애정으로 회사를 위해 일할 수 있는지를 평가한다.

사례

- 한국전력공사에 입사해서 하고 싶은 업무는 무엇입니까?
- 많은 공기업 가운데 한국전력공사를 지원한 이유를 말해 보세요.
- KEPCO가 무엇의 약자인지 말해 보세요.
- 다른 나라의 전력회사와 한국전력공사의 차별성을 말해 보세요.
- 한국전력공사를 한 단어로 말해 보세요.
- 한국전력공사가 가지고 있는 이미지에 대해서 어떻게 생각하는지, 좋은 점과 부족한 점을 말해 보세요.
- 한국전력의 이미지를 홍보할 때 어떤 점을 부각시키고 싶은지 말해 보세요.
- 전기가 가정까지 어떻게 공급되는지 말해 보세요.
- 전기가 다른 자원(석유, 가스 등)과 비교했을 때 특별한 점을 말해 보세요.
- 가족과 친지가 사는 지역에 원자력발전소가 들어온다면 반대하는 가족과 친지들을 한국전력의 직원으로서 어떻게 설득할 것인지 말해 보세요.
- 원자력과 같은 기피시설이 들어오면서 생기는 님비현상을 어떤 방안으로 해결할 수 있는지 말해 보세요.
- 자신이 원하는 직무가 아니라 현장으로 발령 받아도 괜찮겠습니까?
- 팀 내에서 역할을 정할 때 어떤 방식으로 정해야 한다고 생각합니까?
- 해외 발령이 났는데 부모님께서 반대하신다면 어떻게 하겠습니까?
- 전기료를 낼 수 없을 정도로 가난한 사람이 있다고 할 때 본인이 전기료 징집관일 경우 어떻게 하겠습니까?
- 한국전력공사가 하고 있는 일을 설명하고, 자신의 전공이 어떻게 적합한지 말해 보세요.
- (영문학과) 영문학이 한국전력공사에 들어와서 어떤 업무를 할 수 있을 것 같습니까?
- (경제학과) 최근 경제 트렌드를 말해 보세요.
- (국제무역학과) 고유가가 한국전력공사에 미치는 영향은 무엇입니까?
- 현재 한국전력공사의 적자가 지속되고 있는 상황인데 그 원인은 어디에 있다고 생각합니까?
- (전기공학과) 기술 또는 제도적인 문제로는 더 이상 해결해 줄 수 없는데 클레임을 걸어오는 고객들이 있다면 어떻게 대처하겠습니까?
- 현장직에 있는 분들과 업무상 문제가 생긴다면 어떻게 해결할 생각입니까?
- (여성 지원자에게) 부서 배치를 받을 때 거창으로 배치를 받았는데 남편이 서울에서 근무를 한다면 어떻게 할 생각입니까?
- 한국전력공사가 지역사회에서 이런 역할을 해주었으면 하고 바라는 것이 있습니까?

3. NCS 기반 면접

1 면접의 방향

전통적 면접		구조화 면접
• 일상적이고 단편적인 대화 • 인상, 외모 등 다른 외부 요소의 영향 • 주관적인 판단에 의존한 총점 부여  • 면접 내용의 일관성 결여 • 직무 관련 타당성 부족 • 주관적인 채점으로 신뢰도 저하	VS	• 일관성 – 직무관련 역량에 초점을 둔 구체적인 질문 목록 – 지원자 별 동일 질문 적용 • 구조화 면접 진행 및 평가 절차를 일정한 체계에 의해 구성 • 표준화 – 평가 타당도 재고를 위한 평가 Matrix 구성 – 척도에 따라 항목별 채점, 개인 간 비교 • 신뢰성 – 면접 진행 매뉴얼에 따라 면접위원 교육 및 실습 – 면접위원 간 신뢰도 확보

2 NCS 기반 면접 예시1(직업기초능력)

(1) **시작질문(Opening Question)**

Q. 조직의 규칙이나 원칙을 신경 쓰면서 성실하게 일하셨던 경험에 대해 구체적으로 말씀해 주십시오.

(2) **후속질문(Follow-up Question)**

① 상황(Situation)

Q. 구체적으로 언제, 어디서 경험한 일입니까?

② 임무(Task)

Q. 당신이 조직에서 맡은 역할은 무엇입니까?

③ 역할 및 노력(Action)

Q1. 그 규칙을 지키기 위해 스스로 어떤 노력을 기울이셨습니까?

Q2. 본인의 생각이나 태도에 어떤 변화가 있었습니까?

④ 결과(Result)

Q1. 규칙을 어느 정도나 준수하셨다고 생각합니까?

Q2. 그렇게 준수하실 수 있었던 이유는 무엇입니까?

Q3. 업무의 성과는 어느 정도였습니까?

Q4. 성과에 만족하셨습니까?

Q5. 비슷한 상황이 온다면 어떻게 하시겠습니까?

3 NCS 기반 면접 예시2(직무수행능력평가)

(1) 상황제시

① 배경정보

Q. 인천공항 여객터미널 내에는 다양한 용도의 시설(사무실, 통신실, 식당, 전산실, 창고, 면세점 등)이 설치되어 있습니다. 금년도에는 소방배관의 누수가 잦아 메인 배관을 교체하는 공사를 추진하고 있으며 당신은 이번 공사의 담당자입니다.

② 구체적인 문제 상황

Q. 주간에는 공항운영이 이루어지는 관계로 주로 야간에만 배관 교체 공사를 수행하던 중, 시공하는 기능공의 실수로 배관 연결 부위를 잘못 건드려 고압배관의 소화수가 누출되는 사고가 발생했으며, 이로 인해 인근 시설물에는 누수에 의한 피해가 발생하였습니다.

(2) 문제 제시

① 기본 지식 문항

Q. 일반적인 소방배관의 배관연결(이음)방식과 배관의 이탈(누수)이 발생하는 원인에 대해 설명하시오.

② 추가 대응 문항

Q. 담당자로서 본 사고를 현장에서 긴급히 처리하는 프로세스를 제시하고, 보수완료 후 사후적 조치가 필요한 부분 및 재발방지 방안에 대하여 설명하시오.